北京市哲学社会科学规划办公室
北京市教育委员会　资助出版

# 体育赛事管理

王庆伟　著

北京体育大学出版社

策划编辑　赵海宁
责任编辑　李光源
责任校对　郝　彤
版式设计　久书鑫

**图书在版编目（CIP）数据**

体育赛事管理 / 王庆伟著. — 北京：北京体育大学出版社，2022.4
ISBN 978-7-5644-3639-1

Ⅰ.①体… Ⅱ.①王… Ⅲ.①运动竞赛-组织管理-高等学校-教材 Ⅳ.①G808.22

中国版本图书馆 CIP 数据核字（2022）第 055795 号

**体育赛事管理**
TIYU SAISHI GUANLI　　　　王庆伟　著

---

出版发行：北京体育大学出版社
地　　址：北京市海淀区农大南路 1 号院 2 号楼 2 层办公 B-212
邮　　编：100084
网　　址：http://cbs.bsu.edu.cn
发 行 部：010-62989320
邮 购 部：北京体育大学出版社读者服务部 010-62989432
印　　刷：三河市龙大印装有限公司
开　　本：710mm×1000mm　1/16
成品尺寸：170mm×228mm
印　　张：28.75
字　　数：467 千字
版　　次：2022 年 4 月第 1 版
印　　次：2022 年 4 月第 1 次印刷
定　　价：138.00 元

---

（本书如有印装质量问题，请与出版社联系调换）

# 自序

对于体育而言，当今可谓一个美好的时代，也可谓一个体育事业改革创新的时代。常言道："国运兴，则体育兴。"即只有国家富强了，体育才能兴旺，这一点已为我们国家体育事业蓬勃发展的成效所证明。习近平总书记指出："体育是社会发展和人类进步的重要标志，是综合国力和社会文明程度的重要体现。体育在提高人民身体素质和健康水平、促进人的全面发展，丰富人民精神文化生活、推动经济社会发展，激励全国各族人民弘扬追求卓越、突破自我的精神方面，都有着不可替代的重要作用。"

2019 年 8 月 10 日《国务院办公厅关于印发体育强国建设纲要的通知》（国办发〔2019〕40 号）指出，"努力将体育建设成为中华民族伟大复兴的标志性事业""体育产业更大、更活、更优，成为国民经济支柱性产业""到 2050 年，全面建成社会主义现代化体育强国"。2019 年 9 月 4 日《国务院办公厅关于促进全民健身和体育消费推动体育产业高质量发展的意见》（国办发〔2019〕43 号）指出，强化体育产业要素保障，激发市场活力和消费热情，推动体育产业成为国民经济支柱性产业，积极实施全民健身行动，让经常参加体育锻炼成为一种生活方式。这充分体现了党中央、国务院对体育工作的高度重视。事实已证明：体育是实现国家繁荣与兴旺、民族复兴的重要行业，是大国外交的重要手段和途径，是讲好中国故事、弘扬中华民族文化、彰显中国软实力的重要法宝。

回溯到 2014 年 10 月 20 日，国务院办公厅印发了《国务院关于加快发展体育产业促进体育消费的若干意见》（国发〔2014〕46号，简称“46号文”），之后全国很快掀起了体育产业发展的一个新高潮。随后党中央和国务院又相继出台了一系列支持体育产业发展的重要政策，这些政策对激活、引导和规范体育市场起到了至关重要的作用。以马拉松赛事为典型代表，“2011年全国每年仅有22场比赛，发展到2018年竟然达到了1581场”①，增长速度之快超乎想象，这反映出了这些政策的作用和价值。近年来，伴随着全民健身上升为国家战略，《全民健身计划（2016—2020）》《健康中国2030规划纲要》等体育政策的颁布，国民的体育价值观念正在悄然发生变化，新的体育生活方式正在不断地形成，体育参与行为日渐凸显。同时，越来越多的有识之士跻身体育事业，他们创办了诸多的体育公司，诸如万达体育、苏宁体育、阿里体育等，建立了许多体育产业微信公众号，诸如禹唐体育、体银商学院、体育生态圈等。与此同时，由民间社会力量创办的富有新意的体育赛事日益增多，诸如“中国城市足球联赛”“昆仑决”“JUMP10世界街球大奖赛”，史克浪体育的“泥泞跑”和“勇士勋章”，这些民间原创IP赛事既增加了社会大众的幸福感和获得感，也繁荣了体育文化，活跃了体育市场，同时也降低了政府的管理成本，减轻了政府的负担。

2017年2月24日，习近平总书记在首都体育馆视察北京冬奥会筹办工作时指出，“少年强中国强，体育强中国强，推动我国体育事业不断发展是中华民族伟大复兴事业的重要组成部分”，这充分说明了新时代体育功能亟需重大转变，也说明体育在当前国民经济社会发展中的重要作用，预示着体育的地位将得到极大的提升。2016年8月，习近平总书记在全国卫生与健康大会上强调，“没有全民健康，就没有全面小康”。2017年10月18日，党的十九大报告明确指出“加快推进体育强国建设”，反映出体育在中国特色社会主义进入新时代后的新的定位。笔者认为，“体育强”不仅仅体现为在国际舞台上拿到越来越多的金牌，更重要的是全民

---

① 中国田径协会.2018年中国马拉松年度报告——共举办1581场比赛，产业总产出746亿[EB/OL].(2019-03-11)[2019-03-12].http://www.sohu.com/a/300505935_100033605.

健身与全民健康。2019 年 6 月 24 日，国务院印发了《国务院关于实施健康中国行动的意见》（国发〔2019〕13 号），强调加快推动从以治病为中心转变为以人民健康为中心，动员全社会落实预防为主方针，实施健康中国行动，提高全民健康水平。“体医结合”自然成为一种实现全民健康发展的重要途径，全民健身已然成为健康中国建设的重要组成部分。“体育强”背后隐藏的是拥有全民健康且具有诸如“公平竞争、遵守规则、顽强拼搏、团结合作”等体育精神。这种精神可以塑造国民优秀性格。

目前，“改革”“开放”“内外的跨界融合”成为未来体育发展的新趋势。例如，协会的改革发展迅速，向纵深区域挺进；面向全社会开放办体育，开放办赛事，老百姓上全运；内部融合体现为群众体育和竞技体育的融合，外部融合体现在“体育+”融合发展态势的形成，诸如体育+旅游，体育+教育，体育+文化，体育+卫生医疗，体育+健康养老产业，体育+地产，体育+金融，体育+科技（物联网、VR 技术、大数据、云计算、智能可穿戴设备等），中国进入了一个“体育+”和“+体育”的跨界融合时代。我国正在构建未来体育格局——一种全新、高级的体育生态系统。

随着我国市场经济体制改革的不断深入，体育赛事在国民经济和社会发展中的作用日益凸显，其影响力大到可以影响国家之间的交往或国民经济发展水平，或举办地的经济的、社会的、文化的和环境的发展，小到对一个社区的影响，对个体的生活方式、价值观念的影响。体育赛事已然成为举办地的一张精彩的名片，也是举办地“软实力”的具体体现。

举办体育赛事是一项系统工程，尤其是大型体育赛事，更是涉及城市公共事业管理的方方面面，确切地讲，是一项复杂巨系统的工程。因此，举办一项大型体育赛事无异于举办城市的一场革命，需要整个城市为之动起来；举办一项大型体育赛事无异于举办城市的思想、科技和文化的大交汇、大碰撞；举办一项大型体育赛事无异于一次关于城市的更新与蝶变；举办一项大型体育赛事，就是在向外界宣告城市的自信、勇气与担当，充分展示一个城市的品位与风格。

回顾中华人民共和国成立70年来所承办的国际大型体育赛事，数不胜数。北京因为在2008年举办了第29届夏季奥林匹克运动会，在2022年举办第24届冬季奥林匹克运动会，一举成为全球首个“双奥之城”。此外，北京还于1990年举办了第11届亚洲运动会，于2015年和2019年又分别举办了世界田径锦标赛和篮球世界杯；广州于2010年举办了第16届亚洲运动会；杭州将于2022年举办第19届亚洲运动会；上海早在1998年就举办了第11届世界中学生运动会，在2007年又举办了第12届世界夏季特殊奥运会，2011年举办了第14届国际泳联世锦赛；深圳于2011年举办了第26届世界大学生夏季运动会；南京于2014年举办了青奥会；武汉于2019年举办了第7届世界军人运动会；成都则举办了第18届世界警察和消防员运动会，并将在2025年举办第12届世界运动会；哈尔滨1996年就举办了亚洲冬季运动会，2009年又举办了第24届世界大学生冬季运动会。事实证明：我国许多城市由于举办高规格国际体育赛事，已然成为知名体育城市，也证明了我国具备了举办国际高规格体育赛事的组织管理能力，充分彰显了我国的综合实力以及国际影响力。

纵观我国体育赛事发展历程，承办国际高规格体育赛事固然重要，然而，打造本土体育赛事则显得更为迫切。我国目前有国际影响力的原创赛事还比较少，引进国外的品牌赛事又着实花费不少，其实，承办一项赛事与创造一个赛事正如制造和创造一样有着本质区别。因此，笔者始终认为，创造和打磨体育赛事一直是所有体育工作的重要抓手，是推动体育事业和体育产业发展不可或缺的手段和途径。

如今我国体育赛事已经发生了明显变化，其中有两个重要的时间节点值得注意。一是2014年“46号文”发布后，国家体育总局据此出台了《体育总局关于推进体育赛事审批制度改革的若干意见》（体政字〔2014〕124号）等系列文件，全国出现了一个体育赛事活跃期，足球赛事、路跑类型赛事、散打格斗类赛事以及电子竞技赛事等增长迅猛。二是2017年8月，国家体育总局印发了《关于进一步加强武术赛事活动监督管理的意见》（国家体育总局〔2017〕107号），进一步对武术赛事进行了规范要求。随后，国家体育总局相继印发了《关于进一步加强马拉松赛事监督管理的意见》（体政字〔2017〕125号）、《关于进一步加强体育赛事活动监督管理的意见》（体规字〔2018〕3号）、《体育市场黑名单管理办法》、《关于进一步规范体育赛场行为的若干意见》、《境外非政府组织在境内开展体育活动管理办法》等文件。显然，国家体育总局出台的这一系列政策旨在加强对体育赛事的赛中赛后的监管与指导服务，同时也加强了对境外非政府组织在我国开展体育赛事的管理与服务。小结这几年政策的特点，就是先“放”后“收”。“放”是要继续解放体育赛事市场；“收”并不是不让办体育赛事了，而是要加强政府的监管和服务，加强体育赛事市场的秩序管理，着力提高体育赛事的质量。党的十九大报告已明确指出，我国经济已由高速增长阶段转向高质量发展阶段，体育赛事追求高质量发展也是时代的必然要求。

2018年7月30日，国家体育总局和国务院扶贫开发领导小组办公室联合下发了《关于体育扶贫工程的实施意见》，其中明确了体育扶贫工程的六项重点任务。第一条就是实施赛事扶贫行动，充分发挥体育赛事聚人气、影响大的综合带动效应，实施赛事向贫困地区转移计划。这使得笔者深刻感受到新时代赋予体育赛事新的历史使命，这是以往不曾有过的。2018年12月21日，国务院又印发了《国务院办公厅关于加快发展体育竞赛表演产业的指导意见》（国办发〔2018〕121号），文件中指出，到2025年，体育竞赛表演产业总规模达到2万亿元，基本形成产品丰富、结构合理、基础扎实、发展均衡的体育竞赛表演产业体系。……推出100项具有较大知名度的体育精品赛事，打造100个具有自主知识产权的体育竞赛表演品牌。2019年1月4日，国家体育总局、国家发展改革委联合发文《进一步促进体育消费的行动计划（2019—2020年）》（体经字〔2019〕13号）。该文件提出，到2020年，全国体育消费总规模达到1.5万亿元，人均体育消费支出占消费总支出的比重显著上升，体育消费结构更为合理。2019年3月，中共中央办公厅、国务院办公厅印发了《关于以2022年北京冬奥会为契机大力发展冰雪运动的意见》，该文件指出，要大力加强冰雪赛事的创新发展。2019年5月20日，工业和信息化部等九部门联合发布了《冰雪装备器材产业发展行动计划（2019—2022年）》。2019年7月18日，14部门联合印发了《武术产业发展规划（2019—2025年）》，其中指出要大力发展武术赛事。2019年9月2日《国务院办公厅关于印发体育强国建设纲要的通知》（国办发〔2019〕40号）中明确指出“建立中国特色现代化竞赛体系”。2020年1月17日，国家体育总局又颁布了《体育赛事活动管理办法》，并定于2020年5月1日起施行，进一步加强了对我国各级各类体育赛事的规范化管理。

综上所述，不难发现，我国各级政府高度重视体育竞赛表演业的发展，尤其是随着2022年北京冬奥会的成功举办，国家将常态化支持冰雪运动及冰雪赛事的发展。不得不说，当今时代体育赛事发展日新月异，笔者在工作实践中深刻感受到，无论社会大众还是在校大学生，都对体育赛事管理知识有强烈的需求，由此也促使笔者写一本关于体育赛事管理的书。然而，笔者深知想要尽快出版一本与时俱进的关于体育赛事管理的书确非易事，需要长期积累。十余年的教学经验总结，不间断地外出学习与讲课，不停歇地开展课题研究，需要耐得住寂寞，抛去烦躁之心，让自己的心沉静下来。虽然本书稿的撰写过程非常艰难，但幸运的是本书稿完稿之时，恰逢祖国70周年华诞，笔者观看了盛大的国庆阅兵仪式和群众游行及联欢活动，难掩内心激动兴奋之情，因为笔者切实感受到了祖国日益繁荣昌盛，从体育赛事的成就中看到了一个改革创新的国家，一个正在努力奋斗的国家，一个正在崛起的伟大国家！作为一名讲授“体育赛事管理”课程的大学老师，笔者很庆幸赶上了这样一个好时代，一个体育赛事变革的新时代。同时笔者也深刻地感受到自己的知识储备不够用了，需要学习的新知识太多了！笔者在努力追赶这个时代，不让自己落伍。只有努力奔跑才能赶得上这个新时代！

笔者思虑再三，多次调整，最终确定书稿内容为十三章。其实想要写的内容却远不止于这些，诸如体育赛事的战略规划、体育赛事的竞赛组织管理、体育赛事的场馆运行、体育赛事的信息技术、体育赛事的法律实务、体育赛事的人力资源管理、体育赛事的志愿者管理、体育赛事的财务管理、体育赛事的遗产管理等实务性比较强的内容，限于出版要求，也限于时间所迫，只能留待以后有机会再修订。不过，笔者在撰写过程中还是尽可能地确保此书理论知识的系统性、全面性、基础性、丰富性、前沿性和国际性等特点。在实用性方面，笔者考虑到此书不宜写成赛事技术手册或办赛实务指南，还是希望这本书有其理论价值和学术价值。考虑到 2022 年冬奥会在北京举办，本书稿尽可能地将有关冬季体育赛事的知识穿插其中，这也是一种冬季体育赛事知识的普及与推广。

笔者希望此书能够成为自己曾在北京奥组委工作三年多的纪念礼物，内心一直有这样的想法，因为这是一个有故事的礼物，值得一生珍藏！同时，笔者尽最大努力使这本书具有可读性，真心希望广大读者能够开卷得益，喜欢这本书。当然，笔者也深知由于受到个人能力水平的局限，此书难免存在不完善之处，望广大读者不吝批评指正。

**2022 年 2 月 20 日**

# 目 录


第一章　体育赛事管理概述 …………………………………… 1

第一节　国内对体育赛事的认识 …………………………… 1
第二节　国外对体育赛事的认识 …………………………… 3
第三节　体育赛事的概念界定与分类 ……………………… 6

第二章　体育赛事的发展历程 ………………………………… 24

第一节　远古时期的体育竞赛 ……………………………… 24
第二节　古代时期的体育竞赛 ……………………………… 26
第三节　近现代时期的体育赛事 …………………………… 36
第四节　中华人民共和国成立以来的体育赛事 …………… 56

第三章　体育赛事的基本特征 ………………………………… 76

第一节　体育赛事的竞技属性特征 ………………………… 76
第二节　体育赛事的项目性特征 …………………………… 78
第三节　体育赛事的服务产品特征 ………………………… 79
第四节　体育赛事的社会属性特征 ………………………… 80

第四章　体育赛事的项目管理 ………………………………… 87

第一节　体育赛事项目管理概述 …………………………… 87
第二节　体育赛事的项目管理要求的专业知识和技能……… 124

第五章　体育赛事的组织管理体制与运行机制…………………………… 126

第一节　体育赛事的组织结构及运行机制…………………………………… 126
第二节　体育赛事的投入要素……………………………………………… 156
第三节　体育赛事的管理要素……………………………………………… 160
第四节　体育赛事的管理制度……………………………………………… 176

第六章　体育赛事的策划、包装与申办 ………………………………… 183

第一节　体育赛事的策划…………………………………………………… 183
第二节　体育赛事的包装…………………………………………………… 210
第三节　体育赛事的申办…………………………………………………… 218

第七章　体育赛事的市场营销……………………………………………… 230

第一节　体育赛事营销概述………………………………………………… 230
第二节　体育赛事营销的机构与职责……………………………………… 252
第三节　体育赛事的赞助…………………………………………………… 257

第八章　体育赛事的风险管理……………………………………………… 280

第一节　体育赛事风险管理概述…………………………………………… 280
第二节　体育赛事风险管理过程…………………………………………… 282

第九章　体育赛事的文化建设……………………………………………… 309

第一节　体育赛事文化概述………………………………………………… 309
第二节　体育赛事精神文化建设…………………………………………… 318
第三节　体育赛事的制度文化研究………………………………………… 336
第四节　体育赛事物质文化建设…………………………………………… 340
第五节　西方发达国家体育赛事文化……………………………………… 344
第六节　体育赛事文化建设的对策与措施………………………………… 347

第十章　体育赛事的城市运行 …… 350

第一节　城市运行概述 …… 350
第二节　体育赛事的城市运行概述 …… 352

第十一章　体育赛事对举办地的影响 …… 366

第一节　体育赛事对举办地的政治影响 …… 366
第二节　体育赛事对举办地的经济影响 …… 370
第三节　体育赛事对举办地的文化影响 …… 379
第四节　体育赛事对举办地的环境影响 …… 382

第十二章　体育赛事政策 …… 394

第一节　体育赛事政策的相关概念与逻辑框架 …… 394
第二节　体育赛事政策的特点及其功能 …… 398

第十三章　体育赛事的绩效评价 …… 404

第一节　体育赛事绩效评价概述 …… 404
第二节　体育赛事绩效评价发展现状 …… 426
第三节　体育赛事绩效评价的发展趋势与展望 …… 431

附录 …… 442

附录 1：冬奥会一览表（1924—2022 年） …… 442
附录 2：中国近年发布的体育相关政策信息统计表（2002—2019 年） …… 442

后记 …… 443

# 第一章 体育赛事管理概述

体育赛事是体育事业和体育产业的皇冠或龙头。因为竞赛是体育运动的核心，没有竞赛就没有体育运动，也就不会有人为提高运动成绩而努力奋斗。在体育范畴内，体育赛事是体育运动中最活跃、最有影响力的组成要素，是推广和普及体育运动项目的重要手段，是培养和发现体育后备人才不可或缺的途径，是未来体育组织赖以生存和发展的重要经济来源，是政府发展公益性体育事业的着力点，是教育社会大众不可或缺的平台。同时，它也是传播社会主义先进文化、推进城市精神文明建设的重要抓手，是满足人们娱乐和休闲等精神文化需求的重要方式，是产生充满正能量的体育明星的重要载体，是促进城市转型升级发展的重要举措……随着全球化的发展，体育赛事的作用日益凸显。随着我国市场经济体制改革的不断深化与发展，我国的体育赛事也正在发生巨大变化。

## 第一节 国内对体育赛事的认识

体育赛事是一个时代概念，自 1949 年中华人民共和国成立以来，我国体育界一般把体育比赛称之为“体育竞赛”或“运动竞赛”。进入 20 世纪 90 年代，随着我国市场经济体制改革的不断深化与发展，体育社会化、市场化、国际化趋势日益明显，体育比赛的筹办模式也在不断变革与创新，“运动竞赛”这个词语已经不能涵盖现今其筹办模式及全部意义，体育赛事的概念应运而生。

### 一、计划经济体制条件下的运动竞赛

关于运动竞赛方面的理论研究，我国已出版了一些专著，比较有代表性的有：

①刘建和等著的《运动竞赛学》（四川教育出版社，1990），该书从运动竞赛的价值、运动竞赛的组织与管理、运动竞赛的规则与规程、运动竞赛方法、运动竞赛的抽签编排原则与方法等方面进行了论述；②国家体委训练竞赛综合司审定的《运动竞赛学》（北京体育大学出版社，1991），该书对运动竞赛体制、运动竞赛管理、运动竞赛方法、运动竞赛的投入与效益、运动竞赛中计算机应用等进行了理论上的论述；③王蒲编著的《运动竞赛方法研究》（人民体育出版社，2001），该书针对运动竞赛方法体系的建构、项目分类研究、竞赛分类研究、竞赛方法分类研究及对抗性竞赛方法进行了理论阐述。

长期以来，国内将体育赛事与运动竞赛概念交替使用。关于运动竞赛的概念国内学者有以下两种主要观点。一种观点认为，“运动竞赛是在裁判员主持下，依据统一的规则而组织与实施的运动员个体或运动队之间的竞技较量”①。另一种观点认为，“运动竞赛是人类的一种实践活动，它是一个特殊的过程，有明确的目的性，有鲜明的竞技特征，有完善的规则和一整套竞赛办法及决定竞赛胜负的‘法律依据’”②。

上述对运动竞赛的定义，均是对运动竞赛的狭义解释，未能超出赛场的范围，并没有把运动竞赛所涉及的赛场之外的因素包括进去。这说明国内学界对运动竞赛的定义只是停留在赛场上如何比赛，未能充分反映出运动竞赛现今变化的特点，有关运动竞赛的市场运作及营销理论等知识均未被引入。当然这与当时的社会条件限制有直接关系，因为计划经济体制条件下运动竞赛的组织管理更多的是依靠政府行政管理办法来运作的。

## 二、市场经济条件下的运动竞赛

20 世纪 90 年代以来，随着我国市场经济体制与行政管理体制（尤其是公共管理）改革的不断深化，我国原有的运动竞赛筹办模式发生了很大变化，具体如下。

---

① 国家体委训练竞赛综合司．运动竞赛学［M］．北京：北京体育大学出版社，1991：1.

② 刘建和，胡小明，王蒲，等．运动竞赛学［M］．成都：四川教育出版社，1990：27.

### （一）办赛市场主体开始多元化

市场主体开始积极参与体育赛事的运作，体育赛事运作模式开始多元化发展，出现了政府承办、市场主体承办和政府与市场主体合作承办三种模式。

### （二）目标越来越多元化

体育赛事不仅要实现运动成绩的突破等社会效益，也要实现经济效益。

### （三）内涵越来越丰富化

体育赛事不仅仅是体育比赛，还有更多其他类型的元素融入其中，如教育元素、文化元素、娱乐元素和音乐元素等。

### （四）参与主体多元化

以往主要由体育行政管理部门筹办运动竞赛，现在筹办方既有体育行政管理部门，也有体育赛事公司或体育协会等。媒体和赞助商的参与对赛事的成功举办越来越重要，他们都有各自的利益诉求。

### （五）顾客价值取向化

以往运动竞赛主要强调以运动员为核心，比赛没有观众或观众较少，观众并不是办赛者考虑的主要因素；现在筹办体育赛事，必须要考虑观众、赞助商等因素。在市场经济环境下，观众和赞助商等都是最为重要的顾客，赛事承办者需要为顾客提供精彩体育赛事和优质服务，并为社会创造充满正能量的精神文化产品。

## 第二节　国外对体育赛事的认识

关于体育赛事的认识和实践模式，国内外存在明显差异。以经济发达国家为例，他们普遍把体育赛事看成一种特殊项目（Special Event）。特殊项目范围广泛，包括宗教典礼、传统仪式、文艺表演、宴会、展览会和体育赛事等。体育赛事是很重要的一种特殊事件或特殊项目，项目管理理论是体育赛事管理的重要理论基础。

## 一、项目（事件）概念

澳大利亚学者约翰尼·艾伦（Johnny Allen）认为，“术语‘特殊项目’用来描述特别的仪式、表达、表演或庆典，其被有意识地计划并产生于标志特殊的场合，实现独特的社会、文化或团体的目的和目标”①。对于特殊项目的范围，约翰尼·艾伦等指出，“特殊项目包括国庆日和一些庆典、重要的城市集会、独特的文化表演、大型体育比赛、团体典礼、贸易促销和产品发布，特殊项目似乎无处不在，并正成为朝阳产业”②。戈德布拉特（Goldblatt）将特殊项目定义为：“特殊项目聚结一个独特的时刻，在那时以仪式或典礼满足特殊的需要。”③

有关项目的概念有如下几种：

（1）项目是人们在一个有限的时间和空间范围内，经过努力而获得的、具有多种目标和目的的一种独特的变革，需要投入各种资源，且是单一的、独立的。

（2）项目是通过努力在一定的时间进度和预算范围内达到一个特定的目标。这个目标一般要突破或超越现有的组织系统，是单独组织的，并且通常是不重复的。

（3）项目通常是一个一次性活动的集合，这些活动是被明确界定的，并且是以实现所要求的最终结果为目的的。

综上所述，项目有以下几个方面的特征：

（1）通过人们复杂而努力的工作产生变革；

（2）所涉及人员往往超越（突破）现有的组织体系限制；

（3）项目是独一无二的。

---

①② ALLEN J. Festival and Special Event Management ［M］. Milton：John Wiley&Sons Australia. Ltd，2002：11.

③ WATT D. Event Management In Leisure And Tourism ［M］. London：Addison Wesley Longman limited，1998：1-83.

据此，项目可定义为：人们通过努力，运用新的方法，将人力的、物质的、财务的资源组织起来，在给定的费用和时间约束范围内，完成一项独立的、一次性的工作任务，以期达到数量和质量指标所界定的目标。国际项目管理协会将项目定义为："为创造独特的产品或服务而进行的一种临时性的工作。"① 例如，安排一次演出活动、开展一项课题研究等。

## 二、特殊项目（事件）管理

体育赛事作为一种特殊项目来运作已有一些年头了。在发达国家，体育赛事往往被作为一种生意来看待，尤其是职业体育赛事或商业体育赛事。即使是公益性体育赛事，他们也认为需要商业化运作才能持续发展。因此，国外也诞生了一些知名的体育经纪公司，诸如美国的国际管理集团（International Management Group，简称"IMG"）以及2017年福布斯公布的业绩排前三位的体育经纪公司[美国创新艺人经纪公司（Creative Artist Agency，简称"CAA"）、美国卓越体育管理公司（Excel Sports Management）和美国瓦色尔曼媒体集团（Wasserman Media Group）]。就目前来说，发达国家体育赛事商业化运作水平要高于我国。自美国商人彼得·尤伯罗斯（Peter Ueberroth）开创了1984年洛杉矶奥运会的盈利模式后，体育赛事市场营销知识就成为体育赛事运作管理理论当中不可或缺的内容，并且极大地推动了体育赛事营销的发展。此外，国外体育赛事运作还涉及策划、推广、新闻宣传管理、人力资源管理、志愿者管理、财务管理、行政管理、场馆管理、交通管理、住宿管理、餐饮管理、注册管理、观众服务管理、仪式管理（如开闭幕式管理、火炬接力管理）、大型活动管理、礼宾管理、安全保卫管理、媒体与电视转播管理、风险管理、法律合同管理等诸多因素。

综上所述，一般来讲国外体育赛事运作有以下几个特点：

（1）注重体育赛事的商业运作；

（2）注重体育赛事的整体服务工作；

（3）注重体育赛事产品的质量监控；

---

① 梅瑞狄斯，曼特尔．项目管理：管理新视角（第6版）[M]．周晓红，等，译．北京：电子工业出版社，2006：5.

（4）注重体育赛事的业务流程客观标准化；

（5）注重体育赛事的消费者（顾客）价值取向；

（6）注重体育赛事的娱乐化包装和体育明星打造。

同时，国外非常重视体育赛事运作方面的经验交流与传承。例如，国际奥委会在悉尼奥运会之后推出了“TOK 项目”，即“Transform of Knowledge”，其实质就是要把悉尼奥运会筹办工作的经验以一种规定好的模板填写好，然后以一定的市场价格卖给下一届奥组委。这样做的好处是把奥运会筹办经验上升到理论高度，帮助下一届奥组委有效筹办奥运会，避免在筹办过程中走弯路，从而节省大量的人力、物力和时间成本，同时也可转化成一定的经济效益，可谓一举两得。

# 第三节　体育赛事的概念界定与分类

概念是研究一项事物的起点，分类是对事物进行有效管理的重要手段。体育赛事的概念与分类是认识和了解体育赛事的基础知识，至关重要。

## 一、体育赛事的概念界定

关于体育赛事的概念，目前国内还没有统一的明确界定。笔者认为，依照项目概念，体育赛事可定义为“为创造独特的体育比赛产品和相关服务而进行的一种临时性工作”。不同规模和不同级别的体育赛事可以产生不同程度的影响。一般来讲，体育赛事规模和规格越高，其影响力也就越大。

## 二、体育赛事的分类

对体育赛事进行分类，是认识体育赛事和进行体育赛事运作研究的重要前提。为全面了解和把握体育赛事，可依据不同分类标准对体育赛事进行分类，具体如下。

### （一）依据办赛主体进行划分

20 世纪 80 年代中期，我国群众体育需求日益高涨。为了协调各类体育竞赛活动，当时的国家体育运动委员会（简称国家体委）在竞赛改革中注意了对体育竞赛进行分类管理、分类指导。国家体委将全国性比赛分为三类并进行宏观管理：①全国综合性运动会，包括全运会、城运会，由国家体委直接管理；②全国单项比赛，包括锦标赛、冠军赛、杯赛等，主要由各单项协会管理；③各系统、各行业的全国性运动会，由各主管部门和行业体协管理。大、中学生运动会由国家教育委员会（简称国家教委）主管，工人运动会由全国总工会主管，少数民族运动会由国家民族事务委员会（简称国家民委）主管，残疾人运动会由民政部主管，农民运动会由中国农民体育协会主管，分工明确，各负其责。

按照办赛主体，体育赛事还可分为计划内赛事和计划外赛事，计划内赛事有政府经费支持，计划外赛事一般需自筹经费；或者可分为政府主办和承办的赛事及企业或个人承办的赛事。我国大型体育赛事一般由政府主办，中小型体育赛事由企业或个人承办较多，公益性体育赛事政府承办得相对比较多。

### （二）依据参赛运动员数量进行划分

依据体育赛事参赛运动员的数量，体育赛事可分为以下几类。

1. 超大型体育赛事

一般而言，超大型体育赛事是指参赛运动员非常多并能够深刻影响举办地的政治、经济、文化、教育、旅游和城市基础设施建设的体育赛事，具体特点表现为参赛运动员多、水平高，筹办时间长，举办时间集中，筹办涉及的因素多，媒体关注度高，政府投入多等，例如奥林匹克运动会、亚洲运动会、全国运动会等。国际奥委会对每一届奥运会参赛运动员的数量都有明确的规定，一般为 1 万人左右，项目数量一般控制为 28 个大项。也有一些单项超大规模的体育赛事，如足球世界杯等。

2. 大型体育赛事

大型体育赛事是指参赛运动员较多并且能够对举办地产生较大影响的体育赛事，如在政治、经济、文化、教育、旅游和城市基础设施建设等诸多方面都能够发生一些变化。具体特点表现为参赛人数较多、筹办时间较长、举办时间相对集中、参赛人员水平和媒体关注度比较高、社会综合影响力比较大，例如中华人民共和国城市运动会（以下简称全国城市运动会）、中华人民共和国农民运动会（以下简称全国农民运动会）、中华人民共和国学生运动会（以下简称全国学生运动会）等。

3. 中型体育赛事

中型体育赛事是指那些参赛运动员数量具有一定规模且能够对举办地产生某些方面影响的体育赛事，通常在政治、经济、文化、教育、旅游或城市基础设施建设方面有一定的影响。诸如中国男子篮球职业联赛（China Basketball Association，简称 CBA）、中国足球超级联赛（Chinese Super League，简称 CSL）等，虽然其影响力比较大，市场前景也比较好，但从参赛运动员数量来看，都未能超过 1000 人，因此，从这个角度讲，这些赛事都属于中型体育赛事。

4. 小型体育赛事

小型体育赛事是指那些参赛运动员数量不多、规模不大、影响力较小的体育赛事。值得注意的是，有些赛事虽然规模不大，但其规格很高，影响力非常大，如很多运动项目的世界锦标赛、网球四大满贯赛等。

5. 迷你型体育赛事

迷你型体育赛事是指参赛运动员少、影响力小的体育赛事。常见于群众自发组织的各种业余比赛活动。

### （三）依据比赛项目数量多少进行划分

依据设置比赛项目数量的多少，体育赛事可分为如下几类。

1. 综合性体育赛事

综合性体育赛事是指包含多个运动项目比赛的体育赛事，一般参赛运动员数量都比较多，例如国际性赛事夏季奥林匹克运动会、冬季奥林匹克运动会、青年奥林匹克运动会、奥林匹克残疾人运动会、奥林匹克特殊运动会、聋人奥林匹克运动会、世界大学生运动会、世界军人运动会等，我国国内举办的中华人民共和国运动会（简称全运会）、全国城市运动会、全国农民运动会（举办了 7 届后停办）、全国少数民族传统体育运动会、全国体育大会（举办了4届后停办）、中国水上运动会（简称水运会）（2014年停办）、全国山地运动会（2011年停办）、全国航空运动会（2009年之后停办）、全国学生运动会以及各地举办的省运会、市运会等。

2. 单项体育赛事

单项体育赛事是指只有一个比赛项目的体育赛事，例如世界体操锦标赛、足球世界杯、篮球世界锦标赛、游泳世界锦标赛、单板滑雪世锦赛、雪橇世锦赛、自由式滑雪世锦赛等。

### （四）依据比赛周期进行划分

依据比赛周期，体育赛事可分为如下几类。

1. 周期性体育赛事

周期性体育赛事是指每隔一定时间举办一届的体育赛事，例如奥林匹克运动会、足球世界杯以及我国的全运会等赛事，均为四年一届，世界大学生运动会为两年一届，各种单项锦标赛以及各项职业赛事一般为每年一届。还有美国男子篮球职业联赛（National Basketball Association，简称NBA），中国排球超级联赛（China Volleyball League，简称CVL）等以赛季为周期的体育赛事。

2. 非周期性体育赛事

非周期性体育赛事是指不定期举办的体育赛事，临时性和一次性是其明显特征，例如一些商业性的体育比赛。2003年8月西班牙皇家马德里足球职业俱乐部中国行，由皇家马德里队对阵“中国龙队”。该俱乐部当时拥有齐内丁·亚兹德·齐达内（Zinedine Yazid Zidane）、罗纳尔多·路易斯·纳扎里奥·达·利马（Ronaldo Luiz Nazario De Lima）、大卫·贝克汉姆（David Beckham）、路易斯·菲戈（Luis Figo）、劳尔·冈萨雷斯（Raul Gonzalez Blanco）、罗伯托·卡洛斯（Roberto Carlos）六大球星。这场比赛“中国龙队”以0：4告负。2015年5月3日，菲律宾拳击手曼尼·帕奎奥（Manny Pacquiao）对阵美国拳击手弗洛伊德·梅威瑟（Floyd Mayweather），据ESPN（Entertainment and Sports Programming Network，即娱乐与体育节目电视网，简称ESPN）估计，这场比赛最终的商业价值超过了10亿美元，两名拳击手的出场费也分别达到 1 亿美元和 1. 8 亿美元。①

### （五）依据地域范围进行划分

依据地域范围，体育赛事可分为如下几类。

1. 全球性体育赛事

全球性体育赛事是指参赛运动员来自世界范围的体育赛事，诸如奥运会、残疾人奥运会、世界军人运动会、世界运动会、世界警察和消防员运动会、世界智力运动会、世界极限运动会以及各种世界单项锦标赛等，都属于此类体育赛事。

2. 国际区域性体育赛事

国际区域性体育赛事是指参赛运动员来自国际上部分国家和地区的体育赛事，例如亚洲运动会、非洲运动会、泛美运动会、中美洲及加勒比海地区运动会、英联邦运动会、东亚运动会、亚洲室内运动会、亚洲沙滩运动会、中亚运动会、西亚运动会、太平洋运动会、南美运动会、泛阿拉伯运动会（亚非阿拉伯国家综合运动会）、地中海国家运动会、黑海运动会、玻利瓦尔运动会、巴尔干运动会、印度洋岛国运动会、世界岛国运动会、马加比厄运动会、伊斯兰团结运动会等。法语系运动会（法语：Jeux de la Francophonie）是以法语国家和地区为主的运动会，每四年一届，以抗衡英联邦运动会。第 1 届的法语系运动会于 1989 年在摩洛哥的达尔贝达及拉巴特举行。2006 年中国澳门举办了第 1 届葡语系运动会。欧洲运动会（European Games）简称“欧运会”，是由欧洲奥林匹克委员会（European Olympic Committees）主办的洲际综合性运动会，每四年举行一次，第 1 届欧洲运动会于 2015 年 6 月 12—28 日在阿塞拜疆首都巴库举行。欧洲小国运动会规定只有人口不超过 100 万的欧洲国家或地区才能参加，并且必须是国际奥委会成员，包括安道尔、塞浦路斯、冰岛、列支敦士登、马耳他、卢森堡、摩纳哥、圣马力诺、黑山等。

3. 全国性体育赛事

全国性体育赛事是指参赛运动员来自全国范围的体育赛事。一般而言，此类

---

① 深度解读：帕奎奥 VS 梅威瑟一战背后金钱帝国［EB/OL］.（2015-05-01）［2018-08-09］. https://sports. qq. com/a/20150501/012034. htm.

赛事由国家级体育协会组织或授权举办，如全国体操锦标赛等。国家体育总局印发的《体育赛事管理办法》（体竞字〔2015〕190号）第五条规定，全国性体育赛事是指：①国家体育总局主办的全国综合性运动会，包括全国运动会、全国冬季运动会、全国青年运动会；②全国单项协会主办的全国性单项体育赛事，包括但不限于《全国性单项体育协会竞技体育重要赛事名录》（以下简称《赛事名录》）内所列举的竞赛；③全国单项协会主办的涉及国家安全、政治、军事外交等方面的特殊项目赛事，即健身气功和航空项目的全国性和跨省、区、市的体育赛事；④全国性行业体育协会主办的相关体育赛事。

4. 国内地区性体育赛事

国内地区性体育赛事是指参赛运动员来自国内部分地区的体育赛事。一般而言，此类赛事由地区体育组织主办或承办，如中国各省举办的省运会、市运会等。国家体育总局印发的《体育赛事管理办法》第六条规定：地方性体育赛事是指地方政府体育主管部门或地方单项协会主办的综合性或单项体育赛事。

### （六）依据参赛运动员职业进行划分

依据参赛运动员职业进行划分，体育赛事可分为如下几类。

1. 全国农民运动会

全国农民运动会就是指农民参加比赛的运动会。中国是世界上唯一定期举办过农民运动会的国家。它与全国运动会、全国城市运动会、全国大学生运动会、全国体育大会统称为国内五大综合性运动会。全国农民运动会每四年举办一届，自1988年举办以来，分别在北京、孝感、上海、绵阳、宜春、泉州和南阳举办了7届。

2. 工人运动会或职工运动会

工人运动会主要是指工人参加的运动会，如全国工人运动会由中华全国总工会和国家体育行政主管部门主办。第1届全国工人运动会于1955年10月2—9日在北京举行，17个产业系统的1709名运动员参加了田径、自行车、举重、篮球、足球5个大项的比赛。1985年9月7—15日，全国总工会和国家体委于北京举办了第2届工人运动会，32个单位的4600多名运动员参加了田径等8个大项的比赛，并进行了武术表演。第3届工人运动会于1996年4月30日—10月4日在全国

15 个赛区的 17 个城市举行，来自 24 个行业的 7000 多名运动员参加了该届运动会。

目前，全国工人运动会没有继续举办，但是，全国各行业的职工运动会却是持续不断。例如，2013 年 9 月 14 日，全国金融系统第 2 届职工运动会在北京奥体中心举行，有 33 支代表队参加，比赛分两天进行，包括田径、羽毛球、足球、乒乓球、篮球、游泳等多个项目，参赛人次达 13 000 余人。全国煤矿第 5 届职工运动会于 2015 年 7 月 21 日在河北省唐山市开滦集团体育馆举行，34 个代表团的运动员参加了比赛。该届运动会设置了田径、篮球、乒乓球、羽毛球、嗒嗒球、围棋、象棋、桥牌、钓鱼、登山、门球、气排球、拔河、跳绳共 14 个大项的比赛项目，还有第九套广播体操、全健排舞、太极拳（剑）、太极柔力球、巧固球等展示项目及欢乐矿山长走大会等活动。

3. 军人运动会

军人运动会是指军人参加比赛的运动会。例如，世界军人运动会（Military World Games）是一个综合性的世界最高级别的军人运动会，自 1995 年开始每四年举行一届，被称为“军人的奥运会”。世界军人运动会由国际军事体育理事会举办，除常规比赛项目外，还设有军事五项、空军五项、海军五项、跳伞和越野等带有深厚军事色彩的比赛项目。第七届世界军人运动会于 2019 年 10 月 18—27 日在中国湖北省武汉市举办，赛期 10 天，共设置射击、游泳、田径、篮球等 27 个大项、329 个小项，有来自 100 多个国家的近万名现役军人同台竞技，这也是中国首次承办国际军事体育综合性运动会。

4. 学生运动会

学生运动会是指学生参加比赛的运动会。例如，中华人民共和国学生运动会由原来的中华人民共和国大学生运动会和中华人民共和国中学生运动会合并形成，每三年举办一届，每届按大学生组、中学生组分类，同时同地举行。原计划 2014 年举办的第 12 届全国中学生运动会更名为中华人民共和国第 12 届学生运动会，并于 2014 年 8 月 18—23 日在上海市举行。该届运动会只设中学生组，比赛项目为田径、游泳、篮球、排球、足球、武术、健美操、乒乓球 8 项。同时运动会还举办了科学论文报告会、国家级体育传统项目学校评选等活动。2017 年 9 月 4—16 日，在浙江省杭州市举办了中华人民共和国第 13 届学生运动会。

### （七）依据参赛运动员年龄进行划分

依据参赛运动员年龄，体育赛事可分为如下几类。

1. 老年人体育赛事

老年人体育赛事是指老年人参加比赛的体育赛事。例如，2009 年 8 月 28 日—9 月 1 日，第 1 届全国老年人体育健身大会健身气功交流活动在河北省秦皇岛市奥林匹克中心体育馆隆重举行。大会由国家体育总局、全国老龄工作委员会办公室、中国老年人体育协会主办，由国家体育总局社会体育指导中心、河北省秦皇岛市体育局、河北省秦皇岛市老年人体协承办。大会宗旨提出要“安全第一，淡化锦标。重在参与、重在健康、重在快乐、重在交流”。

2. 成年人体育赛事

成年人体育赛事是指成年人参加的比赛，如各种项目的世界锦标赛、全国锦标赛或职业联赛等。

3. 青少年体育赛事

青少年体育赛事是指青少年参加的比赛。青少年期一般指十一二岁至十七八岁这段时期。初中阶段（十一二岁至十四五岁）被称为少年期，高中阶段（十五六岁至十七八岁）被称为青年初期。例如，全国城市运动会创办于 1988 年，每四年举办一届，旨在推动城市体育事业发展，发现并培养优秀体育后备人才。第 7 届全国城市运动会于 2011 年 10 月 16—25 日在江西省南昌市举行，这也是中华人民共和国成立以来江西省举办的规格最高、规模最大的全国综合性体育赛事，全国 31 个省区市、新疆生产建设兵团、港澳地区的 57 个代表团 6034 名运动员参加。2011 年 8 月，经国家体育总局及其他相关部门投票决定，第 8 届全国城市运动会于福建省福州市举办；2013 年 12 月，经国务院批准，这次运动会正式更名为第 1 届全国青年运动会，并于 2015 年 10 月 18—27 日在福建省福州市举行。2018 年“康纳斯杯”全国少年体操总决赛暨全国少年体操 U 系列比赛总决赛于 2018 年 8 月 15 日在广西壮族自治区桂林市举办。

4. 幼儿体育赛事

幼儿一般指 1~6 周岁的儿童，幼儿体育赛事主要是指针对幼儿参加的比赛，如全国幼儿基本体操表演大会等。目前我国幼儿体育的发展与体育发达国家相比总体比较滞后，幼儿体育赛事更是少之又少。

### （八）依据体育赛事属性进行划分

依据体育赛事的属性，体育赛事可分为如下几类。

1. 公益性体育赛事和准公益性体育赛事

公益性体育赛事是指不以营利为目的，而是以谋求社会效益为目的的体育赛事，一般由政府或体育协会举办为多，如奥林匹克运动会、全国运动会等。在市场经济条件下，即使是公益性体育赛事，也需要采取市场化手段来运作。有的体育赛事由政府和社会力量共同投资举办，这种赛事往往被称为准公益性体育赛事。

2. 商业性体育赛事或职业体育赛事

商业性体育赛事是指以盈利为目的的体育赛事，其特点是以市场主体投资为主，赛事投资收益水平比较高，市场调节比较灵敏，具有市场竞争能力。例如，我国有些公司曾邀请外国运动队或运动员来我国进行友谊赛或表演赛。此类赛事以营利为目的，属于商业性体育赛事。职业体育赛事与商业性体育赛事差异不大，主要区别在于职业体育赛事竞技水平比较高，赛事比较稳定和系统，而商业性体育赛事的竞技性未必高，且多为一次性的比赛，不能可持续发展。例如，意大利超级杯（Italian Super Cup）是一项每年一度由意大利足球甲级联赛冠军对阵意大利杯冠军的足球锦标赛。如果由一支球队同时夺得联赛和意大利杯两项冠军，则由意大利杯亚军球队获得一个参赛资格。首届意大利超级杯于 1988 年举行。2009 年 8 月 8 日意大利超级杯比赛在北京举办，取得了空前的成功，据称取得了超过 7000 万元人民币的票房收益。

职业体育赛事是指全部由职业运动员参加的赛事，如中国职业足球超级联赛、中国篮球职业联赛、世界一级方程式锦标赛（FIA Formula 1 World Championship，简称 F1）等。世界一级方程式锦标赛是由国际汽车运动联合会（FIA，法语：Fédération Internationale de l'Automobile，简称国际汽联）举办的最高等级的年度系列场地赛车比赛，是当今世界最高水平的赛车比赛，与奥运会、足球世界杯并称为"世界三大体育赛事"。

终极格斗冠军赛（Ultimate Fighting Championship，简称 UFC）是目前世界级别

最高、规模最庞大的职业综合格斗（Mixed Martial Arts，简称 MMA）赛事。UFC 在 1993 年首办于美国丹佛，比赛擂台为标志性的八角笼，目的是在开放式规则下为不同流派的格斗家提供统一的竞技平台，从而产生终极冠军。原本只准备举办一届的赛事因超高的关注度被延续了下来。

### （九）依据参赛运动员专业化程度进行划分

依据参赛运动员专业化程度，体育赛事可分为如下几类。

1. 竞技性体育赛事

竞技性体育赛事一般是指职业体育赛事或高水平专业体育赛事，如各项目的职业赛事、各项目的世界锦标赛或全国性的锦标赛等，如世界武术锦标赛、国际足联世界杯等。此类体育赛事的竞技水平一般都比较高。

2. 大众性体育赛事

大众性体育赛事也可称为业余体育赛事，有政府举办的，也有社会力量举办的，如国家体育总局和中央电视台举办的谁是球王——中国足球民间争霸赛，中国羽毛球协会为业余羽毛球爱好者设立的全国东西南北中羽毛球大赛，北京足坛之星体育公司主办的城市足球超级联赛（原中国城市足球联赛），北京市游泳协会等单位举办的京津冀游泳公开赛暨北京市民游泳大赛等。

### （十）依据体育赛事影响力大小进行划分

依据体育赛事影响力大小，体育赛事可分为如下几类。

1. 品牌体育赛事

品牌体育赛事是指可稳定持续举办的有较大影响力的体育赛事。一般来讲，品牌体育赛事都有比较稳定的举办地和举办时间。它们不仅是体育赛事中的顶尖体育赛事，更是举办地靓丽的城市名片，如中国网球公开赛、上海网球大师赛、北京国际马拉松赛、“中国杯”帆船赛、环青海湖国际公路自行车赛、环海南岛国际公路自行车赛、斯诺克上海大师赛、F1 中国大奖赛上海站等。

2. 一般性体育赛事

一般性体育赛事是指赛事影响力不大，竞技效益、经济效益和社会效益都表现较为普通的体育赛事。

### （十一）依据参赛运动员的民族进行划分

依据参赛运动员的民族进行划分，我国有各种类型的少数民族运动会，其中规模最大的是中华人民共和国少数民族传统体育运动会。该项赛事是在 1953 年举办的全国少数民族传统体育表演和竞赛大会的基础上发展而来，由国家民族事务委员会和国家体育总局联合主办、地方承办，每四年举行一届。该项赛事以其民族性、广泛性和业余性等特色，已成为全国较有影响的大型综合性体育赛事之一。“那达慕大会”中的“那达慕”是蒙古语，意为“娱乐、游戏”，以表达丰收的喜悦之情。那达慕大会是蒙古族历史悠久的传统活动和盛会，在蒙古族人民的生活中占有重要的地位。

### （十二）依据参赛运动员的特殊性进行划分

依据参赛运动员的特殊性进行划分，体育赛事可分为如下几类。

1. 残疾人运动会

残疾人运动会是指由残疾人参加的体育赛事。从 1984 年开始，中国正式举办全国残疾人运动会，到 2015 年已举办 9 届，每四年一届的综合性全国残疾人运动会已形成制度。除全国残疾人运动会以外，全国部分省、自治区、直辖市的残疾人运动会每三到四年举办一届；部分省、自治区、直辖市定期举行特殊教育学校残疾学生运动会。有的省、自治区、直辖市在举行全民运动会时，还规定了如果地方代表队内没有残疾人运动员参加比赛，不能参加总成绩排序，实行“1 票否决”。全面开展残疾人体育活动，对提高全民素质、奠定我国体育大国地位起到了不可估量的作用。2015 年 9 月 13—19 日，第 9 届全国残运会暨第 6 届特奥会在四川省成都市举办。2022 年北京和张家口联合举办了第 13 届冬季残疾人奥林匹克运动会。

2. 聋人运动会

聋人运动会是指由听障残疾人参加的体育赛事。1888 年聋人体育俱乐部在德国柏林成立。聋人体育的世界性组织——国际聋人体育联合会（International Sports Federation for the Deaf，ISFD）成立于 1922 年。

世界聋人运动会（Deaf World Games）是聋人奥林匹克运动会（Deaflympics，又译为听障奥林匹克运动会）的前身。第 1 届世界聋人运动会于 1924 年在法国巴黎举行，同时也是全球最早举办的残疾人运动会，至今已有近百年的历史。当时仅有来自欧洲 9 个国家的 145 名运动员参赛。随后，参赛的国家和人数不断增加，到 2005 年澳大利亚墨尔本第 20 届世界聋人运动会时，已有 97 个国家的 3660 名运动员参赛，竞技水准也在不断提升。世界聋人运动会自创办之后，只有每四年举行一次的夏季运动会，直到 1949 年增加了冬季运动会。第 1 届冬季世界聋人运动会在奥地利举行，当时仅有 5 个国家的 33 名运动员参赛。2001 年 5 月，国际奥林匹克委员会鉴于在国际聋人体育联合会主导之下的世界聋人运动会办得极具规模且具有聋人文化特色，决议同意将世界聋人运动会更名为聋人奥林匹克运动会（简称聋人奥运会），并于 2001 年 7 月在意大利罗马举办的第 19 届夏季聋人运动会开始实施。2017 年第 23 届夏季聋人奥运会在土耳其举办，来自 97 个国家和地区的 3148 名运动员参加了 21 个大项的比赛，参加人数为历届聋人奥运会之最。截至 2021 年底，共举办了 23 届夏季聋人奥运会，16 届冬季聋人奥运会。

3. 智力运动会

全国智力运动会是继全国运动会、全国城市运动会、全国体育大会等全国综合性运动会之后又一个由国家体育总局主办的以智力运动项目为主的全国综合性运动会。2009 年 11 月 13—24 日，第 1 届全国智力运动会在四川成都举行。2011 年 11 月 8—18 日，第 2 届全国智力运动会在湖北武汉举行。之后，全国智力运动会改为每四年举办一次。2015 年 9 月 12—22 日，第 3 届全国智力运动会在山东省枣庄市举行。2019 年 11 月 8—18 日，第 4 届全国智力运动会在浙江省衢州市举行该届运动会设围棋（柯城区承办）、象棋（龙游县承办）、国际象棋（开化县承办）、桥牌（江山市承办）、五子棋（衢江区承办）和国际跳棋（常山县承办）6 个大项，共有 57 个小项，来自全国 47 个单位的 2874 名运动员报名参赛。

### （十三）依据比赛任务进行划分

依据比赛的任务，体育赛事可以分为友谊赛、对抗赛、邀请赛、选拔赛、表演赛、通讯赛、测验赛（测试赛）等。

### （十四）依据比赛时间进行划分

依据比赛时间，体育赛事可分为如下几类。

1. 夏季运动会

夏季运动会一般是指夏季举办的体育赛事。例如，夏季奥林匹克运动会，简称夏奥会，由国际奥林匹克委员会主办。它是世界上规模最大的全球综合性体育赛事，由国际奥林匹克委员会的成员国轮流举办，每四年举办一届，与冬季奥林匹克运动会相间举行。自 1896 年开始举办第 1 届，截至 2016 年共举办了 31 届。北京成功举办了第 29 届夏季奥林匹克运动会。世界大学生夏季运动会，素有“小奥运会”之称，由国际大学生体育联合会（International University Sport Federation）主办，只限在校大学生和毕业不超过两年的大学生（年龄限制为 17~28 岁）参加，它始办于 1959 年，前身为国际大学生运动会。北京和深圳分别于 2001 年和 2011 年举办了第 21 届和第 26 届世界大学生夏季运动会。

2. 春季运动会

常见于大、中、小学校。

3. 秋季运动会

常见于大、中、小学校。

4. 冬季运动会

冬季运动会一般是指在冬季举办的运动会。例如，冬季奥林匹克运动会，简称冬奥会（Winter Olympics），冬奥会每四年举办一届。2022 年北京联合河北省张家口市承办第 24 届冬季奥林匹克运动会。历届冬奥会举办情况见附录 1。

世界大学生冬季运动会与世界大学生夏季运动会一样，是一项由大学生运动员参加的国际综合性体育赛事，一开始是每两年举行一届。1960 年开始效仿奥运会赛制，在法国夏蒙尼（Chamonix）举办了世界大学生冬季运动会。起初，世界大学生夏季运动会和冬季运动会分别在单数年和双数年举行，从 1981 年起改为在同一年举行。到 2016 年，世界大学生冬季运动会已举办过 27 届，比赛项目有速度滑冰、短道速滑、花样滑冰、高山滑雪、越野滑雪、跳台滑雪、冬季两项、冰球、北欧两项、滑板滑雪。2009 年 2 月 18—28 日，黑龙江省哈尔滨市举办了第 24 届世界大学生冬季运动会。

第 1 届全国冬季运动会于 1959 年 2 月在黑龙江省哈尔滨市和吉林省吉林市举办。截至 2016 年，全国冬季运动会共举办了 12 届（第 2 届停办）。原定 2020 年在内蒙古自治区举办的第 14 届全国冬季运动会推迟至 2023 年年初。

### （十五）依据比赛场地进行划分

依据比赛场地进行划分，体育赛事可分为如下几类。

1. 室内体育赛事和室外体育赛事

体育赛事可分为室内运动会和室外运动会。例如，亚洲室内与武道运动会，简称亚室武会（根据亚奥理事会决定，2013 年的亚洲室内与武术运动会首次将亚洲室内运动会和亚洲武术运动会合并在一起举行），是亚洲规模最大的室内综合性运动会，由亚洲奥林匹克理事会成员国轮流举办，每四年举办一届，截至 2017 年共举办了 2 届。又如，中国国际山地户外运动公开赛（重庆·武隆）源于 2003 年由武隆县（现武隆区）人民政府和国家体育总局登山运动管理中心发起并承办的“中国重庆武隆国际山地越野挑战赛”，当时吸引了国内外 15 支户外运动队参赛。经过连续举办三届挑战赛，2006 年该赛事经国家体育总局认可，成功升格为“中国国际山地户外运动公开赛”。从 2007 年起，该赛事正式升级为国家体育总局、国家广电总局和重庆市人民政府联合主办的国际体育赛事，并逐渐成为重庆体育运动的一张亮丽名片。中国国际户外运动公开赛每年举办一届，目前已发展到包括山地自行车、骑跑交替、定向越野跑、峡谷穿越、暗河穿越、溯溪、速降、四人橡皮艇、皮划艇、射箭等竞赛项目。

2. 空中比赛

空中比赛主要有跳伞、滑翔伞、动力伞、热气球和滑翔机等项目的比赛。

3. 陆地比赛

陆地比赛非常广泛，包括平地比赛项目和山地比赛项目，如定向越野赛、山地越野挑战赛、汽摩山地越野赛等；当然还有夏季项目和冬季冰雪项目，如高山滑雪赛、花样滑冰赛等。

4. 水中比赛

水中比赛项目非常广泛，如潜泳、水下定向、钓鱼、游泳、跳水、水球、漂流、冲浪、滑水、风帆、舢板、帆船、游艇、摩托艇等项目及其相关赛事。

### （十六）依据比赛形式进行划分

依据比赛形式进行划分，体育赛事可分为如下几类。

1. 不借助器械的徒手比赛

如摔跤、散打、柔道等项目都是徒手比赛。

2. 借助器械的比赛

如摩托车、赛车、自行车、体操、马术、乒乓球、羽毛球、篮球、网球等项目，都需要借助器械进行比赛。

### （十七）依据体育赛事级别进行划分

1. 依据行政级别来划分

依据区域范围和国内行政级别来划分，体育赛事可以分为：①国家级体育赛事。②省级体育赛事。③地区级体育赛事。④县级及以下体育赛事。

2. 依据体育赛事技术指标体系进行划分

关于体育赛事的级别，每个项目都会有自己的一套分级的技术指标体系，如男子职业网球赛事分为四大类（挑战赛除外）：①大满贯赛，由国际网球联合会主办的四大网球赛事，级别最高，奖金总额超过 2000 万美元，冠军可以获得 2000 分的排名积分。目前有澳大利亚网球公开赛、法国网球公开赛、温布尔登网球公开赛和美国网球公开赛。②大师赛（包括年终大师杯/总决赛），每项赛事奖金总额约为 300 万美元，冠军可获得 1000 分的排名积分。③黄金巡回赛，由 ATP 主办的较高水平的网球赛事，级别仅次于大满贯和大师赛，其按奖金和排名积分分为两个级别，其中，一个是百万级别，总奖金额超过 100 万美元，冠军可获得 500 分的排名积分；另一个是低于百万级别，总奖金额小于 100 万美金，冠军可获得 250 分的排名积分。④国际巡回赛，由 ATP 主办的普通级别的网球赛事，级别低于大满贯、大师赛和黄金巡回赛，其按奖金和排名积分分为四个级别：百万级别，总奖金额 100 万美元左右，冠军可获得 250 分的排名积分；80 万级别，总奖金额 80 万~100 万美元，冠军可获得 225 分的排名积分；60 万级别，总奖金额 60 万~80

万美元之间，冠军可获得 200 分的排名积分；40 万级别，总奖金额 40 万美元，冠军可获得 175 分的排名积分。

### （十八）依据运动员参赛形式进行划分

依据运动员参赛形式进行划分，体育赛事可分为如下几类。

1. 单人参赛

如乒乓球单打、羽毛球单打、网球单打、单人皮艇比赛等。

2. 双人参赛

如乒乓球和羽毛球双打比赛等。

3. 多人参赛

如篮球、足球、排球、拔河、龙舟等体育赛事。

### （十九）依据体育赛事的赛制进行划分

依据体育赛事的赛制进行划分，可分为如下几类。

1. 淘汰赛

淘汰赛制是一种竞赛形式，参赛者在输掉一定场数的比赛后会丧失争夺冠军的可能。它包括单败淘汰赛制、双败淘汰赛制和三败淘汰赛制。淘汰制赛事通常会设有种子或排名制度，以避免水平较高的参赛者过早对赛。因此，实力最强的参赛者有相当机会在决赛相遇。通常单败淘汰赛制竞赛的参赛者数目为 2 的整数次方（2，4，8，16……）。例如，温布尔登网球公开赛单打项目共有 128 名球员参加，由此可确保每轮比赛的对赛双方有相同的比赛场数，比赛配对可全部预定好或每轮比赛过后才决定，假如没有轮空，每轮比赛将淘汰半数的参赛者，在参赛队伍或选手比较多的情况下往往采用此种赛制。

2. 循环赛

循环赛制即在一场比赛中每一竞技者均与除自身外的所有参赛者轮流捉对比赛一次或两次，依据全部场次的比赛结果判定比赛名次。它包括单循环、双循环和分组循环三种方法，这种竞赛方法比较合理、客观和公平，有利于各队相互学习和交流经验，当参赛队伍或选手比较少时可以采用此种竞赛方法。

3. 佩奇制

佩奇制是体育竞赛中一种赛制，介于淘汰制和双败淘汰制之间。该赛制于1931年首次被使用于澳大利亚维多利亚州橄榄球联赛的决赛阶段，是由该联赛专员珀西·佩奇（Percy Page）首倡的，因而得名佩奇制。最基本的佩奇制首先要求将参赛队按照循环赛或瑞士制的方式决出1，2，3，4名，然后在1，2名之间和3，4名之间分别进行比赛。3，4名比赛的负方获得第四名。1，2名比赛的负者与3，4名比赛的胜者之间再进行一次比赛，胜者与1，2名比赛的胜者再进行决赛，负者获得第三名。决赛胜方为冠军，负方为亚军。

从基本的佩奇制出发，现在又衍生出较为复杂的双佩奇制、分组佩奇制等多种方法。国际垒球联合会主席波特曾表示，双佩奇制可以保证让那些在小组赛中表现突出的球队和实力强劲的球队获得更充分的机会去展示自己。在复赛阶段实行佩奇制的比赛项目通常有垒球、棒球和冰壶等，但并非必须实行佩奇制，组织者可视比赛的具体情况而定。

## （二十）依据项群理论进行划分

依据项群理论来划分，从运动技能的呈现方式角度进行分类，可以分为表现难美性、表现准确性、隔网对抗性、同场对抗性、格斗对抗性五个项群体育赛事。如艺术体操、竞技体操、跳水等项目属于表现难美性比赛；射击、射箭、冰壶等项目属于表现准确性比赛；乒乓球、网球、羽毛球、毽球和排球等项目属于隔网对抗性比赛；篮球、足球、曲棍球等项目属于同场对抗性比赛；散打、摔跤、跆拳道、柔道等项目属于格斗对抗性比赛。

## （二十一）依据观众参与形式进行划分

依据观众参与形式进行划分，体育赛事可以分为参与体验式赛事和观看型赛事。前者如马拉松赛事、越野赛等，此类赛事更适合广大业余运动爱好者直接参与其中；后者是指高水平的竞技体育赛事或职业赛事，对抗性和竞技水平都比较高，观赏性强，如美国的四大职业联盟比赛、足球世界杯和奥运会这样的高水平体育赛事。

### （二十二）按照体育赛事个性进行划分

有些体育赛事个性鲜明，因此可依照此特性对体育赛事进行分类，可以分为红色运动会、极限运动会、户外运动会、水上运动会、航空运动会、街舞运动会、跑酷运动会、爬陡坡比赛、户外泥泞障碍赛等。

# 第二章　体育赛事的发展历程

历史是现实的一面镜子，研究历史的目的就在于总结和揭示社会发展规律，预见未来。研究体育赛事的发展历程，一方面需要总结其历史发展经验，了解其缘何而来，梳理出中外体育赛事发展的历史脉络，需要反思为什么中国在古代没有产生类似古希腊奥林匹克运动会形式的体育赛事，需要铭记近代史上中国在体育赛事发展过程中差强人意的表现；另一方面更加需要我们总结历史，把握未来。通过体育赛事这个视角，能够窥视到国家的兴衰变迁。从中华人民共和国成立到改革开放四十余年，从 1990 年北京亚运会到 2008 年北京夏奥会，再到 2022 年北京冬奥会，这一系列的事实都印证了那句颠扑不破的至理名言：国运兴，则体育兴。当前的中国已然成为世界上举办大型国际体育赛事的重要力量，并进入了一个体育强则国强的新时代。

## 第一节　远古时期的体育竞赛

体育赛事的起源要从体育竞赛的萌芽说起，而体育竞赛最早的源头可以追溯到原始社会。早在旧石器时代晚期（距今 5 万年左右），早期人类就已经有了以分胜负为特点的体能和技能的对抗活动，这就是人类体育竞赛的萌芽。

### 一、体育竞赛的形成

在新石器时代（距今 1 万年左右），人类已经有了较为成熟的竞赛形式，由竞逐向竞技发展演变。在人类早期的社会实践活动中，游戏和舞蹈对竞技活动的起源和发展起到了重要的推动作用，它们一直是早期人类传授与熟练生产、生活技能的主要形式。其中游戏最本质的特征就是“比赛”，在这种以发展体能或技能为主要目标的“比赛”中，产生出了最初的竞技运动和竞赛活动。体育竞赛的产生标志着人类原始对抗行为开始由野蛮向文明过渡，是人类体育活动由无意识到有意识的一次飞跃。

## 二、体育竞赛的发展

为了适应战争的需要，人们沿袭并完善了游戏和舞蹈，用以培养战士。一些战斗技能与满足战斗需要的体能练习开始日益专门化，从而出现了原始的劳动教育。游戏与舞蹈中的“身体练习”不仅成为游戏和舞蹈的内容，也成为检验氏族成员特别是男性成员能力的内容。史学家们认为，由动物的“竞逐”发展到人类的“竞技”大约经历了四个阶段：第一阶段是生存技能的传习，第二阶段是身体练习的出现，第三阶段是竞技活动的形成，第四阶段是原始赛会（祭礼赛会）的诞生。

“成人礼”是一种几乎所有民族在早期都会举行的活动，也称为受封仪式，是进入青年时期的“庆典”。它不仅是审查一个人（通常是年轻人）能否成为氏族或所在公社的正式成员并担负起成年人应负责任的一种神秘而庄重的仪式，更是部族全体成员都十分关注的重大社会活动。

“成人礼”成为一个民族培养青年一代的重要手段和方式，它的一个重要环节或内容就是有选择地将青年平时的“游戏活动”整合起来，让所有参加成年礼的青年共同进行“游戏”，以检验其体能与技能。这种“组织化的游戏”就是人类早期的竞赛，“成年礼”所规范的竞赛和形成的赛事，构成了人类早期的“赛会”。它为早期人类社会提供了“模式化的游戏活动”和“组织化的竞技活动”，是古代赛会的源头。例如，瓦努阿图北部彭特科特岛上的居民，每年都要在四五月份举办一次“死亡跳”活动。进行“死亡跳”时，竞跳者先要根据自己的胆量和能力的大小选择不同高度的跳台，然后站在自己选好的平台上，双脚各拴上一根藤条，这些藤条的另一端被拴在跳塔最顶端的木架上。竞跳者首先向观众挥手致敬，然后双臂向上高高举起，随着一声长啸，双脚一跃，便头朝下地扎向地面。

在原始社会后期，原始宗教、巫术和战争的发展为体育竞赛的发展提供了更加有利的社会背景。人类早期的“祭礼赛会”（也称为最早的运动会）就是在这种背景下产生的。这类竞赛活动的目的在于祭祀祖先、缅怀英雄、祭祀神祇、驱灾祛病、祈求丰年、军事训练和凝聚成员。然而，这时的祭礼赛会只是宗教活动的组成部分，体育和竞赛并未形成独立的社会现象，其自身的固有价值也并未被人们认识。“赛会”不是一般的游戏活动，而是“组织化的游戏”。从游戏到赛会，是社会整合的结果。由“祭礼赛会”又演化出了诸如“典礼赛会”“军礼赛会”“成丁赛会”等满足多种社会需要的赛会。

## 第二节　古代时期的体育竞赛

古代时期的体育竞赛分为国外和国内两部分内容，国外古代体育竞赛主要讲述古希腊体育竞赛，以古代奥林匹克运动会为典型案例；国内古代体育竞赛主要分析我国古代体育竞赛发展历程及主要特征。

### 一、国外古代体育竞赛发展

#### （一）古希腊体育竞赛

古希腊作为现代欧洲文明之源，在文学、哲学、艺术、政治学和自然科学等方面都创造出了无数优秀成果，对近代欧洲文明的形成和发展乃至整个世界文明的发展都产生了重大影响。

大约公元前 2600 年至公元前 1250 年，希腊文化发端于欧洲爱琴海周边的爱琴海文明。从考古发掘出的文物发现，当时的体育竞赛有斗牛比赛、宗教舞蹈、投掷梭镖、战车比赛以及拳击比赛等多种类型，其中斗牛比赛最为流行。

在古希腊，由于人们普遍重视体育活动，因此，竞赛活动开展得十分繁荣，形成了一个庞大的竞赛活动体系。其中，除了我们耳熟能详的古代奥林匹克运动会之外，还有为崇拜阿波罗而在德尔菲举行的皮西安运动会（The Pythian Games），为纪念大力神赫拉克勒斯（Heracles）进行的献祭运动会——尼米亚运动会（The Nemean Games），为了纪念古希腊神话中的海神波塞冬（Poseidon）在哥斯林南部举行的伊斯玛斯运动会（The Isthmian Games）。此外，在希腊竞技赛会繁荣时期，还经常举办赫拉运动会（The Heraean Games）等规模不等的竞技赛会。在古希腊众多体育竞赛活动中，对后世体育竞赛发展影响最大的无疑要数古代奥林匹克运动会了。

◆ **案例 2-1**

## 古代奥林匹克运动会发展概况①

### 一、古代奥林匹克运动会（简称古奥运会）的起源

古奥运会起源主要有以下几方面原因。

（一）自然环境独特

奥林匹亚位于伯罗奔尼撒半岛伊利斯城邦南部的阿尔菲斯河和克拉德斯河汇合处，是古奥运会的诞生地和永久性举办地点，其地处欧、亚、非三大洲交界处，属于温和晴朗的地中海气候，漫长曲折的海岸线和众多的海湾岛屿形成了许多天然良港。

（二）希腊民族特色鲜明的生活习俗

温和舒适的气候酿就了希腊民族户外体育活动的习惯和崇尚自然的审美情趣，与大海为伴的生活又使他们养成了心胸开阔、思变好动和敢于冒险、勇于竞争的性格，这就使得竞技运动成为希腊人生活的重要内容。

（三）奴隶制度下的教育

（1）公元前 9—公元前 8 世纪，希腊氏族社会逐步瓦解，城邦制的奴隶社会逐渐形成。由于整个希腊没有统一的国家，各奴隶制城邦间的纷争不断，各种竞技运动赛会成为各城邦显示自己优越性的一种方式，受到各城邦的普遍重视。

（2）为了镇压奴隶的反抗和暴动，斯巴达人的生活必须全面军事化，培养体

---

① 任海. 奥林匹克运动［M］. 北京：人民体育出版社，2005：18.

格强健的武士成为城邦的首要目标，这就决定了斯巴达教育是单纯的军事体育教育。

（3）希腊雅典教育更注重人的身心和谐发展，不仅要把子弟训练成为身强体壮的军人，更要求把他们培养成为具有多种才能、能言善辩、善于通商交往的政治家和商人。古希腊哲学家苏格拉底（约公元前470—公元前399年）曾说："不能表现身体的力量和美是一种耻辱。"①

（四）宗教习俗

（1）古奥运会是一种泛希腊的宗教庆典，它与宗教活动关系密切，有如下三个特点：一是对奥林匹斯山诸神的膜拜，二是有一套独特的祭祀制度，三是有丰富的宗教神话传说。

（2）在祭坛前向神灵献上技艺，展示自己的健与美，博取诸神的欢心，更成为最虔诚的宗教祭祀，于是这种带有宗教色彩的竞技活动逐渐形成了许多竞技赛会，主要的有奥林匹亚、皮西安、伊斯玛斯和尼米亚四大祭神竞技会。另外，还有专门为妇女组织的赫拉竞技会。由于宙斯是希腊诸神之王，祭祀宙斯的奥林匹亚竞技会发展成为当时整个希腊民族统一的祭祀竞技赛会，其重要意义远远超过其他赛会。

（五）战争因素

（1）战争要求希腊人具有强悍的体格和敏捷的行动能力，希腊人的尚武精神也使他们把体育锻炼当作头等大事。

（2）古希腊人借奥运会摆脱战争。古希腊人民厌恶连年不断的城邦战争，渴望和平，希望在古奥运会举办期间，以神的名义实行休战，以达到减少战争、摆脱灾难的目的。

（六）审美观念

（1）古希腊人普遍追求身体健美，甚至把它看作人生的主要目的。

（2）裸体竞技是一种美。

（3）奥林匹亚竞技会成为力与美的展示。

## 二、古奥运会的创始人

古奥运会的创始人是伊菲图斯（Iphitos）。他是希腊一个边陲城邦——伊利斯

① 全国体育学院教材委员会. 体育学院通用教材：体育史［M］. 北京：人民体育出版社，1990.

城邦的国王。当时，希腊正在饱受瘟疫和战乱之苦，为了抗击瘟疫、期盼和平，伊菲图斯征求了神谕，并于公元前776年宣告，根据神的旨意在奥林匹亚举行体育比赛，第1届古奥运会就这样产生了。

### 三、古奥运会的竞赛章程

（1）竞技赛会的组织者由贵族和宗教头面人物担任，他们有权决定运动员和观众的资格。

（2）竞技赛会的仲裁委员会由宙斯神殿中的专职祭司和经过选举产生的裁判人员担任。

（3）凡是在比赛中贿赂裁判或行为不检点的人要被处以重罚。古希腊人认为，奥运会是神圣的，如果行为卑劣是对神圣事业的不恭，惩处的方法有撤销比赛资格、取消名次和罚款等。

（4）竞技比赛只在人与人之间进行，不能在团队之间进行。

（5）参与竞技者必须是希腊人，必须在政治、道德、宗教、法律上没有污点。

（6）女子不能参加和观看比赛，违反者将被处以极刑。妇女在古希腊社会中的地位是低下的。古奥运会禁止妇女参赛主要由于下面两个原因：一是古希腊体育竞技作为宗教庆典仪式的内容之一，妇女出席有渎神灵，二是古奥运会的大部分项目要求选手赤身进行比赛，妇女观看有伤风化。

这个戒律被记载在最早的古奥运会章程的最后一条，这个章程是在公元前561年由古希腊哲学家吕耳顾斯拟定的。章程中甚至做出了极为残酷的惩罚规定：违规女子将被从山顶推下万丈深渊处死。这项严酷规定执行了165年后才有所松动。那是在公元前396年第96届古奥运会上，一位出身体育世家名叫费列尼卡（Felenica）的妇女为了亲眼看到儿子参加的拳击比赛，女扮男装混入赛场。当儿子获得拳击冠军，她冲上前去热烈拥吻，随即暴露了身份。她同样被判处死刑，只是因为她的父亲、丈夫、儿子都是奥运冠军，有众多元老为她说情，才免于一死。

另一个从古奥运会赛场上“全身而退”的女性是斯巴达王的妹妹库尼斯卡（Cuniska）公主。在某届奥运会上，库尼斯卡公主女扮男装，驾着她的马车报名参加了奥运会。凭着优异的技术，她战胜了所有男选手夺得了冠军。当人们知道这位冠军是一位姑娘时，不禁一片哗然。裁判慑于斯巴达王的威势，违心地把桂冠授给了公主，画家佩服姑娘的胆量，破例为她塑了像。在塑像的台基上，铭刻着这位英雄女性的豪言壮语：“我，库尼斯卡，曾驾驭狂暴的骏马在战车赛中获得了冠军，人们在此为我塑像，这塑像证明我是全希腊唯一夺得冠军的妇女，我无愧于人们的赞扬。”

四、神圣休战月

古奥运会开幕前，各城邦特使分赴各地，宣布“神圣休战月”开始。休战期间，任何人不得运用武器或发动战争，不得携带武器进入奥林匹亚，即使正在交战的双方也得放下武器，准备参加奥运会。“神圣休战月”原定为 1 个月，后延长为 3 个月，它具有至高无上的权威。古奥运会开始时就是一个和平象征。

五、古奥运会比赛时间

（1）古奥运会专指在奥林匹亚进行的体育竞技。在夏至（6 月 22 日）后第一个望月日开幕，日期最初只有 1 天，公元前 472 年确定为 5 天。每隔 4 年举行一届，称为一个奥林匹亚德。

（2）古奥运会初期，因竞赛项目少，每届只举行一天。后随着项目逐渐增加，从公元前 632 年第 37 届奥运会开始，会期延长到 3 天。从公元前 472 年的第 77 届奥运会起，会期又延长到 5 天。

六、古奥运会的比赛场地

最初，比赛在奥林匹亚村的阿尔齐斯神域内进行，后来在神域的东北角修建了一块长方形运动场。比赛场位于阿尔菲斯河谷北面的小丘旁，小丘整修为看台。最初容纳 2 万名观众，后扩增至容纳 4.5 万名观众，160 个贵宾席。比赛场长 212 米、宽 32 米，跑道长 192.25 米，并设有 770 米×320 米的跑马场，设有会议厅、更衣室和浴室等。

七、古奥运会比赛项目

前 13 届古奥运会只有短距离跑 1 个项目，以后又增加了往返跑，公元前 720 年第 15 届古奥运会又增加了长距离项目，第 18 届古奥运会增加了五项竞技和摔跤。拳击是古希腊最古老的运动项目之一，但直到公元前 688 年第 23 届古奥运会才被列为比赛项目。从第 25 届直到第 145 届，又陆续增加了四马战车赛、混斗、赛马、少年场地赛跑、少年五项竞技、少年拳击、武装赛跑、骡车赛、牝马赛、双马车赛、笛手赛、传令赛、四马驹车赛、马驹赛、双马驹车赛和少年混斗。

## 八、古奥运会的裁判员

古奥运会的裁判员享有极高的荣誉和极大的权利。古奥运会的组织工作由伊利斯城邦的官员和宗教领袖具体负责。古奥运会举办前一年，由伊利斯城邦在有名望的贵族中推选出裁判官主持古奥运会比赛。在最初的200年间，每届古奥运会只设1名裁判员。裁判员的职责：学习比赛规则，资格审查，监督训练，神圣休战，宣誓，执行判罚。古奥运会的第一个裁判员是德尔法国王伊费托斯（Iftos）。裁判员的数量在公元前580年改为2名；公元480年增至9人，并从中选择一名裁判长；公元384年的第108届古奥运会增加到10名，此后不再增减。

## 九、古奥运会的教练员

古奥运会的教练员是从富有战斗经验的老战士中挑选出来的，大多在竞技赛会上获得过优胜成绩，并在文化知识、道德修养、医疗保健、训练方法等方面有较高水平。教练员深受人们的尊敬和信赖，对选手的训练和管理也极为严格。

## 十、古奥运会的运动员

古奥运会对运动员的身份有严格规定：①必须是纯希腊人；②必须是自由民，在古希腊只有自由民可以自由进入运动训练场所；③必须是道德上没有污点的人；④必须经过赛前集中训练；⑤必须是男子。

## 十一、古奥运会的优胜者

古奥运会的优胜者在全希腊深受人们的尊敬和崇拜，被视为是宙斯最喜爱的勇士，是全希腊最优秀的公民。古代奥运会对获胜运动员的奖励曾多次变换，但总的来说，较长时间的奖励原则是着重于精神和荣誉方面，物质奖励相当微薄。第1至第6届，奖给冠军的是一头羊。第7届起，奖给冠军的是用橄榄枝编成的花冠，据说，用于编织桂冠的橄榄枝必须得由一个双亲健在的12岁儿童，用纯金刀子从神树上割下来，然后精心编制。古希腊人认为，橄榄树是雅典保护神雅典娜带到人间的，是神赐给人类和平、幸福的象征，是神物。用其枝编成花环奖予是一种特殊的荣誉。冠军称号不仅给优胜者本人，而且也给优胜者的父母和他所在的城邦带来极大的荣誉。返回家乡的优胜者会受到隆重的欢迎。城邦政府还要给予其丰厚的待遇，如免除一切赋税，终身由国家供养，在剧场保留最好的位置。为了永久纪念优胜者，古奥运会还决定在奥林匹亚神庙区给获得过3次冠军的优胜者塑像。但以后逐渐发展成为优厚的物质奖赏并授予某种特权。

## 十二、古奥运会的盛衰

古奥运会一千多年的历程，大致可分为三个阶段：第一个阶段（公元前8—公元前6世纪）：奥运会从只限于伯罗奔尼撒西部城邦参加的小范围的祭祀赛会，逐渐发展为各希腊城邦参加的盛会。第二个阶段（公元前6—公元前4世纪），为古希腊城邦奴隶制的全盛期，古奥运会达到鼎盛。第三个阶段（公元前4—公元4世纪），古希腊先后被马其顿和罗马帝国征服，城邦奴隶制逐渐崩溃，古奥运会进入衰落期。古奥运会和整个古希腊文化一样，随着奴隶制的繁荣而兴盛，又随着奴隶制的崩溃而衰落。古奥运会共举办了293届，历时1169年。其衰落具体说来有以下几个方面的原因。

### （一）城邦制度的崩溃

公元前431年爆发并持续了27年的伯罗奔尼撒战争是希腊城邦制度由盛而衰的转折点。这场战争导致经济萧条，社会风气衰败，大批奴隶逃亡或暴动。公元前338年兴起于希腊北部的马其顿王国不断南侵加速了古奥运会的衰亡。马其顿人在征服希腊以后，尽管保留了古奥运会，但其神圣精神已大为减色，规模和人们对它的关心、热情程度也远不如昔。公元146年，罗马人征服了马其顿人，希腊半岛也因此成为罗马共和国的一个省份。由于罗马人对希腊的“裸体运动”甚为反感，所以在一段时间几乎废除了希腊的节日竞技活动。古奥运会开始允许各国运动员参加，并增加了罗马的“人兽角斗”项目，这便否定了奥林匹亚的神圣，打破了只有希腊人才能参加古奥运会的传统。

### （二）古奥运会的世俗化

在古奥运会逐渐丧失希腊民族精神家园意义的同时，也在迅速向世俗化方向发展，成为单纯的娱乐性活动。古奥运会也演化为少数职业选手追逐金钱的职业竞争，出现了专门参加各种赛事的“流动运动员”。奥林匹克的精神价值为物质利益的追求所取代，奥林匹克精神逐渐被淹没在物质利益的贪欲中，古奥运会比赛中出现了徇私舞弊，奥林匹克竞技运动被异化。古奥运会逐渐成为罗马奴隶主贵族消遣取乐的“观赏会”。人们对奥运会的兴趣一落千丈。

### （三）希腊人教育观念的变化

古希腊竞技运动之所以兴旺发达，与希腊人重视体育教育密切相关。但在希腊城邦制度后期，希腊的教育价值发生了变化，由过去追求的“行动的人和智慧的人”的结合，逐渐趋向单纯培养“智慧的人”。学校重视智育教育，因此，体育的衰落使得古奥运会失去了必要的社会基础。

（四）宗教的冲突

兴起于公元2世纪的欧洲基督教给古奥运会带来了彻底消亡的厄运。公元393年，统治了希腊的罗马皇帝狄奥多西一世宣布立基督教为国教。为了维护罗马对希腊的统治，巩固基督教的地位，狄奥多西一世因古奥运会起源于古希腊神话和传说，是异教活动，便下令终止了古奥运会。

## （二）古罗马体育竞赛

罗马从公元前500年左右建立独立的城邦开始，经过一系列的征战，建立起了一个横跨欧、亚、非大陆的庞大帝国。但是，就体育的发展来说，罗马与古希腊相比，总体上是退步了。

在古罗马统治时期，体育的发展有着自身的独特性，甚至有时还是矛盾的发展方式。在连年的征战中，罗马塑造了一支世界上最强大的军队。因此，在规模庞大的军事训练中，必须包含各种体育活动，就军事训练中的体育活动而言，罗马体育包括竞赛都得到了快速的发展。但是统治阶级并没有像古希腊那样建立专门的类似学校那样的组织机构来发展体育。

罗马早期的竞赛带有浓厚的宗教色彩。此后，随着贵族和平民之间的斗争日益尖锐，罗马的竞赛活动逐步出现了平民赛会和贵族赛会的分野。在举行竞技赛会的同时，原来古希腊体育活动的内容逐步边缘化，角斗士格斗、斗兽比赛等残酷的表演项目成为风靡罗马的竞赛活动。

## （三）中世纪体育竞赛

从公元前476年西罗马帝国灭亡开始一直到英国资产阶级革命前夕，欧洲大陆历经了漫长的1000多年的中世纪。在这一阶段，虽然封建制度在世界上处于统治地位，但是就体育竞赛的发展来看，不同地区表现出不同特点。

中世纪前期，在欧洲由于基督教统治地位更加稳固，体育活动进一步受到排挤，除了维护统治阶级利益的骑士体育（骑士七技：骑马、游泳、投枪、击剑、打猎、下棋、吟诗）得到进一步的发展外，民间体育活动基本上处于停滞状态。

中世纪后期，随着生产力的发展，在封建社会内部萌发了资本主义。欧洲产生了以手工业和工商业为中心的城市，以手工业和商人为主的市民阶层逐渐登上了历史舞台，从而产生了与封建贵族不同的新兴的市民体育，主要有足球、摔跤、投石、赛跑、斗棍、滑冰、赛马、舞蹈与棒球等。

## 二、我国古代体育竞赛的发展

### （一）我国古代体育的特征

受我国传统养生、娱乐思想的影响，我国古代的身体运动大多与强身健体、道德礼仪教育、延年益寿有关。因此，体育竞赛不可避免地被纳入整个封建道德伦理框架之下，纯粹的竞赛形式不是很多。

从我国体育发展的第一个黄金时代——周朝开始，包括体育在内的一切娱乐活动都被历代统治者纳入了“礼”的范畴之中，明确指出体育活动是实施教化和统治的理想形式。例如，《礼记·射义》云：“射者，男子之事也，因而饰之以礼乐也；故事之尽礼乐，而可数为，以立德行者，莫若射，故圣王务焉。”从这句话可知，统治阶级已经将礼的观念贯穿于人们的日常生活中，而“射”则是实施教化的理想手段。由此可见，在竞赛活动中，礼制教化是最主要的目的，而竞赛本身则相对退居次要地位。

### （二）我国古代体育竞赛的发展

在商朝，为维护阶级统治，军事训练受到重视，而在军事训练中，以体育活动为主要方式的系统化训练手段已经出现，如赛车、射箭、骑马、投掷梭镖、徒手格斗等。在民间也出现了各种舞蹈并演化成为各种祭祀活动的主要手段。

从周朝开始，中国的体育在活动内容、方式、手段等方面大大发展进步，而且在竞赛活动的组织方面也形成了一套严密的组织制度。因此，从周代开始，中国的竞赛活动已经开始朝着制度化方向发展，例如，在当时广为流行的蹴鞠比赛中已经形成严格的竞赛规则。此外，摔跤、拳击、举重、拔河、舞蹈、水上竞技等几乎所有的竞赛活动也都有了一定的规则限制。

在西周，按照不同的等级，“礼射”分为四种：大射、宾射、燕射、乡射。大射一般在宫中举行，是周天子举行祭祖、祭神等大典时举行的竞赛活动；宾射则是周天子与诸侯同射的一种礼射；燕射是大臣饮宴或是娱乐时的礼射；乡射一般是在州序进行，普通庶民都可以参加。

春秋战国时期，由于生产力的发展，战争和奴隶暴动的推动，社会的阶级关系发生了很大的变化，这一时期的体育活动有所发展，如孙武的《孙子兵法》中就有不少有关身体机能和训练的内容。在汉代，由于政治宽简，人民得以休养生息，加之为了加强军备，这些都促进了汉代体育在先秦体育的基础上获得较大发展。尤其是训练士兵的军事体育，如骑射、刀术等武艺，以及蹴鞠等都有较大发展。经过秦汉的统一，“武舞”“百戏”等大型竞赛活动开始出现。

到了隋唐五代时期，特别是隋唐时，体育的发展出现了空前的繁荣景象。体育运动项目繁多，仅球类就有马球、蹴鞠、步打球、十五柱球、踏球、抛球等。例如，隋炀帝召集全国体育、杂技、乐舞能手综合表演的“角抵大戏”“经月而罢”等，相当于现在的全国运动会。据记载，唐朝就有中国与日本围棋手的比赛，同时推行武举制，对体育的发展起到了促进作用。民间的体育活动有拔河、秋千、竞渡、滑雪、滑冰、登高、郊游、棋类等。

北宋时期沿袭了武举制，加上王安石变法，提倡富国强兵，对体育的发展起到了刺激作用。此时，中国社会逐步分化出一个特殊的社会阶层——市民阶层，体育竞赛也随着市民的活动全面走向社会。例如，在临安、汴京等大都市，出现千人规模的表演场所（宋代称为“瓦子”“瓦舍”）。同时，兴盛于唐代的球戏，竞技性也逐渐消失，由对抗性竞赛表演变成个人技艺的表演。

明清时期，中国武术发展出现了一个高峰期，民间涌现出许多武艺高强的名人壮士。鸦片战争之后，由于鸦片的输入、清政府的“禁民习武”政策等原因，致使国民体质不断下降。

# 第三节　近现代时期的体育赛事

近现代时期国内外体育赛事都有较快发展，尤其是职业体育运动的兴起以及现代奥林匹克运动的诞生。在这一时期，西方的体育运动通过教会等途径传入我国。我国的体育赛事仍然处于起步阶段。

## 一、国外近现代体育赛事的发展①

### （一）英国职业体育赛事发展历程

西方学者一般认为，体育作为一项产业起源于英国。美国学者莉萨·马斯特拉莱西思（Lisa Mastralis）在她 1998 年出版的著作《体育管理理论与实践》一书中提出，英国是现代体育和体育产业的出生地。因此，研究职业体育赛事的缘起，一般都会从英国开始。

英国的职业体育赛事发展从 16 世纪开始，迄今大致可以分为以下三个阶段。

1. 第一阶段： 16—18 世纪——英国商业体育赛事的萌芽与形成阶段

从政治上讲，16—17 世纪的欧洲处于封建社会走向衰亡和解体的阶段，也是从封建社会步入资本主义社会的过渡时期，封建贵族阶层逐渐衰落，新兴资产阶级逐步兴起，伴随着新兴资产阶级产生的是大众商业化体育。从文化上讲，英国这个时期，受文艺复兴、宗教改革、启蒙运动这三大思想文化运动的影响，大大解放了人的思想，使得人们的体育娱乐需求迅速提升。同时，英国本身就具有热爱体育的文化传统，这也为体育发展成为商品奠定了良好的思想文化基础。从经济上讲，随着当时社会生产力的迅速发展，人民生活富裕，娱乐成为一种社会追求。政府在这个时期，从外部制度安排上，确定了基本法律制度，保护私人产权

① 王庆伟．论西方发达国家职业体育制度的源起及其变迁［J］．西安体育学院学报，2004（2）：17-20.

以及自由经济市场。市场的需求，英国早期重商主义环境的存在，使得商业体育具有了生存的土壤，在一些商人的努力下，原来的“乡村体育”及“绅士体育”逐渐转变成了商业性体育。所谓商业性体育，其实质就是体育表演成为一种商品进入市场，可以进行交换，即体育表演的商品属性在这个阶段就已经凸显出来。从内部制度安排看，这个时期的商业体育还只限于个人需要而组织的商业性比赛，竞赛规则简单，组织程度很低，运动技术表演者往往都是为谋生而参与的社会底层大众群体。

2. 第二阶段：19 世纪——英国职业体育赛事发展的初级阶段

“发展到 19 世纪 20—30 年代，英国的工业革命基本完成，国内的经济结构和阶级结构发生了很大的变化。18 世纪到 19 世纪，英国完成了从农业国到工业国的转变，城市人口迅速增加。到 19 世纪中叶，英国铁路网遍布全国，英国成为世界上工商业最发达的国家。”① 19 世纪中叶是英国历史发展过程中的重要转折时期，资产阶级生产关系在这个时期发展很快。在经济上，随着工业革命的完成，英国的资本主义逐渐走向成熟。19 世纪末 20 世纪初，英国从自由资本主义阶段发展到垄断资本主义阶段，工人人数剧增，在这样的时代背景下，体育的发展状况必然受到当时社会大环境的影响。

由于以上条件，19 世纪初大量产业工人的产生以及都市生活方式的改变，使得体育需求迅速提升，到了这个世纪的最后 1/4 时期，在大众需求和商业利益的推动下，体育娱乐的供给和需求有力地结合在了一起。

到 19 世纪，英国的拳击运动已经彻头彻尾地发展成了职业运动。职业拳击手在从事拳击这一行当以前，大都是工厂工人、河运工人等。最初的职业拳击手中也有许多人是船夫出身，因为船夫身体条件好，他们往往为了谋生而打拳。发展到 19 世纪中叶，英国成立了大量的俱乐部，其中有业余体育俱乐部，也有商业体育俱乐部，俱乐部内部或俱乐部之间往往组织一些商业比赛，以吸引社会大众观看，从中赢利，这是职业体育赛事形成的最初组织形式。

在 19 世纪，“总的来讲，几乎没有体育项目拒绝向职业化方向发展，即使是那些中产阶级所从事的项目，如网球、自行车和高尔夫运动也不例外。绅士赞助

① 王觉非. 欧洲五百年史［M］. 北京：高等教育出版社，2000：195.

体育比赛者的方式导致了职业选手阶层的诞生，这些职业选手通过比赛活动赢得谋生的经济收入，已经证明了这一点”。① 如果说18世纪的贵族阶层和绅士阶层是为了爱好而从事体育，那么，到了19世纪则是为了赌博、为了商业利益而从事体育；如果说18世纪是一个典型的私人赞助体育比赛的（私人慈善事业）模式，那么到了19世纪就逐渐成为一种社会大众通过消费来赞助体育比赛的模式，即规模化、组织化的商业比赛大量产生了。

这个时期，英国的商业体育俱乐部大量产生，经营方面，开始出售门票，获得商业利益，职业运动员也应运而生。因此，从外部制度安排的角度看，这个时期英国的职业体育赛事具有了良好的制度环境，尤其是当时的经济环境有利于职业体育赛事的发展。从内部制度安排看，俱乐部组织的成立以及俱乐部经营模式的确立，使得职业体育比赛更加组织化、规模化、精彩化，因为只有精彩的比赛才能够吸引更多的消费者。

3. 第三阶段：20世纪至今——英国职业体育赛事发展的成熟阶段

进入20世纪，英国职业体育赛事发展迅速，“到1900年，一个收门票费的重要的地区板球比赛观众数量就可以达到20 000人之多。普通比赛观众人数也经常达到10 000~15 000人”。② 这说明市场需求增长非常明显。正是有这种巨大的市场需求，推动投资人进行更好的制度安排，从而获得丰厚的经济回报。从这一点可以看出社会大众对职业体育竞赛产品的市场需求推动了职业体育制度的迅速发展。例如，由最先前的没有围栏的赛场到建立围栏，收取门票，再由收取门票到吸引企业赞助商等措施，都是职业体育产品作为特殊的商品所表现出来的强烈的排他性而做出的一系列的制度安排。

尽管第一次世界大战使得体育活动萧条了许多，但绝大多数体育项目在20世纪20年代伴随着职业运动得到了恢复，业余体育和职业体育的紧张关系开始松动。第二次世界大战后，英国的娱乐发展趋势主要是娱乐活动的民主化、自由化，汽车、电视的普及以及在1965年英国成立了体育发展委员会推动了英国体育的发展，

① WIGGLESWORTH N. The Evolution of English sport [M]. London: Great Britain by FRANK CASS & CO. LTD, 1996: 7.

② VAMPLEW W. Pay up and play the game -professional sport in Britain 1875—1914 [M]. Cambridge: Cambridge University Press, 1988: 4.

电视广播媒体开始广泛介入职业体育领域。诸如：从 1968 年开始，精英层次的草地网球运动员已经变成实际上的职业运动员，只是名义上不这么称呼。

发展至今，英国的职业体育赛事从组织制度以及管理制度上，都已经发展到了趋于成熟的阶段，具体体现在组织结构稳定，管理制度比较完善，产权制度稳定，经营管理人士专业化、职业化。这些都说明英国的职业体育赛事进入了成熟的发展阶段。

### （二）美国职业体育赛事的发展历程

美国在 17、18 世纪曾是英国的殖民地。“18 世纪末，美国的工业开始启动，但直到 19 世纪初，美国仍然是一个农业国，95%的人口生活在农村”。[①] 很明显，美国的职业体育源起落后于英国的职业体育发展。美国体育赛事首先在 18 世纪殖民地东部的沿海城市（这时城市已经成为商业中心）急速发展。例如，赛马、斗鸡等，都是民间自发组织活动，即民间自发组织的、纯粹属于娱乐休闲的需要。但是发展到了 18 世纪最后的 1/4 世纪，体育赛事开始商业化运作，可以吸引上万人前往观看。

美国职业体育赛事的发展历程，从 18 世纪末开始发展到今天，大致可以分为以下几个阶段。

#### 1. 第一阶段：19 世纪——美国职业体育赛事发展的关键阶段

19 世纪中叶，美国社会结构发生了变化，伴随着阶级的分化，严格的劳动分工、消费时尚的出现以及工作时间和非工作时间的分离，为体育娱乐的发展创造了机会。此时，产业资本逐渐把艰辛的体育工作和体育娱乐分开了，这对于年轻人来讲，具有不可抗拒的诱惑力。但是达到这个规模的竞技运动比较少，一些体育活动（如赛马比赛）是当时主要的比赛活动，并显示出了重要的现代体育比赛的特征——具有了标准化比赛规则、数据统计、竞赛规程等。一些项目吸引了大量观众和领薪酬的运动员，但总的说来，“这个时期的体育作为一种商品仍然处在他们的婴儿期”[②]。

---

① 汝信，钱满素 . 美国文明［M］. 北京：中国社会科学出版社，2001：270-271.

② POPE S W. The new American sport history recent approaches and perspectives［M］. Illinois：University of Illinois Press，1996：47.

“到19世纪的最后10年，体育如我们今天所理解的体育终于诞生了，并且，我们现在所能想到的整个现代组织机构——城市工业的美国，官僚结构、公司组织、资本主义意识形态、城市发展等都极大地促进了职业体育的产生。”①

到了19世纪末，美国成为世界第一经济强国，职业体育比赛本身以及支持职业体育比赛的组织结构都已经比较完备，这为20世纪的美国职业体育发展打下了坚实的结构性基础。这个时期，新兴的职业体育制度安排已经产生，职业体育开始运用现代的商业技巧来发展传统的体育。

2. 第二阶段：20世纪——美国职业体育赛事快速发展

到“1900年美国的工业总产值占世界工业总值的61%，国内工业产值超过农业产值，1921年美国工业结构中重工业比重超过轻工业。同时，农业也通过技术革命完成了现代化。从产业结构上来说，美国的经济在20世纪50年代开始进入服务经济。1989年，美国在服务部门就业的人数占总人数的70%，生产总值也占国内生产总值的70%”。② “从1950年开始，美国的产业结构一直在向服务业转变。1991年，在美国的全部劳动力中，农业人员占2.9%，工业人员占25.8%，服务人员占71.3%。”③ 这样的经济发展使得体育消费成为普遍现象。在20世纪，美国的生产能力呈爆炸性增长趋势，从根本上改变了人们的生活方式，使美国社会进入自由消费时代，体育消费也成为潮流。这个时期，职业体育赛事整体上已经和生活紧密地结合在一起。城市变成了新的商业活动的中心，而体育项目本身就是由商业或组织机构支持的，因此，美国职业体育赛事在美国的商业文化中得以扩展和延伸。

1870—1920年，美国体育主要从地方性活动发展成为国家层面的有组织的运动，商业化的规模景观开始出现。1922年美国职业橄榄球大联盟（National Football League，简称NFL）成立。美国的职业篮球开始于1898年，伴随着全国篮球联盟（National Basketball League，简称NBL）的形成，其间经历了多个职业篮球联盟的自由竞争，最终在1949年成立美国职业篮球联盟（National Basketball Asso-

① POPE S W. The new American sport history recent approaches and perspectives［M］. Illinois：University of Illinois Press，1996：51.

② 汝信，钱满素．美国文明［M］．北京：中国社会科学出版社，2001：270-271.

③ 汝信，钱满素．美国文明［M］．北京：中国社会科学出版社，2001：282-283.

ciation，简称 NBA)。1909 年，职业冰球在美国开始萌芽。这一年国家冰球联盟（NHA）成立，1911 年大西洋冰球联盟成立。两个联盟共同在 1912 年举行了决赛，这标志着职业冰球的产生。1917 年国家冰球联盟解散，成立北美职业冰球联盟（National Hockey League，简称 NHL)。

随着网球运动的普及，美国职业网球表演于 1920 年兴起，这也催生了职业网球俱乐部的产生和壮大。为了吸引更多的观众，获得更高的收入，这些俱乐部中的职业选手不断提高自身的网球技术水平。随着观众的增多，业余比赛已经不能满足他们的观赛需求。到了 20 世纪 30 年代，美国许多顶尖网球选手已经完全转变为职业选手。

20 世纪 20 年代，美国职业体育赛事进入大发展时期。由于 1929 年开始的经济大萧条和随后的第二次世界大战，美国的职业体育在这个时期发展缓慢。但第二次世界大战结束后，随着经济的快速复苏，美国职业体育又进入了快速发展阶段。

进入 20 世纪中叶，美国职业体育进入了大发展时期。这个时期，“美国电视普及速度相当迅猛，拥有电视机的家庭，1946 年是 1.5 万户，1950 年达到约 400 万户，1953 年猛增到 3000 万户，1960 年达到 4600 万户，拥有电视机的家庭已经超过了拥有自来水和室内洗浴设备的家庭。90%的家庭拥有至少一台电视机，每天在电视机前消磨的时间大约是 4 个小时。哥伦比亚广播公司总经理弗兰克·斯坦顿博士曾经说：‘电视以其强大持久的魅力日日夜夜吸引着美国人，这是其他事物所做不到的。’”①正是电视技术及电视转播技术的发展极大地推动了职业体育的发展。进入 20 世纪 60 年代，美国职业体育俱乐部数量猛增。例如，美国职业棒球大联盟球队从 12 支发展到 16 支，北美职业冰球联盟球队由 6 支增至 12 支，美国职业篮球联盟的球队由 9 支发展成 14 支。美国体育史学家 D. B. 范达冷（Vandalen）认为：“这样的大发展基于多种原因。美国人口增至 2 亿以上，新的大都会市区的发展，喷气式客机旅行及 20 世纪 60 年代新建的十几个富丽堂皇的新体育场。”②20 世纪 70 年代后，由于电视媒体的充分介入、美国东部和南部人口规模膨胀、政府对职业体育政策的优惠等多因素共同作用，吸引了许多资本投入到职业体育中

---

① 庄锡昌．二十世纪的美国文化［M］．杭州：浙江人民出版社，1993：161.

② 张林．职业体育俱乐部运行机制［M］．北京：人民体育出版社，2001：13.

来。这个阶段，美国职业球队的身价也大增，棒球和橄榄球队可卖至 1.25 亿美元，篮球队可卖至 7000 万美元，俱乐部和运动员的收入也大大增加。当然这与这个时期俱乐部的经营收入结构变化有着直接的关系，电视合同成为俱乐部的主要收入之一。进入 90 年代，俱乐部的收入和球员的收入增长缓慢，观众增长率也不断下降，球员工资的攀升导致俱乐部经营负担过重。这个时期还出现了劳资关系紧张，球员罢工，球场暴力，球员酗酒、吸毒和滥用药物等事情逐渐增多。这个阶段俱乐部经营出现新的困难与危机。

总的来说，英国体育赛事从 18 世纪传入美国。由于受到商业文化的影响，体育赛事也开始商业化。发展到 19 世纪，美国的职业体育赛事产生并快速发展，目前，美国大约有 20 个运动项目进入了市场，走上了职业化和商业化的道路，仅棒球、篮球、橄榄球、冰球和足球 5 个项目就拥有近 800 支职业队（含少量加拿大的球队）。

目前，北美四大职业体育联盟分别是：美国职业橄榄球大联盟、美国职业棒球大联盟（Major League Baseball，简称 MLB）、美国职业篮球联盟、北美职业冰球联盟。其中，橄榄球职业俱乐部有 32 个，棒球职业俱乐部有 30 个，篮球职业俱乐部有 30 个，冰球职业俱乐部有 31 个，四大职业联赛俱乐部总数高达 123 个，占全美职业体育俱乐部总数的 70%以上。这也就是说，美国职业体育俱乐部中四大联盟以外项目的俱乐部总数只有 30%。而且美国女子职业篮球联盟、女子足球职业联盟、女子职业拳击比赛等女子职业体育项目发展迅速。这些都说明进入 21 世纪，美国职业体育进入了一个新的发展阶段。当然，最终发展项目数量取决于美国市场的容量，由市场来调控。

◆ **案例 2-2**

## 现代奥林匹克运动会的发展概况

### 一、现代奥林匹克运动会（简称“现代奥运会”）产生的背景

古奥运会自公元 393 年被禁止。沉睡了一千多年之后，它在 18 世纪特别是 19 世纪末期又引起了人们的极大关注，并得到了恢复与发展。之所以出现这种状况，与当时的国际环境（主要是欧洲形势）有着密切的关系。现代奥运会兴起于欧洲

资本主义工业化时代。它以坚实的社会经济、政治、文化基础为依托，顺应了社会发展的需要和体育发展的潮流，是人类社会进入工业文明后开始的一项伟大社会实践。其产生有六大背景。

（一）大规模的思想文化运动

14—18 世纪，欧洲大陆出现了三次大规模的思想文化运动：①文艺复兴；②启蒙运动；③宗教改革。

（二）资本主义工业化生产和资产阶级的教育方式

资本主义工业化对体育的需求是现代奥运会兴起的社会条件。

（三）体育的国际化趋势为奥林匹克运动的产生创造了条件

（1）1881 年，第一个国际单项体育组织——国际体操联合会成立。

（2）1892 年，国际赛艇联合会和国际滑冰联合会相继成立。

（3）随着国际体育交流的增多，一个能够协调各体育组织活动的国际体育组织的诞生就成为必然。

（四）古奥运会遗址的发掘唤起了人们对奥林匹克运动的向往

（1）16 世纪中期前，英、法、德等国的学者都希望进入希腊寻找古奥运会的遗迹，但由于土耳其人的封锁，这一愿望未能实现。

（2）1766 年，英国学者理查德·钱德勒被允许进入希腊实地考察，发现了古奥运会的遗址。

（3）1852 年 1 月 10 日，德国柏林大学教授库尔提乌斯在遍访伯罗奔尼撒半岛回国后，发表了有关古奥运会的长篇演说，在社会上引起较大反响。

早在 1723 年就已经有人建议科孚岛的大主教发掘奥林匹亚。1766 年，英国神学家和学者理查德·钱德勒（Richard Chandler）到达奥林匹亚。1768 年，德国考古学家温克尔曼（Winkleman）做了一份发掘奥林匹亚的计划，但由于他突然逝世，计划未能推行。1787 年，一名法国人首次为当地画了一张地形图，并对附近地区进行描述。此后，数位著名英国考古学家到达奥林匹亚。1806 年，两名英国考古学家首次在宙斯神庙遗址上进行小规模的发掘。1811 年和 1813 年，英国学者对当地绘制了详细的地形图。1829 年，一队法国考古学家在两个月的时间内将宙斯神庙基本上发掘出来。

（五）世界各地复兴奥运会的尝试为奥林匹克运动的兴起积累了经验

（1）19世纪30年代，瑞典伦德大学的斯卡图教授曾筹办了两次被当地报纸称作“奥运会”的比赛活动。从1849年起，英国布鲁克斯博士组织每年一届的“奥林匹克节”长达十年。

（2）19世纪中叶以后，希腊人渴望借复兴古代奥运会来重振古希腊文明。

（六）战争的威胁和人们渴望和平的愿望促进了奥林匹克运动的兴起

19世纪末，世界上出现了垄断资本主义和帝国主义，一个新的、强大的帝国主义国家——威廉二世统治的德国登上了历史舞台，并且想通过战争来重新瓜分世界，战争的阴云笼罩着整个欧洲。

在此阶段，德国要求复兴奥运会的呼声很高，其目的是想通过奥运会来扩大本国的影响，为称霸世界服务。法国是德国的近邻，法国人民反对战争，渴望世界和平。复兴奥运会，不仅有利于国际体育的发展，而且有助于法国人民和世界人民反对德国称霸世界的斗争。复兴奥运会成为人们的迫切需要。

## 二、顾拜旦的杰出贡献

皮埃尔·德·顾拜旦（Le baron Pierre De Coubertin，1863—1937年），是法国著名教育家、国际体育活动家、教育学家和历史学家、现代奥林匹克运动的发起人。1863年1月1日出生于法国巴黎的一个非常富有的贵族家庭。1896年至1925年，他曾任国际奥林匹克委员会主席，并设计了奥运会会徽 、奥运会会旗 。由于他对奥林匹克不朽的功绩，被誉为现代“奥林匹克之父”。

1891年，顾拜旦创办了《体育评论》杂志，并以此为阵地热情宣传他的主张，对创办奥运会起到了积极的推动作用。1892年12月25日，顾拜旦发表了题为《复兴奥林匹克》的著名演说。

1894年，巴黎国际体育会议宣布成立国际奥委会，顾拜旦任秘书长，并亲自起草制定了国际奥委会第一部宪章。1896年，在希腊雅典召开了第1届奥林匹克运动会。顾拜旦在复兴奥林匹克运动中遇到了重重困难。1896年第1届奥运会因经费困难几乎流产，他亲赴雅典，拜会首相和王储，日夜奔波想尽办法，终于使奥运会顺利举行。第2届巴黎奥运会又遇世界博览会同时举办，两者产生矛盾。顾拜旦被迫辞职，还不时遭到讥笑和唾骂，但他忍辱负重，从不气馁。1912年第5届奥运会时，他发表了著名诗作《体育颂》。1925年，他辞去国际奥委会主席职务，担任终身名誉主席。顾拜旦从1883年20岁时就开始了复兴奥运会的工作，直到他

1937 年 9 月 2 日逝世，整整为奥林匹克运动奋斗了 54 年。他不顾家庭的困难，对工作不分巨细都亲自操办。他四处奔走联络各方，广交朋友争取支持，呕心沥血，殚精竭虑。他为现代奥林匹克运动的发展立下了不朽的功绩。

## 三、现代奥运会比赛项目的设置与发展

自 1896 年第 1 届奥运会到 2021 年日本东京举办的第 32 届夏季奥林匹克运动会（简称“夏奥会”），现代夏奥会已举办了 32 届。但是由于两次世界大战的缘故，现代夏奥会在 1916 年（第 6 届）、1940 年（第 12 届）和 1944 年（第 13 届）中断了 3 次，实际上只举行了 29 届。比赛项目从第 1 届的田径、游泳、体操、举重、击剑、角力、自行车、古典式摔跤和射击 9 大项 43 个小项，到东京夏奥会时已发展为 33 个大项 339 个小项。

### （一）第二次世界大战前（1896—1936 年）比赛项目的设置

#### 1. 比赛项目设置的随意性

1896—1936 年历届夏奥会竞赛项目（大项）设置情况见表 2-1。

表 2-1　1896—1936 年历届夏奥会竞赛项目（大项）设置情况分析表

| 年份 | 大项数 | 增设项目 | 删减项目 |
|---|---|---|---|
| 1896 | 9 | — | — |
| 1900 | 17 | 射箭、赛艇、马术、足球、帆船、橄榄球、高尔夫球、槌球、板球、马球 | 举重、摔跤 |
| 1904 | 14 | 长曲棍球、拳击、短柄槌球 | 马术、射击、帆船、自行车、橄榄球、板球、马球 |
| 1908 | 20 | 射击、自行车、曲棍球、帆船、老式网球、橄榄球、摩托艇、热杰球 | 举重、高尔夫球、短柄槌球 |
| 1912 | 13 | 马术、现代五项 | |
| 1920 | 19 | 举重、拳击、射箭、曲棍球、马球、橄榄球 | |
| 1924 | 17 | — | 射击、网球、射箭、马球 |
| 1928 | 14 | 曲棍球 | 橄榄球 |
| 1932 | 14 | 射击 | 足球 |

数据来源：国际奥委会官方网站 http：//www. olympic. org。

原因：由于当时国际奥委会和各单项体育联合会都还没有建立或运转起来，所以每届奥运会竞赛项目都会有很大变动。

2. 比赛项目设置的不规范性

因为这一阶段奥运会的运作尚处于探索阶段，所以竞赛项目呈现出明显的随意性和不规范性。例如，田径项目马拉松距离曾多次变动，历经了40公里、40.6公里、40.75公里、42.195公里几个发展阶段；举重和摔跤无体重分级，而且比赛时间无严格规定，这也造成了1912年第5届奥运会上瑞典和芬兰运动员之间的摔跤比赛进行了9个多小时。

200米栏、立定跳高、左右手推铅球、左右手掷标枪、铁饼、掷壶铃等都被列为比赛项目，体操设爬绳，游泳设跳水竞远、60米潜泳。另外，由于冬奥会尚未举办，花样滑冰也被列入夏季奥运会比赛项目。

3. 比赛项目设定的不稳定性

这主要表现在主办方可以临时调整事先规定的项目，如：第1届奥运会的赛艇和帆船比赛由于天气原因而被取消，专为停泊在比鲁士港的军舰上的水手临时增设了一项100米自由泳。此外，初期的历届奥运会上都曾出现一些冷僻项目，如第2届奥运会上曾出现了板球，槌球，马球等项目。第3届奥运会上也出现了一些以后历届很少见的项目，如长曲棍球、短柄槌球等。第4届奥运会上有摩托艇、热杰球等（这是一种打法古老的类似网球打法的比赛，这项比赛在奥运会上寿命不长，以后只在第7届被列入过）。

4. 比赛项目设置的男女不平等性

国际奥委会成立之初，受当时的社会风气的影响，一度禁止女运动员参赛。第1届奥运会所设的竞赛项目都是男子项目，这遭到了社会舆论的谴责与非议。从第2届奥运会开始国际奥委会允许少量女运动员参赛（11名运动员参加1项网球比赛）。

虽然后来女子体育运动得到较快发展，国际奥委会也在1924年第22次会议上做出决议，奥运会的大门正式向女子敞开，但出于种种原因，这段时间从参赛人数、项目数量上看，女子都无法与男子相提并论，充分显示出男女项目设置上的极大不平等。

（二）第二次世界大战后（1948—2004年）比赛项目的设置

这一阶段最鲜明的特点就是越来越多的第三世界国家开始加入奥林匹克大家

庭，奥运会的影响力越来越大，各国申办和举办奥运会的积极性也是日益高涨。尤其是20世纪80年代以来，随着奥运会影响力的进一步扩大，同时因为经济因素，各比赛项目迫切希望在奥运会上增加自己的影响力，从而能多分一杯羹，因此奥运会的比赛项目数量急剧膨胀。

与第二次世界大战之前项目设置的随意性相比，此阶段一个重要的特征就是比赛项目设置逐步走向成熟与完善，更加注重项目设置的合理性、观赏性、经济性，同时保持了较高的稳定性。第二次世界大战后新设置的比赛项目大多数至今仍作为正式比赛项目，其间虽有部分比赛项目变化调整，但基本上只是数量上的增减和男女单项分配比例的协调。大项数量稳中有升，小项数量逐渐增加，女子项目所占比例逐步上升，如图2-1至图2-3所示。

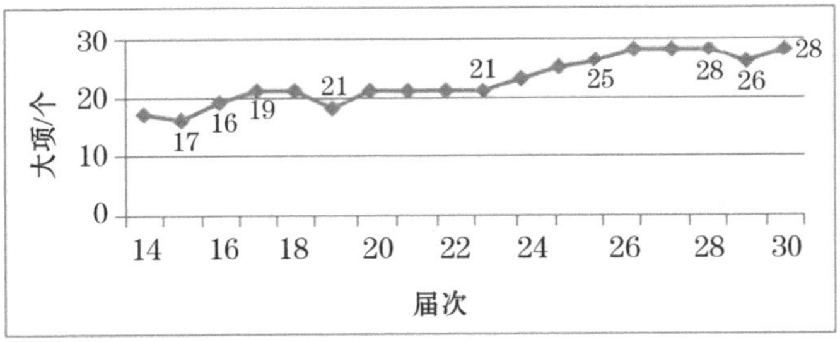


**图2-1　第二次世界大战后历届奥运会竞赛项目数量（大项）变化示意图**

（数据来源：国际奥委会官方网站 http：//www. olympic. org。）

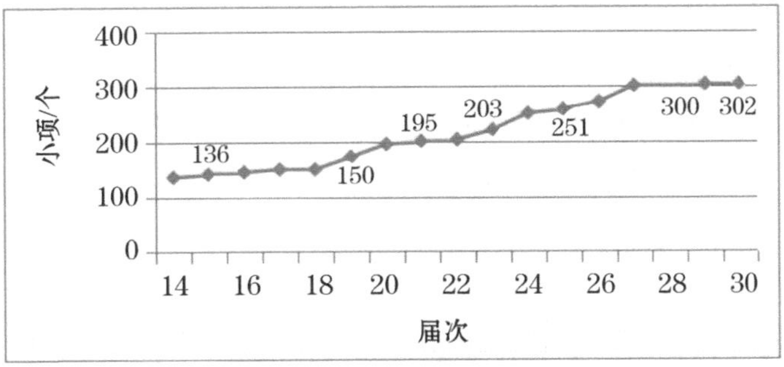


**图2-2　第二次世界大战后历届奥运会竞赛项目数量（小项）变化示意图**

（数据来源：国际奥委会官方网站 http：//www. olympic. org。）

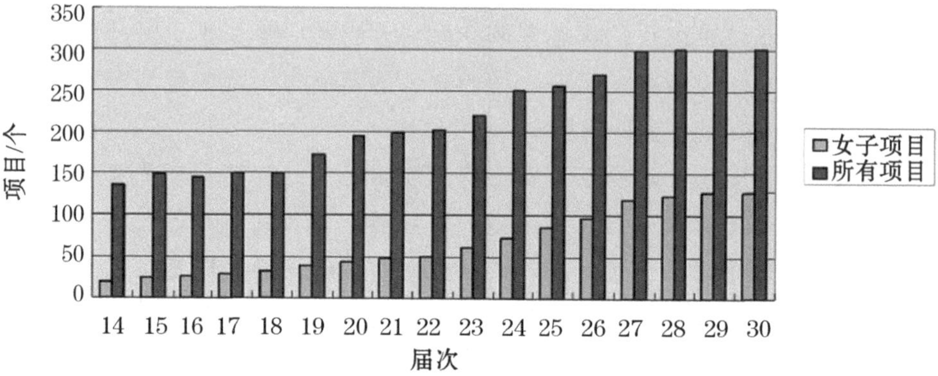


图 2-3 第二次世界大战后历届奥运会女子项目和所有项目数量的变化示意图

（数据来源：国际奥委会官方网站 http：//www. olympic. org。）

（三）奥运会赛事项目的设置及要求

2020 年东京夏季奥运会有 33 个大项，即田径、赛艇、羽毛球、篮球、拳击、皮划艇、自行车、马术、击剑、足球、体操、举重、摔跤、手球、曲棍球、柔道、高尔夫球、游泳、现代五项、网球、乒乓球、射击、射箭、排球、帆船、跆拳道、铁人三项、七人制橄榄球、滑板、冲浪、竞技攀岩、棒垒球和空手道。夏奥会接受新项目的标准是至少在 4 大洲 75 个国家广泛开展的男子项目和在 3 大洲 40 个国家广泛开展的女子项目。

冬奥会设 7 个大项，即滑雪、滑冰、冰球、冰壶、雪车、雪橇和冬季两项。冬奥会接受新项目的标准是至少在 3 大洲 25 个国家广泛开展的项目。

（四）奥林匹克体育赛事的评价与展望

①奥运会的规模越来越大；②竞技运动水平越来越高；③大国垄断局面已被打破；④奥林匹克运动面临新的困扰。

（五）奥运会面临的挑战

1. 商业化的挑战

1984 年美国洛杉矶奥运会标志着现代奥运会步入了商业化运作的时代。商业经营使人们看到了奥运会潜在的利益，它不仅改变了奥运会主办国在经济上入不敷出的状况，还极大地宣传了主办城市和所在国家。与此同时，过分的商业化运作也带来了很多弊端。1996年的美国亚特兰大奥运会就是一个显著的例子，铺天盖地的广告、泛滥的奥运特许商品和高额的服务费用严重破坏了亚特兰大的形象，对奥林匹克精神也造成了损害。过度的商业化运作对运动员也产生了巨大的经济刺激，导致服用违禁药物的情况屡禁不止。虽然国际奥委会采取了一些积极措施，如禁止比赛场地出现商业广告、减少电视转播权收入等，但是在一个市场经济的时代，商业运作是奥运会无法避免的选择。如何使奥运会在适应现代社会商业运作的同时又可以保证奥林匹克精神不被破坏，成为现代奥运会需要继续解决的问题。

2. 滥用兴奋剂的挑战

通过服用兴奋剂来赢得比赛，有悖“公平竞争”的体育道德。1960年的罗马奥运会发生了“苯丙胺悲剧”，丹麦自行车运动员詹森（Knut Jensen）因服用兴奋剂在比赛中丧生。他成了奥运会历史上因服用兴奋剂死亡的第一人。从那时起，国际奥委会开始坚决进行反兴奋剂斗争。虽然兴奋剂的检测技术在不断提高，国际奥委会对违禁者的处罚也越来越重，但是奥运会上的兴奋剂事件却仍然层出不穷。1988年的汉城奥运会，加拿大百米“飞人”本杰明·辛克莱尔·约翰逊（Benjamin Sinclair Johnson）在比赛中服用兴奋剂，被查处后其奥运金牌被剥夺，由他创造的百米世界纪录也被取消。2007年10月，多枚奥运金牌得主马里昂·琼斯（Marion Jones）在法庭上承认自己在2000年悉尼奥运会期间服用兴奋剂，掀起轩然大波。巴林运动员拉希德·拉姆齐（Rashid Ramzi）在2008年北京奥运会上获得1500米冠军，但随后在2009年的11月被检测出服用兴奋剂，被取消冠军头衔。曾7次获得环法自行车赛的美国著名自行车选手兰斯·阿姆斯特朗（Lance Armstrong）最终公开承认了自己服用兴奋剂的事实，引起了世界体坛震动。

3. 政治干预的挑战

奥运会的意义在于促进人类身体健康、增进和平友谊、鼓励公平竞争。但是，由于奥运会的强大影响力，很多国家和组织都把奥运会作为一种政治工具。冷战期间，由于东西方国家的意识形态差异和政治经济冲突，奥运会经历了多次大规模的抵制运动。例如，第22届夏奥会于1980年在苏联莫斯科举行，为了抗议1979年苏联入侵阿富汗，美国等国拒绝参赛，使得这届奥运会最终只有81个国家和地区参加，这是自1956年以来参加国家最少的一届奥运会。紧随其后的1984年美国洛杉矶奥运会，包括苏联在内抵制和因故未参加的国家和地区有19个。今天，虽然这种大规模抵制已经很少看到了，但是企图通过奥运会来干涉他国的政治行为依然存在。为了进一步强调奥运会促进人类和平发展的主题，2021年7月20日国际奥委会在第138次全会上正式通过决议，将“更团结”（Together）加入奥林匹克格言中。奥林匹克格言自此变为“更快、更高、更强——更团结”。这是奥林匹克格言100年来首次修改。

4. 超大规模的挑战

自第二次世界大战结束后，现代奥运会规模开始激增。1984年洛杉矶奥运会，参加的国家和地区达到140多个，参赛的运动员超过7000人。2004年雅典奥运会共有202个国家和地区参加，参赛人数更是突破了1万人，其中不包括数量庞大的工作人员、观众及旅游观光人员。超大的规模对主办城市的交通、供水、环境、比赛场馆及酒店等硬件设施提出了严峻的考验，庞大的观众人数和分散的场馆也使安保工作变得十分困难。雅典为第28届奥运会投入30多亿欧元，严重超出了政府的承受能力，希腊人民不得不通过很长的时间来偿还“奥运债”。

5. 奥运场馆的赛后利用

为举办奥运会，举办国往往需要修建大量的大型体育场馆，这些场馆的赛后利用成了一个日益凸显的问题，也极大地影响着奥运会的可持续发展。2004年雅典奥运会场馆和2016年巴西奥运会场馆的赛后利用都存在明显问题。“雅典举办了第28届奥运会。当时花费71.3亿英镑建成的奥运场馆利用率很低，并出现了大面积的遗弃。大部分场馆已经面目全非，有些场馆人迹罕至，野草丛生。”①

---

① 枫网. 一起来看看各地奥运场馆赛后怎么用［EB/OL］.（2016-08-01）［2019-08-27］. http://www.sohu.com/a/108516571-259469.

## 二、国内近现代体育赛事的发展（1949 年以前）

### （一）教会学校组织的运动会

教会学校最初作为传教工具，是培养传教人和教育信徒子弟的场所。中国最早的教会学校可以追溯到 1839 年美国人布朗在澳门开办的马礼逊学堂（学界普遍认为）。教会学校从一开始就对体育十分重视，并对中国近代体育的发展起到了开风气之先的作用。至 1952 年，教会学校最终向中国政府全部立案，教会学校体育教育走向了终点。

### （二）基督教青年会组织的运动会

1885 年福州英华书院和河北通州潞河书院成立了中国最早的基督教青年会（以下简称青年会）。1895 年北美青年会派遣来会理（D. W. Lyon）来到中国，其建立了中国第一个城市青年会——天津青年会。1912 年 6 月，中华民国内务部正式批准青年会全国协会立案，全国设有城市青年会 25 处，会员 11 300 人；学校青年会 105 处，会员 3876 人。

青年会开始分部办公时，体育部就是其中之一，宗旨是“提倡国人注重体育训练，体育专门人才研究，体育最新学术组织，体育比赛集会，借以辅助各地方青年会体育之进行，造成国民健全之身躯，强盛之精神，皆该部之职务也”。北美青年会派晏士纳（Max J. Exner，一译艾思诺）任上海基督教青年会体育干事，这是近代中国体育史上的一个重要的事件。他正式开始了推动中国现代体育发展的历程。

青年会体育部的主要职责为：①培训体育人才。②引进体育项目。篮球运动就是青年会引进中国的。③介绍近代体育思想和近代体育教育。④组建体育机构和举办运动会。1910 年 10 月 18—22 日，在南京劝业场举行南洋工业展览会的时候，晏士纳筹办了“全国学校区分队第一次体育同盟会”，分华南、华北、上海、吴宁（苏州、南京）、武汉五区参加。虽然属临时性机构，既无固定之会址，又无完整之系统，但它毕竟是近代中国第一个全国性体育机构。1924 年 8 月，中华全国体育协进会成立时，承认它是自己的前身。此次运动会具有近代大型运动会的雏形，全国各地出席的运动员有 150 人之多，项目设置有田径、足球、网球，篮球是表演项目，均为男子项目，参观人数达万人以上。辛亥革命后追认其为第 1 届全国运动会。第 1 届至第 3 届全国运动会和第 1 届到第 7 届远东运动会的筹办、选拔比赛、裁判等事项，都是由青年会干事美国人蔡乐尔（Cai Leer）、麦克尔（Michael）和葛雷（J. H. Gray）把持，运动会术语也多为英语。这种情况一方面给青年会推动中国近代体育发展提供了机会，另一方面也反映了当时中国半殖民地国家地位在体育上的表现。⑤开展女子体育教育。上海基督教女青年会开办有体育师范学校，学生大部分来自各地的保送生。学校设备齐全，教学质量相对比较高，在社会起到引导女子进入社会和进入体育活动的先河之作用。学校先后培养了约 200 名学生，对我国近代女子体育发展产生了深远的影响。毕业生华慕杰、庄炳松、陈美珈等为促进中国近代女子体育发展做出了贡献。1921 年第 5 届远东运动会在上海举行，青年会组织若干名中学生参加健身操表演，这是中国女子体育首次在国际比赛中露面。1923 年女青年会还在北京主办了第一次女子联合运动会。1924 年 5 月在武昌举行的中华民国第 3 届全国运动会上首次允许女运动员参加比赛，为女子设置了篮球、排球和垒球 3 个比赛项目。

### （三）中华民国全国运动会

中华民国全国运动会（简称“中华民国全运会”）始办于 1910 年，是民国时期最高级别的运动会。1949 年以前因为局势动荡，间隔不规则地举办，到 1948 年上海举办的最后一届，实际上一共举办了 7 届。其发展可分为两个阶段。第一阶段：1910—1924 年第 1 至第 3 届中华民国全运会，这是竞技体育在中国的初兴阶段。其特点是运动会由教会系统范围参加向全社会参加过渡，由教会主办向中国人主办过渡，中国近代体育的竞赛体制也在这一阶段初步形成。第二阶段：1927—1948 年第 4 至第 7 届中华民国全运会，这是竞技体育在中国的初步发展阶段。其特点是呈现出追求规范化的趋势，成就了近代中国体育发展的“黄金十年”（1927—1937 年）。具体见表 2-2。

表 2-2 中华民国全国运动会举办情况统计表

| 届数 | 举办时间 | 举办地 | 运动员人数 | 备注 |
| --- | --- | --- | --- | --- |
| 第 1 届 | 1910 年 10 月 18—22 日 | 南京 | 150 | 中国最早的博览会，即南洋劝业会的一个附带集会，是由基督教青年会西方传教士爱克斯纳（D·T·MaxEsner）通过上海青年会发起，当时称为全国学校区分队第一次体育同盟会，简称为全国学界运动会。辛亥革命后，称这次运动会为中华民国第 1 届全国运动会。该届运动会文件均用英文，量度用英制，带有殖民地色彩。竞赛项目只有男子田径、足球、篮球、网球 4 项。在封建落后的清朝末期，这次运动会无疑是新兴事物，虽成绩平平，但唤起了人们对体育运动的重视 |
| 第 2 届 | 1914 年 5 月 21—22 日 | 北京 | 96 | 由 1912 年成立的北京体育竞进会主办，其实权仍操纵在大会秘书长——基督教北京青年会干事侯格兰德（A·N·Hoagland）手里，大会一切文件仍用英文。比赛项目有男子田径、篮球、棒球、网球、足球、排球 6 项 |
| 第 3 届 | 1924 年 5 月 22—24 日 | 武汉 | 500 余名 | 由熊希龄、张伯苓等 9 人组成筹备委员会，中国业余体育会秘书长葛雷（J·H·Gray）任技术顾问。比赛项目有男子田径、足球、篮球、网球、排球、棒球和游泳，女子篮球、排球和垒球，另加国术（武术）一项。该届运动会由中国体育工作者操办，只有游泳及棒球裁判尚有三四个外国人担任。该届开设女子参赛和国术比赛之先河，量度一律由英制改为公制，还增设了童子军团队比赛和团体操比赛表演 |
| 第 4 届 | 1930 年 4 月 1—10 日 | 杭州 | 1500 余名 | 该届运动会是中华民国政府第一次举办的全国运动会，组织工作全部由中国人担任。该届全运会第一次采用按省、市行政区划参赛制，有 14 个省、7 个特别市和华侨共 22 个单位的 1500 余名运动员参加。比赛项目：男子有田径、全能、游泳、足球、篮球、排球、网球、棒球 8 项，女子有田径、篮球、排球、网球 4 项 |

续表

| 届数 | 举办时间 | 举办地 | 运动员人数 | 备注 |
| --- | --- | --- | --- | --- |
| 第5届 | 1933年10月10—20日 | 南京 | 2693 | 本届运动会原计划于1931年10月举行，因“九一八”事变和1932年“一·二八”事变而拖到1933年10月10日在南京中央大运动场举行。有33个单位参赛，比赛项目除与上届相同外，还增加了女子游泳和垒球2项 |
| 第6届 | 1935年10月10—22日 | 上海 | 2286 | 该届运动会第一次按中华民国政府教育部颁布的《全国运动大会举行办法》执行，在参加办法、比赛规则、录取办法等方面趋于规范化。参加单位38个，有很多华侨参赛。竞赛项目与第5届相同，国术开始设立锦标 |
| 第7届 | 1948年5月5—16日 | 上海 | 2670 | 参加单位58个，台湾同胞首次组团参加。比赛项目增加了乒乓球、举重、摔跤、拳击、羽毛球和国术作为表演项目 |

## （四）现代奥运会

中华人民共和国成立前一共参加了三届现代奥运会，分别是1932年7月，中国首次参加了在美国洛杉矶举行的第10届奥运会，但仅派了运动员刘长春和教练员宋君复前往。1936年8月1—16日参加了在德国柏林举行的第11届奥运会，中国组成了庞大代表团，运动员69名，撑竿跳高运动员符保卢以3.80米的成绩取得了复赛资格。1948年7月30日—8月13日参加了在英国伦敦举行的第14届奥运会，共派出33名运动员，均在预赛中被淘汰。

1936年在德国柏林举行的第11届奥运会，中华民国代表团参加了近30个比赛项目。后来在所有的参赛项目中除了撑竿跳高选手符保卢进入复赛外，其余的参赛运动员在初赛就遭淘汰。

## （五）远东运动会

远东运动会，原名为“远东奥林匹克运动会”，是20世纪初由中国、日本、菲律宾发起和参加的一个地区性国际比赛。1912年9月，原美国芝加哥青年会干事、菲律宾体育协会会长布朗代表菲律宾体育协会访问中日两国，经商议组建远东体育协会，并决定于 1913 年 2 月在菲律宾首都马尼拉举行首届远东运动会。这是中国第一次派团参加国际比赛。远东运动会前期参加国为中、日、菲三国，比赛在三国轮流举行，最后两届又先后有印度、印度尼西亚和越南参加。由于当时西亚、南亚、东南亚和东北亚的运动水平还很低，因此，远东运动会就代表了整个亚洲最高的运动水平，被看作是后来“亚运会”的前身。远东体育协会和远东运动会于 1920 年被国际奥委会正式承认。为了与奥运会协调，远东运动会于 1927 年后改为每 3 年举办一次，1930 年后又改为每 4 年举办一次。第 1 至第 6 届，中国出席或举办远东运动会都是由外国人主持和操办的。第 2 届远东运动会在上海虹口娱乐场（今鲁迅公园）举行。1925 年第 7 届远东运动会由沈嗣良率领中国代表团赴会。第 8 届远东运动会在上海中华运动场（亦称中华棒球场）举行，由政府拨款、社会各界捐助，中华全国体育协进会具体筹办。从此，中国举办远东运动会不再依靠外国人。具体见表 2-3。

**表 2-3　远东运动会举办情况统计表**

| 届数 | 举办时间 | 举办地 | 举办国 | 参赛国家或地区 | 比赛项目 |
|---|---|---|---|---|---|
| 第 1 届 | 1913 年 2 月 2—7 日 | 马尼拉 | 菲律宾 | 中国、日本、菲律宾 | 8 |
| 第 2 届 | 1915 年 5 月 15—22 日 | 上海 | 中国 | 中国、日本、菲律宾 | 8 |
| 第 3 届 | 1917 年 5 月 8—12 日 | 东京 | 日本 | 中国、日本、菲律宾 | 8 |
| 第 4 届 | 1919 年 5 月 12—18 日 | 马尼拉 | 菲律宾 | 中国、日本、菲律宾 | 8 |
| 第 5 届 | 1921 年 5 月 30—6 月 4 日 | 上海 | 中国 | 中国、日本、菲律宾、印度、暹罗、马来西亚、爪哇 | 8 |
| 第 6 届 | 1923 年 5 月 21—26 日 | 大阪 | 日本 | 中国、日本、菲律宾 | 8<br>（表演项目 1 个） |
| 第 7 届 | 1925 年 5 月 16—23 日 | 马尼拉 | 菲律宾 | 中国、日本、菲律宾 | 8 |
| 第 8 届 | 1927 年 8 月 27 日—9 月 3 日 | 上海 | 中国 | 中国、日本、菲律宾、暹罗、马来西亚、印度 | 8 |
| 第 9 届 | 1930 年 5 月 24—31 日 | 东京 | 日本 | 中国、日本、菲律宾 | 8<br>（表演项目 5 个） |
| 第 10 届 | 1934 年 5 月 12—19 日 | 马尼拉 | 菲律宾 | 中国、日本、菲律宾、越南、印度尼西亚 | 8<br>（表演项目 5 个） |

### （六）中华苏维埃共和国第一次运动大会

1933 年，中华苏维埃共和国首届运动会——“五卅”运动大会在瑞金举行。这次运动大会被誉为中国共产党领导的第一次“全运会”。运动大会由来自 32 个单位的 180 多名运动员参加，项目主要有投弹、射击、越野赛跑、游泳、刺杀等，此外还有篮球、排球、足球、网球、乒乓球等球类项目和跳高、跳远等田径项目。会后还成立了中华苏维埃共和国赤色体育委员会，这是中国共产党领导下最早的和最高一级主管体育运动的组织机构。

### （七）延安“九一” 扩大运动会

1942 年 9 月 1 日至 7 日，延安举行了“九一”扩大运动会。这次运动会由朱德总司令发起，目的是“支持反法西斯残酷的战争与繁重的革命工作”“广泛开展国民体育运动”“使每一个国民应该有强壮的体魄，方能担负起繁重的抗战救国工作，建立自由幸福的新中国”。这次运动会有 1388 人参加比赛，是抗日战争时期抗日根据地规模最大的一次运动会。延安各机关学校、工厂、部队甚至边区各县都积极参赛，远在晋西北的八路军 120 师也派队参赛。参加运动会的代表来自各个阶层、各个民族，有工人、战士、机关干部、学校师生、文艺工作者；有朝鲜族、蒙古族、回族、苗族、藏族的代表。此外还有反法西斯同盟的日本人士。

## 第四节　中华人民共和国成立以来的体育赛事

中华人民共和国成立以来，我国的体育赛事飞速发展，虽然其间也经历了一些波折，但总的发展趋势非常好。目前，我国的体育赛事正处在由原来的计划经济体制条件下的运作模式向市场经济体制条件下的运作模式转变，成效显著。北京 2008 年成功举办了第 29 届夏季奥林匹克运动会，2022 年成功举办了第 24 届冬季奥林匹克运动会，成为世界上唯一的“双奥之城”。迄今为止，我国已举办过夏奥会（夏残奥会）、冬奥会（冬残奥会）、青奥会、世界大学生夏季运动会、世界大学生冬季运动会、亚运会、世界军人运动会以及游泳世锦赛、体操世锦赛、田径世锦赛、篮球世界杯等诸多单项世锦赛，即将要举办世界运动会、杭州亚运会等。我国还举办了14届全国运动会。这些成就都充分说明了我国体育赛事发展成绩斐然。

## 一、中华人民共和国成立初期（1949—1977年）举办的重要体育赛事

### （一）中华人民共和国成立初期举办的重要国内体育赛事

中华人民共和国成立初期，国内的一些体育大赛都是由中华全国体育总会负责组织承办的。为了选拔参加柏林第3届世界青年联欢节的队员，1951年5月举行了“全国篮排球比赛大会”，这是中华人民共和国举办的第一次全国性运动会。1951年12月又在天津举行了“全国足球比赛大会”，这是中华人民共和国举办的第二次全国性运动会。1952年中华全国体育总会又在广州举办了“全国游泳比赛大会”，在北京举办了“全国乒乓球比赛大会”。1952年8月1—9日，中国人民解放军在北京举办了“第1届全军运动会”。1953年9月，在天津召开了规模盛大的“全国民族形式体育表演及竞赛大会”，参加比赛的有来自全国各民族的397名优秀选手。该届大会后被追定为第1届全国少数民族传统体育运动会。

1954年8月下旬，在广州举行了“全国游泳竞赛大会”。1955年2月、3月、9月和12月，又依次在哈尔滨、北京、上海、北京举行了“全国冰上运动大会”“全国举重测验赛”“全国田径测验赛”“全国乒乓球冠军赛”。1955年10月2—9日，在北京举行了“第1届全国工人体育运动大会”，这是对中华人民共和国成立后职工体育运动成果的一次大检阅。共有从17个行业系统、120多万职工运动员中通过层层选拔的1709名运动员出席参加了在北京举行的比赛。毛泽东主席出席了大会开幕式。该届大会设有田径、自行车、举重、篮球、排球、足球等比赛项目，共有10名运动员打破了11项全国纪录。1956年4月，在北京举行了“全国体操单项个人冠军赛”。

1959年5月在北京举行了“第2届全军运动会”，1959年9月13日—10月3

日在北京举行了“第1届全国运动会”。毛泽东、刘少奇、朱德、周恩来等党和国家领导人都出席了第1届全运会开幕式。为规范运动成绩的管理，国家体委按国际惯例于1956年1月11日公布了1955年的102项全国纪录。这是我国第一次正式公布全国纪录，标志着我国运动竞赛工作进入了新的发展阶段。

我国竞技体育的比赛活动虽然早在中华人民共和国成立初期就有了，但作为比赛制度稳定下来，则是从1956年开始的。1956年国家体委公布的《中华人民共和国运动竞赛制度的暂行规定（草案）》是我国比赛体制确立的最早雏形。在建立运动竞赛制度的同时，国家体委也逐步建立了优胜奖励制度。1956年3月，国家体委开始在各级运动会试行优胜奖励制度。1957年3月13日，国家体委正式公布了《关于各级运动会给奖方法的暂行规定》，从而建立了我国最初的运动会奖励制度。为了配合运动竞赛制度的建立，1956年4月28日国家体委还公布实施了《中华人民共和国运动员等级制度条例（草案）》和《中华人民共和国裁判员等级制度条例（草案）》。

1963年10月10日，国家体委经过修改和补充，重新公布了《中华人民共和国运动员等级制度》和《中华人民共和国裁判员等级制度》等系列体育政策。

1965年，以迎接和召开第2届全运会为标志，我国竞技体育迎来了1949年新中国成立以来的第二个高峰。1965年9月11日，第2届全运会在北京工人体育场开幕。毛泽东、刘少奇、周恩来、朱德、邓小平等领导人出席了开幕式，并检阅了队伍。

1972年6月9日，“全国五项球类运动会”在北京隆重开幕，随后，接二连三地召开了全国性单项运动会，运动技术水平也逐年提高。1975年5月11—25日，“第3届全军运动会”在北京举行。运动会共设18个比赛项目。其中有8项军事体育项目。有20个代表团近5000名运动员参加了本届运动会。1975年9月12日，在北京举办了第3届全国运动会。

党的十一届三中全会后，体育战线坚决、果断地把重点转移到高速发展的社会主义体育事业上来，边调整、边前进，为体育事业的发展打下了基础。

国家体委在1978年7月11日公布了《中华人民共和国运动员技术等级制度（草案）》，并同时公告以前公布的运动员等级制度自新制度生效之日起作废；1978年6月5日，公布《中华人民共和国裁判员技术等级制度（草案）》并在全国试行；同日，还公布了《体育运动全国纪录申请及审批办法（草案）》；1979年6月12日，公布试行了《中华人民共和国教练员技术等级制度（草案）》。

### （二）中华人民共和国成立初期举办的重要国际体育赛事

1961年，北京承办了第26届世界乒乓球锦标赛，这是中华人民共和国成立以来举办的第一个世界性体育大赛，中国夺得了男团、男单（庄则栋）和女单（邱钟惠）3个项目的冠军，该届锦标赛也正式宣告了乒坛“中国时代”的到来。

## 二、改革开放初期（1978—1992年）举办的重要体育赛事

### （一）改革开放初期举办的重要国内体育赛事

20世纪50年代，我国开展运动竞赛的主要任务是宣传、组织群众参与体育锻炼。20世纪60年代在调整中，根据当时实际情况，体育运动竞赛主要以有利于提高运动技术水平来安排。改革开放以来，适应“面向世界，走向世界”的战略调整，体育竞赛活动，特别是国家竞赛活动的安排，进一步突出了“国内练兵，一致对外”的要求，立足于出人才、出水平、练队伍。

进入20世纪80年代以来，我国竞赛制度改革的基本思路是：调动各方面力量办体育的积极性，多形式、多渠道、多层次造就大批优秀运动人才，推动体育运动的普及和提高。

进入20世纪80年代，国家体委以“奥运战略”为目标，将全国综合性运动会组合成“一条龙”，在项目设置、参加对象、计分办法、时间安排等方面，进行统筹考虑，侧重目标、任务相互衔接，互为补充。全国性比赛按运动技术水平分级，青少年比赛按年龄分组。采取分层分级比赛的赛制，有利于加速后备人才的成长，保证全国比赛的高水平，真正达到“练兵”的目的。

1979年，国家体委、教育部接连公布施行《全国学生体育运动竞赛制度》《高等学校体育工作暂行规定（试行草案）》和《中、小学体育工作暂行规定（试行草案）》等重要制度。

1979年，北京举行了第4届全国运动会，检阅了体育战线在中华人民共和国成立30年来取得的巨大成就。在该届全运会上，有5人5次破5项世界纪录，3人3次平3项世界纪录，204人36队376次破102项世界纪录。

1983年9月，上海举办了第5届全国运动会，有8943名选手参加了该届全运会。在该届全运会上，有2人3次破2项世界纪录，4人5次平3项世界纪录，66人39队145次破60项全国纪录。我国跳高选手朱建华在预赛和决赛中两次刷新世界纪录。该届全运会是中华人民共和国成立以来第一次在首都以外的城市举行的全运会，体现了竞赛改革的成果，是以后在各省、自治区、直辖市轮流举办全运会的一个良好开端。

第6届全国运动会于1987年11月在广州举行。该届全运会共打破和超过17项世界纪录，平3项世界纪录，刷新48项亚洲纪录和亚洲最好成绩，改写85项全国纪录和亚洲最好成绩。

1982年9月2—8日，内蒙古自治区呼和浩特市举办了第2届全国少数民族传统体育运动会。

1986年8月10—17日，新疆维吾尔自治区乌鲁木齐市举办了第3届全国少数民族传统体育运动会。

1991年11月10—17日，广西壮族自治区南宁市举办了第4届全国少数民族传统体育运动会。

1988年，北京举办了第1届全国农民运动会；1992年10月10—18日，湖北孝感地区举行了第2届全国农民运动会。

第1届全国城市运动会于1988年10月23日至11月2日在山东省济南市举行。第2届全国城市运动会于1991年9月在河北省唐山市举行。

1984年10月，在安徽省合肥市举行了第1届全国残疾人运动会；1987年8月23日—9月1日，在河北省唐山市举行了第2届全国残疾人运动会；1992年3月18—23日，在广东省广州市举行了第3届全国残疾人运动会。

20世纪80年代，随着市场经济的不断发展，它不可阻挡地进入体育领域，并显示出了强大的生命力，也给体育竞赛带来了新的活力，主要体现在：首先，竞赛参与主体的社会化，“民办”和“自办”的竞赛越来越多。其次，竞赛资金来源的社会化，不仅充分调动国家、社会、参赛者的积极性，合理负担竞赛经费和发挥竞赛宣传功能和感召力，创造经济价值，而且鼓励竞赛与企业挂钩，提倡体育竞赛与经营活动联合进行，形成了“内引外联”“体育搭台、经贸唱戏”的社会化特色，促进了竞赛管理水平不断提高。

为了加强对竞赛的管理，提高效益，确保竞赛顺利进行，国家体委印发了一系列有关竞赛管理的法规性文件，例如《裁判员技术等级制度》《仲裁委员会条例》《全国体育竞赛开展“精神文明奖”评选活动办法的要求》《体育运动全国纪录审批制度》《评选全国体育竞赛最佳赛区的条件和实施办法》《国际裁判员和国家级裁判员的考核办法》《厂矿、企业赞助性比赛管理办法（草案）》《全国体育竞赛赛区工作条例》《违反〈全国体育竞赛赛区工作条例〉的纪律规定》《关于社会各行业与体委系统合办体育竞赛的管理办法》《全国体育竞赛赛区开展“体育道德风尚奖”评选活动办法和要求》《全国体育竞赛最佳赛区和优秀赛区评选办法》等。这些竞赛规章制度的完善，使我国的竞赛管理工作有章可循，有法可依。

### （二）改革开放初期举办的重要国际体育赛事

20 世纪 80 年代，我国体育竞赛组织管理已普遍运用现代管理和系统科学的理论、方法，采用网络技术进行优化管理。1979 年，杭州举办了第 1 届羽毛球世界杯暨第 2 届世界羽毛球锦标赛；1986 年，杭州又举办了体操世界杯赛；1987 年，北京举办了第 5 届世界羽毛球锦标赛；1990 年，北京举办了世界女排锦标赛等比赛。1990 年 9 月 22 日—10 月 7 日，第 11 届亚运会在北京举行，我国运用现代管理手段成功举办了这届亚运会。这也是中国第一次举办综合性国际体育赛事，为我国在综合性运动会的组织上积累了成功的经验，为北京奥运会的成功举办奠定了基础。

“据统计，从 1953 年至 1985 年举办的国家级运动会共 1559 次，其中从 1979 年至 1985 年共举办了 1160 次，占总数的 74%左右，是 1953 年至 1978 年 25 年间 399 次的 3 倍；省、自治区、直辖市级从 1953 年至 1985 年共举办运动会 15 433 次，而从 1979 年至 1985 年举办了 6566 次，占总数的 42%左右。”①

① 伍绍祖．中华人民共和国体育史（综合卷）[M]．北京：中国书籍出版社，1999：274.

## 三、改革开放深入时期（1993 年至今）举办的重要体育赛事

### （一）转型时期我国体育赛事运作的变化特征①

进入 20 世纪 90 年代以来，随着我国由计划经济体制向市场经济体制转变步伐的加快，我国体育事业开始向产业化、社会化、实体化方向发展，体育赛事的构成要素也开始发生变化，即无论是管理体制、运行机制、政策环境还是结果评价都开始发生变化，其发展目标是通过竞赛体制的改革和运行机制的转换，推进竞赛的社会化、产业化、实体化，实现由单一的国家办和高度集中管理向国家办与社会办相结合、社会单独办或集中管理与分散管理相结合转变，逐步形成适应社会主义市场经济、符合运动竞赛发展规律、充满生机和活力的体育竞赛市场体系，使竞赛产业成为体育产业中的支柱产业。

1. 转型时期我国体育赛事的运作模式分类

从赛事主办者的角度看，转型时期我国体育赛事的运作模式大致可以分为以下三种类型：

（1）商业性体育赛事模式（职业体育赛事模式和其他商业体育赛事模式）。这种类型的赛事主要由民营或民间组织来承担，其运行机制则是商业机制。

（2）准商业性体育赛事模式。这种类型的体育赛事主要由政府和私人联合承担，政府与民营或民间组织之间建立良好的战略合作伙伴关系。

（3）公益性体育赛事模式。这种类型的体育赛事主要由政府独自承办，采取商业机制和行政机制相结合的管理方法。

转型时期无论是公益性体育赛事还是商业性体育赛事，它们的运作模式都发生了较大变化，突出的一个特点就是在众多赛事组织部门中增加了市场开发部。随着奥运会的市场开发模式以及西方市场经济条件下职业体育赛事运作模式传入我国，极大地推动了转型时期我国体育赛事运作模式的变革与创新。事实上，无

---

① 王庆伟，杨铁黎．我国体育赛事向市场化运作过渡阶段的特征研究［J］．天津体育学院学报，2006（2）：139-143.

论是作为公益性体育赛事的奥林匹克运动会还是纯商业性的体育赛事，其赛事组织部门构成中市场开发部都是不可或缺的部门，这其实就意味着体育赛事运作模式商业化成为一种趋势。

2. 转型时期我国体育赛事的构成要素变化特征

转型时期我国体育赛事的构成要素正在发生下列变化：

（1）出现一些新生的体育组织机构，如职业体育联盟组织、体育中介组织等。一些原有的体育组织从属性到运行机制都开始发生了变化，国有属性逐渐转变成民营或集体所有属性，如原来的体工队逐渐转变成职业体育俱乐部等。

（2）体育竞赛市场体系逐步建立起来。组织与组织之间的关系由原来的行政隶属关系转变为较为松散的商业关系，或由原来的业务关系转变为相互依靠、相互依存的商业利益关系。体育中介市场、体育劳动力市场逐步形成。

（3）体育赛事的运行机制开始发生变化，市场机制逐渐占据主导地位。

3. 转型时期我国体育赛事的管理体制变化特征

（1）组织结构变化特征：由较封闭的行业组织结构向较开放的多元化组织结构转变。

（2）管理模式变化特征：由过去的强政府、弱市场的管理模式向有限政府、强市场的管理模式转变。

（3）体育赛事及其组织者和参与者变化特征：

①体育赛事由单一性公益产品向多元化产品转变。

②体育赛事的组织管理者和参与者由单一主体向多元化主体转变，体育赛事的组织管理者和参与者由行政管理者向商业管理者或公共管理者转变。

（4）经费来源变化特征：由单一政府主体投入向由政府与社会共同投入的多主体投入趋势转变。

4. 转型时期我国体育赛事的运行机制变化特征

我国体育赛事的运行机制由单一的政府行政机制向政府与市场相结合的混合机制转变。

5. 转型时期我国体育赛事的运作环境变化特征

（1）体育赛事的内环境变化特征。

①体育赛事组织管理者及参与者的市场意识不断增强，市场体系逐步建立和完善，以及市场问题不断凸显。

②依据市场需求体育赛事开始出现两极分化，即市场好的热门体育赛事和市场不太好的冷门体育赛事。

（2）体育赛事外环境变化特征。

①政策环境变化特征：由依靠体育行业内部行政规章制度管理向依靠法律、法规管理和调节转变。

②经济环境变化特征：由体育赛事消费需求不足（或少）向日益旺盛转变，竞赛产品由“无市场供给和市场需求不足并存”向“高质量竞赛产品市场供给不足”转变。

③文化环境变化特征：体育消费价值观念的转变——福利型体育向消费型体育转变。

6. 转型时期我国体育赛事的绩效评价指标变化特征

竞赛产品由单纯追求社会效益或政治效益向追求综合效益转变。

### （二）我国职业体育赛事发展历程

1992 年以后，在邓小平南方谈话和党的十四大精神影响下，引发了一轮新的更加深刻、更为广泛的体育改革。这个时期，在竞赛改革方面，确定了改革竞赛制度和全运会计分方法、开拓竞赛市场、在项目设置上进一步缩短战线、向奥运会靠拢等措施。我国的体育行政管理体制改革发生了根本性的变化，即实现由计划经济体制下的体育公共管理体制向与社会主义市场经济体制相适应的体育体制的转变。这个时期，就运动竞赛的改革而言，主要以足球竞赛改革为突破口，开始了中国职业体育赛事的改革。

在足球方面，1992 年我国足球职业化改革开始，1993 年，确定了甲 A、甲 B、乙级职业联赛。1993 年底，已有 7 个城市足协或行业足协及 11 个足球试点城市实现足协实体化，并组建了足球俱乐部，四川成立了首家股份制足球俱乐部——四川南德足球俱乐部。这些俱乐部包含公办、公办民助、民办公助和民办四种形式，这也意味着在某种程度上放开了足球市场。同年，中国足球协会（简称中国足协）尝试性地举办了首次主客场制的足球俱乐部锦标赛，对各俱乐部的职业、准职业运动员和教练员进行了注册登记，讨论并颁发了一系列文件。这些文件涉及俱乐部会员制度、运动员合同制度、运动员转会制度、注册制度、保险制度以及比赛许可证制度等。在此阶段，确立了我国职业足球俱乐部为具有独立法人资格的经济实体或具有相对独立法人资格的社团组织。从这里看出，我国职业体育俱乐部在属性上还不统一，既有经济实体，又有社团组织，这二者存在很大差别。

1994 年，我国开始举办职业足球联赛，有 24 家俱乐部参加了比赛，这标志着足球改革的全面推开。这一年，"中央电视台出价 1000 万元购买联赛的转播权"①，这标志着我国电视转播权政策开始对职业体育产业有所放开。1995 年，中国足协进一步推动职业足球俱乐部向具有法人资格的经济实体转变，注重俱乐部机制的转换，加强制度建设，并出台了一系列制度。比如：针对俱乐部市场开发、运动队梯队建设、俱乐部竞赛等出台财务制度、奖惩制度、运动员体能测试制度、比赛监督制度、教练员岗位培训制度、裁判员的选派制度等。同年，有两名足球运动员在我国首次转会。

到 2004 年，我国开始实施中国足球职业超级联赛，即中国足球协会超级联赛（Chinese Football Association Super League，简称"中超"），有 12 支足球俱乐部参加。并且，中国足协制定了严格的俱乐部准入制度，即《中超足球俱乐部标准》，主要内容包括：①实行俱乐部公司制、健全法人治理结构。②球队健全、设施完善。③财务状况良好。④遵守我国足协章程。此外，中国足协还制定了《中超俱乐部执行〈企业会计制度〉的规定》，成立了由俱乐部利益代表、社会代表、中国足协代表共同组成的中超联赛委员会。

2015 年 3 月 16 日，国务院出台了《中国足球改革发展总体方案》（以下简称《方案》）。提出要按照政社分开、权责明确、依法自治的原则调整组建中国足协，改变原有的中国足协与国家体育总局足球运动管理中心两块牌子、一套人马的组织构架。《方案》明确指出，"理顺足球管理体制，制定足球中长期发展规划，创新中国特色足球管理模式"。《方案》将中国足协明确定位为社团法人，与国家体育总局脱钩，以解决中国足球运动管理中心和中国足协之间的"政社不分、管办不分"的痼疾。

---

① 谭华，杨俊涛．中国的职业足球联赛与足球改革［J］．体育文化导刊，2008（1）．

2015 年 7 月，中共中央办公厅、国务院办公厅下发了《行业协会商会与行政机关脱钩总体方案》，其中提出要加快转变政府职能，形成政社分开、权责明确、依法自治的现代社会组织体制，理清政府、社会及市场之间的关系，积极稳妥地推进行业协会商会与行政机关脱钩。

2016 年 2 月，国家体育总局足球运动管理中心正式撤销，中国足球协会与国家体育总局脱钩，足协在内部机构设置、国际专业交流、财务和薪酬管理等方面拥有了自主权。

在篮球职业化改革方面，我国于 1995 年开始了主客场制的职业联赛，并制定了《中国篮协运动员转队转会条例》《俱乐部暂行管理条例》等政策文件。1995—1996 年甲 A 联赛赛季，有 12 家俱乐部参加了比赛。1996—1997 年甲 A 联赛赛季，有 8 家俱乐部参加了比赛。随后到 1998 年，中国篮协又制定了《运动员注册管理办法》《运动员管理办法》《男篮俱乐部运动员收入的管理办法》等政策文件。2002 年 8 月，中国篮协推出运动员转会制度，出台了《2002—2003 男篮甲 A 联赛、女篮甲级联赛临时性转会办法》。2002 年，我国有 14 家男子甲 A 职业篮球俱乐部和 12 家女子甲 A 职业篮球俱乐部参加了联赛。至 2004 年，我国有 12 家甲 A 男子职业篮球俱乐部。截至 2022 年 4 月，中国男子篮球职业联赛参赛队伍共计 20 支。

2017 年 3 月，国家体育总局下发了《关于篮球改革试点有关事项的通知》，提出要将国家体育总局篮球运动管理中心承担的业务职责自 2017 年 4 月 1 日起移交中国篮协，以中国篮协名义开展工作，著名篮球运动员姚明当选主席。

在排球职业化改革方面，我国主客场制的排球职业联赛始于 1996 年，有男女各 8 支甲级队参加了比赛。比赛采用双周双赛制。虽然，“1998 年 5 月国家体育总局排球俱乐部调研组的调研结果表明，在 20 支一线队伍中，成立或即将成立俱乐部的有 11 支，它们按体委与企业联合办的形式组建，企业投资总额为 1036 万元，用于补贴训练、奖金以及比赛旅差费。俱乐部大多没有专门人员和机构，章程和内部管理制度不完善、不健全，基本上还是专业队的管理方式，没有发生本质上的变化”。[①] 但是这种情形毕竟向职业化迈进了一大步。1998 年 7 月 9 日，中国排

① 张林．职业体育俱乐部运行机制［M］．北京：人民体育出版社，2001：80.

球协会又发布了《中国排球俱乐部运动员转会暂行规定》、《中国排球协会关于排球俱乐部管理暂行规定》、《中国排球协会关于发展排球俱乐部的意见》（以下简称《意见》）等政策文件。其中，《意见》中提出，“排球俱乐部的性质一般应为公益性的社会团体”，可以是赞助式、体委与企业联办或股份制形式，现阶段以体委为主的联办形式较为适合我国排球的发展现状。

### （三）举办的重要国内综合性运动会

1. 举办全运会

这一阶段主要举办了以下8届全运会，具体为：第7届全运会于1993年9月在北京举办，第8届全运会于1997年10月12—24日在上海举办，第9届全运会于2001年11月11日在广州举办，第10届全运会于2005年10月在江苏省南京市举办，第11届全运会于2009年10月在山东省举办，第12届全运会于2013年在辽宁省沈阳市举办，第13届全运会于2017年8月在天津举办，第14届全运会于2021年9月在陕西省举办。

2. 举办其他综合性运动会

1996—2012年，举办了第3届至第7届全国农民运动会。1995—2019年，举办了第5届至第10届全国少数民族传统体育运动会。1995—2013年，举办了第3届至第7届全国城市运动会。2013年，全国城市运动会更名为全国青年运动会。2015年10月18日，第1届全国青年运动会在福建省福州市开幕。1996—2021年，举办了第4届至第11届全国残疾人运动会。

### （四）举办的重要国际体育赛事

1993年在上海举办了第1届东亚运动会。1995年在天津、2005年在上海、2015年在苏州举办了世界乒乓球锦标赛。2002年在广州、2012年在武汉、2016年在昆山举办了汤姆斯杯世界男子羽毛球团体锦标赛和尤伯杯世界女子羽毛球团体锦标赛。2005年在北京、2009年在广州、2011年在青岛、2015年在东莞、2019年在南宁举办了苏迪曼杯世界羽毛球混合团体锦标赛。2001年在北京举办了第21届世界大学生夏季运动会。2011年8月12日，第26届世界大学生运动会在深圳开幕。

此外，中国还在1996年和2007年分别在哈尔滨和长春举办了第3届和第6届亚洲冬季运动会，这两次运动会大大推动了中国冬季运动项目的发展。

2008年8月8—24日，中国成功举办了第29届夏季奥林匹克运动会和第13届残奥会。这是中国第一次举办奥运会，整体比赛进行得顺利而精彩。中国展现出了出色的赛事组织能力，给全世界留下了美好的印象。2008年，在北京还举办了第1届世界智力运动会。2009年，在哈尔滨举办了第24届世界冬季大学生运动会。

2010年，广州成功举办了第16届亚洲运动会。第14届世界游泳锦标赛于2011年7月16—31日在上海东方体育中心举行。2014年南京举办了第2届青少年奥林匹克运动会。

2014年10月3—12日，第45届世界体操锦标赛在广西南宁举行，这是中国继1999年天津世界体操锦标赛之后第二次承办体操世锦赛。

2015年，北京承办了第15届世界田径锦标赛，这是继2008年奥运会后，北京再度举办世界重要体育赛事，共有207个国家和地区的1936位运动员参加本次世锦赛47个项目的角逐。2016年3月上海承办了国际滑联上海超级杯，长春举办了世界青年速滑锦标赛。2017年8月，南京举办了世界女排大奖赛总决赛。

2007—2018年，在中国举办了大量的各种体育项目的世界锦标赛。2019年，北京举办了篮球世界杯，武汉市举办了第7届世界军人运动会，成都举办了第18届世界警察和消防员运动会。2022年，北京举办了第22届冬季奥林匹克运动会。这些国际大型体育赛事举办权的获得充分反映出了“国运兴则体育兴”的道理。

2017年2月，中共中央总书记习近平在首都体育馆视察北京冬奥会筹办工作时与运动员、教练员亲切交谈，指出“少年强中国强，体育强中国强”，这意味着体育在中国经济社会当中的地位得到了明显提升，体育将迈入一个新时代。

2017年10月，党的十九大报告指出，“广泛开展全民健身活动，加快推进体育强国建设，筹办好北京冬奥会、冬残奥会”，第一次提出“体育强国建设”，明确了体育在中国特色社会主义进入新时代后的新定位。

## 四、中华人民共和国成立 70 余年体育赛事发展历史经验与总结

中华人民共和国成立 70 余年来，体育赛事发展虽有一些波折，但总体趋势向好。无论参赛还是办赛，两方面都取得了突出成就。尤其是 1978 年改革开放以来，我国的体育赛事事业发展可以用“日新月异”来形容。

“据《每日经济新闻》报道，英国伦敦当地时间 2019 年 4 月 30 日，世界领先的体育市场情报服务商 Sportcal 发布了最新一期全球赛事影响力（GSI）国家（地区）和城市榜单。中国打破了美国对于该榜单连续三年的垄断，升至第一位。城市榜单中，中国有三座城市入围前 30 位，分别是北京、南京和成都，分别排名为第 7 位、第 11 位和第 28 位。”① 这充分说明中国全球赛事影响力逐步登上新的历史台阶，而且，中国是排名前十里唯一的发展中国家。

由 GSI 项目开展的全球体育城市指数（Global Sports Cities Index）对 14 年间的 1500 多个赛事进行了分析，旨在为测量主要体育赛事影响建立一种标准方法。通过体育城市指数，可以了解有哪些体育城市成功吸引了大型的体育赛事，可以更加清晰地了解全球体育城市的布局发展以及各国城市对于体育赛事举办的策略。全球体育城市指数显示，城市因为举办重大国际体育赛事变得越来越有竞争力；与此同时，许多城市在筹划举办国际体育赛事的时候变得更有目的性。

### （一）举办过的国际国内大型综合性体育赛事

#### 1. 举办过的国际大型体育赛事

中华人民共和国举办国际大型综合性体育赛事是从 1990 年北京亚运会开始的。截至 2022 年，我国已经举办了 22 个同类型国际体育赛事，取得了不菲的业绩，具体见表 2-4。

① 谢陶．全球影响力榜单公布：中国登顶榜首 成都首进全球前 30 城市［EB/OL］（2019-05-05）［2019-05-06］. http：//sc. cnr. cn/sc/2014cj//t20190505_ 524600737. shtml.

表 2-4　中华人民共和国成立以来我国举办的国际大型综合性体育赛事统计

| 序号 | 年份 | 赛事名称 | 地点 |
|---|---|---|---|
| 1 | 1990 年 | 第 11 届亚洲运动会 | 北京 |
| 2 | 1993 年 | 第 1 届东亚运动会 | 上海 |
| 3 | 1994 年 | 第 6 届远东及南太平洋地区残疾人运动会 | 北京 |
| 4 | 1996 年 | 第 3 届亚洲冬季运动会 | 哈尔滨 |
| 5 | 1998 年 | 第 11 届世界中学生运动会 | 上海 |
| 6 | 2001 年 | 第 21 届世界大学生夏季运动会 | 北京 |
| 7 | 2007 年 | 第 12 届世界夏季特殊奥运会 | 上海 |
| 8 | 2007 年 | 第 6 届亚洲冬季运动会 | 长春 |
| 9 | 2007 年 | 第 2 届亚洲室内运动会 | 中国澳门 |
| 10 | 2008 年 | 第 29 届夏季奥林匹克运动会 | 北京 |
| 11 | 2008 年 | 第 13 届夏季残疾人奥林匹克运动会 | 北京 |
| 12 | 2008 年 | 第 1 届世界智力运动会 | 北京 |
| 13 | 2009 年 | 第 24 届世界大学生冬季运动会 | 哈尔滨 |
| 14 | 2009 年 | 第 5 届东亚运动会 | 中国香港 |
| 15 | 2010 年 | 第 1 届世界武搏运动会 | 北京 |
| 16 | 2010 年 | 第 16 届亚洲运动会 | 广州 |
| 17 | 2011 年 | 第 26 届世界大学生夏季运动会 | 深圳 |
| 18 | 2014 年 | 第 2 届奥林匹克青年运动会 | 南京 |
| 19 | 2019 年 | 第 18 届世界警察和消防员运动会 | 成都 |
| 20 | 2019 年 | 第 7 届世界军人运动会 | 武汉 |
| 21 | 2022 年 | 第 24 届冬季奥林匹克运动会 | 北京 |
| 22 | 2022 年 | 第 13 届冬季残疾人奥林匹克运动会 | 北京 |

2. 举办过的国内大型体育赛事

中华人民共和国成立以来举办的全国综合性体育赛事主要有全国运动会、全国少数民族传统体育运动会、全国冬季运动会、全国残疾人运动会、全国学生运动会、全国智力运动会等。具体见表 2-5、表 2-6。

表 2-5　中华人民共和国成立以来我国举办的全国综合性体育赛事（最近一届）

| 序号 | 全国综合性体育赛事 |
|---|---|
| 1 | 第 14 届全国运动会（2021 年，参赛运动员 1.2 万余人） |
| 2 | 第 13 届全国冬季运动会（2016 年，参赛人数 1388 人） |
| 3 | 第 11 届全国少数民族传统体育运动会（2019 年，参赛人数 7009 人） |
| 4 | 第 10 届全国残疾人运动会暨第 7 届特奥会（2019 年，与全国特殊奥林匹克运动会首次合并，参赛人数 3481 人） |
| 5 | 第 3 届全国学生运动会（2017 年，分为大学生组、中学生组，后合并） |
| 6 | 第 4 届全国智力运动会（2019 年，4000~5000 人） |
| 7 | 第 2 届全国青年运动会（2019 年第 2 届）（2013 年更名） |
| 8 | 第 20 届全国极限运动会（运动大赛）（2019 年第 20 届） |

注：①国家体育总局已将湖州定为“中国极限运动之都”。1999 年在湖州举办了第 1 届全国极限运动会。
②第 14 届全国冬季运动会原定 2020 年在内蒙古自治区举办，因新冠病毒感染疫情影响，只举行了部分项目。全国青年运动会和全国学生运动会已被合并，改称全国学生（青年）运动会，第 1 届将于 2023 年在广西举办。

表 2-6　中华人民共和国举办历届全国运动会相关信息的统计

| 届次 | 地点 | 承办时间 | 代表团 | 项目 | 参加人数 | 备注 |
|---|---|---|---|---|---|---|
| 第 1 届全运会 | 北京 | 1959 年 | 29 | 36 | 10 658 人 | |
| 第 2 届全运会 | 北京 | 1965 年 | 29 | 22 | 5922 人 | 武术为表演项目 |
| 第 3 届全运会 | 北京 | 1975 年 | 31 | 28 | 12 497 人 | 10 个表演项目 |
| 第 4 届全运会 | 北京 | 1979 年 | 31 | 36 | 15 189 人 | 含 2 个少年组项目 |
| 第 5 届全运会 | 上海 | 1983 年 | 31 | 25 | 8943 人 | 武术为表演项目 |
| 第 6 届全运会 | 广东 | 1987 年 | 37 | 44 | 12 400 人 | 首次使用吉祥物，3 个表演项目 |
| 第 7 届全运会 | 四川<br>北京 | 1993 年 | 45 | 43 | 7481 人 | 北京、成都两个主赛区，<br>秦皇岛有比赛项目 |
| 第 8 届全运会 | 上海 | 1997 年 | 46 | 28 | 7647 人 | |
| 第 9 届全运会 | 广东 | 2001 年 | 45 | 30 | 12 314 人 | 3 个冬季项目决赛人数 8608 人 |
| 第 10 届全运会 | 江苏 | 2005 年 | 46 | 42 | 9986 人 | 第一次采用申办形式确定 |
| 第 11 届全运会 | 山东 | 2009 年 | 46 | 33 | 12 000 人 | |
| 第 12 届全运会 | 辽宁 | 2013 年 | 33 | 31 | 9000 余人 | |
| 第 13 届全运会 | 天津 | 2017 年 | 38 | 33 | 约 8500 人 | 其中 300 多名运动员参加群众比赛项目 |
| 第 14 届全运会 | 西安 | 2021 年 | 37 | 54 | 12 000 余人 | 参加决赛的人数 |

3. 被调整的国内大型体育赛事

随着我国经济社会不断发展，体育发展形势不断变革，一些国内大型综合性体育赛事被调整。具体见表 2-7。

表 2-7 被调整的国内大型综合性体育赛事

| 序号 | 被调整的国内大型综合性体育赛事 |
|---|---|
| 1 | 全国体育大会 |
| 2 | 全国工人运动会 |
| 3 | 全国中学生运动会 |
| 4 | 全国大学生运动会 |
| 5 | 中华人民共和国城市运动会 |
| 6 | 全国农民运动会 |
| 7 | 中国水上运动会 |

## （二）成功经验

通过 70 余年的办赛经历，我国在筹办大型体育赛事方面取得了以下几方面的成功经验。

（1）政府出台的各个层面的关于体育赛事的政策越来越多，且规格越来越高。

（2）积累了丰富的举办国际和国内大赛的经验，尤其在竞赛组织管理方面。

（3）培养和积累了一大批懂得大型体育赛事竞赛组织管理的人才和相关文创人才。

（4）形成了一批具有办大赛能力和条件的城市，初步形成了我国办大赛的全国城市布局，如北京、南京、成都、上海、天津、广州、深圳、杭州、哈尔滨等。

（5）进一步促进了我国竞技体育竞赛体系的完备。

（6）体育赛事的管理体制和运行机制越来越灵活，虽处于转型时期，但市场化运作趋势日益明显。

（7）举办的国际体育赛事规格越来越高，规模也越来越大。例如，1990 年北京举办了第 11 届亚运会，2001 年北京又举办了世界大学生夏季运动会，到了 2008 年北京举办了第 29 届夏奥会和第 13 届残奥会，2022 年北京又举办了第 24 届冬奥会和第 13 届冬残奥会。我国还举办了一系列的单项世界锦标赛，如 1999 年天津世界体操锦标赛、2011 年上海游泳世界锦标赛、2014 年广西南宁世界体操锦标赛、2015 年北京世界田径锦标赛、2019 年北京篮球世界杯等。

（8）举办的国际和国内体育赛事的数量越来越多，参赛人数也越来越多。

（9）办赛模式越来越开放，办赛向社会开放，专业赛事向群众开放。

（10）体育赛事的种类越来越齐全，国际体育赛事、国内体育赛事、职业体育赛事、公益性体育赛事、商业性体育赛事、群众性体育赛事层出不穷，尤其一些时尚型运动项目赛事越来越多。

（11）体育赛事承办主体越来越多样化。大赛以政府办赛为主，体育协会成为主要的办赛主体，企业办赛异军突起，学校办赛仍然为传统主角。

（12）体育赛事的文化内涵越来越丰富。现代的体育赛事愈加重视文化内涵的建设。

（13）体育赛事的质量越来越好，与国际接轨，凸显国际化和标准化特色。

（14）体育赛事的研究机构和研究人员以及研究成果越来越多。

### （三）不足之处

（1）虽然我国体育赛事数量较多，但其大多影响力并不大（未能形成品牌赛事），缺少中国创造的世界级的品牌体育赛事。

（2）政府承办的体育赛事多，大型体育赛事都是由政府主办和承办，成本偏高，效率、效益遭到质疑，市场主体承担的体育赛事相对不足。

（3）体育赛事的市场化、职业化和产业化程度偏低，赛事的市场环境不够完善（制度不够完善，监管措施不到位），赛事的市场运作能力不够强（资金缺乏）。

（4）体育赛事的资源整合能力不够强；体育赛事的品牌影响力较弱。

（5）体育赛事的组织体系不够完善。

①协会的组织建设、协会与项目管理中心之间的关系等都不够健全与完善。

②赛事由政府主办，以财政投入为主（隐形浪费现象存在），事业单位由财政供给。赛事缺乏从市场筹集资金的动力。

③不允许事业单位创收，机制不灵活。

（6）体育赛事消费力较弱。

（7）不注重赛事文化建设，体育赛事文化建设薄弱，赛事观众不受重视，使得体育赛事不接地气，竞赛体系封闭与割裂。

（8）体育赛事绩效评价比较落后，主要是自我评价或内部评价，缺乏独立的第三方评价。

（9）电视转播瓶颈未破解，与传媒业的融合不够。

（10）体育赛事的人力资源短板明显（人才匮乏），缺乏既懂竞赛又懂市场营销和经营的复合型人才。既有人的专业素质问题，也有人的能力问题，同时也存在一定程度的人的态度和驱动力问题。

（11）体育赛事的竞赛体系不够完整和合理。我国三大竞赛系统（竞技竞赛、群众竞赛和学校竞赛）被行政人为割裂，互相联系还不够紧密，不利于体育人才成长。

（12）单个项目竞赛系统不完善，群众竞赛和竞技竞赛相脱节。

（13）很多体育赛事生命周期短，可持续发展能力弱。

（14）办赛比较粗放，注重经验总结，但没有把办赛经验上升到系统的理论知识体系，办赛分工还不够精细，办赛的标准化水平低，办赛业务流程少且不够国际化和标准化，赛事升级发展缓慢，许多赛事都属于低水平简单重复办赛。

### （四）对策与措施

（1）不断完善体育赛事政策体系，激发市场更大活力，拓展体育公共管理的参与渠道，并且更好地规范各类参与者的行为。

（2）打造自主 IP 的品牌体育赛事。

（3）加强体育赛事的市场运作能力。

（4）建设公正、公平、规范和严谨的体育赛事市场环境。

（5）加强体育赛事的跨界整合资源的能力。强化体育赛事与旅游、文化、科技、教育、互联网、地产、金融、动漫的跨界融合。

（6）构建科学合理的竞赛体系。

（7）培育体育消费市场。

（8）加强体育赛事文化建设。

（9）加强体育赛事绩效评价，强化独立第三方评价。

（10）加快破解电视转播瓶颈难题。

（11）加强体育赛事经营管理人才的培养。

（12）增强体育赛事的可持续发展能力。

（13）体育赛事的品质对于体育赛事的可持续发展具有不可或缺的作用，狠抓竞赛质量。

（14）不断完善体育赛事组织管理模式和运营模式。

（15）加强职业赛事、群众赛事和学校体育赛事的融合发展。

（16）大力发展冰雪赛事。

（17）鼓励社会力量举办体育赛事。

（18）加大体育赛事媒体的工作力度。

（19）进一步加强办赛要向社会开放、面向社会大众的正金字形竞赛体系的形成。第 13 届全运会的改革，自行车赛事双轨制的改革，田径的“我要上奥运”等活动，都说明体育赛事正在向社会开放。业余选手同样有机会代表国家参加比赛，专业体育赛事面向社会开放。

（20）加强体育赛事规范化和标准化建设。

（21）强化体育赛事的泛娱乐化特点。

（22）培育个性化体育赛事，注重体育赛事细分市场培育。

（23）加强赛风赛纪建设，是确保赛事高质量发展的必然要求。

（24）继续引入国外知名品牌体育赛事。

（25）促进国内本土化赛事朝着国际化方向发展。

# 第三章 体育赛事的基本特征

体育赛事是一个具有多重属性特征的复杂事物，正所谓“横看成岭侧成峰”，需要从多维度来深刻全面认识和把握体育赛事的基本特征。体育赛事的核心内容是体育竞赛。因此，竞技属性是其根本特征。从管理学范畴看，体育赛事就是一种特殊项目，需要科学管理，因此，它又具有项目管理的特征。在市场经济环境下，体育赛事的核心产品其实是一种服务产品，自然也就具有了服务产品的属性特征。当然，体育赛事在当今时代具有强烈的社会冲击力，对国家、对城市、对社会大众都具有很大的影响力，这个时候体育赛事又具有明显的社会属性特征，需要从社会发展视角来审视体育赛事的价值和作用。同时，在众多体育赛事相互竞争发展的态势下，体育赛事个性特征的显现不可或缺。

## 第一节 体育赛事的竞技属性特征

体育赛事的核心产品是体育竞赛，体育竞赛的属性特征即是体育赛事的核心属性特征。

### 一、竞争性

体育竞赛是体育赛事的核心内容，它的本质就是要比一比，分出胜负。因此，要进行竞赛，就必须竞争，这使得竞争性成为体育竞赛不可或缺的属性特征。竞争的形式有直接对抗与间接对抗，竞争的强度依据比赛的目的和性质、体育竞赛的级别、体育竞赛的轮次和参赛者的人数及相对水平而定。

## 二、规则性

任何一项运动的体育赛事都需要有竞赛规则，竞赛规则对竞赛活动具有法规性的制约作用。广义的体育竞赛规则的定义为：体育竞赛有关人员必须遵守和执行的统一规范性的标准和要求，包含竞赛规则、竞赛规程和竞赛法规等。狭义的体育竞赛规则的定义为：为了确保竞赛条件的同一性、成绩的合理性和裁判的公正性，由该单项国际联合会制定的、比赛有关人员在比赛过程中始终要共同遵守和执行的技术准则与行为规范。它包括对竞赛条件的限定、比赛办法的确定和比赛参与人员行为关系的协调等。

## 三、公正、公平性

公正、公平是体育竞赛的根本要求。一旦失去了公正、公平，体育竞赛也就没有了意义和存在的价值。体育竞赛的公正、公平体现在许多方面，如裁判员执裁公正、公平，计时计分客观公正，规则制定体现出公正、公平等。

## 四、真实性和不可复制性

体育竞赛必须是真实的，不能像拍电影、电视剧或话剧那样，可以不断排练、彩排或演练，只要体育竞赛开始了，就要分出一个胜负来。而且，这种结果不可复制或重现。这也是体育竞赛的一个显著特点。

## 五、比赛结果的不可预测性

比赛结果不可预测，正是体育竞赛的魅力所在。为提高比赛结果的不可预测性或不确定性，往往需要加强对竞赛过程随机性的管控，如抽签与编排等环节。竞赛活动的组织编排必须符合随机性的要求。无论直接对抗或间接对抗的竞赛项目，其比赛结果都能够表现出很强的不确定性，只有这样才能吸引广大观众观看比赛。

# 第二节　体育赛事的项目性特征

从体育赛事与项目之间的关系看，体育赛事是一种特殊的项目，因此，从项目管理理论角度看，体育赛事具有项目的一些属性特征。

## 一、系统性

体育赛事的系统性是指体育赛事筹办涉及方方面面，任务类型繁多，且各项任务之间相互关联、相互影响，是一个系统工程。要筹办好体育赛事，就需要运用系统理论指导赛事实践。

## 二、开放性

体育赛事的开放性是指体育赛事的资源来源具有跨部门性，或者说跨不同组织性。举办一项大型体育赛事，往往需要动用全社会各方面的资源。

## 三、临时性

体育赛事的临时性，也可称为体育赛事的生命周期性或一次性，它是指任何一项体育赛事都有确定的开始和结束，当体育赛事的目的已经达到，或者已经清楚看到该目的不会或不可能达到时，或者该体育赛事的必要性不复存在并已终止时，该体育赛事即达到了它的终点，这其实就是体育赛事的生命周期。临时性不一定意味着时间短，许多体育赛事都要延续好几年。例如，奥运会从申办到举办往往需要 9 年甚至更长的时间。

## 四、独特性

体育赛事的独特性是指任何一项体育赛事都有其特色，不同项目的比赛本身就存在差异，即使是相同项目的比赛，也会因为时间、地点、人物等客观条件和赛事主办者主观愿望的不同而存在差异。可以说每一场比赛都是独一无二的。尤其是体育赛事发展到今天，随着体育赛事越来越多，追求体育赛事的独特性或个性特点已成为必然。

## 五、逐步完善性

任何一项体育赛事从策划到筹办直至结束，都是一个逐步完善的过程，这也意味着任何一项体育赛事的完成都需要分步、连续的积累。例如，在体育赛事的早期，体育赛事范围的界定是粗略的；但随着赛事团队对目标和可交付成果的理解更加完整和深入时，体育赛事的范围也就变得更加具体和详细。体育赛事作为一种特殊的项目，其保持着永久的改革与创新的动力，由此产生了无穷的魅力。体育赛事的逐步完善特性其实也是其创新的过程，任何一项体育赛事，要实现可持续发展，就需要与时俱进，不断创新。如在跑步类赛事当中，就出现了“彩色跑”“泥泞跑”“人文故事跑”“景色跑”等新的比赛形式。赛事举办中引进新兴技术装备，如 VR 技术、物联网、可穿戴设备等，也使现代体育赛事品质有了质的飞跃。

# 第三节　体育赛事的服务产品特征

体育赛事是为社会大众提供以体育竞赛为核心产品的一种服务产品，具有服务产品的属性特征，尤其在市场经济体制条件下，其服务产品的属性特征表现得更为明显。

## 一、无形性

体育赛事的无形性是指在消费者购买之前体育赛事无法被看到、尝到、摸到、听到或闻到。体育赛事的核心产品是体育竞赛，主要由运动员和裁判员生产制造与提供，即运动员在裁判员的裁决下进行竞赛表演活动。观众可观赏比赛，但是触摸不到比赛。

## 二、不可分性

体育赛事的不可分性是指体育赛事服务不能与其提供者分离。这就意味着比赛场上运动员一旦停止比赛，服务随即终止。运动员所提供的这种观赏性服务与运动员本身是不可分离的。

## 三、易变性

体育赛事产品的质量取决于由谁提供服务，以及何时、何地、如何提供。这意味着运动员的竞技状态、主观态度以及教练员、裁判员等的变化都很容易影响体育赛事产品的质量水平。

## 四、易逝性

体育赛事不能被储存以备将来出售或使用。这说明比赛是即时的、稍纵即逝的，不能复制和拷贝，不能重新再来，体育比赛的美好只能留在观众的记忆当中。

# 第四节　体育赛事的社会属性特征

举办体育赛事对社会有多方面影响，其中既包含积极的影响也包含消极的影响。随着规模和规格的不同，体育赛事对社会的影响力也有所不同。体育赛事由于类型多样化，也呈现出了鲜明的个性特征。

## 一、体育赛事的政治性特征

体育赛事不可避免地要受到政治的影响，同时其本身也不可避免地带有政治倾向性。但是，体育赛事应该尽可能地避开某些政治因素的干扰，减少不良政治倾向性，同时要发挥其自身对政治的积极影响作用，促进人类社会向理想方向发展。体育赛事作为社会系统的一部分，无法摆脱政治环境的干预和影响，这就使得体育赛事从一开始就带有一定的政治倾向性。例如，1972 年第 20 届慕尼黑奥运会，巴勒斯坦“黑色九月”分子绑架挟持了多名以色列代表团成员，最终造成多人死伤；1980 年，以美国为首的 53 个国家抗议苏联入侵阿富汗而集体抵制莫斯科奥运会；1984 年，以苏联为首的 19 个国家集体抵制美国举办的洛杉矶奥运会。体育赛事不可能完全脱离政治。体育赛事具有一定的能动性，可以影响政治并服务于政治。

2008 年北京举办了举世瞩目的第 29 届夏季奥林匹克运动会和第 13 届夏季残疾人奥林匹克运动会，2010 年广州举办了第 16 届亚洲运动会，2011 年深圳举办了第 26 届世界大学生夏季运动会，2014 年南京举办了第 2 届青年奥林匹克运动会，2022 年北京举办了第 24 届冬季奥林匹克运动会和第 13 届冬季残疾人奥林匹克运动会，2023 年杭州举办第 19 届亚洲运动会，2025 年成都将举办第 12 届世界运动会。这一系列的重大国际体育赛事的举办，有助于我国向世界讲好中国故事、争取国际话语权，助力中国特色国际话语权体系构建。例如，通过举办国际大型体育赛事，推动构建人类命运共同体，提出“一带一路”重大倡议，策划和举办“一带一路”体育赛事，这些举措无疑可以增强中国声音的穿透力、影响力。当然，对于规模比较小以及规格比较低的体育赛事，其政治性特征相对表现不明显。

## 二、体育赛事的经济性特征

体育赛事的经济性特征可以理解为：一方面，筹办体育赛事离不开经济的强有力支持，需要政府或社会的经济投入，这势必为社会注入经济活力，刺激社会需求，增加社会就业机会；另一方面，体育赛事本身具有商品属性，具有很大的商业价值。从体育赛事本身的无形资产到体育赛事衍生出的众多商品，都具有良好的市场效应，包括运动员、教练员、裁判员在内，尤其是明星运动员，其身上的商业价值更是不可估量，这些都说明了体育赛事的经济性特征。当然，并不是所有的体育赛事都具有良好的经济性特征，一些规模较小、规格较低、公益性较强的体育赛事，其经济性特征体现得就不明显。

## 三、体育赛事的文化性特征

体育赛事本身蕴含着丰富的文化内涵，它是人类文化的重要组成部分。例如，体育赛事礼仪文化、体育赛事的思想体系、体育赛事场馆设施的设计、体育赛场和城市景观设计、体育赛场文明行为、体育赛事服装设计、体育赛事聚会、体育赛事娱乐内容等均为体育赛事文化基本内涵。一项历史悠久的体育赛事可以形成自己特有的赛事文化，为人们所接受，使人们一想起这项运动就自然地联想到这项赛事。例如，温布尔登网球公开赛（简称温网）是现代网球史上最早创办的比赛。1877 年，这项赛事在伦敦西南角的温布尔登举行，当时赛事定名为“全英草地网球锦标赛”，仅限业余选手参加。赛事真正向世界开放是在 1905 年，美国的萨顿成为温网历史上第一个夺取冠军的非英国选手。1968 年，国际网球联合会与有关方面终于达成了协议，温网正式向职业网球选手开放。

每次温网的举行，主办者都会安排丰富多彩的文化活动，邀请早期的温网冠军或者为温网作出贡献的人，与网球球迷们共同追溯温网的历史，从而形成特有的温网文化。

北京奥运会的会徽是本赛事最为重要的标志，也最集中地体现了上述三个特点。会徽的名称是“中国印 · 舞动的北京”。它将肖形印、中国字和奥运五环有机结合起来，巧妙幻化成一个向前奔跑、舞动着迎接胜利的运动人形，表达了北京热情地张开双臂欢迎世界各国朋友的到来，充满了青春的活力。它是奥林匹克精神与我国优秀传统文化的完美结合，是我国人民奉献给奥林匹克运动的宝贵财富。

国际奥委会前主席罗格在第一次看到这枚会徽时，用了这样的语言来描述它：

“这是一枚出色的、富有诗意的会徽，能够使人联想到中国的历史和文化遗产，与此同时，它还传达了一种代表中国未来的洋溢青春、充满活力的精神。这是一枚完美的奥林匹克会徽。”这枚用中国传统印章形式制作成的会徽正表明了我国对世界的承诺和认真履行承诺的信心。借用篆刻书法，把北京的“京”字演化为舞动的人体，既表现体育的动感又表达对各国来宾的欢迎之情。通过手书的“Beijing 2008”，既把北京奥运会图案与奥运五环图案自然结合在一起，又在整体上形成黄金分割，增添了美感。

体育赛事是一种文化，没有文化内涵的体育比赛不可持久。体育赛事的文化可以划分为体育赛事的精神文化、物质文化和制度文化三种。现实社会中存在明显的“球迷文化”，我们可以把“球迷文化”分解为精神层面的文化、物质层面的文化和制度层面的文化。关于体育赛事的文化性特征，详见本书第九章“体育赛事的文化建设”。

## 四、体育赛事的教育性特征

体育赛事具有显著的教育性特征。体育赛事是一个非常好的传播平台，体育赛场上运动员奋力拼搏的奋斗精神，体育比赛的公平竞争、和平与友谊，赛场上的文明行为都可以通过体育赛事这个平台来教育和教化社会大众。体育比赛小到可以塑造个体人的性格，大到可以塑造社会群体的个性，好的体育赛事就是一个好的教育平台。国际奥委会前主席萨马兰奇曾指出，“1894 年当国际奥林匹克委员会成立之际，讨论的主题即为教育的价值。时至今日，历届奥林匹克代表大会在体育运动的教育方面也都倾注了大量的时间。离开了教育，奥林匹克主义就不可能达到其崇高的目标”。①

国际奥委会前主席罗格也曾指出，奥林匹克运动独特的力量在于它具有激发一代代青年的梦想的能力。奥运冠军的榜样激励着青年运动员，使他们向往参加奥运会。体育运动强化他们的身体与精神，教会他们遵守规则、尊重对手，帮助他们融入社会，培养他们的社交技能。体育运动给他们以个性、欢乐和自豪。体

① 全国体育学院教材委员会．奥林匹克运动［M］．北京：人民体育出版社，1993：扉页．

育运动改善他们的健康。国际奥委会的责任就是使他们的梦想永葆青春，参与奥运会并完善这一教育工具。

## 五、体育赛事的娱乐性特征

泛娱乐化是当下的一种社会现象，也是一种趋势。随着人们生活水平的提高，泛娱乐化已经成为人们茶余饭后的谈资，也是人们为了满足日常生活的必备知识储备。我们经常可以看到，人们聚在一起谈论体育明星，谈论体育比赛结果，谈论观看体育比赛的感受。随着“互联网+”时代的到来，体育赛事的直播途径更加丰富和便捷，体育赛事的互联网社交平台应运而生。因此，从历史发展的角度看，不能不说，体育赛事呈现出越来越明显的泛娱乐化发展趋势，体育赛事与互联网、科技、电影、电视、动漫、电子竞技及音乐的结合日益显著，体育明星客串电影、电视剧、电视综艺节目，成为吸引社会大众眼球的着力点，我们已然进入了体育赛事泛娱乐化的时代。美国橄榄球“超级碗”的中场秀就是体育赛事与娱乐结合的很好范例。

## 六、体育赛事的风险性（不确定性）特征

体育赛事是一种汇聚大量人群的群体活动，管理不当极易造成人员伤亡或设施设备的损坏，影响社会的稳定，尤其是那些有影响力的体育赛事更是如此。

体育赛事的风险可以分为人为因素风险和自然因素风险两种。人为因素风险主要是指举办地发生的社会、经济、政治风险，即由于社会、经济、政治等因素对赛事如期举办产生威胁的风险，如经济危机、战争爆发、大范围的罢工行为、政治集团干预等带来的赛事风险。这种风险因素往往导致赛事不得不取消或引发宗教风险等。例如，1916 年，由于第一次世界大战，当年的奥运会被取消。同样原因，1940 年和 1944 年的奥运会也由于第二次世界大战而被取消。由于经济的原因，造成组委会资金入不敷出而引发财务风险，达成协议的客户、供货商、赞助商因破产、不履约等原因使协议被取消。例如，体育场馆建设、设备购置、运动员、马匹和其他财产的保险费用巨大，造成资金短缺；由于利率、汇率的不确定

变动而导致收入减少或支出增大；由于各种原因，门票销售未达预期水平，使得收入减少；由于一些意想不到的突发事件的发生或比赛所需费用的额外增加等导致支出增大。

人为因素的风险还指比赛组织管理行为不当造成的风险。这种风险主要指由于组织者在比赛的整个过程中对参赛人员、采访人员、观众等相关人员以及比赛所需的各项设备的安装和调试的组织与管理不当而导致的各种各样的风险。例如，供水系统、供电系统、空调系统、消防报警系统、信息显示系统、广播系统、照明系统、通信系统、计算机网络系统、安全检测系统、监视系统、成绩测量系统等出现故障而影响比赛进程所引发的风险。1996 年亚特兰大奥运会举行期间出现了多起电力事故，甚至在乒乓球比赛期间一名工作人员因与他人打赌竟多次拉下电闸。尽管比赛后该人被刑事处罚，但造成的后果已经无法挽回。

体育赛事的自然因素风险是指由于包括高温、热浪、暴风雨、雷电、冰雹、地震等自然因素而导致体育比赛被取消的风险。天气骤变可能会使得赛事临时取消，如一场突降的大雪可能使数万名观众无法出行来看比赛。例如，2003 年，由于非典疫情，使得当年准备在国内举行的女足世界杯比赛和其他一些比赛被迫取消。

体育赛事的风险特征详见本书第八章“体育赛事的风险管理”，这里不再赘述。

## 七、体育赛事的个性特征

### （一）体育赛事属性不同，个性特征不同

1. 公益性体育赛事的基本特征

强调体育赛事的政治性（社会性）、文化性、教育性特征。

2. 职业体育赛事或商业性体育赛事的基本特征

强调体育赛事的经济性和娱乐性特征。

3. 准公益性体育赛事的基本特征

强调上述两方面兼而有之。

## （二）体育赛事规模不同，个性特征表现不同

1. 超大型体育赛事的基本特征

强调体育赛事的政治性、经济性、社会性、文化性、教育性等特征。

2. 大型体育赛事的基本特征

强调体育赛事的社会性、文化性、教育性、经济性等特征。

3. 一般或小型体育赛事的基本特征

强调体育赛事的社会性、娱乐性和健身性特征。

# 第四章　体育赛事的项目管理

项目管理理论起源于军事研究，随后渗透到互联网、建筑等行业，说明项目管理理论具有科学性和先进性。体育赛事与项目管理理论相结合预示着体育赛事实践水平将会有一个大的飞跃。我国的体育赛事实践一直以来拘泥于传统的行政管理手段，改革开放后才有所变革。近年来，尤其是在筹办 2008 年北京奥运会期间，在国际奥委会的努力推荐下，采用了项目管理理论指导工作，取得了非常好的效果。之后，项目管理理论在我国体育赛事实践当中得到了推广和普及，对于提高我国大型体育赛事举办能力起到了积极作用。

## 第一节　体育赛事项目管理概述

项目管理理论是指导体育赛事实践的重要理论基础，项目管理理论应用于体育赛事实践本身就说明了体育赛事发展得越来越好，越来越受到社会各界的广泛重视和研究。体育赛事与项目管理理论相结合无疑会积极促进体育赛事管理向科学化方向发展。

### 一、项目管理理论发展历程

世界著名的项目管理专家、美国管理技术大学学术校长弗雷姆（J. D. Frem）博士在其所著的《组织机构中的项目管理》一书中说，项目管理最根本的目的是“如何有效地利用时间、技术和人力”。用专业语言表述，项目管理就是在确保时间、经费和性能指标的三项限制条件下，尽可能高效率地完成项目任务，在运作中改善管理人员的工作效率。

成熟的项目管理实践始于20世纪40年代，比较典型的是美国研制原子弹的曼哈顿计划。但直到20世纪80年代，项目管理主要还仅限于建筑、国防、航天等少数行业。从20世纪80年代中期开始，特别是进入90年代以后，全球性经济竞争、日益增加的组织结构的复杂性、对基于团队解决方案的迫切需求以及降低成本的压力，迫使政府机构和企业给予项目经理和团队成员更大的责权，不仅要求他们实施方案，还要求他们管理合同、了解财务并和客户一道高效率地工作，于是项目管理的应用领域逐渐扩展到电子、通信、计算机、软件开发、制药、金融以及一般政府机关和社会团体。

在我国提及项目管理，人们往往直接就把它理解成工程建设项目管理。其实工程建设项目管理是项目管理在工程建设项目中的运用，而项目管理并不针对某个专业领域，是一种通用的方法。由于我国的投融资体制问题，项目经理的责权还远远不能适应现代项目管理的要求。随着我国不断深化改革，项目管理越来越受到国内企业界、管理界的青睐。

近代项目管理学科起源于20世纪50年代。这个学科经过多年发展已经形成了一个内容十分丰富的知识体系。我国对项目管理的系统研究和行业实践起步较晚，1991年成立了全国性的项目管理研究会。现代项目管理已经发展成独立的学科体系，成为现代管理学的一个重要分支。在美国项目管理协会的推动下，项目管理专业人员在西方已经成为一个“黄金职业”。

尽管人类的项目实践可以追溯到几千年前（如中国的长城、历代皇陵、故宫的建设、京杭大运河的开凿，以及埃及的金字塔构筑等），但是将项目管理作为一门学科来进行研究，历史并不长。世界第一个专业性国际组织——国际项目管理协会（IPMA）1965年成立至今不过50多年的时间。经过50多年的努力，目前国际专业人士对项目管理的重要性及基本概念已达成共识。当前国际项目管理朝着全球化、多元化和专业化的方向发展，并随之提出了一些新的概念和方法，如伙伴关系、系统重组、集成管理等。

目前，国内外项目管理学科的发展速度都非常快。美国已有100余所大学开设了项目管理相关课程，其中19所大学的课程得到了美国项目管理协会的认证。20世纪80年代末90年代初，天津大学、复旦大学就已相继开设了项目管理课程。近年来，我国开设项目管理课程的高校也越来越多。

## 二、项目管理理论在体育赛事实践当中应用的发展历程

项目管理理论应用于体育赛事实践，能够有效提高体育赛事的精细化管理水平，改变以往依靠经验或行政管理手段办赛的粗放式管理模式。项目管理理论在我国的体育赛事实践当中的应用不多，1990 年北京亚运会采用了项目管理方法之一——计划网络图，这是时任国家体委主任伍绍祖从军工制造领域引入的。这也仅仅是很少一部分项目管理理论知识在体育赛事实践中的应用。此后直到筹办 2008 年北京奥运会时期，在国际奥委会的强烈建议下，北京奥组委按照项目管理理论与方法组织与实施了这一届夏奥会的各项筹办工作，并取得了巨大成功。这是项目管理理论比较全面应用于国内体育赛事实践的开端。2000 年悉尼奥运会筹办工作开始全面应用项目管理理论。发展到今天，其已经成为现代奥运会组织管理实践不可或缺的指导理论。

## 三、项目管理的相关基本概念

### （一）体育赛事项目管理的定义

体育赛事项目管理就是指通过应用和综合诸如启动、规划、实施、监控和收尾等项目管理过程来进行的管理活动。即把项目管理的各种知识、技能、手段和技术应用于体育赛事管理活动之中，以达到体育赛事的目标要求。

### （二）体育赛事生命周期

一项体育赛事作为一个项目，可以划分成若干阶段，以便有效地进行管理控制，这些阶段合在一起称为体育赛事生命周期。一般包括体育赛事的策划（包括申办）、计划、执行与收尾。通俗地讲，就是体育赛事的策划与申办、赛前筹备、赛时运行和赛后收尾管理。

## （三）体育赛事利益相关者

体育赛事利益相关者就是指体育赛事的积极参与者，或其利益因体育赛事的实施或完成而受到积极或消极影响的个人和组织，他们还会对体育赛事的目标和结果施加影响。

每个体育赛事都包括的关键利益相关者有：赛事管理者（体育组织和组委会领导），赛事顾客/用户（运动员、裁判员、观众等），赛事设施组织（场馆业主等），赛事工作人员，赛事赞助商，赛事施加影响者（政府、社区）。具体实例见图 4-1 和图 4-2。

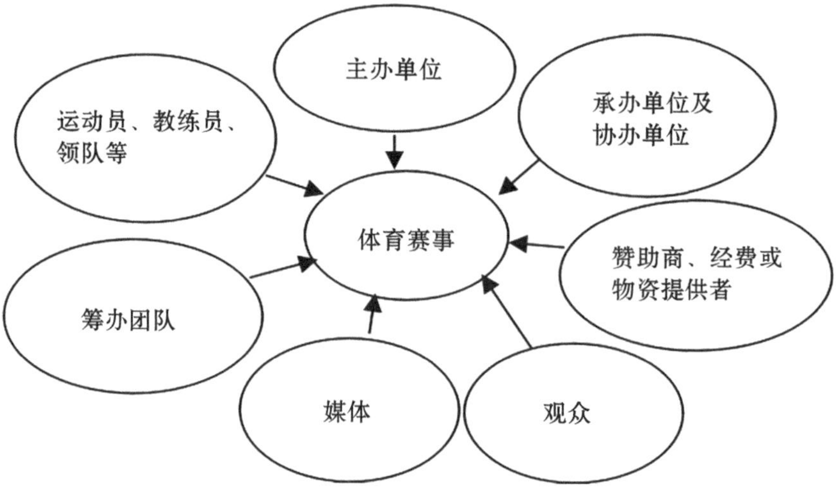


图 4-1　某体育赛事利益相关者的构成

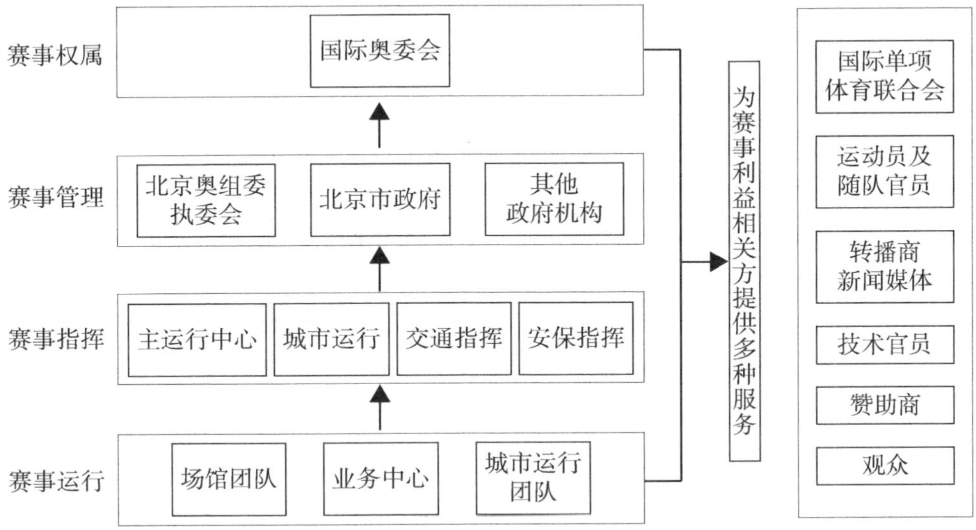


**图 4-2　2008 年北京奥运会利益相关者的构成**

## 四、体育赛事项目管理与日常业务的关系

### (一) 相同之处

(1) 由人来做。

(2) 受制于有限的资源。

(3) 需要规划、组织执行和控制。

### (二) 主要区别

(1) 日常业务是持续不断和重复进行的，而体育赛事是临时性的、独特的。

(2) 体育赛事和日常业务的目标有本质的不同。体育赛事的目标是实现其目标，然后结束；而持续进行的日常业务的目标一般是为了维持经营。

(3) 体育赛事的本质与日常业务大相径庭，因为当宣布的目标实现时，体育赛事就结束了。相比之下，日常业务是确定一组新目标，然后持续进行。

（4）体育赛事是在组织中所有层次上进行的，即可以跨多个部门组成体育赛事团队。

体育赛事管理与日常业务的比较见表 4-1。

表 4-1 体育赛事管理与日常业务管理的比较

| 体育赛事管理特点 | 普通管理（日常业务）特点 |
| --- | --- |
| 独特性 | 重复性 |
| 临时性 | 持续性 |
| 参与激进变革 | 参与渐进变革 |
| 临时的资源 | 稳定的资源 |
| 易变的过程 | 稳定的过程 |
| 具体的风险和不确定性 | 具体化的经验 |

## 五、组织的影响

### （一）组织制度

不同的组织制度对体育赛事的筹办会产生不同的影响。以体育赛事为主业的组织可以分为两大类：一类是收入主要来自根据合同为其他机构实施体育赛事的组织，如体育赛事公司、体育经纪公司等。另一类是自我创办体育赛事并进行管理的组织。这类组织往往都已有现成的管理制度，便于实施体育赛事管理，围绕自己的重要体育赛事开展工作，常见于各种体育协会组织。例如，国际奥委会围绕自身创办的夏季奥运会、冬季奥运会和青少年奥运会开展工作。

### （二）组织文化与作风

1. 组织文化的内涵

大多数组织都已形成了独特和可以言表的文化。这些文化反映在众多因素中，包括但不限于下列方面：

（1）共同的价值观、规范、信念和期望。

（2）工作方针和办事程序。

（3）对权力关系的看法。

（4）职业道德与工作时间。

2. 组织文化对体育赛事的影响

不同的组织具有不同的组织文化。例如，提出不寻常或者风险较高方案的项目团队，在一个进取心较强或具有开拓精神的组织中比较容易获得认同；工作作风中有强烈参与意识的体育赛事经理，在等级泾渭分明的组织中会遇到麻烦；而作风专横跋扈的体育赛事经理，在鼓励参与的组织中同样也很难开展工作。

## （三）组织结构

实施体育赛事的组织结构往往制约着体育赛事能否合理分工并获得所需资源。依据项目管理理论，组织结构有三种形式（职能式、矩阵式、项目式），把它比作连续的频谱，其一端为职能式，另一端为项目式，中间是形形色色的矩阵式。组织结构对项目的影响见表4-2。

表4-2 组织结构对项目的影响

| 项目特征 | 组织结构 | | | | |
|---|---|---|---|---|---|
| | 职能式 | 矩阵式 | | | 项目式 |
| | | 弱矩阵 | 平衡矩阵 | 强矩阵 | |
| 项目经理权限 | 很少或没有 | 有限 | 少到中等 | 中等到大 | 很高，甚至全权 |
| 可利用资源 | 很少或没有 | 有限 | 少到中等 | 中等到多 | 很多，甚至全部 |
| 控制项目预算者 | 职能经理 | 职能经理 | 职能经理与项目经理 | 项目经理 | 项目经理 |
| 项目经理的角色 | 半职 | 半职 | 全职 | 全职 | 全职 |
| 项目管理行政人员 | 半职 | 半职 | 全职 | 全职 | 全职 |

资料来源：美国项目管理协会．项目管理知识体系指南（第3版）［M］．卢有杰，王勇，译．北京：电子工业出版社，2005：23.

1. 职能式组织结构

职能式组织是一个金字塔式层次结构，每一个雇员都有一个明确的上级。人员按专业分组，形成一个部门。在职能式组织中，人员分配不是基于产品或支持的项目类型，而是根据所完成的工作类型。在采用职能式组织结构的企业里，成员通常同时从事支持多个项目或多个产品线的工作。对于项目管理而言，职能式结构最大的不足在于，通过这种方式工作的员工会产生这样的趋势：只关注本部门，在完成指派任务时忽略其他部门的要求，这种趋势被称为职能孤立。职能式组织结构中的孤立效果如图 4-3 所示。

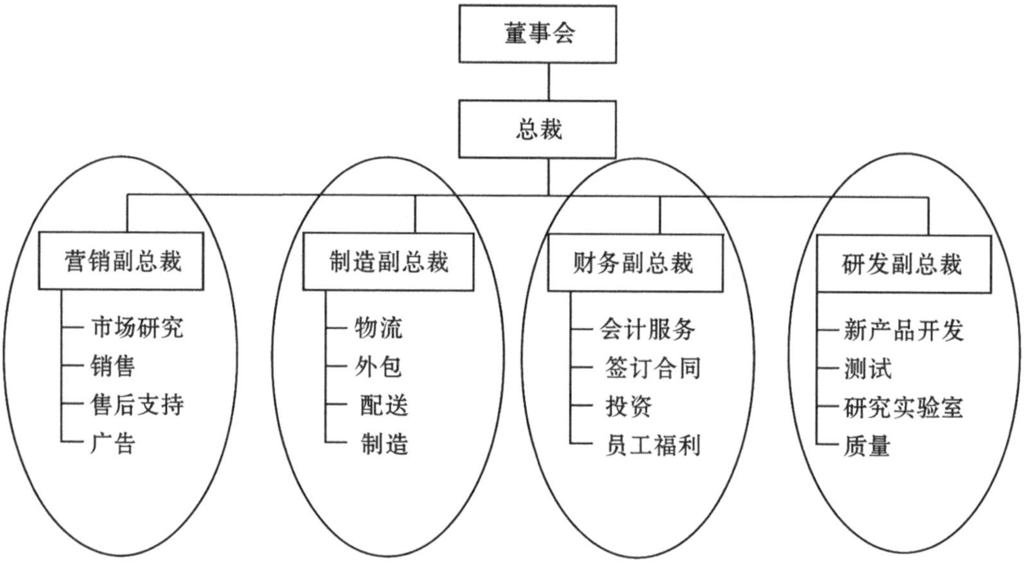


图 4-3　职能式组织结构中的孤立效果

（资料来源：宾图．项目管理［M］．鲁耀斌，董圆圆，赵玲，等译．北京：机械工业出版社，2007：39.）

当一个工作群体中的相似人群不愿意或不能从多角度考虑，也不愿意同其他群体协作或以跨部门的方式工作时，孤立就发生了。职能式组织结构的另一个不足是它对外部机会或威胁的反应非常迟钝。沟通渠道必须经过多个层级，而不是直接跨越职能边界。这个垂直的层级可能非常庞大，决策制定也需要花费大量时间。职能式组织结构由于其内在的设计问题，因此很难有较大的革新。由于孤立的职能群体考虑整个组织与目标时的角度受到限制，因此想达到跨部门协作相当困难，而这种协作对于创新或快速响应市场机遇来说又是非常必要的。图 4-4 所示为 2010 年广州亚运会组委会组织结构。

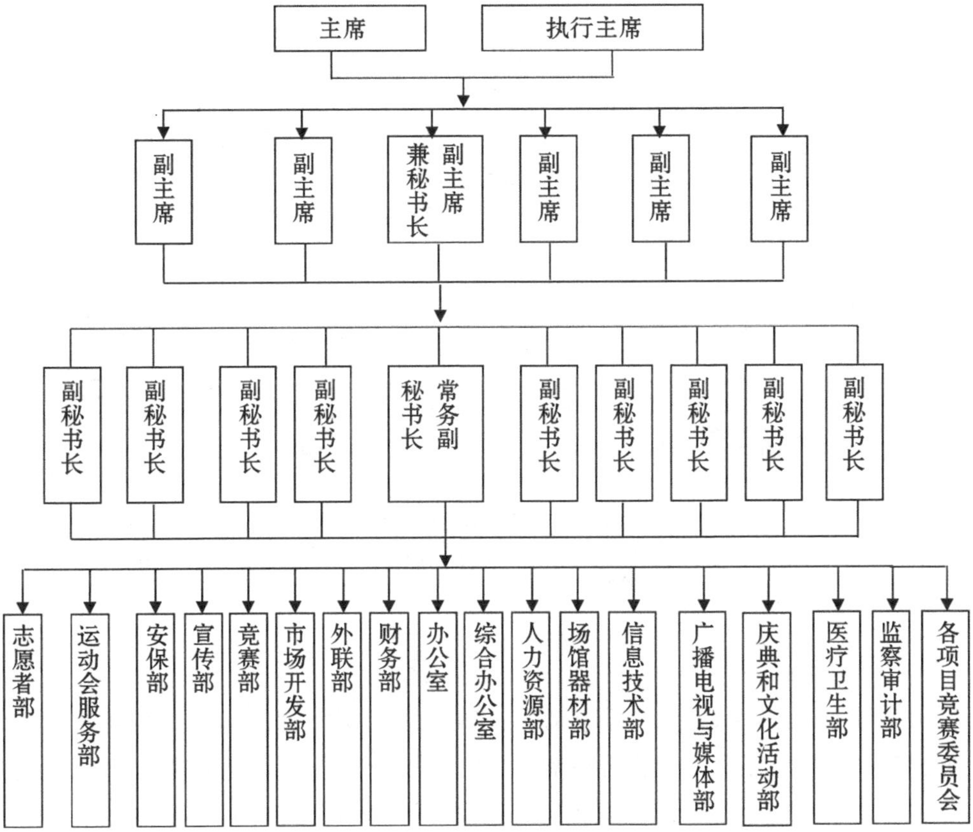


图 4-4　2010 年广州亚运会组委会组织结构（截至 2009 年 8 月 11 日）

2. 项目式组织结构

在项目式组织结构中，项目团队成员常常安排在同一地点，该组织大部分资源用于项目工作，项目经理有很大的独立性和权限。项目式组织结构如图4-5所示。

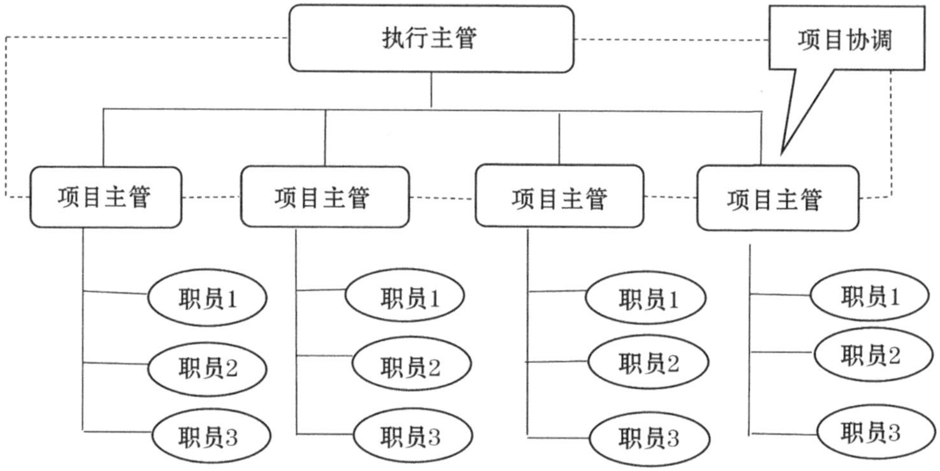


图 4-5　项目式组织结构

（资料来源：马旭晨．项目管理工具箱［M］．北京：电子工业出版社，2009：98.）

3. 矩阵式组织结构

矩阵式组织结构是职能式组织结构与项目式组织结构的结合，是在职能式组织与纯粹项目式组织之间寻求的平衡。同时强调职能与项目是矩阵式组织达到这种平衡的方式。在现实环境中，矩阵式组织结构创造了一种双重层级，这种形式在仅仅强调项目和纯粹的职能化之间进行了平衡。

矩阵式组织结构分为弱矩阵（有时被称为职能式矩阵）与强矩阵（有时被称为项目式矩阵）。在弱矩阵组织中，职能部门控制其资源，并负责管理项目中属于本部门的部分。项目经理的作用是协调各职能部门的活动，其实也就是典型的管理者。项目经理负责准备进度计划，更新项目状态，充当连接不同部门之间的桥梁，但对资源没有直接的控制权，也没有权力根据自己的意愿作出重大的决策。而在强矩阵组织中，项目经理会拥有更多的权力。项目经理控制大多数项目活动与功能，包括任务分配与对项目资源的控制，并具有关键的决策权。尽管职能经理对从其部门抽调到项目团队的人员具有一定的权力，但在大多数情况下他们都只是处于协商的地位。在矩阵组织环境中工作，会发现强矩阵可能更接近于项目式组织。

创建具有两个上级的组织结构看上去有点棘手，但如果特定的条件得到满足，这种方法将十分具有优势。矩阵式组织结构适用于以下环境：

（1）存在产品或项目机会多而资源却相对稀缺的压力。

（2）有两种或多种生产形式的需要。

（3）组织环境是复杂的、动态的。当组织面临复杂与快速变化的双重环境压力时，矩阵式组织结构促进了职能部门间的信息交换与协调。

矩阵式组织结构的目标是同时关注对外部机遇的快速响应与对内部效率的提高。为了达到这个双重目标，赋予项目部门与职能部门的权力必须是同等的。而实际上，对于项目管理来说，矩阵式组织结构的优势就是将项目管理部门与职能部门放在同等重要的位置。

2008 年北京奥运会的官方组织结构就是一个动态的变化过程，即开始筹办时期，北京奥组委的组织结构是职能式组织结构；赛时运行时期，其组织结构转变成了矩阵式组织结构。进行这一转变的目的是充分发挥矩阵式组织结构双向汇报机制的优势，从而确保赛事信息流通顺畅。

### ◆ 案例 4-1

2008 年北京奥运会赛事运行期间，组委会内部组织运行机制采用了与矩阵式组织结构相适应的双向汇报工作机制，如图 4-6 所示。

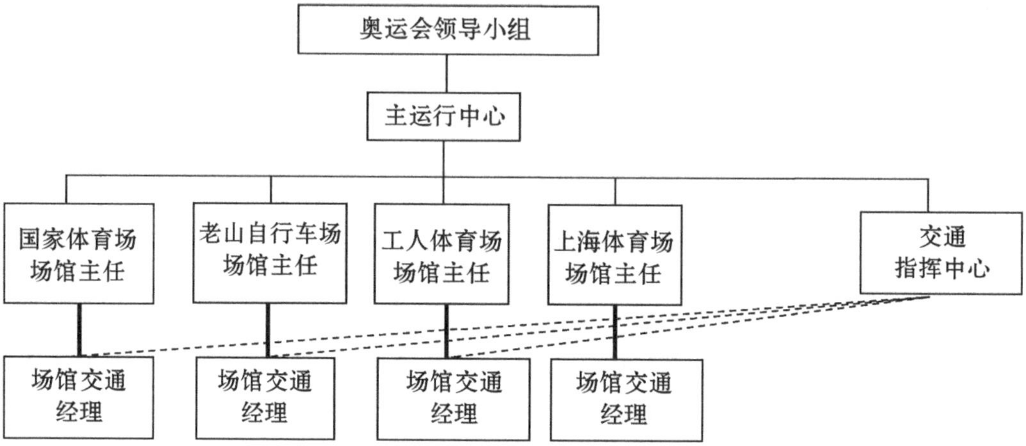


图 4-6 北京奥组委矩阵式组织结构

（注：实线为汇报主线；虚线为汇报辅线）

## 六、体育赛事的项目管理过程

“过程就是一组为了完成一系列事先指定的产品、成果或服务而需执行的互相联系的行动和活动。”① 体育赛事的单个项目管理过程就是启动、规划、执行、监控和结束一个项目，这些过程互相影响，关系复杂。

体育赛事运行期间，体育赛事的管理过程和产品生产的过程始终彼此重叠、交互作用。体育赛事的管理过程是综合努力的过程，其综合性要求体育赛事产品生产的过程同其他过程恰当地配合与联结起来，只有这样才能够实现赛事目标。

下面，我们从组成体育赛事的各个过程、相互之间的作用和影响、各过程的用途来介绍体育赛事的管理过程。这些过程可以归纳为 5 组（即体育赛事管理过程组），包括体育赛事启动过程组、体育赛事规划过程组、体育赛事执行过程组、体育赛事监控过程组和体育赛事收尾过程组。

---

① 美国项目管理协会. 项目管理知识体系指南（第 3 版）[M]. 卢有杰，王勇，译. 北京：电子工业出版社，2005：31.

### （一）体育赛事启动过程组

体育赛事启动过程组，即确定并核准体育赛事或体育赛事阶段，如图 4-7 所示。

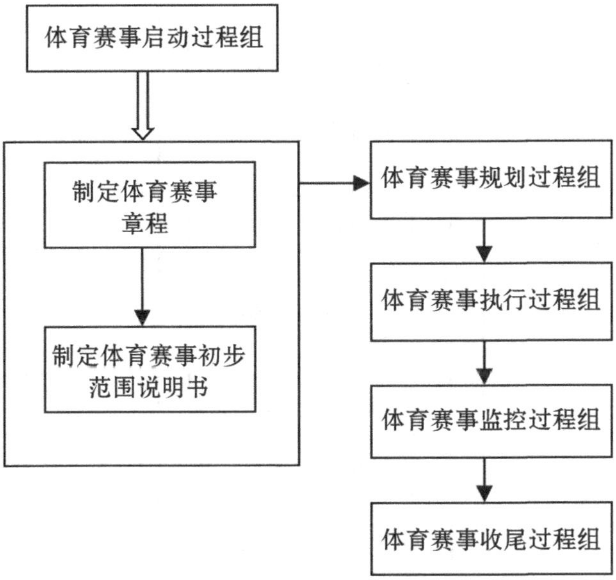


图 4-7　体育赛事启动过程组

### （二）体育赛事规划过程组

体育赛事规划过程组，即确定和细化体育赛事目标，并为实现体育赛事目标和解决体育赛事问题而规划必要的行动路线，如图 4-8 所示。

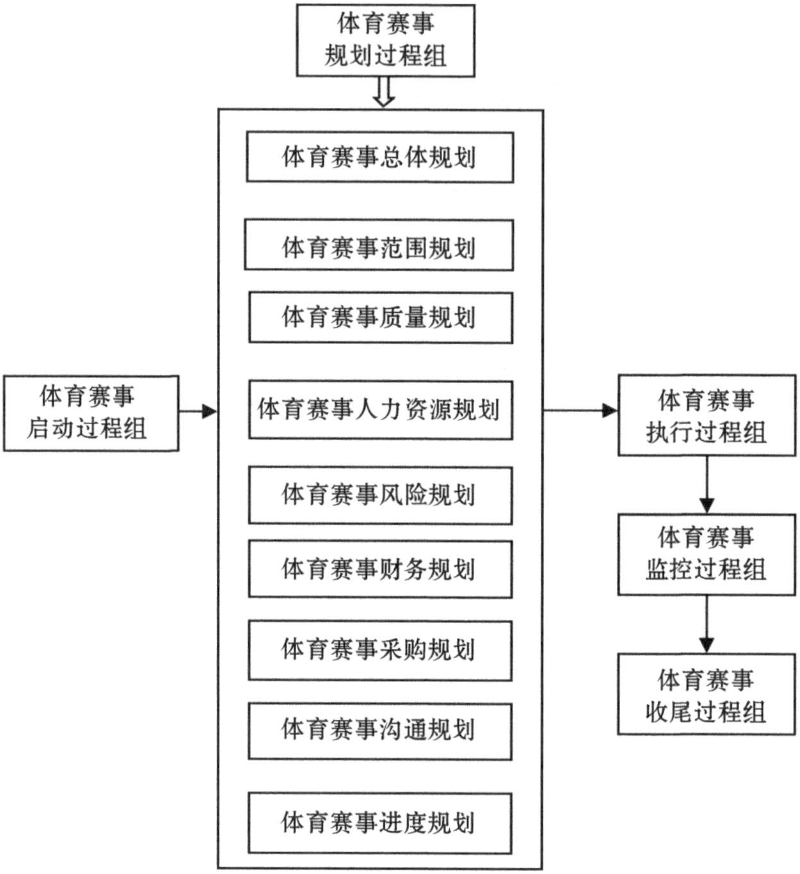


图 4-8 体育赛事规划过程组

## （三）体育赛事执行过程组

体育赛事执行过程组是指将人力资源与其他资源相结合为整体实施体育赛事管理计划的过程，如图 4-9 所示。

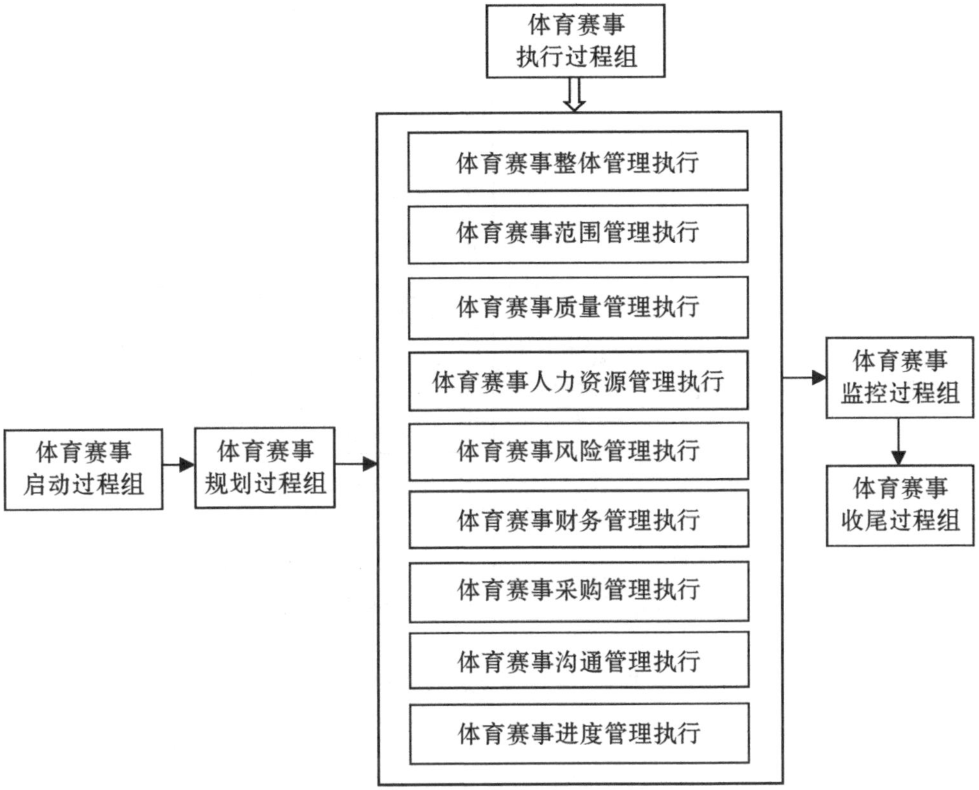


图 4-9　体育赛事执行过程组

## （四）体育赛事监控过程组

体育赛事监控过程组是指对体育赛事定期或不定期测量并监控其绩效情况的过程。在监控过程中发现偏离体育赛事管理计划之处，及时采取措施予以纠正。体育赛事监控过程组还包括控制变更，并在可能发生问题之前预先制定预防措施。整体变更控制是指控制造成变更的因素，确保变更带来有益后果，判断变更是否已经发生，在变更确已发生并得到批准时对其加以管理的过程。该过程贯穿体育赛事全过程，如图 4-10 所示。

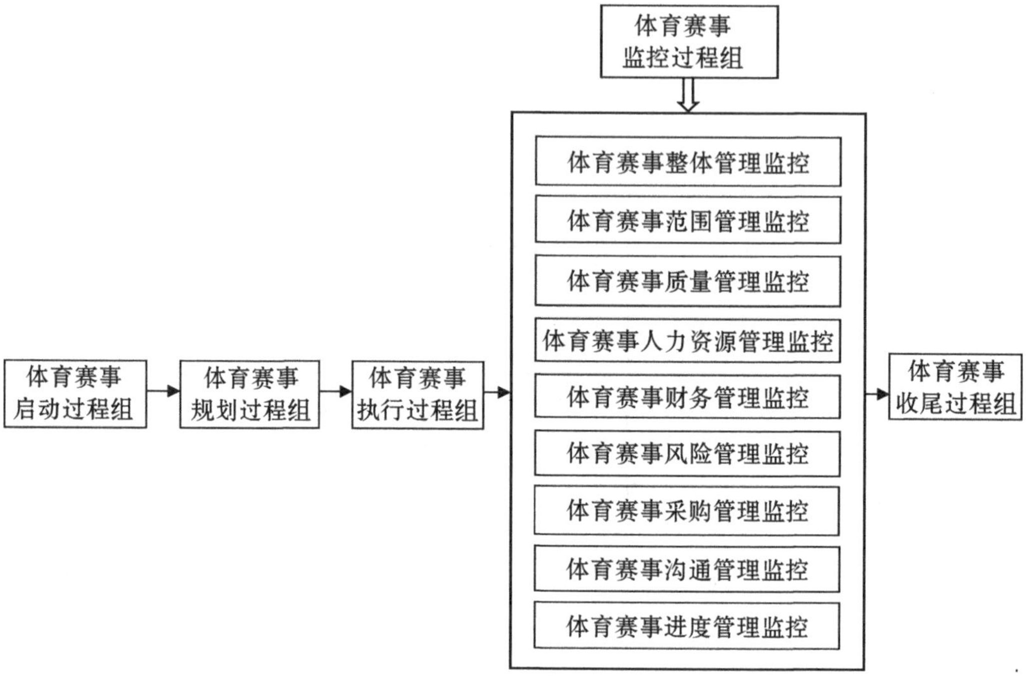


图 4-10 体育赛事监控过程组

## （五）体育赛事收尾过程组

体育赛事收尾过程组是指体育赛事结束后的管理过程。一般来讲，体育赛事结束需要进行及时的总结与绩效评估。其主要包括：①办理各参赛队离开赛区的各种手续，及时离会。②协调借调的有关人员返回原单位。③用于比赛的场地、器材、服装、用具等物资设备的归还、转让、出售和处理工作。④财务决算。⑤汇编、寄发比赛成绩册和技术资料；比赛成绩册的编制依据是各项竞赛规程中录取名次和记分方法的有关规定。成绩册的主要内容依次为：破纪录情况、各单项名次情况、获其他奖励名单及各项目比赛成绩表。⑥填报等级运动员和破纪录成绩。⑦移交、整理有关文档资料。⑧向新闻单位发布运动会情况。⑨工作总结，上报当地党政机关和上级体育运动委员会。属于承办全国竞赛的赛区，须填报赛区情况统计表。⑩评比表彰工作。对参与赛事组织管理工作的单位和个人，支持、协助举办赛事的单位和个人，工作出色的各级组织者、指挥者及工作人员进行表彰并致谢。

我国赛事运作传统的管理过程是以赛场竞赛为核心的封闭式（与市场相脱节的）管理，比较注重竞赛管理，忽视了赛场外其他方面的管理，如客户服务管理、赛事监控管理、赛事质量管理、成本管理、风险管理、环境保护管理等，以及赛事结束后的全面总结与评价、合同收尾管理，如到期的合同归档。经过多年实践现在这种情况已大为改观。体育赛事收尾过程组如图 4-11 所示。

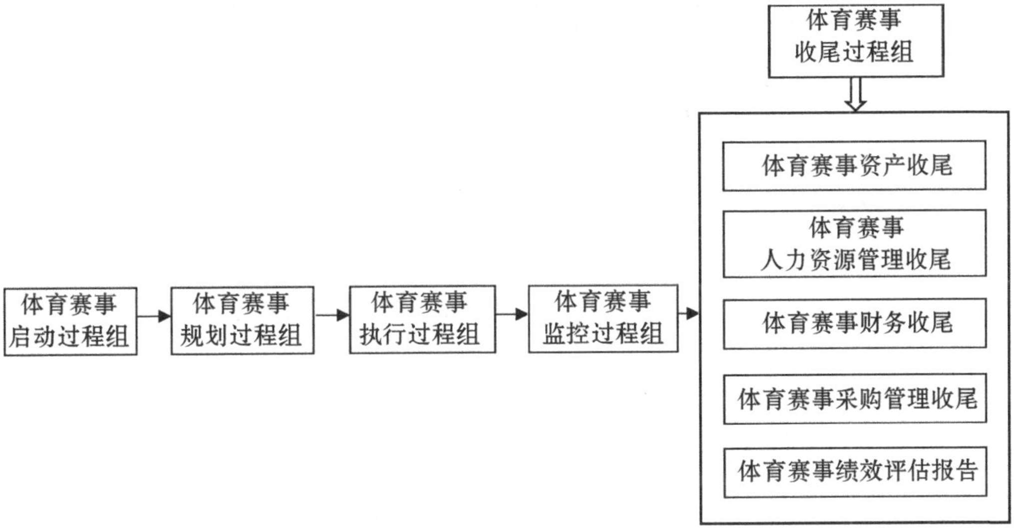


图 4-11 体育赛事收尾过程组

## 七、体育赛事管理过程组之间的相互联系与交互作用

体育赛事管理过程组之间是以其所产生的成果相互联系的。一个过程的成果一般成为另一过程的依据或成为赛事的可交付成果。例如，体育赛事规划过程组为体育赛事执行过程组提供正式的体育赛事管理计划书和体育赛事范围说明书，并随着赛事的绩效经常更新该赛事管理计划。

此外，体育赛事管理过程组极少是孤立或只执行一次的事件，它们是在整个赛事周期始终以不同的程度互相重叠的活动。体育赛事管理过程组之间的相互作用如图 4-12 至图 4-14 所示。

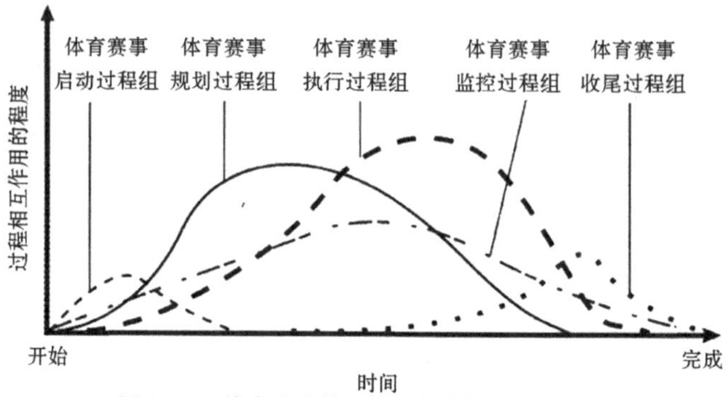


图 4-12　体育赛事管理过程组之间的相互作用

（资料来源：美国项目管理协会．项目管理知识体系指南（第 3 版）［M］．卢有杰，王勇，译．北京：电子工业出版社，2005：57）

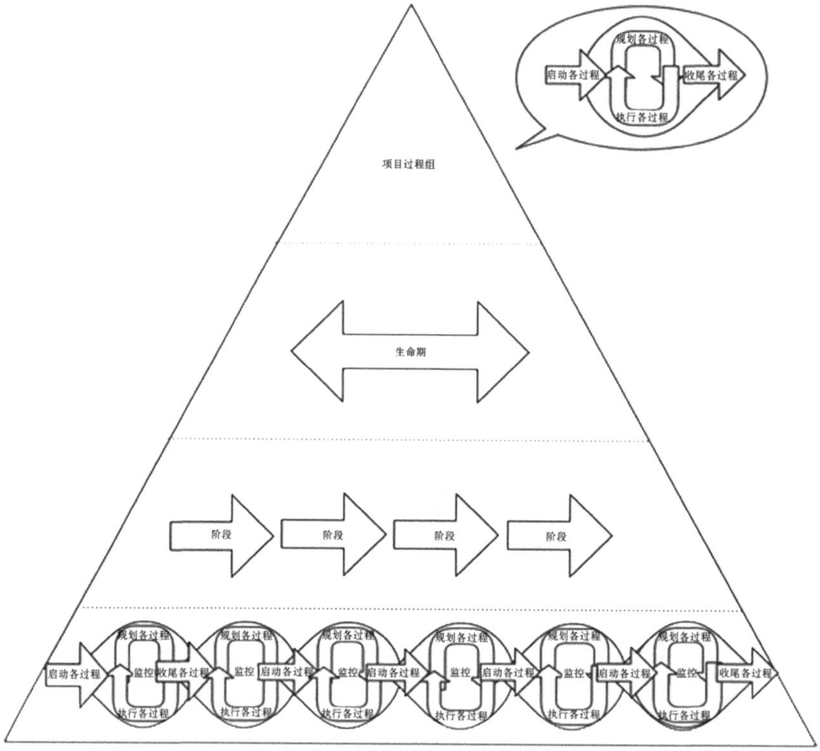


图 4-13　体育赛事管理过程组之间的三角关系

（资料来源：美国项目管理协会．项目管理知识体系指南（第 3 版）［M］．卢有杰，王勇，译．北京：电子工业出版社，2005：57）

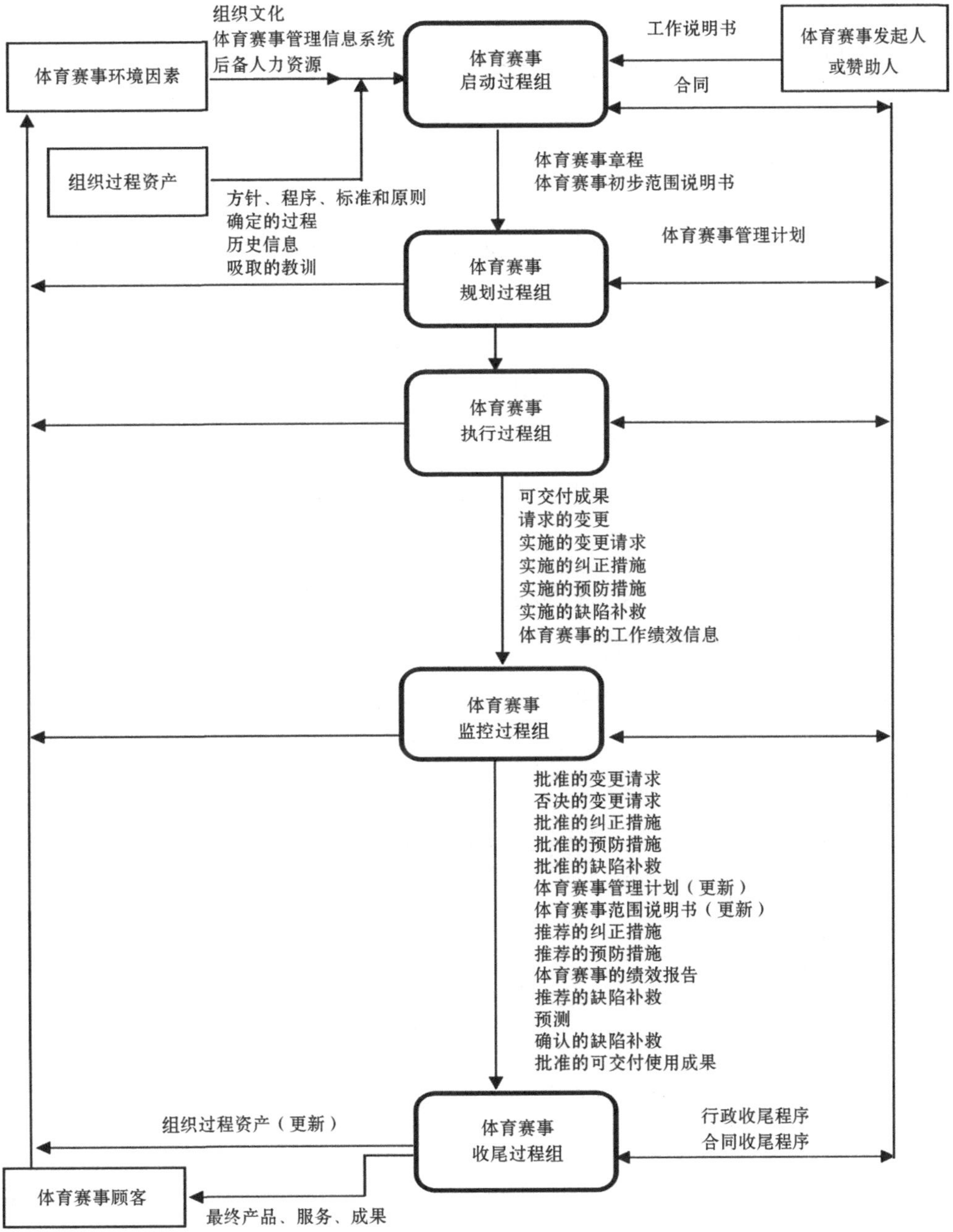


图 4-14　体育赛事管理过程组

## 八、体育赛事项目管理内容知识体系

### （一）体育赛事整体管理

体育赛事整体管理包括以下内容：①体育赛事的计划编制。②体育赛事的计划实施。③体育赛事的整体变更控制。具体如下。

1. 制定体育赛事章程

体育赛事经申请（申办）得到批准，制定体育赛事章程或规程。

2. 制定体育赛事初步范围说明书

制定体育赛事初步范围说明书，概括地说明体育赛事的范围。

3. 制订体育赛事管理计划

确定、编写、协调与组合所有部分计划，形成体育赛事总体计划。

4. 指导与管理体育赛事执行

执行体育赛事计划所确定的工作，实现体育赛事范围说明书所确定的目标要求。

5. 监控体育赛事各项工作

监视和控制体育赛事各项工作的启动、规划、执行和结束过程，实现体育赛事制定的目标。

6. 整体变更控制

审查所有的变更请求，批准变更并控制可交付成果和组织过程资产。

7. 体育赛事收尾

最终完成所有体育赛事的所有工作任务，正式结束该项活动。

◆ 案例 4-2

## 制定竞赛规程

当一项赛事被确定后必须制定竞赛规程。竞赛规程是赛事计划的重要组成部分，是指导一次具体比赛的法规性文件，是竞赛的组织者和参与者必须共同遵循的法则。单项比赛要制定单项竞赛规程，综合性比赛既要制定竞赛的总规程，又要制定单项竞赛规程。

竞赛规程的主要内容包括竞赛的名称、时间、地点、竞赛项目及组别、参加单位、参赛资格、参加办法、竞赛办法（采用的竞赛规则和所采取的赛制、团体总分的设置办法、决定名次和计分办法等）、仲裁委员会的组成和有关的参赛经费要求等。

制定竞赛规程应遵循以下原则：根据竞赛的性质，确定参赛资格、设置项目及比赛方式；尽量采用现行的国际比赛规则；体现公正的原则；根据运动技术发展的要求，调整比赛规则、比赛方式和计分办法等，但是要保持相对的稳定性，一般不宜变动过多过快，竞赛规程应提前制发，竞赛规程下发的时间应视情况而定，一般应提前半年到一年。比赛的规模越大，层次级别越高，其制发的时间提前量应越大，以便参赛单位和运动员有充分的准备。

◆ 案例 4-3

## 编制秩序册

秩序册是运动会竞赛组织和竞赛秩序的文字依据，它由运动会的竞赛部门负责编制，报组委会审定后付印。不论是单项竞赛、中小型运动会，还是大型综合性运动会，其秩序册都应提前下发。

秩序册主要内容包括：

（1）比赛名称、时间、地点。

（2）主办与承办单位。

（3）赛事组织机构示意图。

（4）运动竞赛规程和补充规定。

（5）大会各部、处、室人员名单。

（6）各项目竞赛委员会、仲裁委员会成员和裁判员名单。

（7）各代表团名单。

（8）运动会竞赛总日程表和各项目竞赛日程表。

（9）分组名单。

（10）竞赛场地示意图。

（11）最高纪录表等。

此外，基层体育赛事根据需要，可将“三员”（运动员、教练员、裁判员）守则及各种评优条例等内容附上。

◆ 案例 4-4

## 北京奥运会整体管理特征分析

### 一、北京奥运会项目管理目标

北京奥运会项目管理目标主要体现在以下几个方面：

（一）确保奥运会各项工作统筹计划管理。

（二）确保奥运会项目成本得到有效控制。

（三）确保奥运会所需各种资源得到有效整合。

（四）确保奥运会各项工作监控有效、有力。

（五）确保奥运会各项工作高质量如期完成。

### 二、北京奥运会计划管理体系

国际奥委会为北京奥组委提供总体工作指导计划，包含了 1200 多项内容，是全部筹办工作的重要里程碑。它是各领域编制工作计划、确定工作目标和范围的重要依据，并随着筹办工作的进展而渐渐明晰、不断充实完善。为此，北京奥运会建立了计划管理体系，奥组委筹办工作的计划分为多个阶段：第一阶段是制订基础规划，第二阶段是制订北京奥运会战略计划，第三阶段是制订北京奥组委各个部门运行纲要，第四阶段是制订北京奥运会示范场馆运行计划，第五阶段是制订北京奥运会场馆运行计划。

## 三、北京奥运会计划管理机制

北京奥组委建立了三种计划管理机制：第一，建立了与国际奥委会的协调机制。奥组委定期按照国际奥委会协调委员会监控报告所列工作任务提交执行意见、反映目前工作状态，双方就不对称信息及时进行沟通和调整，对监控结果达成一致意见。第二，建立了奥组委计划监控机制。各部门将月度、季度、年度工作任务执行情况定期按照奥组委监控管理办法进行监控，形成奥组委计划监控报告，主要反映协作矛盾与问题，及时预警提示。第三，建立了计划变更（调整）机制。图 4-15 为 2008 年北京奥运会国际奥委会与奥组委的赛时工作机制。

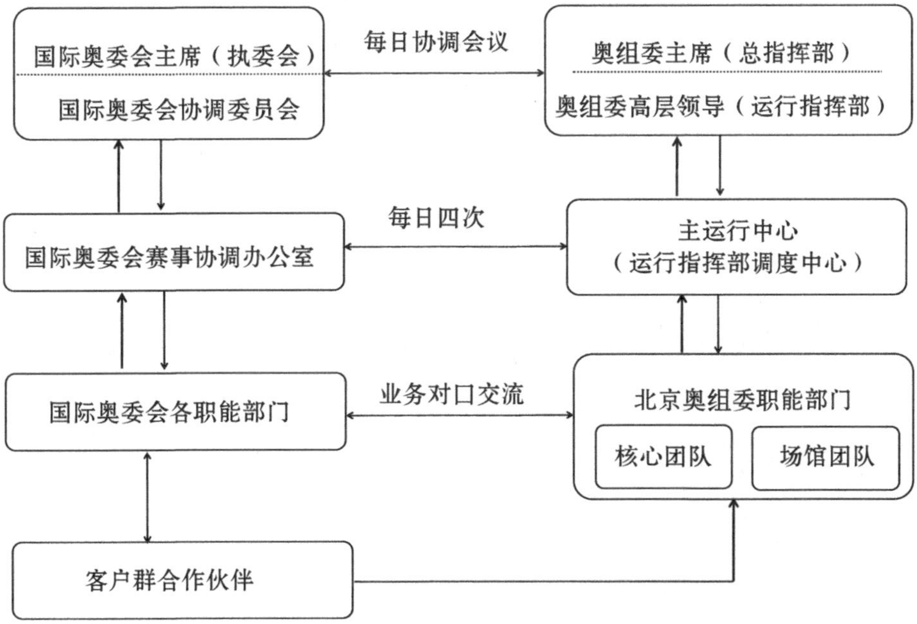


图 4-15　2008 年北京奥运会国际奥委会与奥组委的赛时工作机制

（资料来源：2008 年北京奥组委工作资料）

## 四、北京奥运会的整体（总体）管理规划

图 4-16 至图 4-18 为 2008 年北京奥运会筹办工作的计划。北京奥组委筹办工作的第一步是制定基础规划，最终的方向是运行阶段。

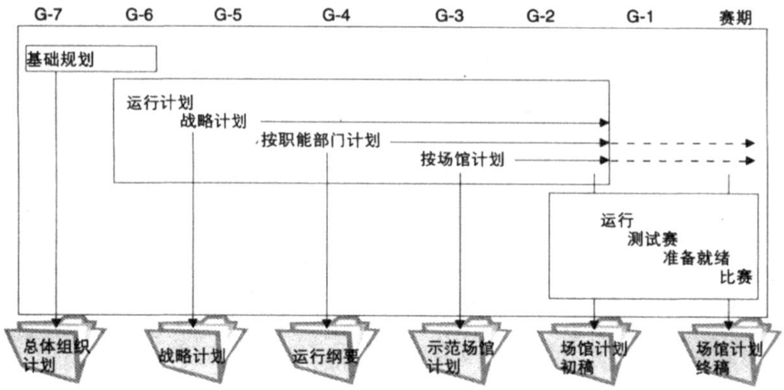


图 4-16 北京奥运会战略计划管理层次

（资料来源：2008 年北京奥组委工作资料）

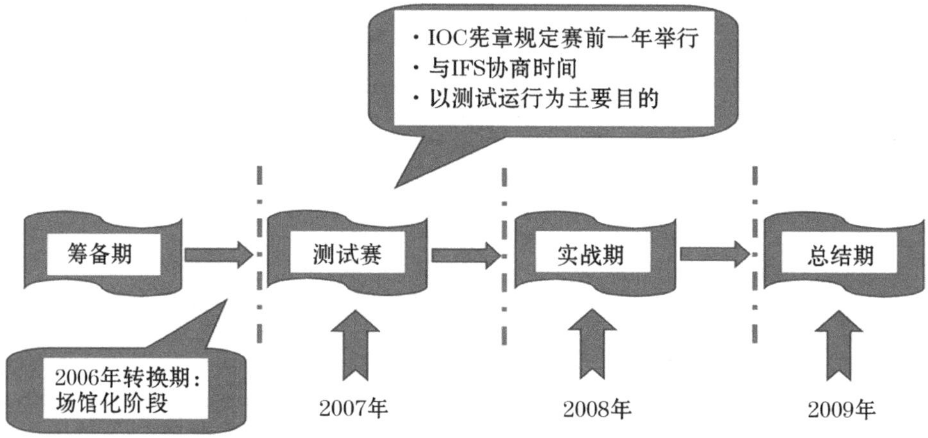


注：IOC，国际奥委会。

IFS，国际单项体育联合会。

图 4-17 北京奥运会工作推进节奏（周期）

（资料来源：2008 年北京奥组委工作资料）

| 计划阶段 | 场馆化阶段 | 测试阶段 | | | 运行阶段 | | | | 总结阶段 |
|---|---|---|---|---|---|---|---|---|---|
| GPP<br>计划阶段 | VS<br>场馆化阶段 | TE<br>赛前备战 | TE<br>赛时运行 | TE<br>赛后恢复 | OG<br>赛前备战 | OG<br>赛时运行 | PG<br>转换期 | PG残奥<br>赛时运行 | OG+PG<br>赛后总结 |

图 4-18 北京奥运会工作推进节奏（周期）

（资料来源：2008 年北京奥组委工作资料）

（一）总体组织计划

总体组织计划的着眼点是形成奥运会的总体战略，国际奥委会在这一阶段对北京奥组委要求的主要文件也是总体组织计划文件。从这个意义上说总体组织计划是一个很重要的工具，它相当于一个路线图，即一个过程示意图。

（二）战略规划

制定总体组织规划和其他规划应该涉及每个职能部门的职责；什么时候开始某一项任务以及什么时候结束、接着下一项任务什么时候开始；还应该确定职能部门的资源需求以及与之相关的详细的重大事件和时间安排；还应确定涉及的信息传递战略是什么。所有这些在总计划中都被称作战略规划，即明确各部门职责、任务、目标和内外联系。

（三）运行纲要

运行纲要文件应该说明如何去做某件事，在需要的资源方面有更详细的陈述以及在职能部门如何运行方面有更详细的制度和程序。

2005 年底，北京奥组委就可以把各部门规划中与场馆有关的部分提取出来，开始考虑北京奥组委的场馆规划会是什么，关于场馆的概念是什么，它的边界是什么，谁是它的主管人，每个场馆的功能是什么，以及它们的位置，谁来给运动员提供服务，谁来给新闻界提供服务，谁来给奥林匹克大家庭提供服务，以及它们之间是怎么相互关联的，还有谁负责检查制证的情况。

（四）示范场馆计划

2005—2006 年，北京奥组委要考虑把所有职能集合起来，即它们该如何以一个场馆团队的方式来运行，以向许多不同的代表团提供范围非常广泛的、标准统一的服务。避免用户群在不同的场馆、不同的时间享受到不同的服务程序，以及享受不同水准的服务。组委会应该给予客户群一样的赛事体验，即不管他们去哪儿，他们都将享受到同等水准的服务，以及经历同样的程序，因此，我们首先需要了解一个场馆的整体运行情况。

（五）场馆计划初稿

场馆计划初稿包括场馆运行计划、测试赛、赛前就绪、赛时运行。到 2006 年底，北京的场馆已完工，北京将按照模型，使每一个场馆的运行都细节化，包括将要承担 28 个体育比赛项目的所有场馆。然后是如何运行非竞赛场馆，如国际转播中心、新闻中心、奥林匹克大家庭饭店以及奥运村，所有这些都要在统一服务政策模型的基础上细节化。

（六）场馆计划终稿

场馆计划终稿包括场馆运行计划、测试赛、赛前就绪、赛时运行。这些文件将一直伴随北京奥组委到举办测试赛阶段。北京奥组委在测试赛中不仅要测试体育设施、技术及结果等，而且要测试文件、团队准备得如何以及他们在一起的工作的情况。在测试赛后，在2007年末和2008年初，北京奥组委将最后一次完善自己的规划。北京奥组委在奥运会期间的规划必须是极其详尽的。

## （二）体育赛事范围管理

体育赛事范围管理包括以下内容。

1. 体育赛事的范围计划编制

制订体育赛事范围管理计划，记载如何确定、核实与控制体育赛事范围，以及如何制订与定义工作分解结构（Work Breakdown Structure，简称WBS）。

2. 体育赛事的范围定义

编制详细的体育赛事范围说明书，作为将来体育赛事决策的依据。

3. 体育赛事的工作分解结构

将体育赛事中大的可交付成果与工作分解为较小的和更易管理的任务包。

4. 体育赛事的范围核实

正式验收已经完成的体育赛事可交付成果。

5. 体育赛事的范围变更控制

控制体育赛事范围的变更。

◆ 案例 4-5

## 北京奥组委体育部职责范围分析①

体育部是奥组委负责体育竞赛组织工作的主管部门。其职责范围具体如下：

一、负责奥组委就竞赛事务与国际奥委会、国际残奥委会、国际单项体育组织和其他相关机构之间的沟通、联络、协调工作。

二、负责 28 个项目委员会（含残奥项目委员会）的组建、协调联络和竞赛工作。

三、负责制订并实施有关竞赛事务的各项工作计划和组织方案。

四、负责各项目竞赛专业技术人员、裁判员和竞赛辅助人员的选拔、培养工作，协助做好技术代表、技术官员的服务保障工作。

五、负责编印、出版项目说明手册、技术手册、竞赛指南等相关竞赛资料。

六、协助做好国家或地区运动员资格审查工作，并提供竞赛相关服务。

七、参与协调竞赛相关器材、设备和技术系统的需求、安装、调试、设计等工作。

八、负责提出场馆、设施（含临时）相关的奥运使用功能和技术标准并负责审查和验收。

九、在残奥会协调部成立之前，代行残奥会筹办协调工作，承担协调小组日常工作和残奥会竞赛组织工作。

◆ 案例 4-6

## 北京奥组委餐饮部门规划②

首先，它要说明餐饮的范围；其次，要说明与餐饮有关联的业务有哪些；再次，当所有这些在战略规划中都已明确后，就要考虑需要哪些资源；最后，项目管理要做好每个职能部门的时间安排，告诉餐饮管理部门需要按照什么样

①② 资料来源：2008 年北京奥运会工作资料。

的餐饮战略对总计划做一些改变，而这些改变可能影响其他方面。值得注意的是：战略规划文件在2005年底需要进一步加以完善。那时，它已经完成且经过北京奥组委管理层的批准，但并非一锤定音，在场馆的规划过程中还会继续发生变化。

## （三）体育赛事时间管理

体育赛事的时间管理，又叫体育赛事工期管理或体育赛事的进度管理，是为确保按时完工所进行的一系列管理过程。

体育赛事时间管理包括以下内容。

1. 体育赛事各项活动定义

确定为产生体育赛事中各种可交付成果而必须进行的具体计划活动。

2. 体育赛事各项活动排序

确定各计划活动之间的依赖关系，形成文件。体育赛事构成要素所表现出来的层次性和顺序性决定了体育赛事管理活动的层次性和顺序性。例如，体育赛事的场馆首先需要建设好才能涉及其余的管理行为。

3. 体育赛事各项活动持续时间估算

估算完成各计划活动所需资源的种类、数量以及估算完成各计划活动所需工时单位数。

4. 体育赛事各项活动进度计划制订

分析活动顺序、活动持续时间、资源要求，以及进度制约因素，从而制订体育赛事进度计划表。

5. 体育赛事各项活动的进度控制

体育赛事各项活动的进度控制，即控制体育赛事进度表变更。体育赛事的进度计划制订主要应用计划评审技术（Program/Project Evaluation and Review Technique，PERT）和关键路径法（Critical Path Method，CPM）网络图技术。PERT是由美国海军、博思管理顾问公司和洛克希德飞机公司研究出来的。简单地说，

PERT 是利用网络分析制订计划以及对计划予以评价的技术。它能协调整个计划的各道工序，合理安排人力、物力、时间、资金，加速计划的完成。CPM 是由杜邦公司研究出来的。它是项目管理中最基本也是非常关键的一个概念，它上连着工作分解结构（Work Breakdown Structure，WBS），下连着执行进度控制与监督，关键路径是项目计划中最长的路线，它决定了项目的总实耗时间，所以在进行项目操作时确定关键路径并进行有效的管理是至关重要的。用 PERT/CPM 网络图找出关键路径和时间，现在由计算机软件来自动进行画图计算，并计算出完成项目的概率。甘特图通俗易懂，可容纳大量信息，但不易表现活动之间的技术关系，因此，一般把甘特图作为 PERT/CPM 网络图的补充。2008 年北京奥组委体育部重点工作进度安排见图 4-19。

| 作业代码 | 作业名称 | 作业名称(中) | 计划开始 | 计划完成 |
|---|---|---|---|---|
| Sport | | | 01/11/28 | 08/07/28 |
| Sport | | | 01/11/28 | 08/06/15 |
| Staffing | | | 02/01/31 | 05/03/31 |
| A2SPSTA165 | BOCOG Sport Director Appointed | 任命北京奥组委体育主任 | | 02/01/31 |
| A2SPSTA203 | All rest Compet. Mgrs recruitment process start | 开始招聘所有竞赛主任 | | 03/01/01 |
| A2SPSTA285 | Sports Departmnt structure&responsibil. defined | 明确体育部结构及责任 | | 03/01/31 |
| A2SPSTA190 | Football/EQ/Sailing CMs liaisons appointed | 任命足球、帆船和马术的竞赛联系人 | | 03/06/01 |
| A2SPSTA216 | All division chiefs appointed | 任命所有处长 | | 03/10/30 |
| A2SPSTA201 | All rest Compet. Managers appointed (part time) | 任命所有兼职的竞赛主任 | | 05/03/31 |
| Programme, Planning and Administration | | | 02/01/31 | 07/06/28 |
| A2SPPPA010 | Participation to main OL M. meetings determined | 确定参加奥林匹克运动主要会议 | | 02/01/31 |
| A2SPPPA000 | Prelim. meeting with IOC Sports Dep. (IOC recom) | 与国际奥委会体育部的初步会议(国际奥委... | | 02/05/04 |
| A2SPPPA175 | Review Venue location concept | 重新评估奥运场馆规划 | | 02/07/12 |
| A2SPPPA180 | Initiate relations with National Federations | 与国家单项体育组织建立联系 | | 02/12/31 |
| A2SPPPA190 | Input of Sport needs in every function prl. plan | 将竞赛需求纳入每个功能（部门）的初步计... | | 03/01/31 |
| A2SPPPA100 | Sport Preliminary Strategic Plan completed | 完成竞赛初步战略计划 | | 04/06/30 |
| A2SPPPA110 | Sport Strategic Plan completed | 完成竞赛战略计划 | | 04/12/28 |
| A2SPPPA120 | Sport Concept of Ops completed | 完成竞赛组织实施纲要 | | 05/12/28 |
| A2SPPPA140 | Sport Generic Venue Operations Plan compl | 完成竞赛通用场馆运行计划 | | 06/10/27 |
| A2SPPPA160 | Sport Specific Venues Operat Plan completed | 竞赛组织特定（个）场馆运行计划完成 | | 07/06/28 |
| Weather | | | 02/10/25 | 08/02/29 |
| A2PSPWEA01 | OG weather forecasting Prel. Strat. Plan compl. | 完成奥运会天气预报初步战略计划 | | 02/10/25 |
| A2SPWEA111 | Weather forecasting Plan - Revision 1 | 天气预报计划–第一版 | | 07/02/28 |
| A2SPWEA114 | Weather forecasting Plan - Revision 2 | 天气预报计划–第二版 | | 08/02/29 |
| Test Events | | | 03/06/30 | 06/01/27 |
| A2SPTEV115 | Preliminary Test Events list agreed with IFs | 与国际单项联合会确认测试赛的清单 | | 03/06/30 |
| A2SPTEV400 | Test Events calendar presented&approved by IFs | 测试赛日程上报并获得国际单项联合会批准 | | 06/01/27 |
| Results | | | 04/11/26 | 06/08/30 |
| A2SPRES402 | ORIS Review for BOCOG started | 开始奥运会成绩信息系统评估 | | 04/11/26 |
| A2SPRES403 | ORIS Review for BOCOG finalised | 完成北京奥运会成绩信息系统的评估 | | 06/08/30 |
| Training Venues | | | 04/12/29 | 08/06/15 |
| A2SPTRV300 | Training Venues requirements confirmed with IFs | 与国际单项联合会确认对训练场馆要求 | | 04/12/29 |

图 4-19　体育部重点工作进度安排

| 作业代码 | 作业名称 | 作业名称(中) | 计划开始 | 计划完成 |
|---|---|---|---|---|
| A2SPTRV301 | Training Venues secured | 落实训练场馆 | | 06/09/27 |
| A2SPTRV310 | NOC to inform OCOG on Training Schedule requests | 国家（地区）奥委会向北京奥组委提交训练... | | 08/06/15 |
| **Competition Schedule** | | | 03/09/30 | 06/06/30 |
| A2SPCMS210 | Review of Daily Comp schedule from bid | 评估申办时期的竞赛日程 | | 03/09/30 |
| A2SPCMS230 | First draft of compt schedule presented to IOC | 向IOC提交竞赛日程初稿 | | 04/10/29 |
| A2SPCMS202 | Daily schedule drafted | 起草每日比赛日程 | | 04/12/28 |
| A2SPCMS215 | Daily timetable to IFs for approval | 向IFS报批每日赛程 | | 05/06/30 |
| A2SPCMS203 | Competition schedule submitted to EB | 向国际奥委会执委会提交比赛日程 | | 05/12/31 |
| A2SPCMS220 | Session schedule developed | 制定各赛段比赛日程 | | 06/06/30 |
| **Olympic Programme** | | | 02/10/31 | 05/10/28 |
| A2SPOLP204 | Olympic Programme finalised (sport-disciplines) | 确定奥运会比赛项目(大项-分项) | | 02/10/31 |
| A2SPOLP205 | Confirmation of events by EB | 国际奥委会执委会确认小项和参赛人数 | | 05/10/28 |
| **Qualification System** | | | 06/01/31 | 06/03/27 |
| A2SPQLS304 | Qualification system and quotas approved by EB | 国际奥委会执委会批准资格赛系统 | | 06/01/31 |
| A2SPQLS305 | Qualification system published | 对外发布资格赛系统 | | 06/03/27 |
| **Technical Officials** | | | 04/12/30 | 06/07/28 |
| A2SPTOS390 | Training Schemes For NTOs defined with IFs | 与国际单项联合会确定国内技术官员培训计... | | 04/12/30 |
| A2SPTOS308 | Technical delegates appointed by IFs | 国际单项联合会任命技术代表 | | 05/06/30 |
| A2PSPTS325 | Numbers of NTOs defined by BOCOG | 北京奥组委确定国内技术官员数目 | | 05/07/28 |
| A2SPTOS309 | Numbers of Internat TOs approved by EB | 国际奥委会执委会批准国际技术官员人数 | | 06/07/28 |
| **Entries** | | | 05/07/26 | 08/01/30 |
| A2SPENT206 | Principles of entries process determined | 确定报名程序的原则 | | 05/07/26 |
| A2SPENT207 | Detailed entries timeline finalised | 确定详细报名时间表 | | 06/03/29 |
| A2SPENT280 | NOCs & IFs provide existing athletes data | 国家（地区）奥委会和国际单项联合会向北... | | 06/04/30 |
| A2SPENT290 | BOCOG initiate working relations with NOCs | 北京组委会开始与国家（地区）奥委会建立... | | 06/07/30 |
| A2SPENT208 | Entries forms&instruction booklet to IOC for apr | 向国际奥委会执委会报批报名表和指导手册 | | 07/09/28 |
| A2SPENT217 | Send Entries,eligib.forms&instruct.booklet NOCs | 向国家（地区）奥委会发放报名表和指导手册 | | 08/01/30 |
| **Sport Equipment** | | | 01/11/28 | 05/07/31 |
| A2SPEQM312 | IOC Sport Equipmnt guidelines for 2004 OG publis | IOC提供2004年奥运会体育器材指导原则 | | 01/11/28 |
| A2SPEQM314 | IOC Sport Equipmnt guidelines draft - 2008 BOCOG | 完成IOC2008年体育器材指导原则草案 | | 05/01/31 |
| A2SPEQM313 | IOC Sport Equipmnt guidelines - 2008 OG to BOCOG | IOC2008年体育器材指南送交北京奥组委 | | 05/06/30 |
| A2SPEQM315 | IFs to provide feedback to BOCOG for sport eqpmt | 国际单项联合会向北京奥组委提交体育器材... | | 05/07/31 |

| 作业代码 | 作业名称 | 作业名称(中) | 计划开始 | 计划完成 |
|---|---|---|---|---|
| A2SPEQM320 | BOCOG develop sport equipment marketing process | 北京奥组委制定体育器材市场开发程序 | | 05/07/31 |
| **Cooperative agreements with IFs** | | | 02/07/01 | 07/09/28 |
| A2SPMOU200 | Follow up IFs issues identified in Bid process | 落实在申办期间国际单项联合会明确的有关... | | 02/07/01 |
| A2SPMOU172 | Cont & Struct of coop. agreement agreed with IOC | 和IOC就合作协议内容与结构达成一致 | | 05/05/31 |
| A2SPMOU605 | 1st elements of coop. agr. with IFs signed | 与国际单项联合会草签合作协议 | | 06/04/30 |
| A2SPMOU209 | Final elements of coop.agr. signed with IFs | 与国际单项联合会签署合作协议 | | 07/09/28 |
| **Publications** | | | 05/06/30 | 07/07/29 |
| A2SPEXB365 | Determine Content,Structure&Format for Expl.Book | 确定技术手册的格式和内容框架 | | 05/06/30 |
| A2SPEXB375 | Content,Structure&Format reviewed by IOC | IOC对技术手册的格式和内容框架进行评估 | | 05/08/30 |
| A2SPEXB307 | Explanatory Booklets distributed | 分发手册 | | 07/07/29 |
| **NOCs Relations** | | | 03/10/30 | 08/07/28 |
| **Staffing** | | | 03/10/30 | 03/10/30 |
| A2NRSTA200 | NOC Relation Manager appointed | 任命国家（地区）奥委会关系部经理 | | 03/10/30 |
| **Programme, Planning and Administration** | | | 03/11/30 | 08/07/28 |
| A2NRPPA000 | IOC Recommendations | 国际奥委会建议 | | 03/11/30 |
| A2NRPPA100 | NOCs&Athletes Services Prel. Strat. Plan complet | 完成国家（地区）奥委会与运动员服务初步... | | 04/06/30 |
| A2NRPPA110 | NOCs&Athletes Services Strategic Plan completed | 完成国家（地区）奥委会与运动员服务战略... | | 04/12/30 |
| A2NRPPA150 | 1st Games Preparat.Newsletter for NOCs published | 出版第一期给国家（地区）奥委会的运动会... | | 04/12/31 |
| A2NRPPA120 | NOCs &Athletes Services Concept of Ops completed | 完成国家（地区）奥委会与运动员服务运行... | | 05/12/30 |
| A2NRPPA202 | Attaches appointed jointly by BOCOG & NOCs | 北京奥组委与各国（地区）奥委会共同任命... | | 06/07/30 |
| A2NRPPA205 | NOC-BOCOG ticketing agreement signed | 北京奥组委与各国奥委会签署票务协议 | | 06/09/30 |
| A2NRPPA140 | NOCs&Athletes Services Generic Venue Ops Plans | 完成国家（地区）奥委会与运动员服务通用... | | 06/10/30 |
| A2NRPPA207 | Chefs de mission seminar | 代表团团长研讨会 | | 07/08/30 |
| A2NRPPA206 | IOC Invitations sent to NOCs | 国际奥委会向各国（地区）奥委会发出邀请 | | 07/09/30 |
| A2NRPPA160 | NOCs&Athletes Services Spec Venues Ops Plan comp | 完成国家（地区）奥委会与运动员服务特定（个）场馆运行计划 | | 07/10/30 |
| A2NRPPA280 | All NOCs to inform BOCOG on delegation numbers | 各国（地区）奥委会向北京奥组委提交代表团人数 | | 08/05/31 |
| A2NRPPA208 | Manual for election of athletes commission pub. | 印发运动员委员会选举宣传手册 | | 08/07/28 |
| **Olympic Youth Camp** | | | 05/09/30 | 06/09/27 |
| A2NROYC210 | Olympic Youth Camp location proposed to the IOC | 向国际奥委会提议奥林匹克青年营地点 | | 05/09/30 |

图 4-19　体育部重点工作进度安排（续）

（资料来源：2008 年北京奥组委工作资料）

### （四）体育赛事成本管理

体育赛事成本管理包括以下内容。

1. 体育赛事的资源计划编制

对体育赛事所需要的资源进行预估并制订资源需求计划。

2. 体育赛事的成本估算

编制完成体育赛事所需资源的大致费用。

3. 体育赛事的成本预算

合计各个计划活动或工作包的估算费用，以建立费用基准。

4. 体育赛事的成本控制

体育赛事的成本控制是指体育赛事组织者在体育赛事筹备开始时就要对所要举办的体育赛事进行全方位的统筹规划，进行资金投入和产出的预计核算，并且对体育赛事本身资金的使用进行全面的控制，分析影响造成费用偏差的因素，控制体育赛事预算的变更，使体育赛事的预算控制在特定的范围内。体育赛事的成本控制包括收支与预算比较、税收、利润、债务还清、遗产处理、现金流动等事宜。

### （五）体育赛事质量管理

体育赛事质量管理包括以下内容。

1. 体育赛事的质量计划编制

判断哪些质量标准与体育赛事相关，并决定应如何达到这些质量标准。

2. 体育赛事的质量保证

开展规划确定的系统的质量活动，确保体育赛事实施能够满足客户需求。

3. 体育赛事的质量控制

监控体育赛事的具体结果，判断它们是否符合相关质量标准，找出并消除质量缺陷。

### （六）体育赛事人力资源管理

体育赛事人力资源管理包括以下内容。

1. 体育赛事的组织计划编制

确定、记录并分派体育赛事中各种工作角色、岗位职责，请示汇报关系，制订人员配备管理计划。

2. 体育赛事的人员招募与团队建设

招募体育赛事所需的人力资源。

3. 体育赛事的团队开发

培养团队成员的能力，提高成员之间的交互作用，以及提高体育赛事管理绩效水平。跟踪团队成员的绩效，提供反馈，解决问题，协调变更事宜，以及提高体育赛事的绩效管理水平。

### （七）体育赛事沟通管理

体育赛事沟通管理包括以下内容。

1. 体育赛事的沟通计划编制

确定利益相关者对信息与沟通的需求。

2. 体育赛事的信息发布

将所需信息及时提供给体育赛事的利益相关者。

3. 体育赛事的绩效报告

搜集与传播体育赛事的绩效信息，包括状况报告、绩效量度及预测。

4. 体育赛事的管理收尾

对沟通进行管理，以满足体育赛事利益相关者的需求，并与之一起解决问题。

◆ **案例 4-7**

## 北京奥运会的沟通管理

为了便于组委会各个部门及时了解各自工作进展情况，组委会总体策划部建立了北京奥运会项目管理信息系统（Program Management Information System，简称PMIS），目的是要通过建立统一的项目管理信息平台，来建立统一的工作规范，让所有参与者使用共同的项目管理语言，并及时公布和更新组委会各项工作进展情况，很好地起到信息发布和沟通的作用。为此，北京奥组委与相关专业公司合作共同开发了项目管理信息系统。

### 一、北京奥组委项目管理信息系统简介

项目管理信息系统（PMIS）基于工程项目管理应用（Primavera 5. O for Engineering & Construction，简称 P3E/C 5.0）规划，对项目进度进行全程管理和控制。

建立项目管理信息系统的主要目的是打破原来职能部门的管理模式所形成的信息孤岛，为项目管理的各个层次的人员提供沟通工具（如报表、视图、网站发布、记事本等）和交流平台，有助于项目信息清晰准确地传播，加强项目管理过程中各个项目间的协作。PMIS 经历了战略规划、规范建设和组织实施、核心数据库安装、实施运行四个阶段。

### 二、北京奥组委项目管理信息系统功能

北京奥组委的项目管理工作以计划管理为核心，因此，项目的核心管理流程就是计划管理的工作流程。项目管理信息系统功能模块包括计划编制、计划监控、计划变更三个核心流程。

### 三、北京奥组委项目管理信息系统框架构建

北京奥组委项目群的结构设计为：领域—子领域—项目—子项目—任务等五层结构，对应于标准项目管理语言中的 Program—Sub-program—Project—Sub-project—Activity（程序—子程序—项目—子项目—活动）。项目工作分解结构（WBS）对于奥运会筹办工作来说，是一种明确项目具体目标、确定工作范围、分清交叉工作职责的方法，是企业项目分解结构（Enterprise Project Structure，简称 EPS）在具体项目上的延伸，便于各领域制订科学的、详细的、准确的计划。

## （八）体育赛事风险管理

体育赛事风险管理包括以下内容。

1. 体育赛事的风险管理规划

决定如何规划和实施体育赛事风险管理活动。

2. 体育赛事的风险识别

判断哪些风险会影响体育赛事，并以书面形式记录其特点，对风险概率和影响进行评估和汇总，进而对风险进行排序，以便随后进一步分析或行动。

3. 体育赛事的风险量化

就识别的风险对体育赛事总体目标的影响进行定量分析。

4. 体育赛事的风险应对开发

针对体育赛事目标制定提高机会、降低威胁的方案和行动。

5. 体育赛事的风险应对控制

在整个体育赛事的组织实施过程中，跟踪已识别的风险、监测残余风险、识别新风险和实施风险应对计划，并对其有效性进行评估（图 4-20）。

| 作业代码 | 作业名称 | 作业名称(中) | 计划开始 | 计划完成 |
|---|---|---|---|---|
| Insurance | | | 04/10/29 | 07/12/30 |
| AMFNINS221 | Risk & Insur consulting Comp/broker selected | 选定风险和保险咨询公司和经纪人 | | 04/10/29 |
| AMFNINS110 | Games cancell.impact eval. & insur.process start | 开始进行取消奥运会的影响评估及保险工作 | | 04/11/30 |
| AMFNINS111 | Risk Mgment strategic plan completed | 完成风险管理战略计划 | | 04/12/28 |
| AMFNINS122 | Strategic Risk analysis finalised | 完成战略风险分析 | | 04/12/31 |
| AMFNINS121 | Risk Mgment Concept of Ops completed | 完成风险管理运行纲要 | | 05/12/28 |
| AMFNINS224 | Core Insurance contract signed | 签定核心保险合同 | | 06/06/30 |
| AMFNINS161 | Risk Mgment specific operating plan completed | 完成风险管理详细运行计划 | | 07/12/30 |

图 4-20　北京奥组委风险管理计划（截图）

（资料来源：2008 年北京奥运会工作资料）

## （九）体育赛事的采购管理

体育赛事的采购管理是指以不同方式通过从系统外部获得货物、工程和服务的整个采办过程。其包括货物采购、工程采购、服务采购等。体育赛事的采购管理是体育赛事的物质基础，是体育赛事成败的关键，直接影响到体育赛事的成本及未来的经济收益，同时要有一套严密周到的程序，良好的内部制度，以杜绝浪费贪污现象的发生。体育赛事采购管理包括以下内容。

1. 体育赛事的采购计划编制

确定采购何物、何时及如何采购。

2. 体育赛事的询价计划编制

记录产品、服务或成果要求，并确定潜在卖方。

3. 体育赛事的询价

根据情况获取信息、报价、投标书、报盘或建议书。

4. 体育赛事的供应商选择

评定报价，在潜在的卖方中进行选择，并与卖方洽谈书面合同。

5. 体育赛事的合同管理

管理合同以及买卖双方之间的关系，审查并记录卖方当前的绩效或截至目前的绩效，以确定所需要的纠正措施，并为将来与卖方的关系提供依据，管理与合同相关的变更，并在适当时管理与体育赛事外部买方的合同关系。

6. 体育赛事的合同收尾

完成并结算合同，包括解决任何问题，并根据与体育赛事或其中阶段相关的每项合同进行收尾工作。

体育赛事的项目管理过程如表 4-3 所示。

表 4-3　体育赛事的项目管理过程

| 知识领域 | 过程组 | | | | |
|---|---|---|---|---|---|
| | 启动组 | 规划组 | 执行组 | 监控组 | 收尾组 |
| 体育赛事整体管理 | 1. 成立组委会<br>2. 制定体育赛事章程<br>3. 制定体育赛事初步范围说明书 | 制定体育赛事管理计划书（基础规划—战略规划—部门运行计划—详细运行计划—场馆运行计划） | 指导与管理体育赛事执行 | 1. 监控体育赛事工作<br>2. 整体变更控制 | 体育赛事收尾（总结与影响评估） |
| 体育赛事范围管理 | | 1. 范围规划<br>2. 范围定义<br>3. 制作工作分解结构图（WBS 方法） | | 1. 范围核实<br>2. 范围控制 | |

续表

| 知识领域 | 过程组 | | | | |
|---|---|---|---|---|---|
| | 启动 | 规划 | 执行 | 监控 | 收尾 |
| 体育赛事时间管理 | | 1. 活动定义<br>2. 活动排序<br>3. 活动资源估算<br>4. 活动持续时间估算<br>5. 制定进度表 | | 进度控制 | |
| 体育赛事费用管理 | | 1. 费用估算<br>2. 费用预算<br>3. 市场开发 | | 费用控制 | |
| 体育赛事质量管理 | | 质量规划 | 实施质量保证 | 实施质量控制 | |
| 体育赛事人力资源管理 | | 人力资源规划 | 1. 体育赛事团队组建<br>2. 体育赛事团队建设 | 体育赛事团队管理 | |
| 体育赛事沟通管理 | | 沟通规划 | 信息发布 | 1. 绩效报告<br>2. 利害关系者管理 | |
| 体育赛事风险管理 | | 1. 风险管理规划<br>2. 风险识别<br>3. 定性风险分析<br>4. 定量风险分析<br>5. 风险应对规划 | | 风险监控 | |
| 体育赛事采购管理 | | 1. 采购规划<br>2. 发包规划 | 1. 询价<br>2. 卖方选择 | 合同管理 | 合同收尾 |

## 九、体育赛事成功与否的衡量标准

体育赛事的管理者通常用如下五个标准来衡量体育赛事是否成功。

### （一）时间

体育赛事受到特定时间的约束，必须在规定时间内完成。

### （二）成本

任何体育赛事的第二个关键约束是有限的预算。它必须在预算允许范围内尽可能有效地利用资源。

### （三）绩效

所有的体育赛事筹办都必须遵循既定的技术规范。体育赛事开始前应知道该项体育赛事的预期是怎样的，最终产品应该达到怎样的水平，绩效测度就是衡量最终产品是否根据规范来操作的效果评定方法。这个标准的应用也指进行质量检查。

### （四）客户满意度

体育赛事的目标是满足用户的需求。如果用户接受是关键变量，那么就应该确定目标用户是否能够接受完成的体育赛事。企业在严格遵循三约束标准的同时，最不能忽视的也是最重要的一点，就是用户对完成体育赛事的满意度，即体育赛事的质量。

### （五）未来机遇

“项目评价的另一个方法认为还应该将一个因素考虑进来：交付产品可以为组织带来的未来商业或技术方面的机遇”。[①] 也就是说，仅仅根据当前的成功来评价

① 宾图．项目管理［M］．鲁耀斌，董圆圆，赵玲，等译．北京：机械工业出版社，2007：13.

体育赛事是不够的，评价体育赛事时要考虑体育赛事商业方面的成功，同时也要考虑体育赛事带来新商业机遇的潜力。

（1）体育赛事的效率：满足预算和进度计划。

（2）对客户的影响：满足技术规格，针对客户需求，创建满足客户需求的体育赛事。

（3）商业成功：确定体育赛事是否取得了显著的商业成功。

（4）未来潜力：确定体育赛事是否开发了新市场、新产品线或者有助于开发新技术。

## 第二节　体育赛事的项目管理要求的专业知识和技能

体育赛事的项目管理对管理团队要求比较高，应至少理解和利用项目管理知识体系、体育赛事领域的知识、标准与规章制度、体育赛事对环境的影响、通用管理知识和技能，以及处理人际关系技能。

### 一、项目管理知识体系

（1）项目生命周期的定义。

（2）5 个项目管理过程。

（3）9 个知识领域。

### 二、体育赛事领域的知识、标准与规章制度

体育赛事领域有自己独有的规章制度和相关管理政策，若要在这一领域有所作为，必须掌握体育赛事的相关知识及规章制度。

## 三、体育赛事对环境的影响

（1）体育赛事对社会、文化环境的影响。

（2）国际体育赛事对政治环境的影响。

（3）体育赛事对自然环境的影响。

## 四、通用管理知识与技能

（1）竞赛知识。

（2）战略规划、组织行为、人事管理、补偿、福利与成长过程。

（3）销售与市场营销。

（4）财务管理与会计。

（5）合同与商业法。

（6）采购与采办。

（7）信息技术。

（8）物流与供应链。

## 五、处理人际关系技能

（1）能够进行有效的沟通与交流。

（2）具有对组织施加影响并把事情办成的能力。

（3）具有构建远景和战略目标并激发团队成员去努力实现的领导力。

（4）能够激励团队成员，使其充满活力去取得高水平的业绩并克服变革的障碍。

（5）具有谈判与化解冲突的能力，能够与他人商讨，与其取得一致或达成协议。

（6）具有解决问题的能力，具有能够将明确问题、鉴别解决办法与分析和作出决定结合起来的能力。

# 第五章　体育赛事的组织管理体制与运行机制

想要办好一项体育赛事，体育赛事组织管理团队必须了解体育赛事的相关要素及其之间的逻辑关系。体育赛事组织管理体制与运行机制是赛事要素的指挥棒与黏合剂，直接决定着赛事的成功与否，其主要包括组委会组织结构与运行机制、投入要素、管理要素以及具体的赛事管理制度。体育赛事的组织管理体制与运行机制是一个动态变化过程，其会随着时代的变化、环境与条件的改变而不断变化，纵观国内外体育赛事概莫能外。

## 第一节　体育赛事的组织结构及运行机制

体育赛事的组织、结构与运行机制依据体育赛事工作任务，结合体育赛事类别、体育赛事规模大小、体育赛事目标要求，设计体育赛事的组织架构和相应的部门，明确相应的职责。按照体育赛事的类别，分为单项性体育赛事的组织结构和综合性体育赛事组织结构；按照体育赛事的级别，分为国际性体育赛事组织结构和国内体育赛事组织结构；按照体育赛事的属性，分为职业体育赛事组织结构和业余体育赛事组织结构等。因此，体育赛事的组织结构呈现多元化状态。由于我国目前正处于由计划经济体制向市场经济体制转型过渡时期，尚存在体制内和体制外的差异，因此，不同类型的体育赛事，在不同的历史发展阶段其组织结构与运行机制也存在一些差异。

## 一、大型综合性体育赛事的组织结构与运行机制

一般而言，大型综合性体育赛事的组织结构由于工作任务繁重，所以部门设置也比较多。不同的国家，由于国情不同，其组织结构与运行机制不尽相同。

### （一）国外大型综合性体育赛事组织结构与运行机制

以 1988 年韩国汉城奥运会和 1996 年美国亚特兰大奥运会为例。韩国汉城奥运会，其组委会中政府组成人员较多，具体见表 5-1 和图 5-1；而美国亚特兰大奥运会则更多的是依靠私人和民间组织办赛，具体见图 5-2。

表 5-1　汉城奥运会组委会中来自政府机构的成员

| 政府机构 | 成员 |
| --- | --- |
| 国民教育和公众资料委员会 | 主席 |
| 家庭事务 | 部长 |
| 经济部 | 部长 |
| 国防部 | 部长 |
| 教育部 | 部长 |
| 体育部 | 部长 |
| 建筑部 | 部长 |
| 文化和信息部 | 部长 |
| 汉城市 | 市长 |
| 韩国工业联盟 | 主席 |
| 韩国工业协会 | 主席 |
| 国际奥委会 | 成员 |
| 韩国奥委会 | 主席 |
| 汉城奥运会国家支持委员会 | 秘书长 |

续表

| 政府机构 | 成员 |
|---|---|
| 通信 | 部长 |
| 政府管理 | 部长 |
| 政党的基层 | 领导 |
| 汉城教育委员会 | 负责人 |
| 韩国大学体育运动委员会 | 主席 |
| 韩国商会和产业 | 主席 |
| 韩国商人协会 | 主席 |
| 韩国民族文化和艺术协会联盟 | 主席 |
| Yonhap 新闻机构 | 主席及出版人 |
| 韩国商业联盟 | 主席 |
| 韩国国家旅游公司 | 总裁 |
| 汉城奥运会组委会 | 负责人 |
| 体育运动项目 | 副秘书长 |
| 汉城奥运会组委会负责国际关系 | 副秘书长 |

资料来源：托马，查里普．国际体育管理［M］．王艳，等译．北京：人民体育出版社，2000：139-140.

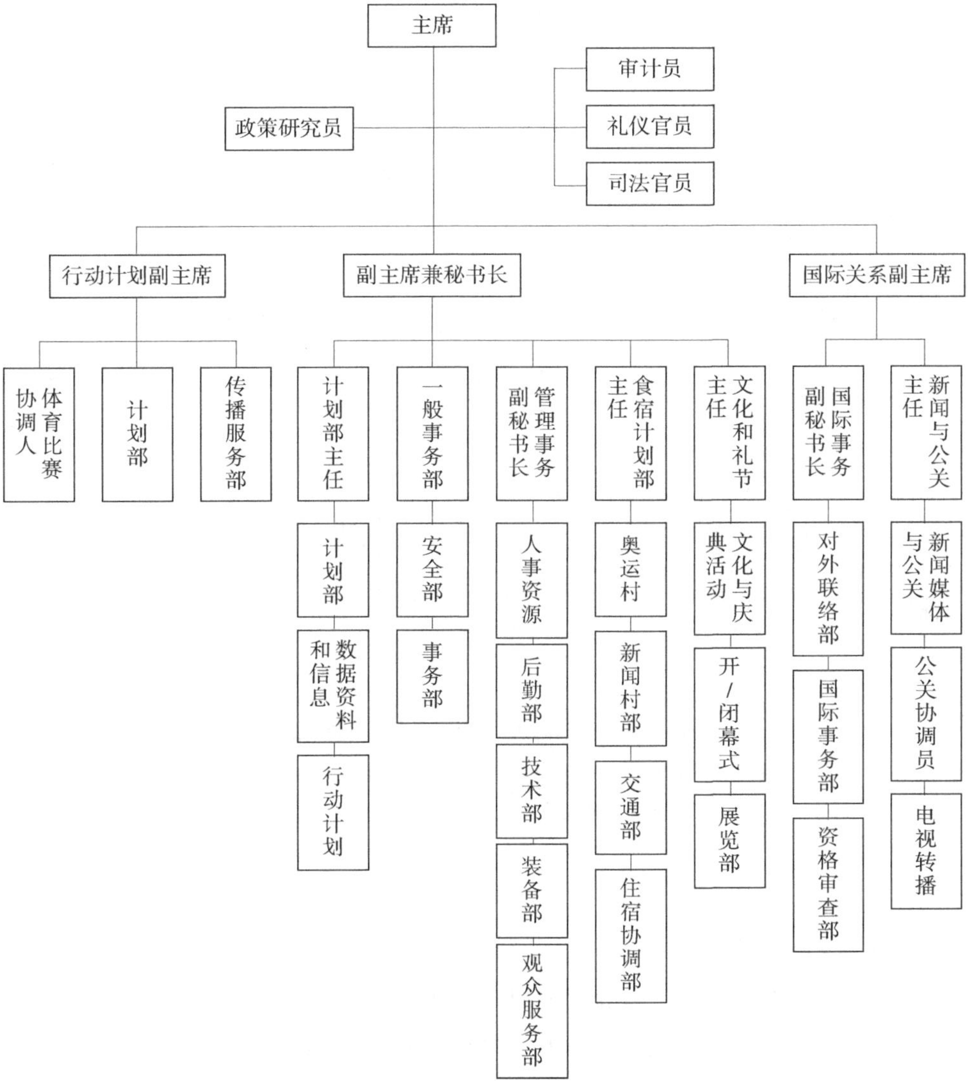


图 5-1 1988 年韩国汉城奥运会组委会组织机构

（资料来源：托马，查里普. 国际体育管理［M］. 王艳，等译. 北京：人民体育出版社，2000：138.）

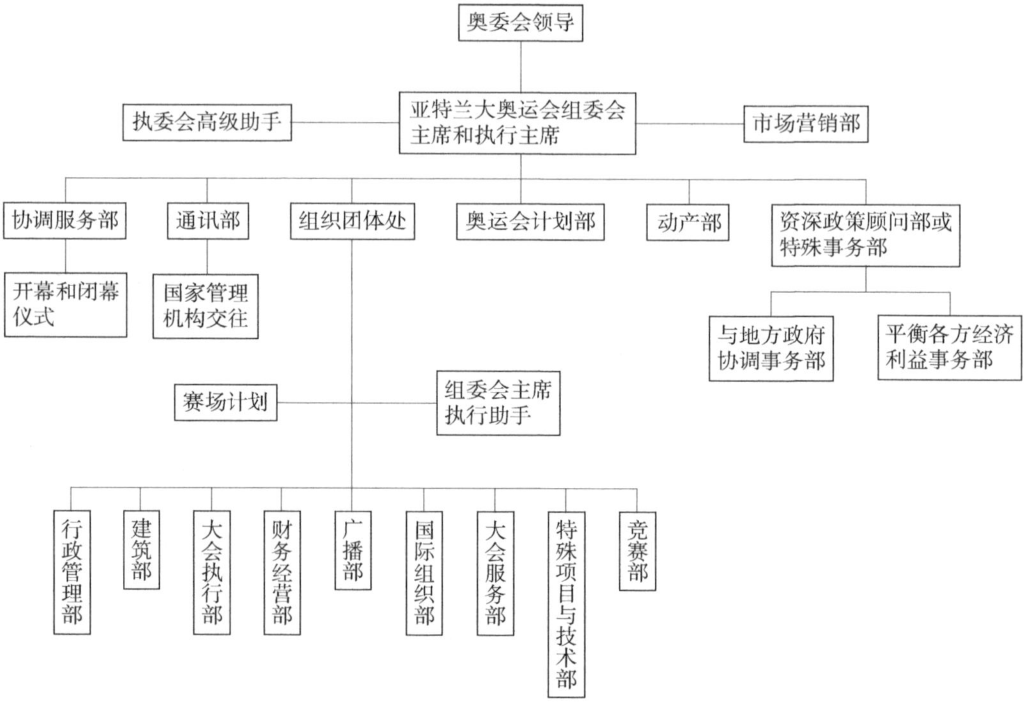


**图 5-2　1996 年美国亚特兰大奥运会组委会组织机构**

（资料来源：托马，查里普．国际体育管理［M］．王艳，等译．
北京：人民体育出版社，2000：138.）

## （二）2008 年北京奥运会组织结构与运行机制

2008 年北京奥运会举办获得巨大成功，赢得国际奥委会的高度赞誉，也赢得了世界的好评。这是国际奥委会与中国的深度合作，其组织结构无疑具有独创性、代表性和先进性。

2008 年北京奥运会的举办宏观上可以分为筹备阶段、场馆化阶段、测试赛阶段、赛时运行阶段和赛后总结阶段。组织结构分为筹备阶段组织结构和赛时运行阶段组织结构，运行机制分为筹备时期运行机制和赛时指挥运行机制。

1. 北京奥运会（残奥会）的组织结构

（1）筹备阶段北京奥运会（残奥会）宏观组织结构。组委会属于北京奥运会（残奥会）内部组织结构，市政府、各区县以及中央领导小组和中央各部委协调小组均属于北京奥运会（残奥会）外部组织结构。2008 年北京奥运会（残奥会）筹备时期宏观组织结构如图 5-3 所示。

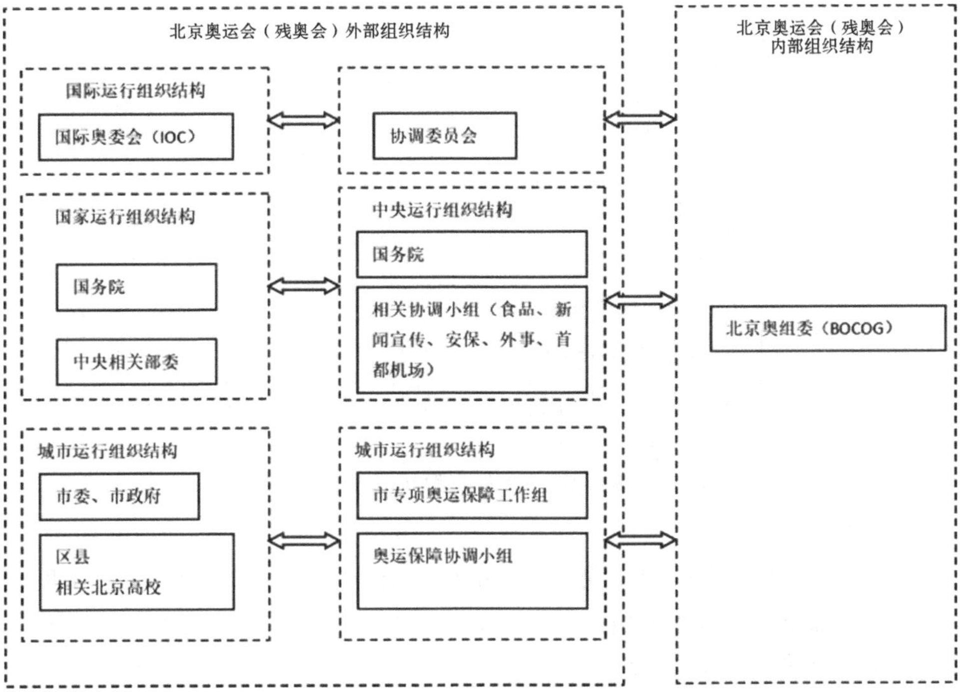


图 5-3　2008 年北京奥运会（残奥会）筹备时期宏观组织结构

1）筹备时期北京奥运会（残奥会）的内部组织结构——组委会。其内部组织结构为职能式组织结构。随着北京奥运会（残奥会）各项筹备工作的不断推进，组委会人员数量会适时增加，职能部门也会相应增多，因此，这种职能式组织结构处于一种动态的变化过程中。为了方便起见，本研究仅提供北京奥组委在筹备时期最后阶段的组织结构，如图 5-4 所示。

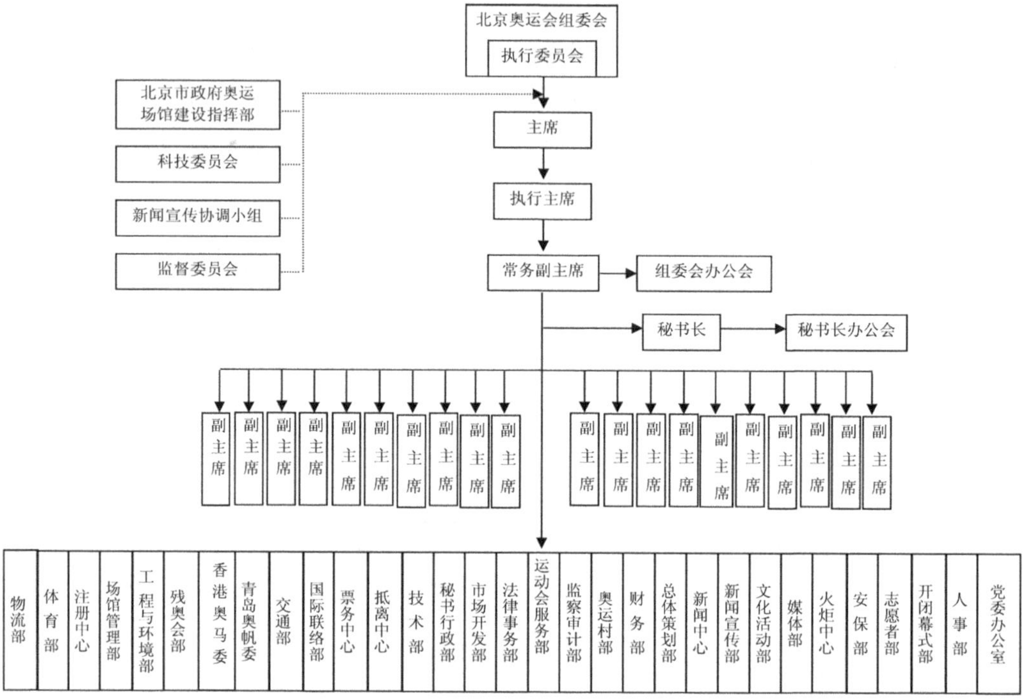


图 5-4　北京奥组委在筹备时期最后阶段的组织结构

2）筹备时期北京奥运会（残奥会）的外部组织结构。筹备阶段，北京奥运会（残奥会）外部组织结构主要包括国际、国家和城市三个运行层面的组织结构，这三个运行层面的组织结构具体如下：

①国际运行层面组织结构。北京奥运会（残奥会）国际运行层面组织结构主要是指由国际奥委会和北京奥组委高层领导组成的专门协调北京奥运会事务的联合工作委员会，该委员会在北京奥运会筹办时期每半年举行一次会议；另外，北京奥运会（残奥会）国际运行结构还包括国际单项体育组织与北京奥组委之间的沟通协调机制以及世界各国奥委会与北京奥组委的沟通协调机制。

②国家运行层面组织结构。北京奥运会（残奥会）国家运行层面组织结构主要包括两个层次：一是指由国家领导人亲自担任组长的北京奥运会中央筹办工作领导小组；二是指由相关中央机关部委与北京奥组委相关部门共同组成奥运会事务协调小组，如新闻宣传协调小组、食品安全协调小组、安保协调小组、科技协

调小组、外事协调小组、首都国际机场协调委员会等。

③城市运行层面组织结构。北京奥运会城市运行层面组织结构主要包括两个层次：一是指由北京市委、市政府各机关奥运保障工作小组，市“2008”工程建设指挥部办公室，市委、市政府应急委组成的北京市城市运行组织结构；二是由北京市各区县奥运保障工作小组，各区县、属地高校奥运保障工作小组及应急办组成。

（2）赛时运行时期北京奥运会（残奥会）的组织结构。赛时运行时期北京奥运会（残奥会）的内部组织结构和外部组织结构都较筹备时期的组织结构发生了很大的变化，图 5-5 显示了赛时运行时期，奥运会内部组织结构（组委会组织结构）和外部组织结构及其之间的相互关系。

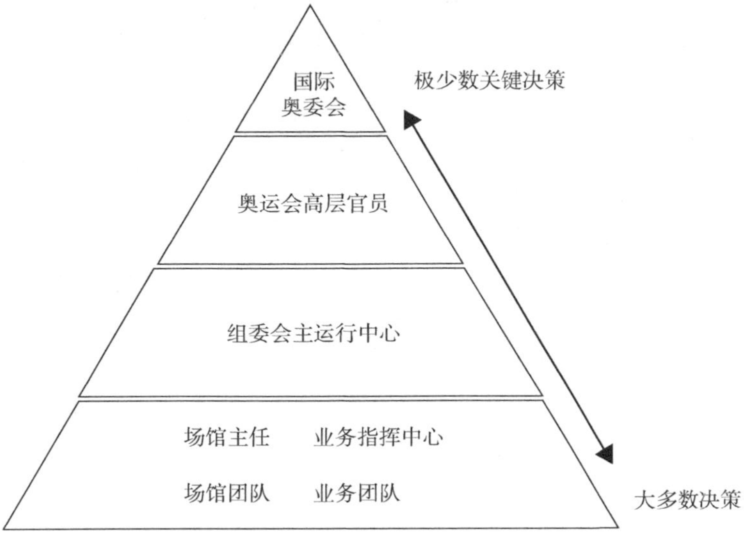


图 5-5 2008 年北京奥运会赛时组委会组织结构

1）奥运会内部组织结构。运行时期，奥运会内部组织结构，即组委会组织结构由原来的职能式组织结构转变为矩阵式组织结构，成立了奥运运行指挥部、主运行中心（总调度中心）和各专项工作组。

2）奥运会外部组织结构。国际运行层面外部组织结构主要是指由国际奥委会高层领导与奥组委高层领导共同组成的奥运会事务协调办公室。

中央运行层面外部组织结构主要是指由中央高层领导组成的中央奥运会筹办工作领导小组及由中央各有关部委和组委会共同组成的相关协调小组，主要有：外事工作协调小组、食品安全工作协调小组、首都国际机场协调委员会、新闻宣传工作协调小组、安保协调小组。

城市运行层面外部组织结构主要包括北京市奥运会指挥办公室、北京市应急委、北京市奥运专项指挥部及专项应急指挥部、北京市各区县奥运保障工作小组、应急委员会等机构。具体见图 5-6。

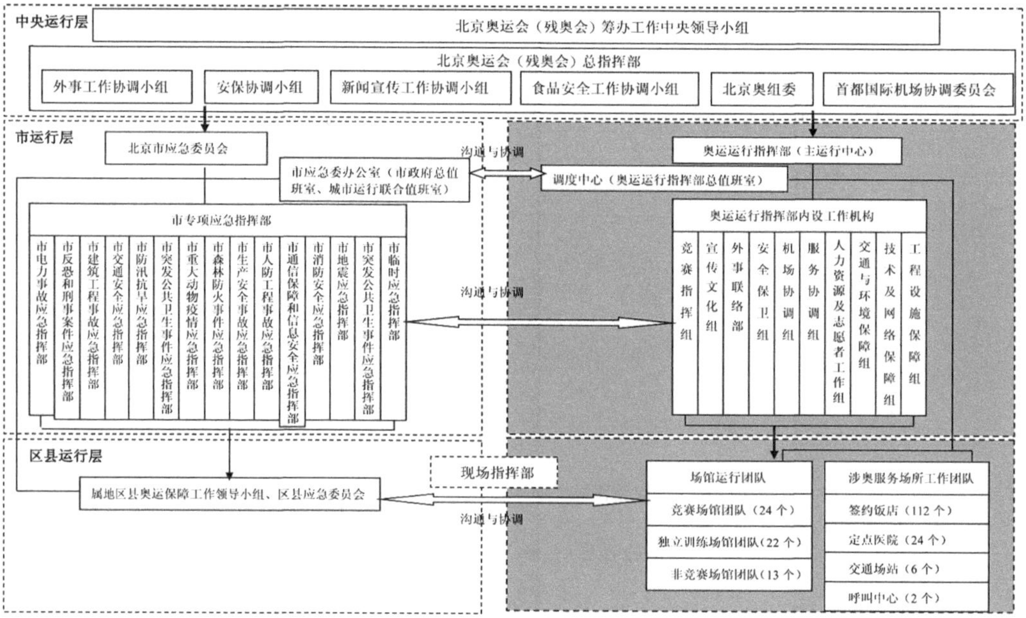


图 5-6 城市运行层面外部组织结构

3）组委会、城市运行、中央运行、国际运行之间的关系。北京奥组委在成立之初就与国际奥委会达成协议，组成一个专门协调北京奥运会事务的联合工作委员会，并每半年举行一次会议。该机构对于奥运会筹办工作而言，具有非常重要的作用。图 5-6 显示了北京奥组委与组委会之外的中央运行层、市运行层、区县运行层之间的工作关系。

北京奥组委需向市委、市政府定期汇报工作，同时，在业务层面上，需要组委会与市有关直属单位以及有关区县进行双向沟通和协调；市委、市政府需要向中央奥运会、残奥会筹办领导小组定期汇报工作；组委会需要定期向国际奥委会汇报工作进展情况，与各国际单项体育组织以及世界各国奥委会进行沟通和协调。

当然，北京奥组委在整个奥运会、残奥会筹办过程中起着核心驱动力的作用，北京奥组委工作人员是最先掌握奥运技术标准和奥运业务流程知识的人群，北京奥运会的整体筹备工作计划，从基础规划、战略计划到场馆运行计划、每日运行计划都是由组委会工作人员制订的，尤其是在北京奥运会（残奥会）筹备前期更是如此。但不可否认，到了奥运会（残奥会）筹备后期，尤其是进入赛时运行时期，城市运行工作和国家运行工作越来越重要，组委会之外的组织机构的作用也越来越重要。例如，奥运安保协调小组、奥运新闻宣传协调小组、首都国际机场奥运会协调委员会（以下简称“协调委”）、北京奥运会食品安全工作协调小组、市“2008”工程建设指挥部办公室、属地政府等机构，尤其是北京奥运会中央领导小组的作用更加凸显出来。

北京奥运会筹备后期，北京奥组委制定的“以竞赛为核心、以场馆为基础、以属地为保障”的工作指导方针，集中反映了北京奥运会（残奥会）后期中央政府、市政府和区县政府的作用越来越明显。这也是因为市政府和属地政府掌握着赛事所需要的大部分资源，必须依靠当地政府的大力支持才能确保各项比赛顺利进行。

（3）北京奥运会（残奥会）的组织结构特点。

1）部门分工明确、细致，部门设置齐全。北京奥组委筹备时期总共设置了 31 个部门，另外还有 5 个京外足球赛区组委会。这些部门分别是：①秘书行政部；②总体策划部；③新闻宣传部；④国际联络部；⑤财务部；⑥人事部；⑦市场开发部；⑧体育部；⑨技术部；⑩工程环境部；⑪场馆管理部；⑫法律部；⑬运动会服务部；⑭监察审计部；⑮文化活动部；⑯安保部；⑰媒体运行部；⑱物流部；⑲残奥会部；⑳交通部；㉑志愿者部；㉒火炬接力中心；㉓注册中心；㉔开闭幕式工作部；㉕票务中心；㉖奥运村部；㉗香港奥马委；㉘青岛奥帆委；㉙信息中心（注释：后期该中心撤销），㉚党委办公室，㉛抵离中心。另有上海、天津、沈阳、秦皇岛、青岛 5 个足球赛区组委会。

北京奥运会（残奥会）赛时运行时期，北京奥组委组织机构发生了一些变化，又新成立了注册中心、火炬接力中心、新闻中心、抵离中心、机关党委办公室以及 24 个竞赛场馆团队和 22 个独立训练场馆团队、13 个非竞赛场馆团队，并于 2006 年撤销了信息中心。北京奥运会整个运行时期，奥组委职能部门最多时达到 34 个，这说明北京奥组委组织结构设计细致、严谨，分工明确，而且，根据奥运会的进程变化，适时调整组织机构，以适应奥运会赛时需要。

2）组织结构动态变化，组委会机构数量由少到多逐渐增长。2001 年 12 月 13 日北京奥组委正式成立，设立了秘书行政部、总体策划部、国际联络部、体育部、新闻宣传部、工程部、环境活动部、市场开发部、技术部、法律事务部、运动会服务部、监察审计部、人事部、财务部、信息中心、文化活动部、安保部、医疗卫生部、媒体运行部、交通部、住宿部 21 个部门，明确了各自的职责范围。但事实上，医疗卫生部和住宿部始终没有成立，而是划到了运动会服务部，工程部和环境活动部合并，截至 2004 年 6 月，北京奥组委设置了 18 个职能部门，76 个处室，260 余名工作人员，青岛奥帆委①和香港奥马委②不在其中。随后，奥组委又成立了场馆管理部、残奥会部、志愿者部、奥运村部、物流部、开闭幕式部、票务中心、火炬接力中心、新闻中心、注册中心、抵离中心等部门，信息中心于 2006 年年底撤销。

3）组委会组织结构由职能式组织结构向矩阵式组织结构转变。北京奥组委筹备前期是扁平状职能式组织结构；奥运会筹备后期，北京奥组委组织结构开始向场馆化转变；赛时运行时期，北京奥组委组织结构则向矩阵式组织结构转变，奥运会术语称之为场馆化过程。具体如图 5-7 所示。

4）奥运会内外组织结构协调均衡有机统一。北京奥组委在进行内部组织结构建设的同时，还在相应层面与组委会外部系统建立了奥组委外部组织结构，以便就奥运会事务与组委会外部机构（主要是政府机构以及国际机构）进行及时的沟通和协调，以确保奥组委内部与外部信息沟通畅通、资源调配顺畅。

---

① 第 29 届奥林匹克运动会组织委员会帆船委员会（青岛），简称“青岛奥帆委”。

② 第 29 届奥林匹克运动会香港马术委员会，简称“香港奥马委”。

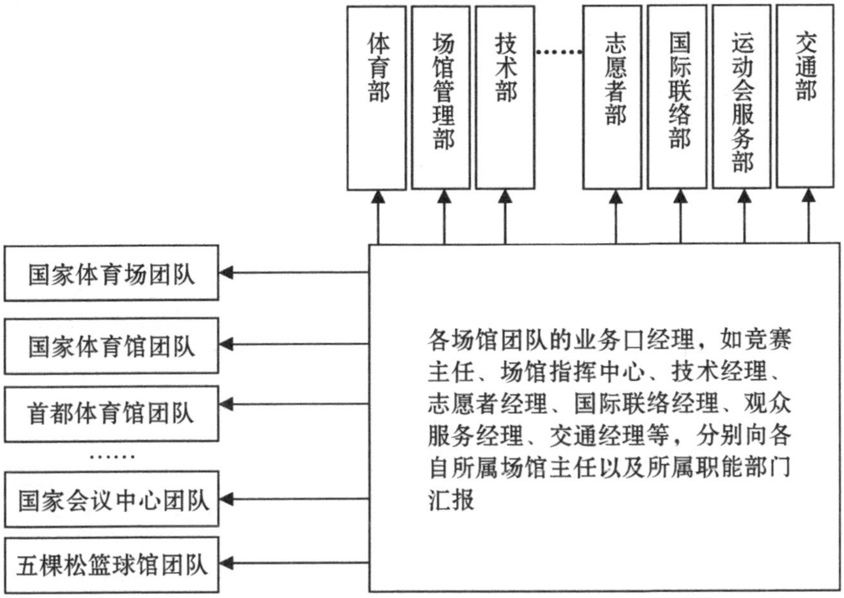


图 5-7　北京奥运会矩阵式组织结构

2. 北京奥运会（残奥会）的运行机制

（1）筹备时期组委会运行机制。

1）筹备时期组委会内部运行机制。由于北京奥运会筹备时期，组委会组织结构是职能式组织结构，因此，组委会各部门运行机制主要为单一纵向汇报机制，即按照行政级别由低到高逐层汇报的行政运行机制。

2）筹备时期组委会外部运行机制。北京奥运会筹备时期组委会外部运行机制主要是组委会与外部相关机构之间的沟通与协调，主要为行政协调沟通机制。北京市各级政府均建立了奥运协调办公室，专人负责与北京奥组委各部门就奥运事务开展进行沟通和协调。

（2）赛事运行期间组委会运行机制。

1）赛事运行期间组委会内部运行机制——双向汇报机制。北京奥运会赛事运行期间，组委会内部运行机制采用了与矩阵式组织结构相适应的双向汇报工作机制。具体如图 5-8 所示。

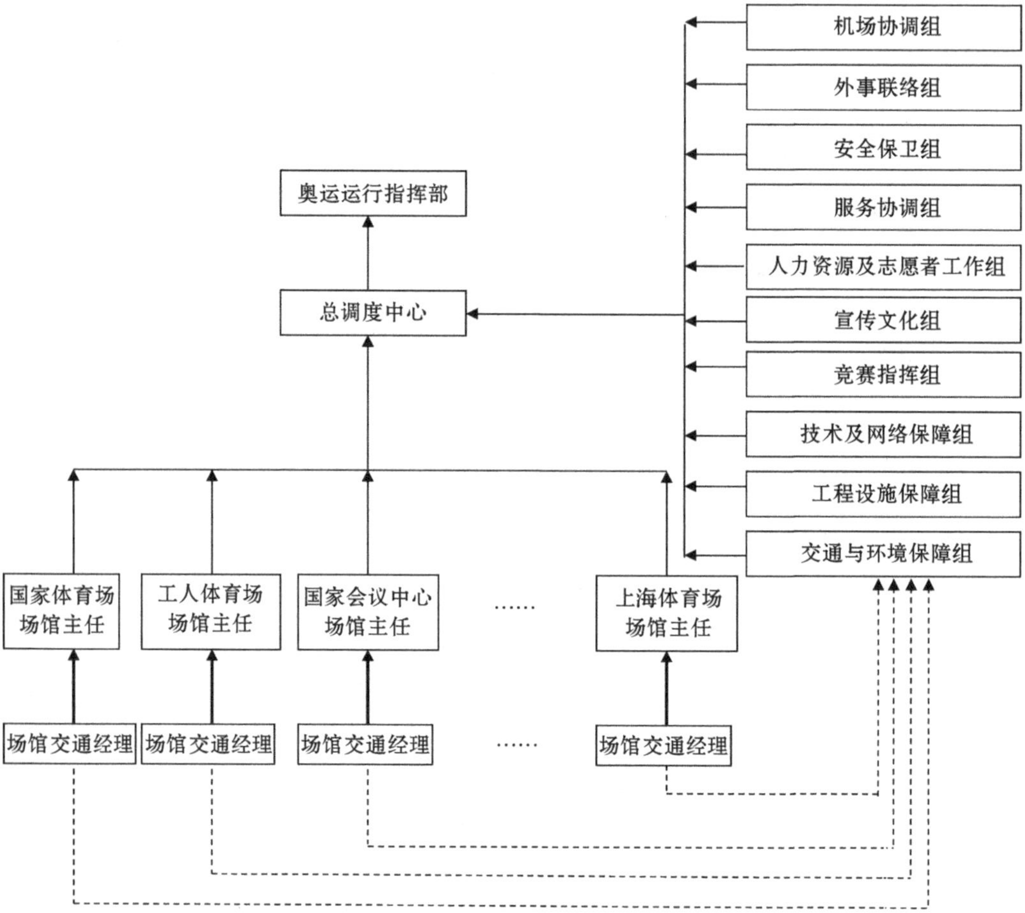


图 5-8　2008 年北京奥运会赛事运行期间奥组委运行机制

（注：箭头标识汇报方向。其中，虚线表示辅助汇报方向；实线表示主汇报方向）

2）赛事运行期间组委会外部运行机制。赛事运行期间，在国际运行层面，北京奥组委与国际奥委会之间建立了沟通协调机制，主要是北京奥组委通过定期开会进行；在国家运行层面，主要是定期向中央汇报奥运会进展情况，主要为行政运行机制；在城市运行层面，主要是各级市政府组织机构定期向北京奥运会总指挥部汇报奥运会工作进展情况，主要为行政运行机制。

## （三）我国其他大型综合性体育赛事组织结构与运行机制

### 1. 我国其他大型综合性体育赛事组织结构

我国自新中国成立以来，举办了多个大型综合性体育赛事，这些体育赛事的组织结构随着时代的变化以及社会不断进步也在不断嬗变。为了能够更好地了解以往体育赛事组织结构变化，故列出以往大型综合性体育赛事组织结构，尤其是我国举办的历届全运会组织结构以供读者参考。具体如图 5-9 至图 5-22 所示。

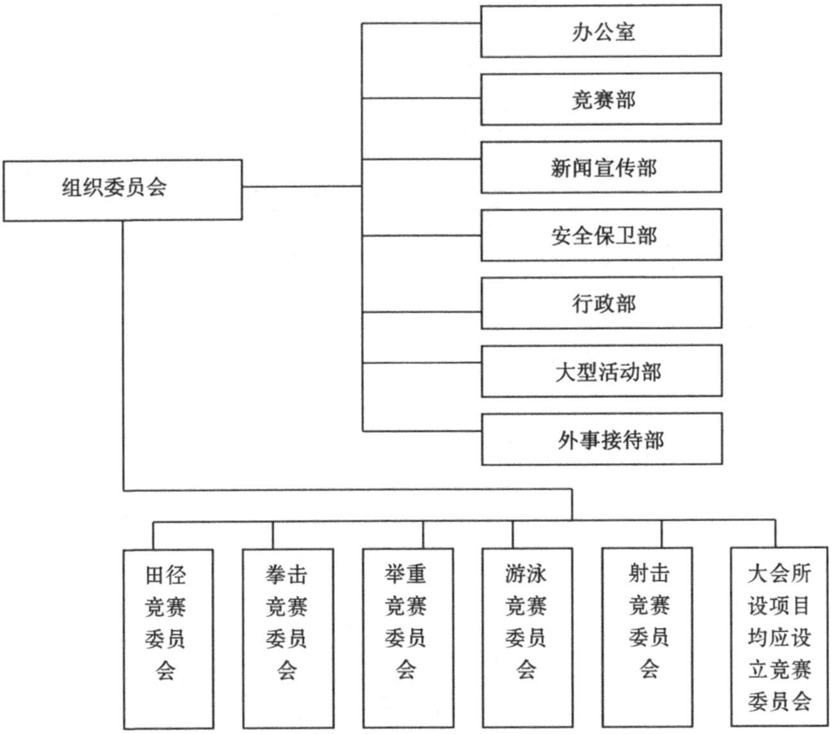


图 5-9　我国较早时期的大型综合性体育赛事组织机构

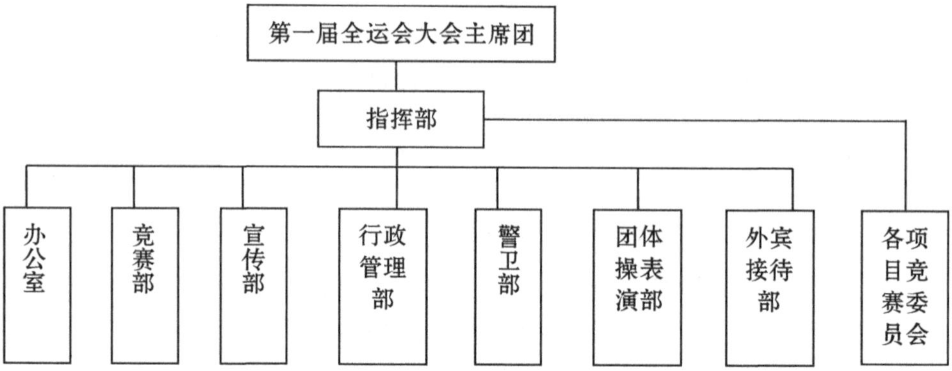


图 5-10　第 1 届全运会组织结构（北京：1959 年 9 月 13 日—10 月 3 日）

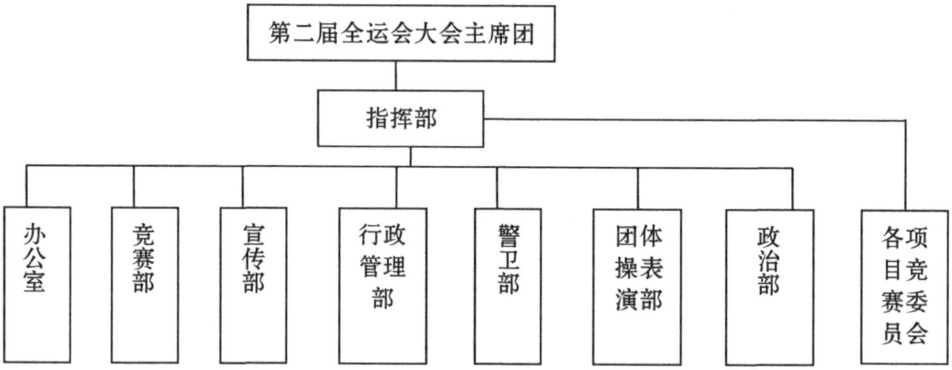


图 5-11　第 2 届全运会组织结构（北京：1965 年 9 月 11 日—28 日）

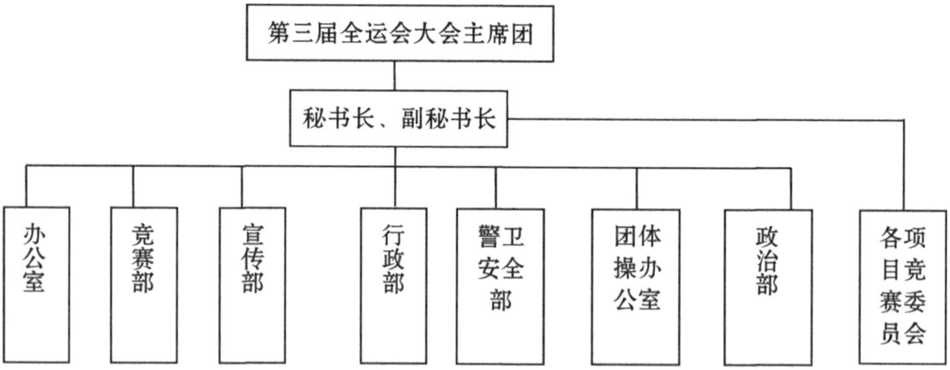


图 5-12　第 3 届全运会组织结构（北京：1975 年 9 月 12 日—28 日）

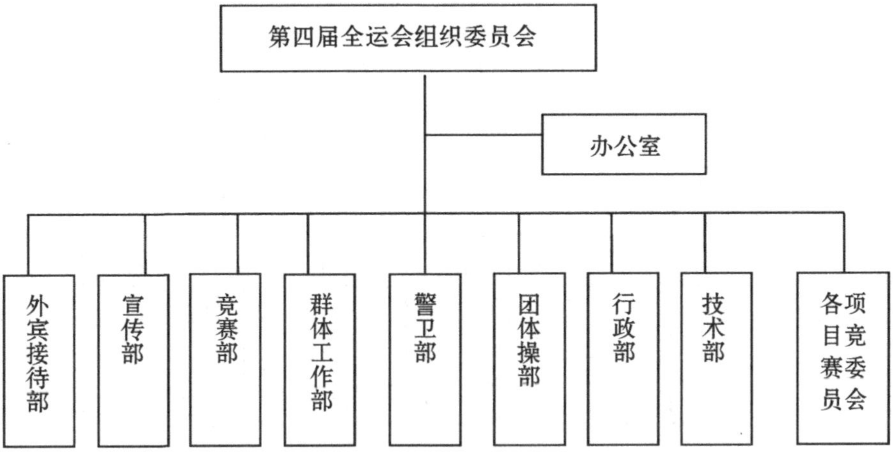


图 5-13　第 4 届全运会组织结构（北京：1979 年 9 月 15 日—30 日）

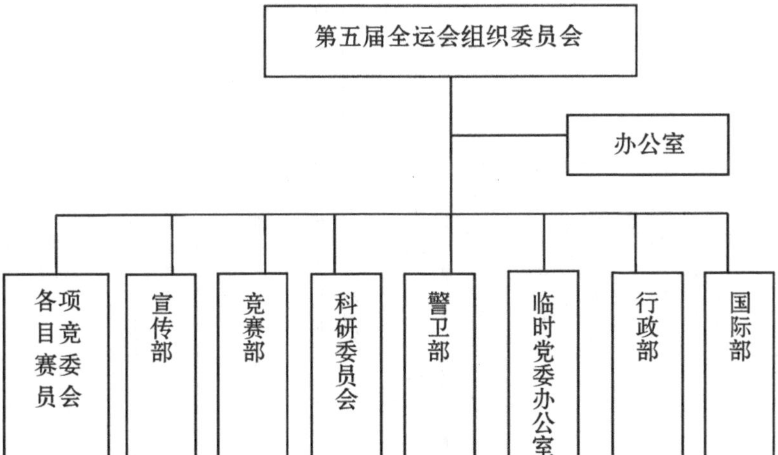


图 5-14　第 5 届全运会组织结构（上海：1983 年 9 月 18 日—10 月 1 日）

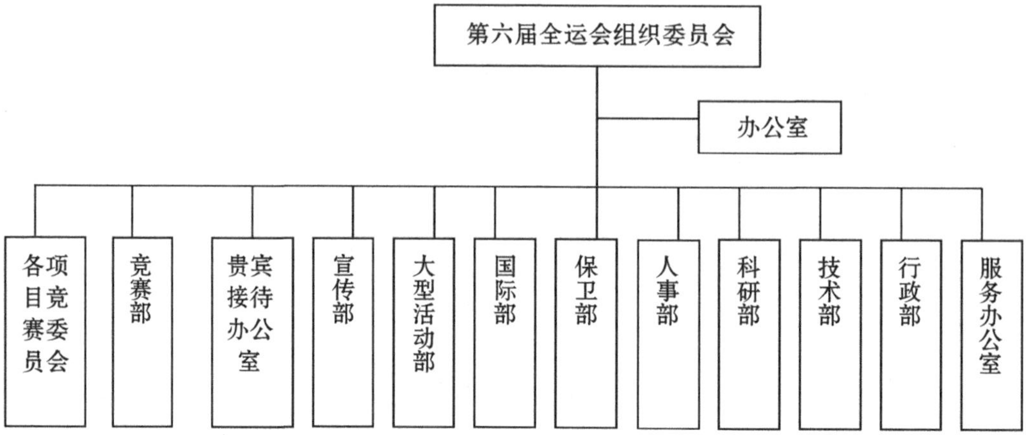


图 5-15　第 6 届全运会组织结构（广东广州：1987 年 11 月 20 日—12 月 5 日）

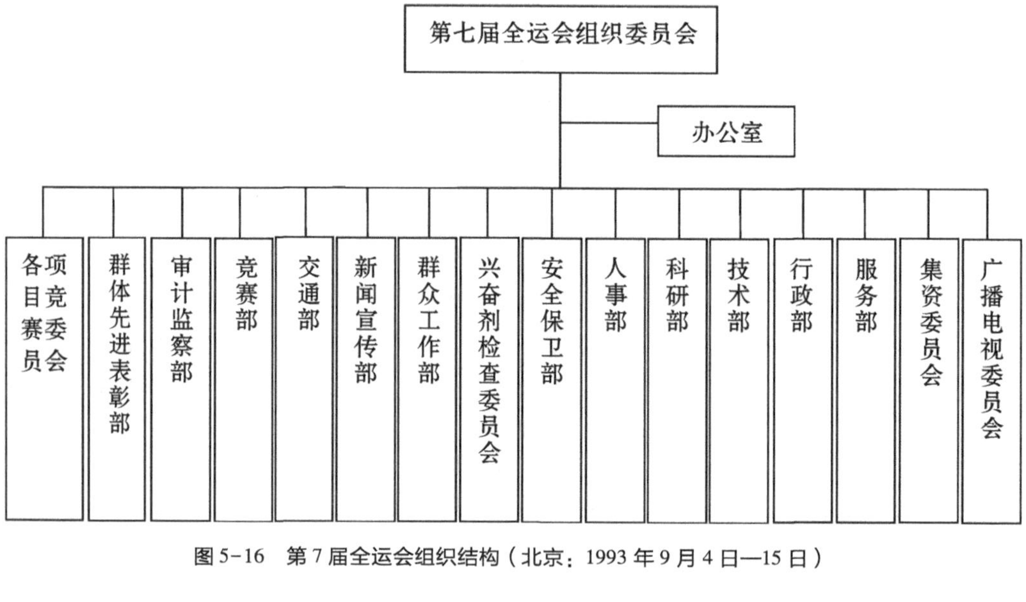


图 5-16　第 7 届全运会组织结构（北京：1993 年 9 月 4 日—15 日）

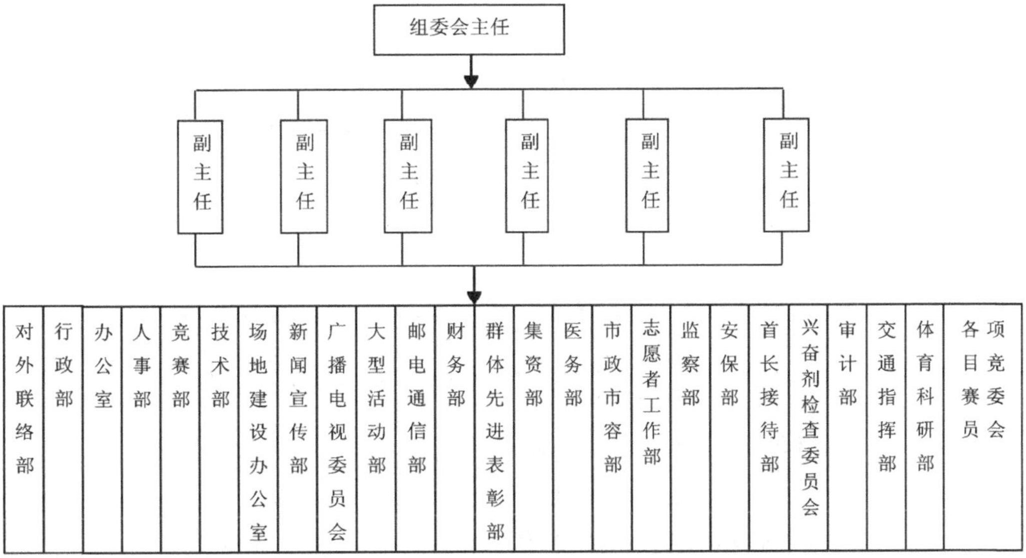


图 5-17　第 8 届全运会组织结构（上海：1997 年 10 月 12 日—24 日）

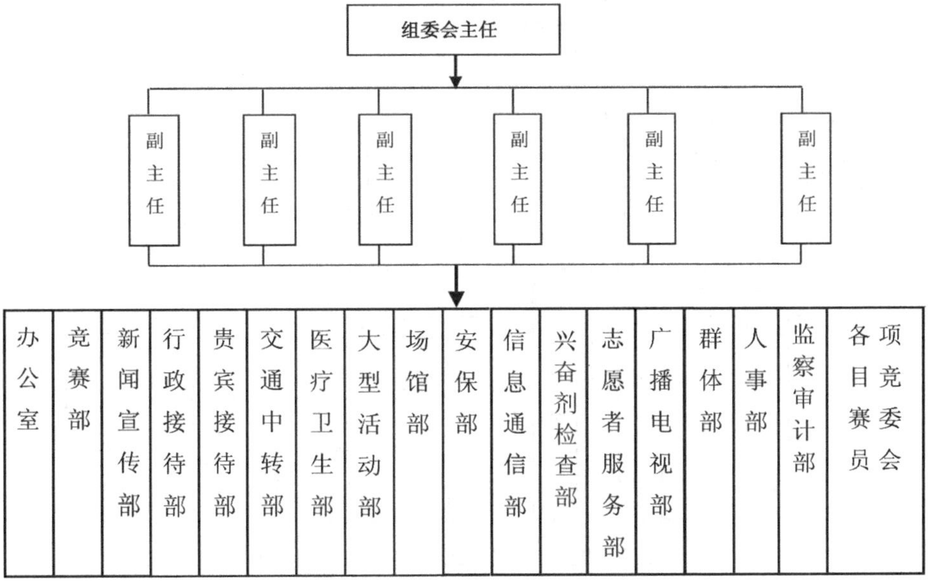


图 5-18　第 9 届全运会组织结构（广东广州：2001 年 11 月 11 日—25 日）

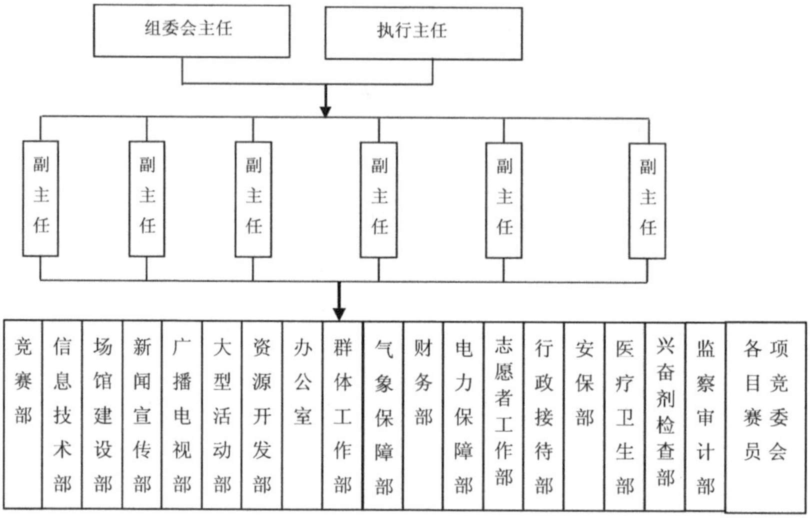


图 5-19　第 10 届全运会组织结构（江苏南京：2005 年 10 月 12 日—23 日）

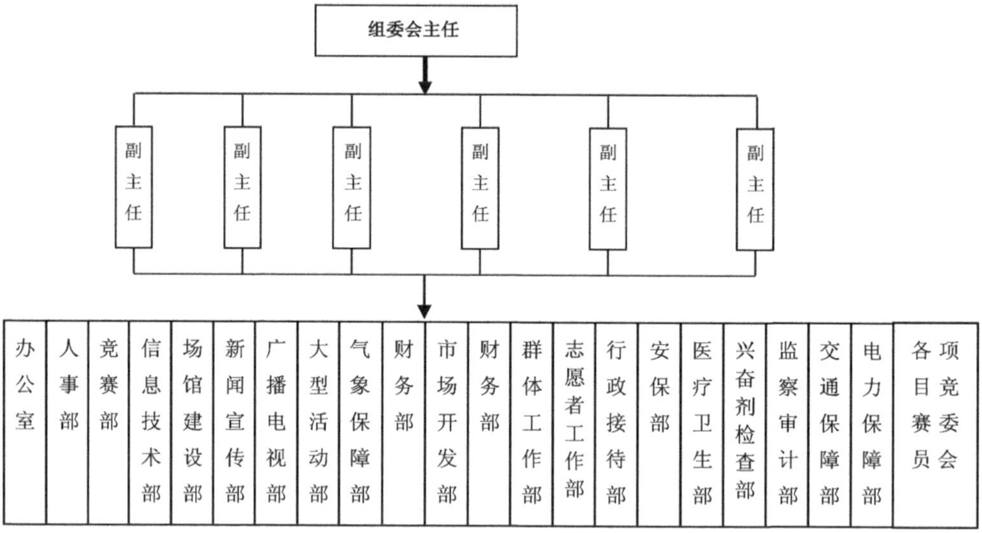


图 5-20　第 11 届全运会组织结构（山东济南：2009 年 10 月 16 日—28 日）

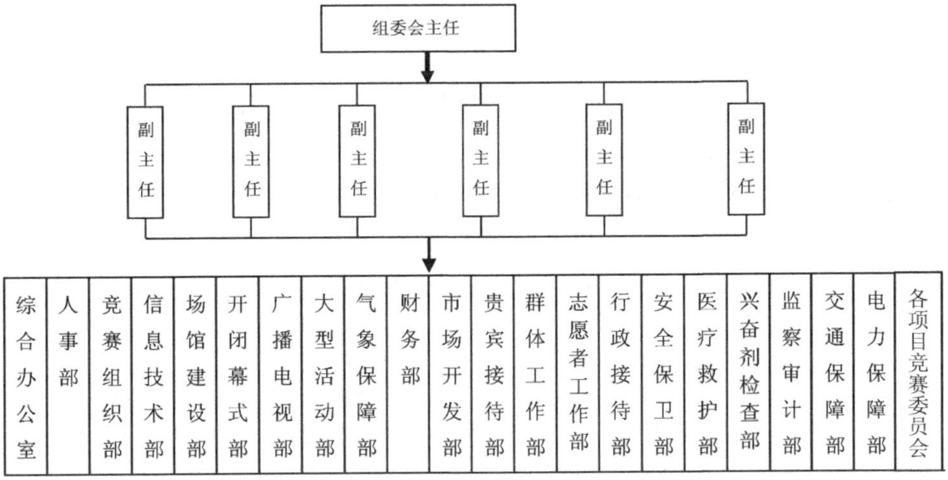


图 5-21　第 12 届全运会组织结构（辽宁沈阳：2013 年 8 月 31 日—9 月 12 日）

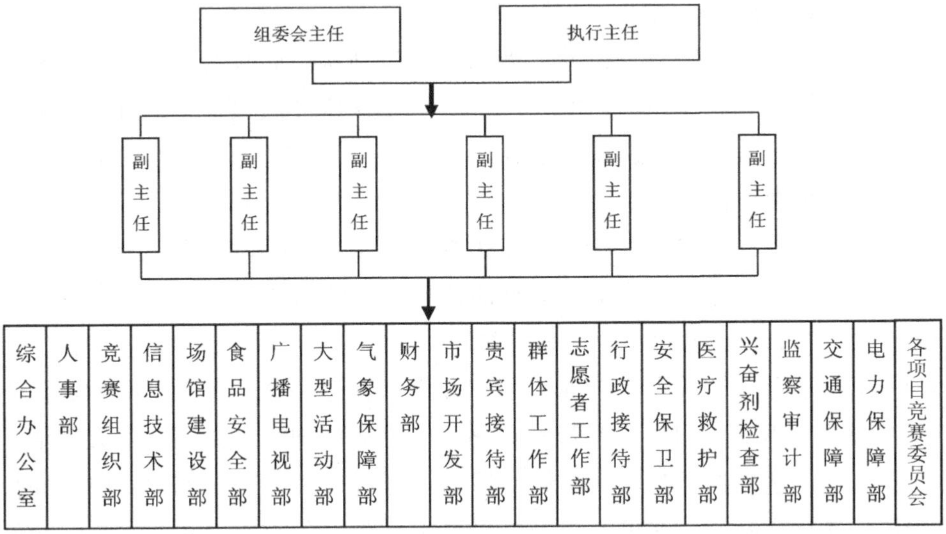


图 5-22　第 13 届全运会组织结构（天津：2017 年 8 月 27 日—9 月 8 日）

2. 不同发展时期我国大型综合性体育赛事组织结构与运行机制的特征

从历史的角度看，我国大型综合性体育赛事的组织结构与运行机制，尤其是组织结构方面，可以分为3个发展阶段，以历届全运会为例，具体如下。

（1）第一阶段发展特征。我国大型综合性体育赛事组织结构第一发展阶段主要是指从1959年在北京举办的第1届全运会至1987年在广州举办的第6届全运会。这期间，全运会的组织结构相对比较简单，运行机制是单一色彩的行政机制，赛事经费完全依靠国家财政拨款，管理模式是完全的政府行政管理模式，组织结构具体变化如下：

第1届和第2届全运会仅有8个职能部门。其中，第1届全运会（1959年，北京）组织结构是主席团下设1个指挥部，指挥部下设7个职能部门（见图5-10）；第2届全运会（1965年，北京）的组织结构基本等同于第1届全运会的组织结构，只是增设了政治部，未设立外宾接待部。

第3届全运会（1975年，北京）组织结构与第2届几乎相同。只是设立秘书长和副秘书长两个岗位，其下设7个职能部门。

第4届全运会（1979年，北京、四川）组织结构由原来的大会主席团改为大会组委会，下设9个职能部门，在第1届全运会组织结构基础上增设了技术部和群体工作部，去掉了政治部。这反映了我国大型综合性体育赛事开始注重大会的技术工作和群众体育工作。

第5届全运会（1983年，上海）组织结构与第4届基本相同，下设8个部门，去掉了技术部、群众体育工作部和大型团体操部，增加了科研委员会和临时党委办公室两个部门，改外宾接待部为国际部。

第6届全运会（1987年，广东）对组委会来讲是一个转折点，组委会设立了12个职能部门（见图5-15），较以往新增了3个职能部门：人事部、大型活动部和服务办公室。这反映了我国大型综合性体育赛事举办趋于规范化，服务办公室的主要职责是社会筹资，这也是我国首次采用社会集资的方法举办大型综合性体育赛事。

（2）第二阶段发展特征。第二个阶段主要是指从1993年第7届全运会到2001年在广州举办的第9届全运会。该组织结构特点是组织结构日趋复杂和全面，即组委会职能部门开始增多，分工趋于专业化和市场化。虽然以国家财政拨款为主，但是，市场开发已经越来越得到重视和利用。该阶段各职能部门具体变化如下：

第 7 届全运会（1993 年，北京）组委会设立了 16 个职能部门。与第 6 届全运会组织结构相比，增加了群体先进表彰部、审计监察部、交通部、广播电视委员会、服务部、群众工作部、集资委员会、兴奋剂检查委员会，同时，去掉了贵宾接待办公室、国际部、服务办公室。由此可见，这一届全运会开始注重群先部、审计监察、交通工作、广播电视、赛会后勤服务、群众活动、社会集资以及兴奋剂检查等工作，但是，国际联络方面的工作有所减弱。

第 8 届全运会（1997 年，上海）组委会设立了 25 个职能部门，从部门数量上看，远远超过了上届，说明这一届全运会组织工作较以往分工更加精细。这一届全运会新增部门：场地建设办公室、邮电通信部、财务部、市政市容部、志愿者工作部。由此可见，这一届全运会，现代大型综合性体育赛事组织工作所需元素，如场馆建设、财务管理、城市运行以及志愿者管理初露端倪。这个阶段我国大型综合性体育赛事的运行机制仍然是比较单一的政府行政领导机制。

（3）第三阶段发展特征。第三个阶段主要是指从 2005 年在江苏南京举办的第 10 届全运会至 2017 年在天津举办的第 13 届全运会。该阶段组织结构具有如下明显特征：组织结构日趋复杂和全面，体现了国际性、开放性、市场性、专业性（分工细化）、规范严谨性和全面性的特点。所谓国际性是指赛事组委会组织结构与国际大型体育赛事组织结构接轨。例如，北京奥运会的举办，使得我国大型综合性体育赛事组委会很大程度上遵从国际惯例组建，体现了其国际性的特征；所谓开放性是指大型综合性体育赛事组织机构不再是一个行业封闭的组织结构，而是面向全社会开放的组织机构；所谓市场性是指大型综合性体育赛事经费可以通过市场运作来筹集；所谓专业性是指大型综合性体育赛事分工越来越细化，赛事组委会职能部门设置只有依据专业分工原则进行，才能更好地完成各项工作，更好地体现专业化服务特点。

该阶段，不仅依靠政府行政手段来组织管理大型综合性体育赛事，还通过市场运作手段来经营体育赛事，这是一个很大的转变。该阶段组织结构较以往有了明显变化，例如第 10 届全运会（2005 年，江苏南京）组委会设立了 19 个职能部门。

该届全运会组织结构的突出特点在于新增设了气象保障部和电力保障部，说明在现代大型综合性体育赛事组织管理工作中，气象保障工作以及电力保障工作越来越重要了。

第 11 届全运会（2009 年，山东济南）组委会设立了 22 个职能部门（见图 5-20）。该届全运会组织结构的突出特点在于增设了交通保障部，说明交通保障工作在大型综合性体育赛事组织管理工作当中不可或缺。

该阶段我国大型综合性体育赛事的运行机制也发生了明显变化，行政机制和市场机制并存，仍然以行政机制为主，市场机制越来越受到赛事组织者的重视。

### （四）我国大型综合性体育赛事的组织结构变化特点

纵观我国这 13 届全运会及第 16 届亚运会组织结构及其变化，具体如下：

第一，赛事组委会组织结构日趋完善，职能部门增多，组委会工作越来越系统化，内部分工越来越细化，工作专业化程度越来越高。

第二，在我国的大型综合性体育赛事组委会中，设立群体工作部或科研部。虽然直到第 4 届全运会才设立群体工作部，随后第五、第 6 届全运会又取消了，到第 7 届全运会又恢复设立，直到第 11 届全运会组委会都设立了该部，说明我国在举办全运会的过程中，仍然比较重视群众体育工作和竞技体育活动比赛的协调与配合。

科研部是到了第 5 届全运会才开始设立的，曾一度得到重视，并为我国竞技体育在国际舞台上获得更好的成绩起到了积极作用，一直持续到第 8 届全运会。到了第 10 届、第 11 届全运会，2008 年北京奥运会均未设立该部门。客观地讲，该部门的设立不应仅局限于各个项目的竞技水平的调研工作，还应扩展到全运会的组织管理绩效工作。

第三，政府色彩比较浓厚。一方面是我国具体国情决定的，举国体制使然；另一方面是我国的市场经济体制建设亟待不断发展与完善，能够承担大型综合性体育赛事的公司能力有限，因此，在相当长的一段时期内，我国大型综合性体育赛事仍然需要依靠政府来承办。

### （五）我国大型综合性体育赛事运行机制的特点

客观地讲，我国大型综合性体育赛事运行机制的变化不大，仍然是典型的政府行政管理机制在起作用。但是，不可否认，市场机制确实得到了很大程度的重视和应用，尤其是北京奥运会之后，市场机制得到了很好的宣传和推广。

## （六）北京奥运会与我国大型综合性体育赛事组织结构及其运行机制的比较

### 1. 内部组织结构——组委会组织结构比较

北京奥组委部门设置齐全，职责分工明确，强调了精细分工，专业化管理。相比较而言，目前，虽然我国大型综合性体育赛事组织结构较以往有了较大改进和提高，增设了相应的职能部门，如第 11 届全运会组委会就增加了市场开发部、志愿者工作部、气象保障部、交通部、场馆建设部、电力保障部、大型活动部、监察审计部等几个领域的职能部门，但不可否认的是山东第 11 届全运会组委会是在充分借鉴和吸收了北京奥组委组织结构设置经验的基础上建立和完善起来的。但是，相比北京奥运会，我国以往的大型综合性体育赛事组织结构方面仍然存在差距，组织结构相对比较简单，职能部门分化不够细致，即管理分工不够精细和专业化，或者说不够重视这方面的工作，对大型综合性体育赛事的某些方面的管理工作认识有局限性，第 16 届亚运会和第 13 届全运会在组织结构方面仍然存在不足。

### 2. 外部组织结构比较

在外部组织结构方面，主要体现在组委会与主办城市政府、省政府，以及中央相关部门之间的关系。北京奥运会注重建立组委会之外的相关机构，从组委会、北京市政府、国家运行层面以及国际运行层面都建立了良好的沟通协调和指挥机制，确保北京奥运会内外组织结构均衡全面，层次清晰，有力地保证了北京奥运会各方面工作的顺利开展。由于我国大型综合性体育赛事均由政府负责组织管理，组委会与政府运行比较协同一致，然而，我国大型综合性体育赛事在这方面仍然存在一定缺陷，如没有尽早明确组委会外部组织结构及协调机制，组织结构体系不完整，层次结构欠缺，缺乏赛事外部组织结构。例如，赛事城市组织结构和运行机制不完善。

### 3. 组织结构动态变化比较

北京奥运会组织结构动态发展，根据赛事进展情况及赛事任务的变化，适时挑选合适人选上岗，既符合竞赛实际需求或竞赛发展节奏，又可以有效避免由于人员繁多，降低工作效率、过多消耗赛事资源的情况发生。因此，北京奥组委组织结构由开始的职能式组织结构经过场馆化过程最终向矩阵式组织结构转变；而我国大型综合性体育赛事组织结构自始至终是职能式组织结构，组织结构并没有随着赛事任务的改变和赛程的进展适时发生相应的转变。

4. 组织结构的一致性比较

北京奥运会组织结构是一个统一的有机整体，各项目竞赛委员会具有内在的统一性或者说一致性，具体体现在人员招聘、人员待遇、人员培训以及各项政策制定、工作标准制定以及各项服务工作的组织与实施的统一性上。相比较而言，我国大型综合性体育赛事的各项目竞赛委员会组织结构相对独立，即从人员招聘、培训、政策制定到各项服务工作标准的制定和实施均自行组织，很大程度上缺乏统一性和有机整合，这样很难保证各项服务工作的标准化和一致性。

5. 运行机制的比较

北京奥运会的运行机制包括赛事筹备时期的运行机制和赛时期间的运行机制。筹备时期，北京奥运会的运行机制与其职能式组织结构相适应，实行单一纵向的汇报机制。北京奥运会赛时期间的运行机制（指挥机制）则是双向汇报机制，这与北京奥运会赛时运行机制为矩阵式组织结构是完全相适应的。相比较而言，我国大型综合性体育赛事的运行机制，目前仍然以单一纵向的行政机制为主，这种报告机制的不足在于信息沟通渠道单一，降低了沟通效果，影响工作效率，同时，缺乏赛时运行期间指挥机制的建立，赛时运行期间并没有实行双向汇报机制。

## 二、职业体育赛事的组织结构与运行机制

### （一）国外职业体育赛事的组织结构与运行机制

美国职业体育联盟是指由所有的俱乐部业主或代表组成的执行委员会，它采用投票制度对涉及俱乐部或联盟的重大事情作出决策。美国的职业体育联盟具有现代公司制度特征，董事会、监事会、经理层组成其基本组织框架。董事会成员由俱乐部业主组成，董事会主席由董事会成员当中选出。因为它是由俱乐部业主

自行管理的组织，独立于政府之外，因此，也被称为“市场垄断型职业体育联盟”。从经济学的角度讲，它又被称为“卡特尔”。所谓“卡特尔，是一个企业为了实现联合利润最大化，在协调其生产和定价决策方面达成正式协议。因此，‘卡特尔’可以看作是其行为就像一个企业那样的企业集团，共享垄断”。①

在美国，职业体育联盟是一种垄断组织，但是美国法律却给予这种垄断组织以反垄断豁免待遇，这是因为在美国，反托拉斯法通常认为企业通过形成“卡特尔”垄断某个行业是不合法的。职业运动经营却是唯一的例外。美国职业体育联盟组织结构如图 5-23 所示。

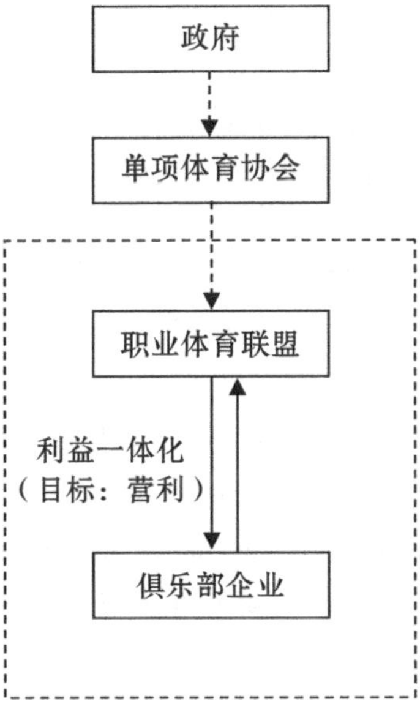


图 5-23　美国职业体育联盟组织结构

图 5-23 说明，职业体育俱乐部和职业体育联盟是一个利益整体。在美国，政府不直接介入职业体育产业经营，国家奥委会和单项运动协会与职业体育联盟也没有直接的行政隶属关系，也不参与职业体育联盟的经营和管理。它们的主要职能是负责组织参加国际性比赛活动，制定有关方针、政策、法规等，并对职业联

① 夏普，雷吉斯特，格里米斯．社会问题经济学［M］．郭庆旺，译．北京：中国人民大学出版社，2000：236.

盟的工作进行间接指导、监督和检查。

下面以美国职业篮球联盟（NBA）为例说明其组织结构。目前，NBA 管理机构中共有职员约 1000 人，组织结构如图 5-24 所示。

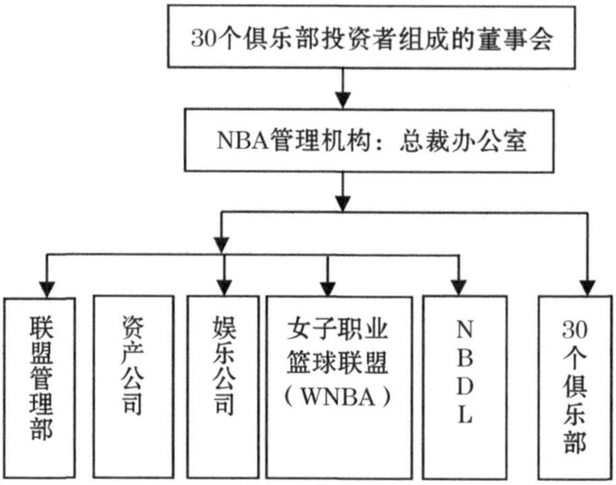


图 5-24　NBA 组织结构

NBA 由两部分组成，一部分是 NBA 管理机构，另一部分是职业篮球俱乐部。NBA 管理机构包括联盟管理部、资产公司、娱乐公司、女子职业篮球联盟（WNBA）、NBA 下属的二级联盟（NBA Development League，简称“NBDL”），其中“NBDL”是 NBA 的人才库。联盟管理部负责联盟经营事务，设有行政管理、新闻广播、事务协调、编辑、人力资源、法律、球员计划、公共关系安全、特别项目和经营等部门。NBA 资产公司主要负责 NBA 产品的营销和市场开发。NBA 娱乐公司主要负责 NBA 电视影像节目、图片及网页的制作和发售。

## （二）国内职业体育赛事组织结构及运行机制

讲到我国职业体育赛事，绕不开足球职业赛事的改革与发展，下面就以足球为例来说明。在 2010 年开始的足坛“扫黑风暴”中，中国足协的行政管理弊端不断显现，社会对于“管办分离”的呼声很高。为了缓解俱乐部和社会舆论的压力，中国足协最后集二三十家会员协会、所有中超中甲俱乐部、中超公司以及部分社会专家代表等，于 2012 年 2 月 10 日成立了在中国足协管理下的职业联赛理事会，统合管理中超、中甲两级联赛。中国足球职业联赛组织架构如图 5-25 所示。

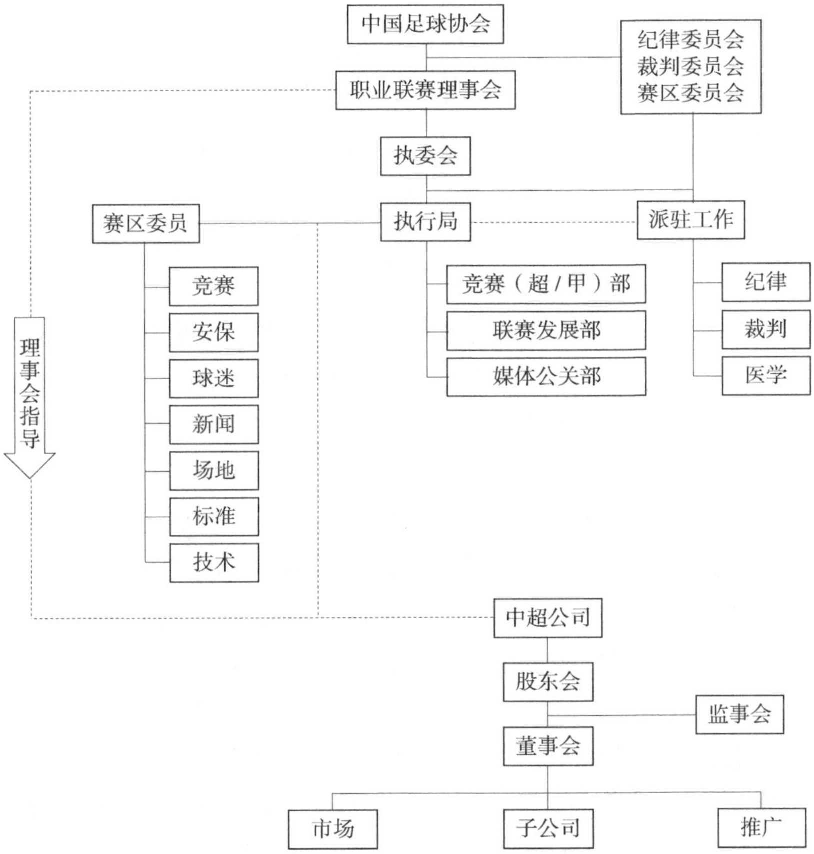


**图 5-25　中国足球职业联赛组织架构**

（注：虚线表示相关各方存在的联系和协调关系，实线表示相关各方存在的管理或隶属关系）

在联赛理事会中，从各界中选出 15 位代表组成执行委员会，设立执行局作为常设办公机构，执行局再设立若干分项管理的委员会或工作部门，并指导中超公司运作。另外，中国足协从纪律委员会、裁判委员会、医学委员会中派出工作组，参与执行局的相关工作。

虽然理事会是整个职业联赛的管理机构，受中国足协委托对中超公司工作给予指导，但是，联赛理事会并非一个独立的法人机构，财务支出依靠中超公司支持，其主席人员由中国足协确认，执行局局长人选也由中国足协提名。

从上文及图 5-25 可以看出，首先，从联赛理事会来讲，理事会成员众多，包括协会、俱乐部、社会专家等，各方的利益诉求不同；机构设置过于庞杂，决策、执行较为复杂；理事会不具有法人资格，却要指导具有企业法人资格的中超公司的运作，还要中超公司负责理事会工作人员的工资，这给中超公司带来了财务负担。其次，联赛理事会的主席人员由中国足协确认，其执行局局长人选也由中国足协提名，中国足协在联赛理事会中具有一票否决权。因此，联赛理事会实际上仍然属于中国足协的一个下属机构。

经调查研究发现，我国职业体育赛事的组织结构呈现较浓色彩的行政垄断型职业体育联盟组织结构特征，即联盟内部存在多个利益主体，如协会（中心）、官办俱乐部、民办俱乐部等，在没有形成利益统一体的前提条件下，其运行机制表现出了诸多缺陷。

在目标机制上，表现出了较浓厚的行政色彩；在市场机制方面，主要是行政机制与市场机制并存；在投资机制方面，表现出公共财政投资倾向，主要是由于国营企业、事业单位、地方政府的介入；在竞争机制方面，主要是俱乐部之间没有形成均衡竞争；在营销机制方面，表现为联盟整体营销和俱乐部个体营销之间的相斥性；在激励机制方面，主要表现为俱乐部个体利益激励；在约束机制方面，主要表现为自上而下的行政机制约束（硬约束）；在监督机制方面，主要表现为自上而下的单向监督。同时，我国建立市场垄断型职业体育联盟还缺乏相应的良好的法律政策的支持和保护，主要体现在俱乐部产权还没有依法理顺，协会章程中某些内容与国家法律法规相抵触，缺乏专项职业体育立法等。

我国职业体育联盟的应然模式——市场垄断型职业体育联盟。现阶段，我国职业体育联盟正处于由行政垄断型向行政主导型职业体育联盟转变的过渡时期，但随着我国市场经济体制的不断发展与完善，建立市场垄断型职业体育联盟是我国职业体育未来发展的必然方向。然而，基于我国传统计划经济体制的惯性、经济发展水平相对不高、职业体育市场体系发育不完善等诸多因素影响，决定了我国的职业体育联盟应然模式不可能在短时间内建立起来，而是一个长期渐进的过程，即行政垄断型职业体育联盟——行政主导型职业体育联盟——市场主导型职业体育联盟——市场垄断型职业体育联盟。

## 三、商业性体育赛事的组织结构与运行机制

社会上有一些商业性或营利性体育赛事由体育公司创办或经营，这些赛事的组织结构往往依据公司的组织架构运行。不同的公司其组织架构会有所不同，但运行机制都是相同的，那就是完全企业化运营。图 5-26 为某公司的体育赛事组织结构示意图。

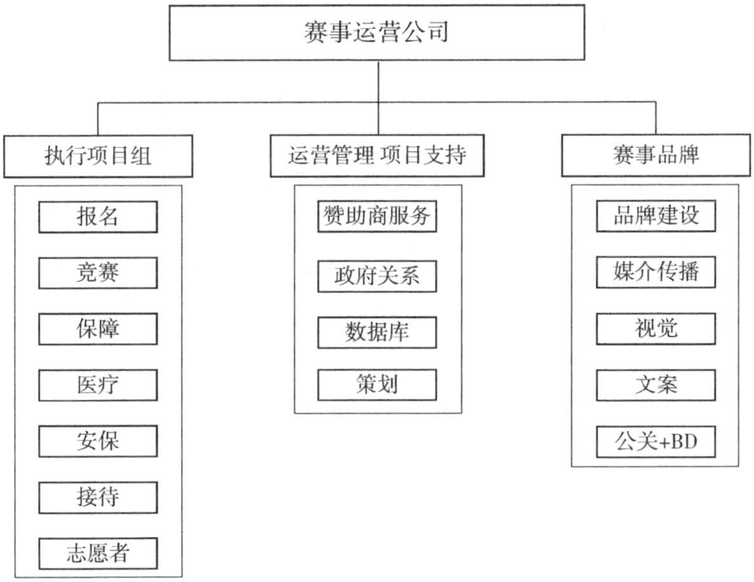


**图 5-26　公司承办的体育赛事组织结构**

## 四、中小型或业余体育赛事的组织结构与运行机制

中小型或业余体育赛事的组织结构与运行机制往往比较简单，常见的组织结构如图 5-27 所示。

值得注意的是，虽然中小型或业余体育赛事的组织结构相对简单，但是相关活动要素并没有减少，体育赛事不可或缺的活动要素包括竞赛（含场地、器材）、新闻宣传、后勤（含吃、住、行）、综合（含市场开发、法律事务、财务和人事）

和安保。有些活动要素，如文化活动、国际外联、开闭幕式、信息技术、场馆建设、监察审计、物流、注册与制证等则视情况而定。在中小型或业余体育赛事组织结构中，往往把诸多活动要素归并到一个或少数几个部门中，如场馆保障处、保卫处、监察审计处等。

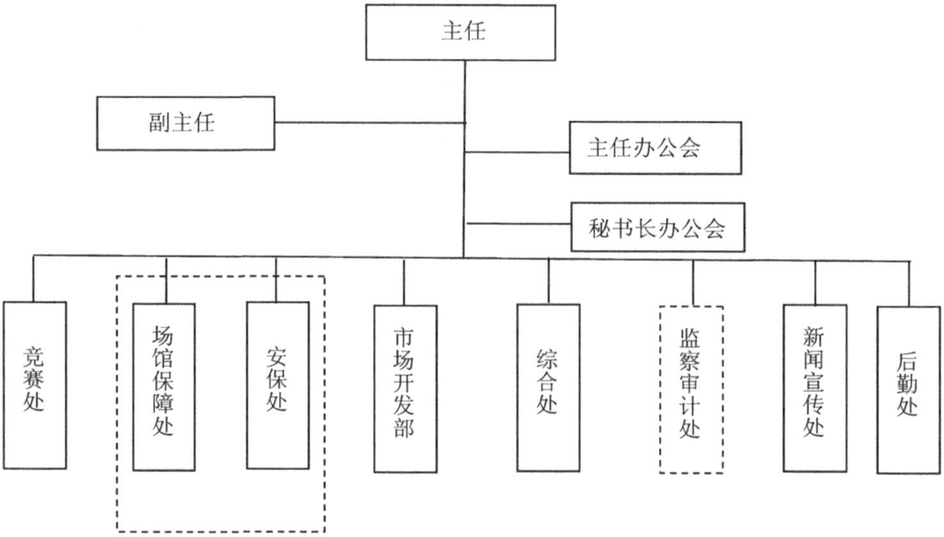


图 5-27　中小型或业余体育赛事组织结构

（注：虚线涵盖的内容多为大型赛事所设，在中小型或业余体育赛事中，可根据实际情况灵活设置）

# 第二节　体育赛事的投入要素

体育赛事的投入要素由人力资源要素、物质资源要素和财务资源要素组成。

## 一、体育赛事的人力资源要素

人力资源是做任何事情的第一要素，体育赛事也不例外。体育赛事的人力资源要素主要包括：主办者、承办者、赞助商和捐助者、媒体工作者、筹办工作团队、竞赛直接参与者和观众。

### （一）主办者

主办者一般是指体育赛事的知识产权拥有者。例如，国际奥委会是奥运会的产权拥有者，哪一个国家希望举办奥运会，就需要向国际奥委会提出申请，经国际奥委会同意后才能举办，而且需要提交申办费。

### （二）承办者

承办者主要是指体育赛事的承办组织，包括举办城市及体育赛事组委会以及相关临时机构和企业。承办地区城市居民、商人和城市公共机构的支持对体育赛事而言至关重要。例如，公安、武警、消防、医院、海关、质量检验检疫局、交通、城市管理、环保和急救部门等。通常情况下，体育赛事管理者都会尽力使地区各级公共机构的部门领导参加体育赛事筹办工作，并预先在体育赛事计划中进行沟通，如举办大型体育赛事会对交通有一定的要求，交通警察部门的帮助非常重要，交通警察会采取联合设置停车点，进行交通管制和安排特别通道等措施来保障体育赛事的顺利进行。

### （三）赞助商和捐助者

体育赛事的赞助商是指给予体育赛事以资金或服务支持的企业、个人或相关组织。捐助者是指给体育赛事无偿提供资金或服务的企业、个人或相关组织。赞助商对于体育赛事的重要性不言而喻。体育赛事为了获得更多的赞助商的支持，往往会将赞助商进行分级分类，并给予相应的权益回报。体育赛事组委会往往会寻求一些组织或社会大众捐助体育赛事的筹办。例如，国家游泳馆，又称“水立方”，就是由世界各地爱国华侨捐款建起来的，总计捐资 10 多亿元人民币。

### （四）媒体工作者

体育赛事的媒体工作者主要包括电视、广播、报纸等传统媒体和手机客户端、自媒体平台等新媒体的工作人员。例如，2008 年北京奥运会的记者人数超过历届奥运会，共有 32 278 名记者参加报道，其中注册记者 26 298 人，非注册记者 5980

人；225 家持权转播商参加电视转播工作。参加报道北京残奥会的媒体人员达 4000 余人。因此媒体已成为当今体育赛事不可或缺的组成部分。

### （五）筹办工作团队

体育赛事筹办工作团队是指相互依赖以完成责任目标，由授薪人员、合同工和志愿者组成的正式群体，同时也是一个临时性群体。2008 年北京奥运会举办期间，北京奥组委工作团队包括付薪人员、借调人员、实习生、外国专家团队共计 8879 人。北京奥运会志愿者达 10 万余人，残奥会志愿者达 6 万余人。实践证明，工作团队是否专业、工作团队文化建设是否健全与完善、工作团队是否团结协作和敬业等是体育赛事能否成功举办的关键要素。因此，团队成员的遴选和管理至关重要。图 5-28 至图 5-31 分别显示了 1988 年汉城奥运会、1992 年巴塞罗那奥运会、1996 年亚特兰大奥运会和 2000 年悉尼奥运会人力资源情况。

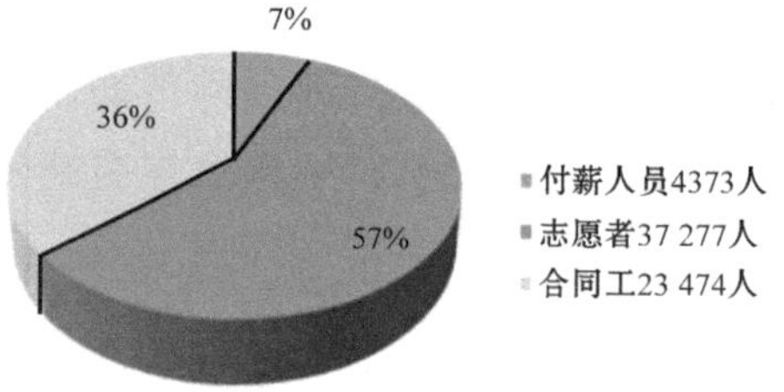


图 5-28　1988 年汉城奥运会人力资源数量

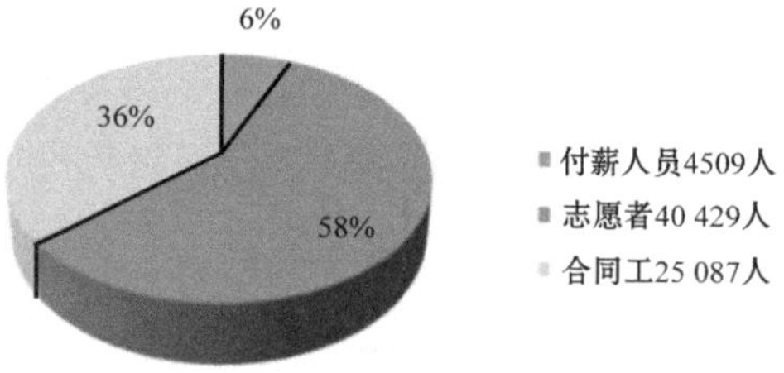


图 5-29　1992 年巴塞罗那奥运会人力资源数量

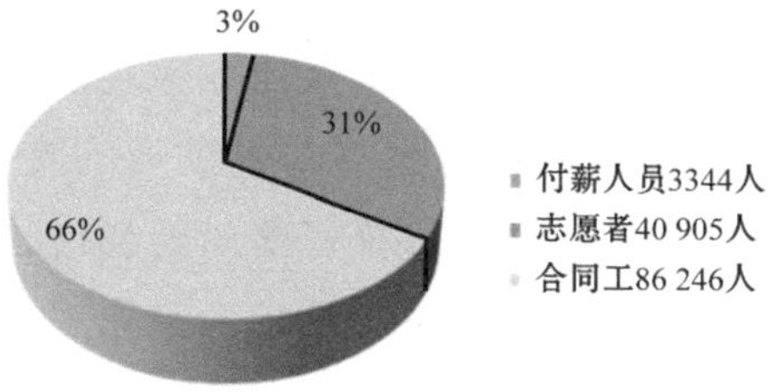


图 5-30　1996 年亚特兰大奥运会人力资源数量

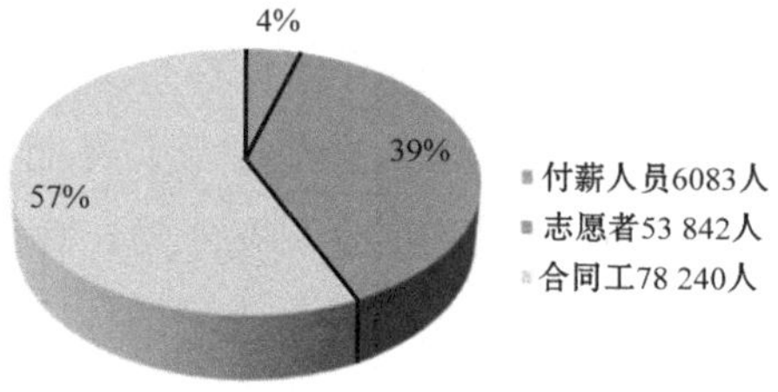


图 5-31　2000 年悉尼奥运会人力资源数量

### （六）竞赛直接参与者

竞赛的直接参与者包括运动员、教练员、比赛监督员、裁判员、代表队官员等，他们是竞赛产品的直接生产者，直接影响竞赛质量的好坏，最终会决定赛事的成败。其中，运动员是体育赛事的核心要素。没有运动员的精彩表现，体育赛事不可能取得成功。当然，在激烈的竞争环境下，市场对产品质量的要求越来越高，对竞赛产品而言，教练员和裁判员的综合素质对其影响也越来越明显。好的教练员和裁判员无疑能够提高竞赛质量水平，比赛监督员对于比赛的赛风赛纪有重要影响作用。

### （七）观众

体育赛事的观众是一项体育赛事的重要组成部分。从某种程度上说，没有观众就没有体育赛事，观众是体育赛事生存发展的基础，观众越多，市场也就越大。观众可以发展成为体育赛事的消费者或粉丝，如球迷经济等都是当前体育赛事赖以生存和发展的重要市场。任何一项体育赛事想要可持续发展，就必须不断扩大自己的观众群体。

## 二、体育赛事的物质资源要素

举办体育赛事需要耗费大量的物质资源，想要举办一项高水平有特色的体育赛事，更离不开优质的、充裕的物质资源要素，尤其是高科技要素的支持。体育赛事的发展离不开科技的支撑。例如，回顾现代奥林匹克运动 100 多年的发展历程，可以发现，奥林匹克运动的发展与现代科学技术的进步紧密相连。可以说，没有现代科学技术的发展，就没有今天遍及全球的现代奥林匹克运动，也就没有今天规模宏大的奥运盛会。同时，体育赛事也成为科技展示的重要平台。一项体育赛事举办得成功与否在一定程度上是由技术要素决定的。例如，互联网、物联网、VR 技术、智能可穿戴设备、大数据、云计算等，不但使广大观众在第一时间欣赏到比赛现场的精彩画面，而且给赛事组织者带来极大的便捷，显著提高了体育赛事的质量和管理效率。

总体来讲，体育赛事的物质要素包括场馆建设、比赛场地、器材设备、场地设施、交通运输设施、安全保卫设施、医疗卫生设施和设备、餐饮住宿设施、媒体转播设施和设备、环保技术、网络技术、通信技术和相关软件技术及办公设备等。

### 三、体育赛事的财务资源要素

举办体育赛事不能没有资金的支持。无论是举办公益性体育赛事，还是举办职业性体育赛事或商业性体育赛事，都需要花费资金，所不同的是举办职业性体育赛事或商业性体育赛事花费资金更多，但它们花费的往往是市场上的资金或投入成本，其最终目的是要盈利的。然而，公益性体育赛事更多的是花费政府财政经费，赛事规模和规格花费也不同，一般来说，规模越大，则投入也越大。充足的资金支持，使体育赛事展现出前所未有的活力与无穷魅力。

体育赛事的财力要素主要由赞助性资金和非赞助性资金两大部分构成。其中，赞助性资金包括：企业赞助，特许经营，电视转播权费用，门票收入，纪念币、邮票、彩票等相关收入，银行利息收入。非赞助性资金主要包括政府财政拨款和社会捐助。

## 第三节 体育赛事的管理要素

体育赛事的管理要素是指体育赛事运作主体所要完成的主要工作任务。这些管理要素依据不同规模和不同规格的体育赛事而有所变化，一般来讲，体育赛事规模越大、规格越高，其影响就越大，各方面要求也就越高，管理要素也越多、越全面。下面以 2008 年北京奥运会为例逐一说明体育赛事的各项管理要素。体育赛事管理要素包括体育赛事的外部管理要素和内部管理要素。体育赛事管理的内部管理要素包括体育赛事内部的硬件建设，如比赛场馆、训练场馆的建设等；体育赛事业务流程、赛事规划等属于体育赛事内部软件建设。具体如图 5－32 所示。

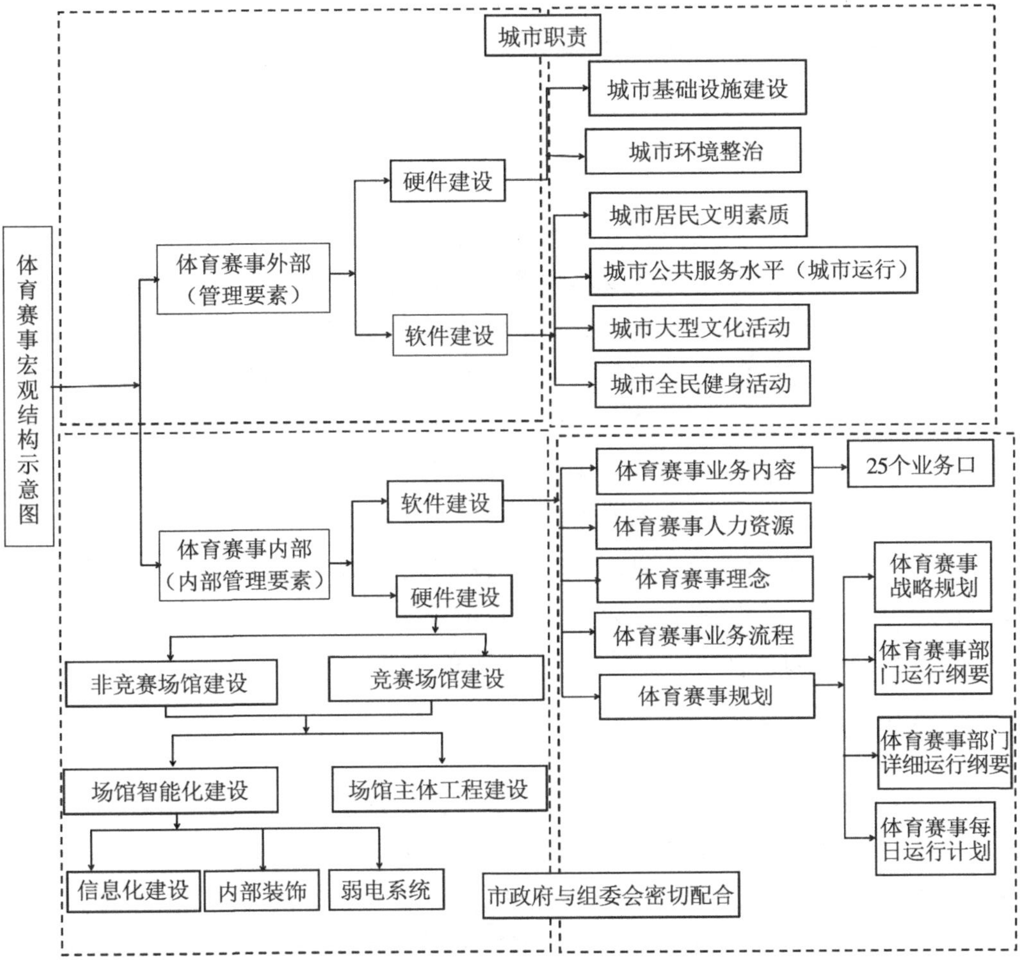


**图 5-32　体育赛事管理要素的整体构成**

## 一、体育赛事的外部管理要素

体育赛事的外部管理要素如图 5-32 所示，包括硬件建设和软件建设两个方面。硬件建设主要涉及城市的基础设施建设和城市环境整治两方面。软件建设主要包括城市居民文明素质提升、城市公共服务水平提升、城市大型文化活动举办和城市全民健身活动开展。

## 二、体育赛事的内部管理要素

### （一）总体计划与监控

总体计划与监控活动是体育赛事的整体管理的重要组成部分，是体育赛事的顶层设计。在2008年北京奥运会筹办初期，北京奥组委就成立了总体策划部，其职责如下：按照奥运会总体工作计划对筹办工作实施项目管理。通过组织协调对总体工作计划、各领域战略计划的编制和调整，对计划运行进行监控督促，确保按时完成各项筹办任务。根据筹办工作需要组织实施奥运会风险管理。通过组织协调相关部门编制风险管理计划和应急工作方案，落实各项风险管理措施，确保及时有效应对紧急情况。根据筹办工作需要，为组委会提供决策支持。通过起草重要文稿和对重要问题进行调研，为奥组委制定方针政策及做出重要决定提供建议。组织、协调奥运会协调委员会会议文件的准备工作。通过确定议题、陈述内容、组织演练及文件制作，确保满足参会各方的需要。

### （二）行政综合管理

体育赛事组委会内部存在大量的行政事务，如服务组委会高层领导、服务组委会工作人员的后勤事务以及组委会的诸多协调事务。此类活动主要由组委会“秘书行政部”负责，其职责如下：负责奥组委与中央、全国人大、国务院、全国政协、国家各部委及北京市、兄弟省市相关部门联络工作；负责奥组委全会、执委会、办公会、秘书长办公会的组织及奥组委党组会的会务服务工作；负责统筹安排奥组委领导活动，承办奥组委领导内事活动组织；负责奥组委文电处理及印信管理工作；负责督查、督办奥组委各项决策的落实；负责奥运会城市运行计划项目管理工作；负责奥组委与京外赛场城市的联络协调、协议的签署与落实工作；负责办理全国人大代表议案、政协委员提案和北京市人大代表议案、政协委员提案；负责奥组委机关机要保密工作；负责人民群众来信处理和来访接待工作；负责奥组委值班工作；负责组织奥组委机关行政后勤工作，负责管理奥组委安全保卫、交通安全、计划生育等工作。

### （三）监察和审计

体育赛事举办涉及经济利益事宜，需要对体育赛事的财务管理以及各种资源进行监督和审计，以实现阳光办赛、廉洁办赛、高效办赛。监察审计活动由北京奥组委的监察审计部门负责，它也是第29届奥运会监督委员会的办事机构。对奥组委各部门及其工作人员在奥运筹办工作中贯彻执行中央关于筹办奥运会的指示精神的情况进行监督；对奥组委各部门及其工作人员贯彻执行国家法律、法规和奥组委规章、制度的情况进行监督；对奥组委各部门及其工作人员履行职责、廉洁自律的情况进行监督；对奥组委资金、物资等的使用管理情况进行监督，对大宗物资采购、招投标、谈判、拍卖等重大事项进行监督；协调督促奥组委各部门建立健全规章制度并监督制度的落实；负责第29届奥运会监督委员会日常工作，执行监督委员会及其领导的决定或完成其交办的事项，协调有关监督部门开展监督工作，受理群众投诉举报及其他有关工作；调查奥组委各部门及其工作人员的违法违纪行为，并向监督委员会和奥组委提出处理意见或建议；完成其他监督工作任务。

### （四）新闻宣传

体育赛事新闻宣传活动一般由新闻宣传部负责。新闻宣传部门的职责如下：负责制订奥运会各项新闻宣传战略计划和各个阶段的实施方案，包括主新闻中心每日新闻发出计划；负责对外的新闻发布工作，接待和处理国内外记者采访，负责中外媒体报道监控，逐步建立奥组委对外宣传口径库，与国内外媒体建立良好的工作关系；负责与国际奥委会合作，开展有关奥运会形象的危机管理工作，完成奥运会期间协同宣传战略计划；负责制作各类宣传品、宣传片，出版各类图书和电子出版物；负责组织和管理社会各类宣传活动；负责建设和运营奥组委官方网站；负责指导、协调筹备期间的北京奥运新闻中心（赛时非注册记者新闻中心）的建设和运营工作；负责审核签发来华采访与奥组委直接有关的境外记者签证；负责提出奥运赛时新闻宣传用地规划相关的需求。

### （五）信息沟通

体育赛事的信息沟通一般由组委会的信息中心和新闻宣传部门负责。它是组委会集体学习和交流的重要平台，有利于打破各部门之间的孤岛效应。以北京奥组委信息中心为例。北京奥组委信息中心是奥组委前期负责信息工作的主管部门（后期合并到新闻宣传部门）。信息中心具体职责如下：收集与奥林匹克运动相关的信息和资料，为奥组委各部门、政府机构和社会各界提供奥运信息服务；定期编辑出版《国际奥运动态》《北京奥运进展》《奥运内参》和《奥运文献资料汇编》等信息产品；负责奥运会总结报告的撰写，指导和协调“奥运会总体影响”（Olympic Games General Influence，简称 OGGI）项目研究；按照《主办城市合同》的要求，负责奥运文物、档案的接收、分类、保管和移交；编制《北京奥组委大事记》，为政府相关部门提供所需的背景资料和信息；负责“奥运会知识转让（Transform of Knowledge，简称 TOK）”的接收、编写和移交工作；组织“奥运会知识服务（Olympic Games Knowledge Service，简称 OGKS）”学习班和研讨会，联络协调 OGKS 专家咨询活动；管理奥组委各部门对 OGKS 知识中心外网的使用；组织雅典、都灵和北京的观察员计划和协调组织奥运会总结会；与技术部共同开发奥运会代码系统，为赛时各应用系统提供基础代码数据；管理奥组委电子资料中心；负责奥运会结束后信息系统数据的移交。

## （六）媒体

体育赛事的媒体工作由赛事组委会媒体运行部负责。媒体服务与管理活动由北京奥组委媒体运行部负责，它是北京奥运会奥林匹克转播委员会日常办事机构，其具体职责如下：负责提出主新闻中心（Main Press Center，简称 MPC）和分新闻中心的使用功能和技术标准，并负责审查和验收工作；协调国际广播中心（International Broadcasting Centre，简称 IBC）的总体功能规划和公用区域的建设工作；负责提出奥运会期间各场馆的媒体看台、摄影位置、混合区和新闻发布厅等设施和服务需求；负责制订文字新闻服务的战略计划、通用场馆和运动员村分新闻中心的运行计划；负责为北京奥林匹克转播有限公司（Beijing Olympic Broadcasting，简称 BOB）协调与奥组委各个部门、中国政府有关部门和中国有关广播电视机构有关奥运会电视转播的事项，同时为非转播权持有者的广播电视机构提供服务；负责确定注册媒体人员名额分配，协助有关部门为注册媒体人员提供制证、交通、住宿、餐饮、安保等服务；负责同国际奥委会新闻委员会、广播电视委员会对口合作，组织召开媒体运行说明会，协助组织世界广播者大会；负责制定和分发《北京奥运会媒体指南》和《媒体交通指南》等工作手册；负责奥林匹克新闻服务（Olympic News Service，简称 ONS）工作，组织提供 INFO 2008 系统奥林匹克信息内容。

### （七）财务

体育赛事财务活动一般由组委会的财务部负责。以 2008 年北京奥运会为例，北京奥组委财务部具体职责如下：负责编制全委各年度预决算，负责制定财务制度及管理办法，协调落实税收优惠政策，负责外汇管理工作，负责物资管理和采购工作，负责财务风险管理和保险事宜，负责赞助实物和服务（Value in Kind，简称 VIK，是指赞助商以提供产品、服务、技术和人力资源的方式为大型活动，如奥林匹克做出贡献，数量内容以满足奥运会和奥林匹克大家庭的需求为基础）的管理，负责会计核算、结算等工作，负责资产的管理和处置，负责与国际奥委会财务部、中央及北京市财、税、海关等部门联系与协调工作，负责奥运赛时物流工作。在北京奥运会筹办期间，组委会成立了物流部，把物流工作从财务工作中剥离出来了。

### （八）物流

当举办大型体育赛事时，由于需要大量的物资，会产生大量的物流工作，因此，体育赛事组委会需要成立单独的物流部门负责赛事的物流工作。2008 年奥组委物流部是从财务部分离出来的，主要包括采购、物流和通关三大职能。采购就是负责以现金支出形式，通过购买和租赁方式对各类物资和服务进行获取和物资处置，制定组委会采购工作的相关政策和程序，组织召集采购小组会议，办理组委会集中采购项目并对供应商、合同和项目执行过程进行管理，指导需求部门的分散采购工作。工作范围如下：①与相关职能部门沟通采购需求，及时获取需求信息，做好采购前期准备工作；②负责前期市场调研，了解产品功能特性和潜在合同商情况；③与市场开发部及现金等价物（Value In Kind，VIK）部门协调与沟通，确认现金采购的物资范围；④根据比赛日程安排制订详细的采购计划；⑤召集采购小组会议，确定物资和服务的获取方式，按照采购程序办理采购事项；⑥

负责与采购中介代理机构的沟通与协作；⑦负责指导各职能部门的分散采购工作；⑧组委会定点服务合同商的管理；⑨召集组织物资处置小组会议，审议分散物资处置方案，设立资产处置小组办公室并处理小组日常事务，组织实施物资处置过程，报告处置结果，建立物资处置档案等物资处置工作。

物流处的职责是保障2008年北京奥运会、残奥会期间，场馆所需要的各种物资的入库、存储、在库管理、配送运输、场馆物流、物流需求与计划管理等各项物流操作作业。由于奥运会物资的多样性及采购来源的复杂性，物流处作为物资的后勤保障部门，及时、准确地将场馆需要的物资配送到场馆是保障奥运会成功举办的基础。

货物通关工作所承担的任务是帮助奥林匹克大家庭成员以货运方式运入中国的与奥运会相关的物资办理海关及检验检疫手续，简化奥运物资出入境流程，为大家庭成员以货运方式暂时入境的物资提供银行保函。同时，对于奥林匹克大家庭成员自行运输的出入境货物提供必要的清关协助。

### （九）人力资源

体育赛事的人力资源管理一般由体育赛事组委会人事部负责。以2008年北京奥运会为例，其组委会人事部职责如下：负责制订并实施奥运会各类人力资源计划、方案、规章、制度，负责管理奥组委机构和人员编制，负责奥组委工作人员的招募、考察、考核、任免、奖惩工作，负责组织部门领导班子和工作人员队伍建设工作，负责统筹管理奥组委工作人员的教育培训工作，负责管理奥组委工作人员薪酬、福利、保险、医疗、档案、统计等行政事务，负责专家、顾问、志愿者的归口管理，负责制订并实施奥运会人员制服规划，负责奥组委党组的日常工作，负责奥组委机关党组织、工会和共青团等群众组织的日常工作。

### （十）竞赛

体育赛事的竞赛活动一般由组委会体育部或竞赛部负责。竞赛是体育赛事的核心工作。2008年北京奥运会组委会体育部或竞赛部具体职责如下：负责奥组委就竞赛事务与国际奥委会、国际残奥委会、国际单项体育组织和其他相关机构之间的沟通、联络、协调工作；负责28个项目委员会（含残奥项目委员会）的组建、协调联络和竞赛工作；负责制订并实施有关竞赛事务的各项工作计划和组织方案；负责各项目竞赛专业技术人员、裁判员和竞赛辅助人员的选拔、培养工作，协助做好技术代表、技术官员的服务保障工作；负责编印、出版项目说明手册、技术手册、竞赛指南等相关竞赛资料；协助做好国家或地区运动员资格审查工作，并提供竞赛相关服务；参与协调竞赛相关器材、设备和技术系统的需求、安装、调试、设计等工作；负责提出场馆、设施（含临时）相关的奥运使用功能和技术标准并负责审查和验收；在残奥会协调部成立之前，代行残奥会筹办协调工作承担协调小组日常工作和残奥会竞赛组织工作。

### （十一）法律

现代体育赛事涉及的法律问题越来越多，因此，对法律事务的管理成为赛事管理的重要内容。组委会负责法律事务管理的主管部门为法律事务部。2008 年北京奥运会组委会法律部的具体职责如下：负责组织研究与奥组委工作相关的法律问题并提出应对方案，并根据奥组委的授权，就有关法律问题做出对外表态；负责对《申办报告》《主办城市合同》等重要法律文件的落实情况实施监督；归口管理奥组委合同法律事务，代表奥组委向中国政府管理机构或国际组织统一办理合同登记、签证、公证、备案、批准等手续；负责统一代表奥组委参加或处理诉讼、仲裁事务，商请并配合境内外司法、执法机关处理侵犯奥组委和其他相关利益主体合法权益的行为，与侵权行为人进行交涉；负责归口办理对外许可使用奥组委徽记等奥林匹克标志事宜；负责归口管理奥组委知识产权保护事务，统一代表奥组委办理相关知识产权的登记、注册和备案等法律手续，并就知识产权使用许可状况对外做出答复；负责归口管理奥组委法律服务，统一代表奥组委选聘律师、公证和其他专门领域的法律服务机构或提供相应服务的其他社会中介机构，并组织、协调、监督其日常工作；负责组织起草、编纂、整理奥组委工作所需的重要法律文件，参与起草、论证奥组委涉及法律问题的重要规范性文件，代表奥组委起草向人大和政府提出的立法建议，配合立法、司法和执法机关加强与奥组委工作相关的法治环境建设；归口管理奥组委涉外法律事务，协助体育仲裁庭工作。

### （十二）营销

体育赛事营销是当今体育赛事的一大商业亮点。有了赛事的营销，体育赛事的核心产品——体育竞赛就有了更加强劲的资金保障。体育赛事营销越来越受到赛事组织者和商家的重视和青睐。

体育赛事营销活动一般由赛事组委会市场开发部负责管理。2008 年北京奥运会组委会市场开发部职责如下：负责制订奥组委市场开发战略计划及各项执行计划并进行管理；负责就市场开发业务与国际奥委会、中国奥委会、赞助商、供应商、特许经营企业等相关组织的联络工作；组织、实施合作伙伴、赞助商、供应商，火炬及其他主题活动的市场开发销售工作；负责赞助商的服务与接待工作。制订、实施并管理赞助商服务和接待计划，组织赞助商顾问组会议及研讨会工作；负责特许经营商品计划、邮品、纪念币计划的制订与销售工作；负责市场开发宣传工作的协调与管理，负责奥组委内部市场开发宣传，赞助商识别宣传及特许经营商品的宣传促销工作，处理市场开发宣传危机；负责赞助商权益保护工作，防范、监控和协调有关部门制止侵害奥运会赞助商权益的隐性市场行为。打击假冒伪劣特许经营商品的工作；负责奥林匹克品牌保护及其商业使用的管理工作，协调有关部门识别、查处违反奥林匹克标志保护法规的行为；参与市场开发合同的起草、谈判，协助有关部门监督履约工作和市场开发合作伙伴合同批准程序的管理；负责制订奥组委票务战略计划和操作方案，建立票务中心，协调、组织、管理票务工作；负责统一归口管理奥组委的捐赠工作。负责捐赠事务办公室的日常工作；负责提出奥运赛时市场开发用地规划相关的需求。

### （十三）对外联络

体育赛事的对外联络由组委会的国际联络部负责，北京奥运会的国际联络部具体职责包括：负责组织、协调、管理、监督外事出访和接待工作，负责有关奥运会方面的党和国家领导人及奥组委领导同志的外事活动，负责办理奥运筹办工作中涉及与港、澳、台地区的有关工作，负责与国际奥委会总部及协调委员会的日常联络工作，负责协调、组织向国际奥委会协调委员会、国际奥委会执委会和国际奥委会全会的汇报工作，负责与各国家和地区奥委会、各有关奥运会奥组委及有关国际和各大洲的综合体育组织的联络工作，负责组织奥组委派出团、组的出访及办理签证等有关工作，负责起草并监督执行奥组委有关外事工作的管理规定，负责语言服务工作。

### （十四）工程建设与环境保护

体育赛事的工程建设与环境保护由组委会工程环境建设指挥部负责，该部是2008年北京奥组委负责协调环境保护活动的主管部门。其具体职责如下：负责组织制定场馆和相关设施奥运使用功能和技术标准，负责组织进行相关的设计审查、工程验收，参与全程监督；负责组织奥运赛时用地规划编制工作；负责奥运会临时设施建设总体研究和综合协调工作；与体育部共同编制场馆设施总体布局规划方案和场馆调整工作；负责外地场馆工程建设的指导和联络；编制场馆建设时间表，负责向国际奥委会报告场馆和相关设施的建设进展情况；负责建立奥组委环境管理体系，组织制定环保指南并贯穿到各项工作中，组织协调奥组委各部门有关环境保护工作；组织、协调和协助奥组委各部门完成有关环境保护工作，将绿色奥运的理念，保护环境、保护资源、保护生态平衡的可持续发展思想，贯彻到奥运会的各项工作中；负责与各级政府的环境保护行政主管部门联系，支持政府加强环境保护市政基础设施建设，改善城市的生态环境；负责开展绿色奥运环境保护宣传与教育；负责与国内外各相关组织机构进行绿色奥运和保护环境的科学技术交流活动。

### （十五）场馆

一般来讲，大型体育赛事组委会会设立场馆管理部，主要负责场馆的管理运行工作。北京奥运会的场馆管理部工作任务分为两大类，一为牵头或协调完成场馆运行总体工作，主要包括牵头场馆运行计划编制工作、监督计划落实工作、组织测试调整工作、赛时指挥决策场馆层面运行工作、负责测试赛总体协调、协助主运行中心指挥工作、负责协调场馆外围保障团队、“2008 工程办”和“2008 环境办”关于相关场馆运行工作的协调等；二为完成部门内各处独立工作，主要包括确定各项总体工作的工作指导计划、确定场馆管理业务在场馆内的赛时运行方案、确定外部顾问团队或公司、完成处室人员计划及招聘、财务预算、国际奥委会（IOC）总体计划监控等。

### （十六）交通

体育赛事的交通由赛事组委会的交通部门负责。2008 年北京奥运会组委会的交通部主要负责制订北京奥运会（残奥会）交通总体计划、战略规划和运行计划，负责制订北京奥运会交通服务标准、各客户群交通服务运行计划、场馆交通运行计划，负责赛事期间各用户群交通服务和交通运行组织管理工作。具体如下：负责制定北京奥运会（以下均含残奥会）交通服务标准，负责制订北京奥运会交通服务运行计划并组织实施，负责在北京奥运会期间为奥林匹克大家庭成员（国际奥委会官员、国际单项体育组织官员、运动员及随队官员、技术官员、注册媒体、赞助商及其客人等，下同）和国际贵宾提供交通服务，负责奥运会交通服务车辆的筹集，负责奥运会交通服务人员的招募、培训工作，负责奥运会交通场站规划与建设，负责奥运场馆及主要活动场所内车流、物流和人流统筹规划、通行政策及交通组织管理，负责奥运交通服务和交通场站团队建设及赛时运行管理，负责奥运交通指路标识的规划设计，负责交通专用物资的规划及配置，负责奥运会车辆证件的设计、制作、发放及管理工作，负责向奥林匹克大家庭成员提供奥运交通信息服务，负责协调京外赛区奥运交通服务工作。

### （十七）抵离

抵离服务是指体育赛事参与者及其随身行李的迎送服务。在体育赛事的抵离服务活动工作量非常大的情况下，赛事组委会会单独成立这样一个部门，负责赛事用户群的迎送服务事宜。2008 年北京奥运会抵离中心（简称抵离中心）是抵离服务项目的综合协调部门，这是奥运组织历史上第一次成立独立的抵离职能部门，既是奥运会组织工作日益成熟化的表现，也体现了北京奥组委更加关注用户需求，注重细节，确保高水平抵离服务的指导思想。奥运抵离服务是奥运会组织工作的第一战，能否为奥林匹克大家庭成员及其随身行李提供安全、方便、快捷的迎送服务，既是抵离服务成功与否的标准，也是评价一届奥运会成功与否的重要指标。奥运会抵离服务具有时间高度集中、行李量大、人员身份敏感等特点，工作流程涉及机场运营公司、航空公司、地服公司等机场单位，边防、海关、检疫检验等执法部门，还需要根据奥运会的特殊需求，提供安保、交通、礼宾、注册、形象景观等专项服务，工作标准高，环节多，协作关系复杂，是奥运会组织工作的难点之一。

抵离中心赛前工作职责包括：①协调制定通用口岸（重点是机场）服务政策；

②协调制定奥组委抵离服务基本政策；③计划与筹备抵离信息服务；④协助编制场馆抵离服务运行计划；⑤指导京外城市抵离服务工作；⑥负责测试赛及重大活动抵离服务相关工作。

抵离中心赛时工作职责包括：①以抵离信息工作为主线，以总部抵离信息中心为枢纽，分别向机场、奥运村、奥林匹克大家庭饭店、MPC 派驻抵离业务代表，负责抵离信息的收集、整理与发布工作；②负责 NOC 服务中心抵离服务咨询台、值机柜台前移等专项服务的组织实施工作；③负责协调联络机场运行相关工作。

### （十八）信息技术

体育赛事的信息技术系统相当于人体的神经系统，对于高效办赛事具有举足轻重的作用。信息技术部是北京奥组委负责提供技术系统规划方案、服务保障，落实科技奥运工作的主管部门。该部门负责奥运会技术项目的总体规划和项目管理，负责运动会信息系统、奥组委管理信息系统、信息基础设施及互联网技术平台等技术系统的规划、建设、维护和运行，负责计时计分系统和现场成绩处理系统的规划、建设、维护和运行，负责组织提供固定、移动、集群、广播电视传输的通信保障及通信服务，负责确定无线频率使用需求、协调无线电管理部门分配奥运会所需无线频率，负责所有竞赛场馆与非竞赛场馆的音频、视频、文件处理、布线等技术系统的规划、建设、维护和运行，负责协调残奥会成绩处理、信息、通信服务等技术系统，负责奥运会技术系统场馆化的统一规划、部署、协调管理以及运动会期间的技术指挥管理，负责落实奥组委科技奥运工作、宣传科技奥运理念。

### （十九）运动会服务

体育赛事的运动会服务部主要是为与会人员提供住宿、餐饮、医疗等方面的服务内容。2008 年北京奥运会体育赛事的运动会服务部负责赛事后勤相关服务，如赛会用户群的住宿、医疗、餐饮等服务内容一般由其负责完成。具体职责包括：负责组织编制场馆运行、制证、餐饮、观众服务等项目的总体计划、战略计划、运行纲要和预算计划等工作；配合人事部筹备组建场馆运行、制证、餐饮、观众服务等职能部门，并确定相关工作职责；负责编制场馆运行计划，并将各专业计划与总体计划有机地结合为一个相互联结的总体场馆管理计划；配合人事部组建各场馆和部分非场馆管理队伍建设工作；负责联络国际奥委会运动会服务和运行相关部门；负责提出场馆、设施（含临时）相关的奥运使用功能和技术标准并负责审查和验收；负责提出奥运赛时奥运村、场馆运行用地规划的相关需求。负责组织、协调奥运会医疗服务工作，奥运会公共卫生安全保障的协调工作，奥运会医疗急救与风险管理的协调工作，负责国际奥委会医学委员会、医学与科学部、国际体育单项组织医学及兽医官员、各国（地区）奥委会医务官员的联络、协调工作，负责出入境卫生检疫的协调工作，负责组织、协调奥运会（残奥会）兴奋剂检查/检测工作，协调市卫生局组织实施的奥运健康遗产项目，协调国家有关部门关于马匹检疫问题。

### （二十）运动员村与媒体村

在大型体育赛事筹办过程中，由于参会的运动员、随队官员与裁判员以及媒体记者比较多，针对其住宿、餐饮、交通等服务事宜，需要集中统筹服务与管理，因此，需要成立运动员村和媒体村。值得注意的是，裁判员与运动员住所需要隔离开。对于奥运会而言，需建立诸如奥运村这样的集中居住区，以便于管理和服务。以 2008 年北京奥运会为例，奥运村部最初是运动会服务部下设的场馆及奥运村运行处，2005 年 9 月成立场馆管理部后，成为奥运村处，2006 年 11 月从场馆管理部分离出来，成立独立的奥运村部，负责奥运村运行工作。奥运村是最大的非竞赛场馆，将为参加 2008 年奥运会的运动员和官员提供高品质的住宿和赛事服务。奥运村的主要用户群是各国家和地区奥委会（National and Regional Olympic Committees，简称 NOC）及各国家和地区残奥委会（National and Regional Paralympic Committees，简称 NPC）的运动员和官员。其他用户群包括访客、媒体人员和工作人员（付薪人员、志愿者和合同商）。

奥运村主要职责包括：负责制订奥运村（残奥村）项目战略计划和运行预算；负责从运行角度监督奥运村各项工程的规划与建设，协调村内临建和各类基础设施的规划与建设；负责奥运村开发协议、使用协议的签订与执行工作；负责场馆与奥运村联合工作组、顾问委员会和专家工作组的组建和管理；负责各奥运村项目运行的准备工作并指导奥运村青岛分村的工作；负责协调奥运村各项服务工作。

### （二十一）安保

体育赛事的安保活动由赛事组委会的安保部门负责。2008 年北京奥组委安保部具体职责如下：负责策划奥运会安全保卫工作总体战略，制订奥运会安全保卫工作战略计划和行动规划；组织有关部门搜集国内外敌情、社情动态，协同有关部门综合研究奥运会面临的国内外安全形势，分析评估影响奥运会安全的各种潜在危险因素，提出宏观防范措施和处置对策；负责组织和协调奥运会安全保卫工作各参加单位的关系；负责组织有关部门对奥运会安全保卫工作运行需求的调研，提供安保人员、技术、装备、设施、经费等总体需求，提出解决途径和方案；负责了解国际奥委会和奥运会的安保需求和工作要求；及时掌握汇总各阶段奥运安保工作的进展情况，负责解释并回答国际奥委会有关安全保卫工作方面的议题；负责奥运会安全保卫工作项目的综合管理，协调有关部门制定阶段性的奥运会安全保卫工作任务和要求，督促各项安保计划的实施完成；负责组织有关部门提出场馆、设施（含临时）相关的奥运使用功能和技术标准并负责审查和验收；负责组织有关部门提出奥运赛时安全保卫用地规划相关的需求。

### （二十二）注册与制证

体育赛事的注册与制证一般由赛事组委会安保部门负责。但是，对于特大型体育赛事而言，由于注册人员众多且非常重要，组委会会单独成立一个注册与制证部门。例如，2008 年北京奥运会筹办时期，成立了单独的注册与制证中心，其具体职责如下：根据国际奥委会（国际残奥委会）的授权，注册中心负责规划、组织和利用必要的资源，研究、建立和实施相关的系统、程序和方法；获取、登记所有申请参与奥运会（残奥会）的人员（观众除外）的必要信息，鉴别和确认其资格，确立每个特定个人参与奥运会（残奥会）活动的合法性，授予该人适当的权利；建立相应的设施和设备，完成奥运会（残奥会）身份注册卡的制作、分发和激活生效等一系列任务；为所有具备资格参加奥运会（残奥会）的用户提供高效率的注册服务，确保他们能够按照规定获得奥运会（残奥会）身份注册卡，快捷、安全、方便、高效地进入相应的场馆和场地，履行其与奥运会（残奥会）直接相关的工作职责和参加比赛。

### （二十三）文化

体育赛事的文化活动由赛事组委会文化活动部负责。2008 年北京奥运会组委会文化活动部具体职责如下：负责奥运会文化活动的制订和实施，负责奥运会主题活动的组织和管理，负责奥运会开闭幕式的组织和实施，负责奥运火炬接力的组织和实施，负责奥运会形象景观的设计和管理，负责奥林匹克教育活动的组织和实施，负责奥林匹克青年营的筹备和组织工作，负责奥林匹克文化节的组织和实施，负责奥运会颁奖仪式及其他庆典仪式活动，负责提出场馆、设施（含临时）相关的奥运使用功能和技术标准并负责审查和验收，负责提出奥运赛时文化活动用地规划相关的需求，负责奥运会颁奖礼等各种仪式的创意、策划、筹备和组织运行。

### （二十四）开闭幕式

体育赛事的开幕式和闭幕式是体育赛事形象的重要展示，要强调体育赛事的仪式感。开闭幕式的成功对于体育赛事而言不可或缺。开闭幕式活动由体育赛事组委会开闭幕式部负责。2008 年北京奥运会开闭幕式部具体职责如下：负责研究、制订奥运会（残奥会）开闭幕式四个仪式的战略计划、运行政策，建立完善的运行机制，按照相关的政策与规定控制好预算并组织实施；组建开闭幕式工作团队，并以开闭幕式运营中心的名义开展工作；负责 2004 年雅典接旗仪式的创意、策划、筹备和组织运行；负责对历届奥运会开闭幕式和文艺演出的研究；负责奥运会各种文艺演出的策划、筹备、联络和组织。

### （二十五）火炬传递

对于大型体育赛事而言，由于赛事需要组委会举行火炬传递活动，因此，赛事组委会需要成立体育赛事火炬接力部门负责此项事宜。2008 年北京奥运会组委会成立了火炬接力中心，其是从市场开发部分离出来的。作为奥组委内设机构和火炬接力领导小组及组委会的办事机构，该中心负责北京奥运会火炬接力的总体安排、计划组织、运行实施，以及为成功将奥林匹克圣火安全带到开幕式主会场与各境外传递城市政府及所在国家或地区奥委会，境内各省、自治区、直辖市的联络协调工作。通过组织火炬接力活动，将奥林匹克圣火安全、顺利、准时地传递到北京2008年奥运会开幕式现场，从而传播奥林匹克精神，进一步宣传和推广北京奥运会，为北京奥运会的如期举行营造热烈欢快的氛围。

火炬接力“赛时”分为奥运会火炬接力“赛时”和残奥会火炬接力“赛时”两部分。奥运会火炬接力赛时是指自2008年3月24日取火仪式开始至2008年8月8日点燃奥运会开幕式主会场的火炬塔前的时间，共计130天（希腊传递部分除外）。残奥会火炬接力赛时是指自2008年8月28日取火仪式开始至2008年9月6日点燃残奥会开幕式主会场的火炬塔前的时间，共计10天。

### （二十六）志愿者

共青团中央于2006年发布的《中国注册志愿者管理办法》中对志愿者的定义是：志愿者（Volunteer，也称志愿人员、义工、志工）是指不以物质报酬为目的，利用自己的时间、技能等资源，自愿为社会和他人提供服务和帮助的人。对志愿者精神表述为“奉献、友爱、互助、进步”。志愿者是一座城市最佳的代言人，2008年北京奥运会筹办期间提出志愿者的微笑是城市最好的名片。2008年北京奥运会组委会成立了志愿者工作部，职责如下：负责招募和培训奥运会（残奥会）赛会志愿者，并为志愿者场馆运行工作提供支持，为北京奥运会（残奥会）培养造就一支数量充足、业务娴熟、作风优良的志愿者队伍。负责研究制定赛会志愿者基本政策，具体包括志愿者招募工作政策、激励保留政策、考核政策、保障政策、遗产转换政策等；负责研究制定赛会志愿者招募工作流程，具体包括专业志愿者招募工作流程、高校志愿者招募工作流程、区县志愿者招募工作流程、京外志愿者招募工作流程、港澳台侨外志愿者招募工作流程等；负责研究制订赛会志愿者运行计划，具体包括志愿者招募总体运行计划、志愿者工作场馆化运行计划等；负责征集研究赛会志愿者需求；负责协助完成志愿者资源调查和摸底工作；负责组织、指导各个部门（职能领域）选拔、确认赛会志愿者；负责规划并协调落实赛会志愿者工作的技术保障。

志愿者部工作过程包括赛会志愿者招募、培训以及志愿者场馆运行。负责向场馆各业务口提供符合条件标准的志愿者；组建高素质志愿者队伍，为奥运会（残奥会）提供有特色、高水平的志愿服务；做好志愿者赛后遗产转化和保留工作。招募7万名奥运会志愿者和3万名残奥会志愿者；培训方式主要包括通用培训、专业培训、岗位培训、场馆培训和骨干志愿者培训。

### （二十七）票务

门票收入是体育赛事的重要收入来源之一，也是体育赛事上座率的客观反映，是体育赛事是否有影响力的重要指标，因此体育赛事的票务产品的销售是反映一项体育赛事成功与否的关键指标，体育赛事的票务活动对于体育赛事而言至关重要。2008 年北京奥运会组委会成立了票务中心，负责 2008 年北京奥运会和残奥会开、闭幕式和体育比赛的票务运行工作。具体职责包括：制订和实施票务运行计划，建立和维护门票销售渠道和技术系统，制定奥运会和残奥会门票价格，实施合同客户和公众门票销售，实施门票销售的宣传营销推广战略，负责全部门票的印制工作，负责全部门票的配送工作，负责管理赛时场馆票务运行工作，负责与票务相关的财务管理工作，负责奥运会和残奥会测试赛门票运行工作。

## 第四节　体育赛事的管理制度

体育赛事组委会为了使赛事能够正常运营，往往会制定一系列的管理制度。例如，奥运会在筹办过程中，国际奥委会为了确保奥运会的标准化和规范化发展，制定了一系列的赛事规则，如身份注册卡基本规则，身份注册卡代码规则，外籍大家庭注册人员持身份注册卡入出境规则，中国内地注册人员不可持身份注册卡出入境规则，注册数据查询规则，截止日期后注册申请处理规则，儿童注册规则，工作人员注册规则，证件查验规则，身份注册卡被盗、丢失、损毁的申请补发规则，身份注册卡注销规则，注册可接受身份证件规则，一日卡规则，竞赛场馆 IF 来宾卡规则，非竞赛场馆访客卡规则，升级卡规则，组合卡规则，等等。事实上，体育赛事的管理制度是体育赛事组成要素中不可或缺的内容，主要包括体育赛事组委会内部各项管理制度及体育赛事组织管理的各项质量技术标准。体育赛事组织管理结构如图 5-33 所示。

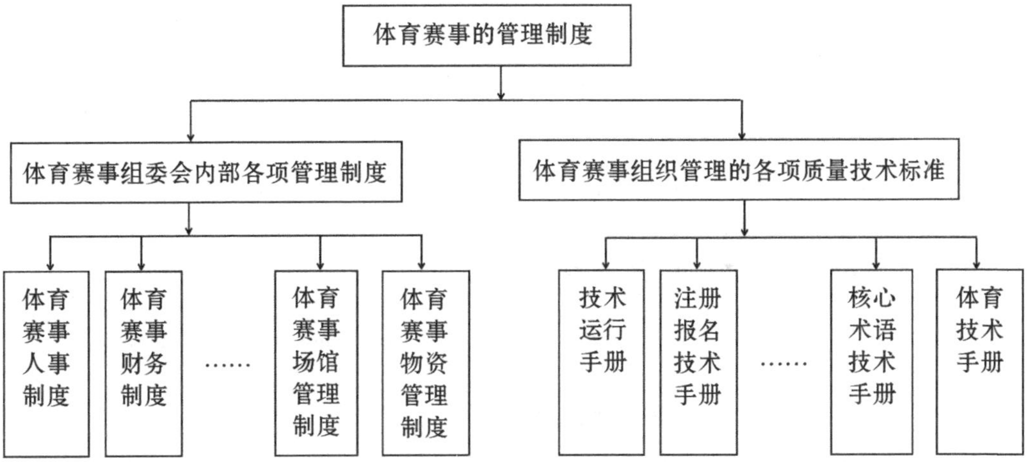


图 5-33　体育赛事管理制度结构

## 一、体育赛事组委会内部各项管理制度

好的体育赛事其组委会一般都会制定科学严谨的管理制度，2008 年北京奥运会组委会管理制度，如表 5-2、表 5-3 所示。

表 5-2　2008 年北京奥运会组委会管理制度（摘选）

| 类型 | 序号 | 文件名称 | 发文单位及文件批号 | 发布时间 |
|---|---|---|---|---|
| 一、关于人员管理规章制度 | 1 | 《第 29 届奥林匹克运动会组织委员会关于印发廉洁办奥运责任制规定的通知》 | 奥组委〔2005〕96 号 | 2005 年 11 月 7 日 |
| | 2 | 《第 29 届奥林匹克运动会组织委员会关于场馆机构设置和人员管理的意见》 | 奥组委〔2006〕62 号 | 2006 年 3 月 30 日 |
| | 3 | 关于印发《计划阶段场馆运行秘书长管理办法（试行）》的通知 | 奥组委场馆〔2006〕31 号 | 2006 年 6 月 16 日 |

续表

| 类型 | 序号 | 文件名称 | 发文单位及文件批号 | 发布时间 |
|---|---|---|---|---|
| 一、关于人员管理规章制度 | 4 | 关于印发《计划阶段竞赛场馆小团队管理办法（试行）》的通知 | 奥组委场馆〔2006〕33 号 | 2006 年 6 月 16 日 |
| | 5 | 《第 29 届奥林匹克运动会组织委员会关于认真贯彻落实廉洁办奥运节俭办奥运指示精神　进一步加强监督工作的意见》 | 奥组委〔2006〕203 号 | 2006 年 9 月 12 日 |
| | 6 | 关于印发《计划编制阶段人员的场馆化工作方案的通知》 | 人事部、场馆管理部 | 2006 年 10 月 23 日 |
| | 7 | 《关于进一步落实非竞赛场馆筹备小组及工作职责的意见》 | 人事部、场馆管理部 | 2006 年 12 月 7 日 |
| 二、关于财务管理规章制度 | 1 | 《第 29 届奥运会组委会秘书行政部关于印发奥运场馆团队公文管理规定的通知》 | 奥组委秘〔2006〕202 号 | 2006 年 7 月 17 日 |
| | 2 | 《第 29 届奥运会组委会秘书行政部关于印发第 29 届奥林匹克运动会组织委员会场馆物资管理办法的通知》 | 奥组委秘〔2006〕228 号 | 2006 年 8 月 4 日 |
| | 3 | 《第 29 届奥运会组委会秘书行政部关于加强奥组委机关固定资产管理的通知》 | 奥组委秘〔2006〕227 号 | 2006 年 8 月 4 日 |
| | 4 | 《第 29 届奥运会组委会秘书行政部关于加强档案管理工作的通知》 | 奥组委秘〔2006〕260 号 | 2006 年 8 月 24 日 |
| | 5 | 《第 29 届奥运会组委会秘书行政部关于印发北京奥运会赛时采购管理办法的通知》 | 奥组委秘〔2006〕279 号 | 2006 年 9 月 11 日 |
| 三、关于场馆运行管理规章制度 | 1 | 《第 29 届奥林匹克运动会组织委员会关于第 29 届奥运会场馆运行工作的意见》 | 奥组委〔2006〕8 号 | 2006 年 1 月 9 日 |
| | 2 | 《第 29 届奥林匹克运动会组织委员会关于印发北京奥运会残奥会场馆运行及外围保障工作推进计划的通知》 | 奥组委〔2006〕48 号 | 2006 年 2 月 27 日 |
| | 3 | 《2006 年奥运会（残奥会）场馆运行及外围保障工作实施方案》 | 场馆管理部、市 08 工程办、市 08 环境办 | 2006 年 2 月 23 日 |

续表

| 类型 | 序号 | 文件名称 | 发文单位及文件批号 | 发布时间 |
| --- | --- | --- | --- | --- |
| 三、关于场馆运行管理规章制度 | 4 | 《奥运会（残奥会）场馆初步运行设计工作方案》 | 场馆管理部、工程部、体育部、技术部、媒体运行部、残奥会部 | 2006年3月20日 |
| | 5 | 《第29届奥运会组委会秘书行政部关于印发第29届奥林匹克运动会组织委员会非竞赛场馆运行筹备工作推进计划的通知》 | 奥组委秘〔2006〕199号 | 2006年7月13日 |
| | 6 | 《第29届奥运会组委会秘书行政部关于印发第29届奥林匹克运动会组织委员会场馆初步运行设计工作程序和职责分工的通知》 | 奥组委秘〔2006〕229号 | 2006年8月4日 |
| | 7 | 《第29届奥林匹克运动会组织委员会关于场馆运行工作进度计划的指导意见》 | 奥组委〔2006〕204号 | 2006年9月13日 |
| | 8 | 场馆管理部、安保部、技术部、物流部、运动会服务部、注册中心联合印发《关于印发〈场馆运行工作进度计划编制工作有关问题的补充说明〉的通知》 | 奥组委场馆〔2006〕78号 | 2006年12月8日 |
| | 9 | 《第29届奥运会组委会秘书行政部关于印发第29届奥林匹克运动会组织委员会非竞赛场馆初步运行设计工作方案的通知》 | 奥组委秘〔2006〕306号 | 2006年10月10日 |
| | 10 | 《第29届奥运会组委会秘书行政部关于印发第29届奥林匹克运动会组织委员会竞赛场馆赛时运行计划编制工作实施方案的通知》 | 奥组委秘〔2006〕320号 | 2006年10月17日 |
| | 11 | 《第29届奥运会组委会工程和环境部关于启动详细运行设计相关事宜的函》 | 奥组委工〔2006〕197号（工程和环境部） | 2006年11月29日 |
| 四、关于测试赛管理规章制度 | 1 | 《第29届奥林匹克运动会组织委员会关于北京奥运会和残奥会测试赛工作的意见》 | 奥组委〔2006〕16号 | 2006年1月19日 |
| | 2 | 《第29届奥运会组委会秘书行政部关于印发北京奥运会和残奥会测试赛组织工作管理办法的通知》 | 奥组委秘〔2006〕49号 | 2006年3月24日 |

续表

| 类型 | 序号 | 文件名称 | 发文单位及文件批号 | 发布时间 |
| --- | --- | --- | --- | --- |
| 四、关于测试赛管理规章制度 | 3 | 《第29届奥运会组委会秘书行政部关于印发北京奥运会测试赛日程方案1.2版的通知》 | 奥组委秘〔2006〕206号 | 2006年7月18日 |
| | 4 | 《第29届奥运会组委会秘书行政部关于印发北京奥运会残奥会测试赛2007至2008年整体工作方案的通知》 | 奥组委秘〔2006〕339号 | 2006年11月2日 |
| | 5 | 《第29届奥林匹克运动会组织委员会 国家体育总局 中国共产党北京市委员会 北京市人民政府 关于做好2007年好运北京体育赛事组织工作的通知》 | 奥组委〔2006〕1号 | 2006年1月1日 |
| 五、关于竞赛场馆与非竞赛场馆管理规章制度 | 1 | 关于印发《计划阶段第一批竞赛场馆小团队工作安排》的通知 | 场馆管理部 | 2006年6月16日 |
| | 2 | 《第29届奥运会组委会秘书行政部转发民航华北地区管理局关于首都机场地区奥运工作新闻媒体采访拍摄实施办法的通知》 | 奥组委秘〔2006〕322号 | 2006年10月18日 |
| | 3 | 第29届奥运会组委会秘书行政部关于印发奥林匹克公园公共区运行筹备工作小组方案的通知》 | 奥组委秘〔2006〕264号 | 2006年8月28日 |

表5-3 2008年北京奥运会组委会体育部管理制度汇编

| 序号 | 制度名称 |
| --- | --- |
| 1 | 北京奥组委体育部印章使用管理规定 |
| 2 | 北京奥组委体育部档案管理规定 |
| 3 | 北京奥组委体育部保密工作规定 |
| 4 | 北京奥组委体育部工作人员请假考勤实施细则 |
| 5 | 北京奥组委体育部公务用车管理细则 |
| 6 | 北京奥组委体育部工作会议制度 |
| 7 | 北京奥组委体育部纪念品使用办法 |
| 8 | 北京奥组委体育部公文运转实施细则 |

## 二、体育赛事组织管理的各项质量技术标准

体育赛事的质量技术标准可以理解为体育赛事的技术手册。例如，国际奥委会制定了一系列奥运会的技术手册，这些技术手册明确了奥运会办赛的技术要求，确保奥运会办赛质量。2008 年北京奥运会技术手册，如表 5-4 所示。

表 5-4　2008 年北京奥运会技术手册

| 序号 | 技术手册名称 |
|---|---|
| 1 | 技术运行手册 |
| 2 | 注册报名技术手册 |
| 3 | 核心术语技术手册 |
| 4 | 住宿技术手册 |
| 5 | 商品保护技术手册 |
| 6 | 礼仪技术手册 |
| 7 | 通讯技术手册 |
| 8 | 接待技术手册 |
| 9 | 国际单项体育联合会技术手册 |
| 10 | 电视转播技术手册 |
| 11 | 媒体技术手册 |
| 12 | 医药服务技术手册 |
| 13 | 奥运村技术手册 |
| 14 | 会议组织技术手册 |
| 15 | 残疾人奥运会技术手册 |
| 16 | 奥运会计划、协调和管理技术手册 |
| 17 | 体育技术手册 |
| 18 | 运动员选举技术手册 |
| 19 | 票务技术手册 |
| 20 | 交通技术手册 |

续表

| 序号 | 技术手册名称 |
| --- | --- |
| 21 | 场地技术手册——竞赛场地技术手册 |
| 22 | 人力资源技术手册 |

事实说明，越是好的体育赛事，其组委会在内部管理规章制度及相应的质量技术标准建设方面做得就越好，这些制度越完善，体育赛事就越容易成功。2008年北京奥运会充分借鉴了悉尼奥运会和雅典奥运会的办赛经验，制定了非常详细的内部管理规章制度及比较完善的技术手册，为2008年北京奥运会的成功举办奠定了坚实的基础。

# 第六章　体育赛事的策划、包装与申办

体育赛事的策划和包装是一个动态的过程。实践证明，无论处于何种阶段的体育赛事，都需要不断地进行策划和包装，唯有如此，才能够不断扩大体育赛事的影响力，提升其品牌价值。没有一劳永逸的策划，也没有一成不变的包装，只有不断地创新，体育赛事才能赢得市场的青睐，进而才有人愿意申办。任何一个国家或城市，都愿意申办一项具有良好价值的体育赛事，从而带动一个国家或举办城市的经济社会发展。对于体育赛事产权拥有者而言，申办的目的一方面是要规范办赛，另一方面是要努力促成诸多申请者之间的良性竞争，从而遴选出最佳的办赛者，这样才能不断地促进体育赛事的升级换代，实现体育赛事的可持续发展。

## 第一节　体育赛事的策划

体育赛事策划是随着竞赛表演市场化出现的新概念，目的是在办好赛事的基础上提供符合社会需要的竞赛表演服务，提升赛事价值。想要让赛事获得市场认可，体育组织必须对赛事进行包装，如打造赛事文化、树立赛事良好形象、培养德才兼备的运动员、创造高质量竞技比赛等。

体育赛事策划是指经营者根据政府、企业或体育组织的发展战略目标，以及赛事经营目标和基本要求所进行的从赛事筹办、赛事资源营销，到赛事组织实施和绩效评价的规划与管理过程。体育赛事策划包括体育赛事的基本原则、基本目标、经营目标、市场定位、新闻宣传、媒体服务、门票、无形资产销售、赛事风险、比赛的实施以及赛事的社会和经济效益评价等诸多方面。

体育赛事的策划可以分为两种情况，一是策划了一项从无到有的体育赛事；二是对已有的体育赛事进行再策划，提升其品质。由此可见，策划是无止境的。一项体育赛事犹如一个人，策划一项体育赛事，犹如塑造一个人，从无到有，从小到大，从弱到强，从不知名到成为品牌赛事，这个过程就像是培育一个人，不断完善其品质、个性，丰富其内涵，包装其形象，提高其本领。策划一项体育赛事是一个长期不断完善的过程，不能期望一蹴而就。

## 一、体育赛事策划的基本原则

策划任何一项体育赛事都需要遵循一些基本原则，这些基本原则指导着我们的实践行为，以确保策划的体育赛事在正确的道路上运行。体育赛事的组织者及参与者应始终信赖和遵循这些原则，就能在体育赛事经营管理过程中少走弯路。

### （一）体育赛事需要适应经济社会发展的趋势和要求

策划一项体育赛事应符合举办地经济社会发展的趋势和要求。例如，策划体育赛事需满足政府的需求，即推动城市发展；需满足人民群众的需求，即满足人民群众不断增长的体育观赏和体育消费的需求。从表面看，体育赛事是一种体育比赛，从内涵来看，其是一种体育文化，这种文化对于社会具有较大的影响力，是社会主义精神文明建设内容的重要组成部分。随着社会的不断发展，体育赛事文化逐渐成长和壮大，并发展成为文化事业的一个重要分支，其对社会的影响作用不容小觑。因此，体育赛事的组织与实施必须与社会发展趋势协调一致，既能够反映社会大众需求，又能够顺应时代发展要求，通过其本身所蕴含的丰富的文化内涵来展示积极向上的、奋进的体育精神，同时对赛事举办地产生良好的社会文化影响。

显然，成功举办一项体育赛事都需要有其文化主题，而这个文化主题需要反映进步的时代精神。例如，1993 年我国申办 2000 年奥运会未果，我国政府未曾气馁，紧接着 2001 年继续申办 2008 年第 29 届奥林匹克运动会并获得成功。2008 年奥运会的成功举办对于我国政府有着极其重要的政治和历史意义，近百年来遭受外国列强欺辱的中华民族要借此机会向世界宣告，中国人民强大起来了。这届奥运会的成功举办对于中华民族而言，不仅仅是一项体育赛事，更是一个宣告大会，是中国在世界舞台上树立大国地位的一个标志。

当前我国正倡导“京津冀协同发展”，这是国家重大战略，许多公司和协会开始创办京津冀体育赛事；当国家确立了“一带一路”倡议，就会有社会实体单位策划“一带一路”体育赛事。2022 年北京举办第 24 届冬季奥林匹克运动会，国家提出“3 亿人参与冰雪运动”的目标，使得冰雪赛事的策划与实施成为一种趋势，既满足了人民群众的体育文化需求，同时也满足了政府的体育文化需求。例如，

2018 年 7 月 30 日，国家体育总局、国务院扶贫办联合印发《关于体育扶贫工程的实施意见》，要求在贫困地区积极开展体育赛事活动满足了当地人民群众对体育文化的需求。

当然，社会上也有一些体育赛事，只追求吸引眼球、赢得经济利益，忽略了体育赛事的文化意义。因此，此类赛事不利于促进体育文化事业的可持续发展。

### （二）体育赛事应遵循“效益至上”的原则

体育赛事效益是指赛事对国家、社会、举办地所带来的政治、经济和社会影响。不同的国家，不同的管理体制，就会有不同的赛事经营管理模式。在计划经济体制下，体育赛事由政府主办，因此，体育赛事更多地追求政治效益和社会效益，对体育赛事的经济效益没有给予足够的重视。在市场经济体制下，体育赛事基本上由社会民间团体主办，因此，在这些国家举办体育赛事，不仅要追求政治效益和社会效益，而且要追求经济效益，因为没有经济效益，这样的体育赛事就很难生存。体育赛事不是完全的公益事业，虽然部分体育赛事是公益事业，但其同样需要采用市场运作方式。

随着市场经济体制改革的不断深入，我国的体育赛事越来越追求社会效益、经济效益、政治效益、竞技效益的有机统一，只有这样，才能使体育赛事更加具有生命力。

### （三）体育赛事应符合环境发展的要求

近年来，国家提出“绿水青山就是金山银山”，大力发展生态文明建设，美化

和保护生态环境。体育赛事产业是一种绿色产业，国家提倡大力发展冰雪运动、水上运动、航空运动、山地户外运动，就是要贯彻落实“绿水青山就是金山银山”的发展理念。

随着社会的不断发展，我国举办的大型综合性体育赛事越来越多，其规模越来越大，对举办条件的要求越来越高，对环境的影响也越来越大，包括自然环境和人文环境。举办体育赛事对举办国或举办地的自然环境和人文环境具有重要的影响作用，因此，不能忽略体育赛事与环境之间的协调发展。尤其是大型体育赛事，对场馆规模要求比较高。为了举办大型体育赛事，赛事承办方就需要建设大型体育场馆，由于大型体育场馆占地面积大，若选址不当，就会破坏当地的自然环境，从而造成一定的负面影响。同时，举办大型体育赛事，必然会有许多观众，由此产生的垃圾会对场馆周边的环境带来一定程度的污染，因此，发展体育赛事不能以破坏承办地环境为代价。例如，2008 年北京奥运会提出“绿色奥运”，其核心是将生态环境与大型体育赛事相结合，实现体育赛事与生态环境的共赢；汉城奥运会“城市美化计划”提倡对汉江进行综合治理，采取环保措施改善汉江水质，最大限度地实现局部地区水循环系统的优化；巴塞罗那奥运会改善海滨地区的海洋景观；悉尼奥运会的霍姆布什湾治理工程等。这些案例都说明大型体育赛事应符合城市生态环境的可持续发展的要求。

### （四）体育赛事应遵循“顾客满意”的原则

“顾客”是体育赛事经营管理的服务对象，从广义上讲，“顾客”主要包括观众、运动员、教练员、赞助商、新闻媒体、电视转播机构，甚至包括赛事工作人员和志愿者等。在市场经济体制下，体育赛事能否生存主要取决于“顾客”需求量，既取决于“顾客”的数量，又取决于“顾客”的满意度。因此，一项体育赛事要生存发展，就必须为“顾客”提供良好的服务，从而吸引更多“顾客”的关注。因此，“顾客”对体育赛事的满意度将直接影响体育赛事能否成功举办或可持续性发展。例如，在赛场广告位置尽可能地满足赞助商的权益，提升赞助品牌的曝光度；在竞赛期间应尽量满足运动员的各方面需要，如饮食、交通、服装等，为运动员营造满意的参赛环境；为观众提供舒适的观赛条件，提升观众对赛事的口碑度等。

### （五）体育赛事应遵循“安全第一”的原则

“安全第一”是体育赛事管理者必须遵循的重要原则，要防恐、防意外、防粗心。体育赛事安全涉及运动员、教练员、观众和到场官员的安全问题，公共安全管理涉及防火、救护、交通疏导及拥挤人群控制三个领域。

事实上，赛事规划的每个环节都应该考虑安全问题。如果不按座位售票，观众进场时就会冲向前排争抢座位，在这种情况下再多的安保人员也会力不从心。应该强调，安全管理不只是个别部门的责任，而是参与赛事规划和经营的所有部门都应时刻考虑的问题，只有开展全员安全管理才能保证体育赛事平安、有序进行。

## 二、体育赛事策划的内容

### （一）目标策划

体育赛事目标策划包括体育赛事基本目标策划和体育赛事经营目标策划两种。体育赛事的基本目标是指体育赛事的组织经营管理者对体育赛事的基本要求，包括体育赛事的主旨、类型、级别、规模以及对社会的综合影响等方面的要求；体育赛事经营目标是指体育赛事在门票、赞助和无形资产等资源的销售及盈利的指标。

体育赛事的目标策划应重点考查以下几个方面。

（1）体育赛事经营管理组织的性质、宗旨和目标。

（2）举办体育赛事的现实条件。

（3）体育赛事成本与预期收入。

（4）地方政府资助和社会捐助水平。

（5）承办地及其邻近地区的文化生活特点。

（6）承办地及相关地区的广播电视新闻机构、著名企业、学校、人口的特点等。

（7）承办地经济发展水平。策划一项体育赛事，就是要努力实现科学办赛，提高组织管理绩效水平，秉承“办赛事就是办城市”和“办赛事的水平就反映了城市治理水平”的理念。

### （二）市场定位策划

市场定位是指体育赛事所针对的消费群体，即观众、新闻媒体和赞助商等目标消费群体。主要包括观众市场定位、赞助市场定位和新闻媒体传播市场定位。

1. 观众市场定位

观众市场定位是指针对目标消费群体提供相应门票价位的赛事服务，主要包括门票价格定位和地区定位两种。门票价格定位可以分为高、中、低端三类市场；地区定位主要基于相关地区的项目文化和经济发展水平。一般而言，价格定位和地区定位联系比较紧密。

2. 赞助市场定位

体育赛事赞助市场定位是指确定赛事有形资产和无形资产的营销对象。它要求经营者必须针对资金状况，比赛持续时间，选手的级别和影响范围，可能合作的企业，承办地的经济、文化和人口等因素进行分析评价，才能够选择目标市场。体育赛事赞助市场定位主要包括：①体育赛事冠名赞助商的市场定位。②体育赛事文化活动冠名赞助商的市场定位。③场地广告市场定位。④指定用品赞助商的市场定位。⑤体育经营管理组织及体育赛事文化标志使用权的市场定位。⑥体育赛事明星资产的市场定位等。

3. 新闻媒体传播市场定位

新闻媒体传播市场定位是指根据体育赛事规模、级别等特点，确定采用何种形式的新闻手段来报道。例如，利用电视、广播、报刊、网络、杂志和电子书刊等传统媒体进行体育赛事新闻策划，尤其是要充分利用新媒体，如微信公众号、微博等力量进行媒体传播策划。

### （三）媒体宣传策划

体育赛事的宣传策划是指通过新闻报道，以及相关的社会活动传递体育赛事的相关信息，包括体育赛事的组织、筹办、运动员、教练员、裁判员、比赛成绩、赛场内外的花絮等内容。策划体育赛事就是要不断宣传体育赛事的精神文化内涵，增强体育赛事的教育价值。用体育精神教化社会大众，将体育精神融入国民性格中去，塑造具有体育精神的国民，是实现体育强国的重要途径和手段。体育赛事宣传策划主要有以下几种形式。

1. 实施新闻报道，扩大赛事影响

在现代社会中，举办体育赛事必须高度重视新闻媒体的宣传影响作用，媒体的参与不仅可以很好地宣传和扩大体育赛事的影响力，而且能够赢得赞助商的大力支持。因此，体育赛事组织者应和新闻媒体保持密切联系，尽量为新闻媒体采访报道创造有利条件，专门或定期召开新闻发布会，公布组织及其赛事相关的新闻。国际奥委会前主席萨马兰奇曾说过，“评价一届奥运会成功与否，通过媒体报道就可以知晓”。[①] 服务媒体就是增加体育赛事的美誉。

新闻发布会是体育赛事组织者向社会传递有关信息的重要方式之一，同时也是赛事组委会与赞助商建立良好合作关系的重要活动。其主要包括邀请媒体机构、邀请相关机构重要人物参与、尊重赞助商权益前提下精心布置会场、认真安排答记者问等重要环节。新闻发布会工作人员需提前撰写新闻通稿初稿，以便媒体机构采访报道之用。

充分利用新闻炒作。通过报道极具悬念或存在不确定因素的新闻来吸引社会关注。例如，报道竞赛组织的人事变动，如撤换教练员、球员转会、协会主席的更替等；体育赛事中发生的意外事件及其处理结果，如假球、黑哨、球场骚乱及球场暴力等；体育赛事中著名人物的跟踪报道，如教练员和球星的癖好、婚姻、爱情、休闲方式、伤病治疗和训练情况等。

2. 酒会

酒会是欢迎参赛人员到来，或者某项赛事结束的庆祝活动。其内容主要包括出席酒会的官员、代表发言，席间的文化娱乐活动等。

3. 主题文化活动

体育赛事文化活动主要包括开幕式、闭幕式、火炬点燃和传递、民族文化表演、文艺演出、中场互动、签名会、体育赛事博物馆展览、知名画家的体育赛事艺术作品展览等。例如，国际奥委会、国际乒联、中国乒乓球协会、上海 F1 大奖

① 孙秋峰．服务媒体=增加美誉［N］．中国体育报．2011-05-19（5）．

赛、温布尔登网球公开赛等都拥有自己的博物馆，目的就是要开展和传播体育赛事文化。

4. 娱乐活动

通过广播电视、电话、互联网、物联网或休闲娱乐场所举行与体育赛事有关的游艺活动或嘉年华，从而达到吸引社会大众、宣传体育赛事的效果。

5. 广告

广告策划在体育赛事组织管理过程中起着重要作用。它是宣传体育赛事的有效方式，特别是大众沟通方式的广告，如互联网、广播、电视、报纸杂志和户外广告及目前涌现出来的新媒体等。可以制作宣传册、宣传画并积极传播，利用街道或广场上的大型显示屏制作广告，以及广播电视广告等。可以借用以上各种媒体广告手段为体育赛事“造势”“造术”“造时”“造星”。所谓“造势”，即针对策划所处的环境、时间、格局进行判断，主动创造一种机制；“造术”是指采取新奇有效的包装方法，引起消费者最广泛的关注；“造时”即善于捕捉策划时机，在时机点上推广策划活动，以便策划利用天时而获得最大的成功；“造星”则是通过包装体育明星达到最佳的推广效果。

体育赛事冠名是竞赛表演的主要广告媒介，体育赛事冠以企业名称或企业产品名称，通过互联网、广播、电视转播、报纸杂志、观众口碑等多种媒介的传播，可以极大地提高企业及其产品的知名度，从而获得回报，而体育赛事通过此种形式可从企业获得经费，最终实现双赢。例如，北京银行 2017 年世界斯诺克中国公开赛、青岛港·2017 青岛海上国际马拉松、丰田杯足球赛、汇丰冠军赛等。

体育组织对体育赛事冠名企业，除了冠名权之外，还给予其他广告机会，利用体育组织及其体育赛事的文化进行宣传沟通。体育组织及其体育赛事的文化包括概念、仪式、标志、吉祥物、会旗、会歌、名称、肖像、签名等，如奥运会五环标志的纪念品、吉祥物、相关工艺品和装饰品，以及奥林匹克格言等，将体育明星的肖像和签名印制在产品上，或者以优秀运动员的姓名创造品牌，邀请著名运动员为产品代言等。此外，还有以下形式：①参与或承办体育组织及其赛事的传统文化活动。②参与票务促销活动。③聘请形象代言人。

6. 发展观众组织，扩大观众市场

发展观众组织是宣传和推广体育赛事的重要手段。观众是体育赛事的顾客，如果没有观众，那么体育赛事将不存在。观众组织能够起到核心领导作用，其形成与发展无疑会增强观众的凝聚力。为此，体育赛事组织者对于观众组织应给予高度重视，并在体育赛事活动过程中为观众组织提供各种便利条件。例如，通过积极开展体育赛事社交媒体活动，在门票和主题活动参与等方面给予观众会员优惠和相应的服务与管理，便于其接近和了解组织及其体育赛事，培养忠实观众，并进一步发展新会员，扩大市场占有率。发展会员的工作包括：会员登记入会，享受优惠待遇，举办讲座，组织或资助会员比赛，以培养忠实的体育观众。发展观众组织的主要形式包括：成立观众俱乐部，如各种球迷俱乐部、业余体育俱乐部或协会等。正如世界上享有盛誉的航海人、中国“三亚号”帆船船长迈克·桑德森曾说过一句耐人寻味的话：“想赢得一项赛事，首先要赢得你所代表的那个国家的民众的心。”① “香港 7 人制橄榄球赛从最开始邀请两支 15 人制球队都‘力不从心’到现在赛事带来的收益以亿元计算，3 天、28 支球队、70 场比赛、100 余家投资商、能容纳 40 000 名观众的香港大球场一票难求，全球 23 家电视台直播、覆盖全球 144 个国家和地区的 2 亿 54 万家庭，据香港橄榄球总会社区联络员赵国光介绍，香港 7 人制橄榄球赛发展到今天，观众是最主要因素。这也与赛事组委会一切以‘观众至上’的办赛原则有着千丝万缕的联系。”②

## （四）体育赛事保险策划

### 1. 体育赛事保险的必要性

体育赛事保险的必要性主要体现为以下三点。

（1）运动员从事竞技运动具有一定的危险性。随着现代竞技运动水平的不断提高，运动员的危险性也随之增加。特别是赛车、摩托车、橄榄球、散打、自由搏击、跑酷等运动项目的危险性更大。例如，1994 年 5 月 1 日当代世界最优秀的赛车手，被誉为“赛车王子”的巴西赛车选手塞纳在意大利圣马力诺的一级方程式赛道上以约 300 千米/小时的速度撞上混凝土防护墙身亡，年仅 34 岁。

（2）体育赛事举办的不确定性。影响赛事举办的因素包括政治、军事、社会

① 钟文．我们为何参与顶级帆船赛［N］．人民日报，2011-6-2（23）．

② 杨卓越．香港橄榄球“热”力爆棚［N］．中国体育报，2013-3-25（3）．

和自然等。例如，第 5 届奥运会原定在德国柏林举行，由于当时德国奥委会主席突然病逝而宣布放弃了主办权，后改在瑞典首都斯德哥尔摩举行。第 13 届奥运会由于第二次世界大战爆发而停止举办。2014 年 4 月 17 日，越南总理阮晋勇宣布，越南放弃 2019 年第 18 届亚运会的主办权，而越南政府也在第二天就阮晋勇宣布的决定发布公告说，越南弃权是因为对于举办亚运会这样的大型赛事并无经验，也没有为此做好准备。

（3）存在各种影响比赛的因素。影响比赛顺利进行的因素主要包括财务、场地、管理、交通、水电、通信、运动队或运动员等。例如，资金问题、场馆未能如期交付使用、组织管理出现问题、罢赛、交通、供电和通信中断等；运动员在生活中出现问题，如在旅途或比赛期间遗失贵重物品或遭窃、丢失比赛器具、违反当地法规而受到处罚、意外受伤或生病等；还有在比赛过程中出现问题，如比赛中自备器械出现故障、运动员与裁判员发生争议、兴奋剂问题等因素都会影响比赛的顺利进行。

2. 体育赛事保险的种类

体育赛事保险主要分为以下几种。

（1）按照计划实施的保险。该险种的职能是保证比赛按照预定的时间、地点、规模，包括参赛队数和人数等实施。如果比赛的时间和地点改变，将对门票的销售和广播电视转播，甚至赛事冠名、场地广告等项目的经营带来巨大的影响或损失。参赛人的变更将影响消费者观看或转播比赛。因为随着赛事规模减小或赛事级别降低，赞助商的数量和质量也随之下降，这将给赛事的经营者带来巨大的损失。

（2）预算保险。体育赛事的经费预算对体育赛事的成功举办至关重要，特别是当竞赛组织人员对某项新赛事在新的条件下运营还没有充分的把握时，可以向保险公司进行体育赛事经费预算方面的保险。

（3）财务保险。体育赛事的财务管理是体育赛事正常运营的基本要求，为防止体育赛事运营过程中出现赞助商或供应商无法提供相应的资金或物资，银行利率或汇率下调，出现财务差错、挪用公款，甚至携款潜逃等事件，可以办理体育赛事财务保险。

（4）安全保险。体育赛事安全保险主要是针对参赛人员、赛事组委会工作人员和观众的意外伤害，以及竞赛设施及所需物资遭到破坏或被盗等方面的险种。运动员意外事故包括运动员在比赛时因弱势、技术失误而导致的受伤，因器械、设备故障而导致的受伤，甚至是生活中的意外伤病等。体育赛事组委会工作人员在体育赛事筹办过程中遇到的意外伤害。观众的保险主要是针对在现场观看比赛时因激动而发生骚乱、斗殴、摔倒、发病，甚至因看台倒塌而导致的意外保险等。竞赛设施遭到破坏或所需物资被盗将直接影响比赛顺利进行，同时还会影响赛事的主办方、承办组织和赛事本身的声誉，以及赞助商的利益，甚至双方合作前景。

（5）设备正常运转和供应的保险。体育赛事所使用设备的质量直接影响比赛的实施，该险种主要包括运动员所使用的设备、器材、场地灯光、音响、通信设备、办公设备等，以及与赛事相关的供电、供水、交通、车辆等设备的正常运转及其供应和维护等。

（6）门票及无形资产销售保险。体育赛事的组织者对门票和无形资产销售方面尚不能进行准确预测的情况下，可以和保险公司磋商有关方面的保险事宜，以确保赛事的经营收入。

3. 体育赛事保险的方式

体育赛事保险的方式主要包括以下几种。

（1）竞赛规程中要求运动员必须自备保险。为了保证运动员在比赛期间的安全，并为体育赛事节约相应的经费，体育赛事的组织者在竞赛规程中可以要求参赛运动员必须自备保险。例如，中国拳击协会规定，凡参加全国拳击比赛的运动员必须参加保险，否则没有参赛资格。

（2）体育赛事经营管理者向保险公司投保。竞赛的组织者根据赛事运营的需要，可以就赛事实施过程中一些不确定的重要问题及其发生的可能性与保险公司进行协议，获得保险服务。例如，比赛按照预期的时间和规模进行，比赛的经费预算、比赛的观众数量和无形资产销售等。

（3）委托代理。将有关赛事的保险事宜交给保险经纪人代理，可以高质量地获得保险服务。

## （五）体育比赛实施策划

比赛实施策划包括制定竞赛规程、设计秩序册、安排赛事礼仪与接待工作、策划开幕式和闭幕式、比赛过程策划和抵离服务策划等。

1. 制定竞赛规程

在体育赛事筹划过程中有一项必不可少的工作，就是制定比赛规程。这是比赛实施的指导性文件，是所有参赛队必须照章执行的法规文本。其主要包括参赛运动员资格要求、报名时间、地点、接待、食宿安排、标准、参赛费用、技术及裁判规则、比赛方式及裁判员的委派、比赛时期、名次的确定、奖励及最佳奖项的评选等。

2. 设计秩序册

秩序册一般是指在竞赛规程的范围内，表述赛事的组织管理工作和比赛具体日程的法规性文件。其包括赛事的组织委员会、竞赛委员会、仲裁委员会、裁判监督委员会、财务、场地、医务、安全等部门的人员名单、名次的确定及奖励、最佳奖项的评选方法、比赛的日期、场次、轮次、时间、各参赛队的领队、教练、运动员名单以及总裁判长、裁判长和裁判员名单等。当然，秩序册上也有赞助商的展示，这也是回报赞助商的一项重要权益。

3. 安排赛事礼仪与接待工作

接待工作策划包括运动队、裁判员、组织管理人员的接送、食宿和观光旅游安排等方面。在接待工作的经营策划方面，可以招标或出售赛事的无形资产使用权，如以指定旅游或交通公司、宾馆饭店、食品公司、旅游景点等形式招赞助商。

4. 策划开幕式

开幕式标志着比赛的正式开始，既是体育赛事的文化仪式，又是宣传体育赛事的良好手段。开幕式对体育赛事的成功举办至关重要，也是举办地的脸面和形象。开幕式的主题、内容和形式方面的策划，皆因赛事的性质、运动项目特点、承办地的经济和文化等因素而异。但是，大型体育赛事开幕式策划工作的主要内容基本上是相似的，主要包括重要领导讲话、赛事组委会主席致开幕词、宣布大会开始、运动员入场、火炬传递、点燃赛会圣火、升会旗、奏会歌、运动员及裁判员宣誓、运动员退场、文艺表演、宣布开幕式结束等。

开幕式的礼仪策划包括主席台邀请的嘉宾、各代表团在主席台就座的代表人数及安排、主持人的人数、服装设计、各队出场的人数、鸣放礼炮、焰火，并且在欢迎词和文艺表演中都要表现出主人对来宾的热情欢迎，宣传举办地的传统文化以及弘扬体育赛事文化。

开幕式的艺术策划包括全场的灯光、音响、音乐、节目内容、服装、舞美、道具和背景台等的设计。

开幕式的经营策划包括采访报道权及广播电视转播权、饮用水、服装、道具、电信器材等，可采用指定供应商的办法解决；门票及门票广告、节目单广告、开幕式录像片和图片集的版权，可向市场销售等。

5. 比赛过程策划

比赛过程策划主要是指对比赛过程进行规划与设计，包括比赛开始前的出场仪式、交换礼品或队旗、运动员与观众对话、向观众抛撒纪念品、运动员签名等活动。体育展示是对体育比赛过程进行策划的重要手段。它起源于1996年的亚特兰大奥运会，悉尼和雅典奥运会及盐湖城冬奥会的体育展示工作得到了较大的发展。目前，体育展示已经成为各国际单项体育联合会和世界各大转播商都非常重视的一项竞赛组织工作。体育展示是指利用场地内最新工具的合成（如讲解、音乐、视频、得分板显示屏、灯光和其他场馆内的娱乐设施），通过现场表演、舞蹈、解说、音乐、视频和灯光等方式将体育比赛呈现给电视观众和场地观众的做法。

6. 比赛质量策划

从顾客感知层面看，影响比赛质量的因素，主要包括：①比赛过程中运动员的技术水平的发挥。②比赛双方竞争激烈，比分交替上升，结果不可预测。③赛场上有自己崇拜的偶像或明星运动员。④比赛过程中灵活多变的战术运用。⑤比赛最终结果及比赛结果是否是观众所期望的。⑥教练员的临场指挥水平。⑦裁判员的执裁水平。⑧赛事的宣传形式。⑨赛场气氛（表演和互动）。⑩赛场的环境布置。⑪比赛之外的其他服务活动。

提高比赛质量，主要应采取以下措施：

（1）加强运动员后备人才的培养及裁判员的培养。

（2）增加比赛结果的不确定性。

（3）增加比赛竞争的激烈程度。

（4）提高比赛的级别。提高比赛级别主要是通过尽可能提高参赛者的资格条件来提高赛事的竞技水平，从而实现提高赛事质量的目的，如美国的超级碗（Super Bowl）（橄榄球赛事）和 NCAA 四强赛（篮球赛事）（National Collegiate Athletic Association，简称 NCAA）、英国足球超级联赛及世界田径“飞人”大赛等。丰田杯足球赛就是欧洲冠军杯和南美解放者杯冠军的对抗赛。

（5）提高比赛难度。提高比赛难度主要是指对比赛的规则做调整，使比赛条件难于一般赛事。例如，柯受良飞越黄河、阿迪力走绳过黄河等都是具有高难度的体育表演。

（6）邀请明星参加或打造明星运动员。是否有明星参赛，也是显示体育赛事质量的一个重要指标。体育明星具有一定的社会影响力，其参加一项体育赛事，对于提高该项赛事的社会影响力具有重要的作用，尤其对于开创不久的新体育赛事或名气不大的体育赛事，明星参赛的作用更是不可低估。

（7）服务品质创新。体育赛事服务主要是指体育赛事组织者为教练员、运动员、观众、赞助商、电视转播商、广播机构、新闻媒体等提供服务的工作过程。体育赛事服务应突出“顾客满意”的服务理念。

服务品质创新主要包括：一是增加服务内容，二是规范服务标准，三是提高服务质量。例如，当今的观众来观看比赛，已不仅仅是为了观赏运动员精湛的技艺和激烈的比赛，还有休闲娱乐的需求。因此，在体育赛事中为观众提供各种文艺表演活动，举行观众和运动员的对话、抽奖及啦啦队表演等活动，尤其是增加观众特别是青少年观众接触运动明星的环节，既营造了赛事的热烈氛围，又丰富了赛事的服务内容。又如，为观众提供舒适场所观看比赛。尤其是大型体育赛事的经营者为了方便顾客到达体育场或体育馆而改善交通，增加公共交通路线、延长公共交通营业时间等；在比赛场内修建无障碍设施、引导观众入席、提高座位的舒适感、场内设置大屏幕，甚至在座位上设置可重放的电视系统等；增加售票渠道，方便观众购票；赛场内设立贵宾坐席区、媒体记者坐席区、赞助商坐席区、运动员及官员坐席区以及采访专区（如混合区）、广播或电视转播场地区等。

（8）保持比赛的连续性。实践证明，品牌赛事绝非一朝一夕能够形成，都是经历了长期的发展过程才建立起来的，因此，赛事组织者在设计和推出体育赛事时应考虑其周期性和连续性。偶发或不定期的比赛很难形成品牌赛事。表 6-1 至表 6-4 分别显示出相应体育赛事的发展历程。

表 6-1 世界网球四大满贯赛事成立时间表

| 序号 | 世界网球四大满贯赛事 | 成立时间 |
|---|---|---|
| 1 | 温布尔登网球公开赛 | 1877 年 |
| 2 | 美国网球公开赛 | 1881 年 |
| 3 | 法国网球公开赛 | 1891 年 |
| 4 | 澳大利亚网球公开赛 | 1905 年 |

表 6-2 世界六大马拉松赛事成立时间表

| 序号 | 世界六大马拉松赛事 | 成立时间 |
|---|---|---|
| 1 | 波士顿马拉松 | 1897 年 |
| 2 | 纽约马拉松 | 1970 年 |
| 3 | 柏林马拉松 | 1974 年 |
| 4 | 芝加哥马拉松 | 1977 年 |
| 5 | 伦敦马拉松 | 1981 年 |
| 6 | 东京马拉松 | 2007 年 |

表 6-3 美国四大职业联盟成立时间表

| 序号 | 美国四大职业联盟 | 成立时间 |
|---|---|---|
| 1 | 美国职业棒球大联盟（MLB） | 1903 年 |
| 2 | 北美职业冰球联盟（NHL） | 1917 年 |
| 3 | 美国职业橄榄球大联盟（NFL） | 1920 年 |
| 4 | 美国职业篮球联盟（NBA） | 1976 年 |

表 6-4 欧洲足球五大联赛成立时间表

| 序号 | 欧洲足球五大联赛 | 成立时间 |
|---|---|---|
| 1 | 意大利足球甲级联赛 | 1928 年 |
| 2 | 西班牙足球甲级联赛 | 1928 年 |
| 3 | 法国足球甲级联赛 | 1932 年 |
| 4 | 德国足球甲级联赛 | 1962 年 |
| 5 | 英格兰足球超级联赛 | 1992 年 |

（9）改变比赛赛制或比赛规则。赛制创新既包括大的竞赛规则的变化，也包括小的比赛规则的变化。例如，大奖赛、巡回赛、积分赛等赛制的创新，就是大的竞赛规则的变化，其目的是提高赛事的精彩程度和观赏程度。NBA 比赛通过改变区域防守规则、实行人盯人防守和 24 秒制等增加了比赛的精彩程度和比赛的不确定性，提高了比赛的观赏性，从而提高了比赛的质量，这就是小的比赛规则的创新变化，因此比赛规则的创新对于提高赛事质量无疑具有重要价值。2017 年 10 月 3 日，NBA 官方宣布，NBA 全明星正赛迎来重大变革，以往的东西部对抗赛取消，取而代之的是全明星赛的两位队长从入选全明星的球员中，挑选球员组建球队，进行对抗，而这两名队长会由东西部分区中获得球迷投票最多的球员担任。此外，两支队伍还分别代表两个慈善机构去打球。这种赛制创新无疑增加了比赛的不确定性，使比赛变得更加精彩。NBA 新创了一项比赛——NBA 新秀挑战赛，由 NBA 新秀对抗世界联队。全明星赛期间，还设置了技巧挑战赛、三分球大赛、扣篮大赛。这些赛制既丰富了 NBA 全明星赛内容，又带给了球迷超值享受。

（10）赋予比赛特殊意义。比赛的某种内涵可以增强社会对比赛的关注。例如，国家队之间的对抗，在一定程度上代表国家的荣誉，能够引起国民对赛事的关注。另外，国家队之间的比赛水平较高，具有娱乐意义，增加了文化内涵，同样引人入胜。例如，NBA 大使队访华，与中国国家队进行表演赛，这种比赛本身不是正式的国际赛事，加之双方在实力上有一定的差距，观众把这类比赛作为了解国际文化的窗口，所以比赛的娱乐意义较强，吸引了许多观众、媒体和厂商的参与。

7. 闭幕式策划

闭幕式既是赛会结束的标志，也是宣传赛事、扩大赛事影响力的良好方式。虽然赛会闭幕式的内容和形式各有千秋，但一般都包括一些基本的内容，即赛事组织委员会主席致闭幕辞、表彰、宣布赛会结束、奏会歌、降会旗、向下届赛会承办地组织委员会交接会旗、文艺表演、宣布闭幕式结束等。闭幕式的内容与艺术策划，以及经营策划的方法和手段与开幕式基本一致。

8. 抵离服务策划

抵离服务是指为各代表团、裁判员和其他工作人员在赛会开始前抵达比赛地、赛会结束前或结束后提供接机、接站、预订返程机票或车票、介绍旅游景点、联系住宿和交通等诸多服务内容的一项工作。抵离服务是体育赛事参与者感受最为深刻的一个服务环节，做得好，很暖心，好评如潮；做得不好，就可能损坏赛事的整体形象。因此，赛事组委会要在顾客抵离方面做精心筹备，认真规划；在经营策划方面，可以设立指定订票机构、指定购物和娱乐中心等。

### （六）体育赛事文化活动策划

#### 1. 体育赛事文化活动的内容策划

要不断创新体育赛事的文化内涵，提升其文化价值。文化是体育赛事的个性与灵魂，是体育赛事的精神力量，应坚持“精神引领，文化立赛”。

（1）创新赛事的物质文化内涵。主要包括：①场馆设施。②形象景观。③服装。

（2）创新赛事的制度文化内涵。越是发展历史久远的体育赛事，其管理规章制度越完善。

（3）创新赛事的精神文化内涵。探索发现体育赛事中能够给予观众乃至社会大众一种难以忘怀的经历与体验、一种精神的享受、一种心灵上的感动、一种人生的教育和感悟，让观众乃至社会大众都能够从体育赛事中感受到正能量，精神上得到鼓励。

（4）赋予体育赛事更多的人文价值，增强体育赛事的传奇故事，并运用现代科技手段充分展示：①关注“失利者”。②关注残疾人或弱势群体。③关注“小人物”（如观众）。

体育赛事文化活动除了开幕式和闭幕式以外，还包括文化节、公益活动和旅游活动等。文化节是指围绕体育赛事理念展开系列文化节庆活动，为体育赛事举办营造文化氛围，在体育赛事举办期间，特别是大型综合性国际体育赛事举办期间，策划各参赛队的本土文化进行展演的系列文化活动。文化节的形式策划包括文化周、代表地域文化的艺术表演，如音乐、歌舞、美术、手工制作以及文物巡展等。公益活动就是指邀请公益组织参与体育赛事的筹办，借助体育赛事平台宣传和推广公益文化。旅游活动是指体育赛事的组织者安排参赛队观赏承办地的风景名胜和民俗文化等。例如，北京奥运会举办之前，北京奥组委共举办了 6 届北京奥林匹克文化节。“2015 建发厦门国际马拉松赛”志在打造中国第一公益现场，赛会邀请十余家社会公益组织或企业公益项目在现场发布公益信息，举行以环保、扶贫和捐赠等为主题的多场公益活动，包括中国扶贫基金会、中国绿化基金会、中国福利基金会以及社会各界组织和相关名企参与其中。作为冠名赞助商，厦门建发集团有限公司发起了只留美丽不留垃圾的“建发绿跑在行动”，组织1000名志愿者家庭在夏马赛道捡拾垃圾，向民众宣传环保理念。2015年兰州马拉松组委会开展了“万人绿跑行动”，号召所有跑友爱护环境、保护生态。组委会参赛者缴纳的报名费中抽取1元钱，作为善款来源，以全体参赛者的名义捐助社会公益或慈善事业。

2. 体育赛事文化活动的形象策划

一项体育赛事需要对其形象进行整体设计，既可以聘请具有良好社会公众形象的体育明星或文艺明星担当赛事形象大使，也可以充分利用赛事的会徽或Logo、吉祥物、口号、赛事的主色调，包括赛事举办地所在的城市、比赛的场馆，赛事工作人员的服装、赛事办公用品以及对外宣讲的材料等，来进行赛事形象设计。例如，北京奥运会的形象设计就做得非常精细和大气。

3. 体育赛事文化活动的经营策划

体育赛事文化活动的经营策划包括体育赛事文化活动的冠名、指定饮食或餐饮公司、指定用品、电视转播权的销售策划、巡展专用场所、指定景点、指定旅游公司等。

### （七）门票经营策划

门票经营策划主要包括门票销售的时机、渠道、价格和促销等。在销售时机方面，可以针对不同目标市场需求的时间特点和价格承受特点等信息进行策划。在渠道方面，可以考虑代理或根据互联网（在线）、银行、超市和邮局的网点进行策划。其中，互联网在线销售门票和选座位是一种趋势，尤其是App技术的产生与应用，使手机类的移动终端与App结合起来，更加方便观众购买门票。

### （八）内容跨界策划

随着体育赛事的作用日益凸显，越来越多的行业与体育赛事跨界融合发展，丰富赛事内容，增强赛事娱乐价值。例如，体育赛事与旅游业的结合、体育赛事与文化的结合、体育赛事与科技的结合、体育赛事与教育的结合、体育赛事与资本的结合、体育赛事与地产的结合、体育赛事与娱乐业的结合、体育赛事与互联网的结合、体育赛事与动漫游戏的结合等。自 2014 年 10 月 20 日《关于加快发展体育产业　促进体育消费的若干意见》（国发〔2014〕46 号）颁布以来，我国体育产业发展进入一个快速发展阶段，许多资本开始涌入体育产业领域，投资界纷纷看好体育赛事领域。例如，“昆仑决”作为民间自创的一项综合格斗类赛事，目前在我国发展形势很好，也是资本投资与体育赛事发展相结合的一个成功案例。自 2014 年开创以来，已完成了从 1000 万元人民币到超过 5 亿美元的增长。美国橄榄球“超级碗”比赛的中场秀是体育赛事与娱乐业紧密结合的典型案例。近年来，每届“超级碗”中场秀主办方都会邀请当年世界流行乐坛最顶尖的歌手登台表演。而参加演出的歌手也借助“超级碗”的巨大影响力扩大了自身的知名度。

### （九）报名费、参赛奖金策划

为了吸引更多人参赛，业余体育赛事可减免报名费；同时设立或适度提高比赛奖励。对于商业体育赛事、高水平竞技体育赛事或职业体育赛事而言，为了提高自身的吸引力，或使赛事升级，需要不断提高运动员的比赛奖金额度，确保优秀运动员参赛，从而提高比赛质量。

### （十）体育赛事升级或上升空间策划

任何一项体育赛事都希望经过一段时期的努力，能够上档升星，提高赛事级别，因此，使赛事从低级别向高级别迈进，需要深入研究赛事主办单位对于赛事升级的具体要求。例如，中国田径协会对赛事实行 A 类（A1 类、A2 类）、B 类、C 类三级赛事认证及备案制度，以及金、银、铜牌三个级别的认证及备案制度，国际田联设立了金、银、铜标三个级别的赛事。国际田联的金标赛事是最高级别的马拉松赛事。2018 年的武汉国际马拉松赛事凭借之前累积的口碑，已经从中国田协铜牌赛事直接“跳级”升格为金牌赛事，并且成为中国马拉松四个大满贯赛事之一。

### （十一）体育赛事主题创意策划

一项体育赛事想要有好的主题，就必须得创新。随着民间办赛事的热情高涨，越来越多的富有新意的体育赛事涌现出来。例如，围绕贯彻落实关于京津冀协同发展这一重大国家战略而进行策划的系列京津冀体育赛事。该赛事由中华全国体育基金会与智美集团倾力打造，融合4D高科技立体感官技术，从视觉、听觉、嗅觉、触觉角度完美模拟四季变换的跑道，是中国首例立体感官跑活动嘉年华。诸如，在油菜花路上举行的“油菜花马拉松赛”、在跨海大桥上举行的“青岛海上马拉松”、以引体向上为比赛内容的“向上吧，中国”等。当然，体育赛事主题创意、策划需与体育赛事的可持续发展有机结合。

◆ **案例6-1**

## 雄安新区首届京津冀体育文化跨年嘉年华

2018年12月28—31日，“雄安新区首届京津冀体育文化跨年嘉年华”活动在雄安新区容城市民体育运动中心隆重举行。本次活动由雄安新区公共服务局、雄安新区容城县人民政府、京津冀体育健身休闲发展协同创新中心主办，河北省社会体育指导员协会、北京市篮球运动协会、北京体育赛事管理与营销研究基地、河北师范大学体育学院、首都体育学院新闻与管理学院协办，由河北雄安万馆体育文化发展有限公司承办。

本次活动的主题是“青春活力·跃动雄安”。这次活动包括4项大学生及中小学生赛事，分别是京津冀第2届高校学生健美操，啦啦操锦标赛暨京津冀第2届休闲、社会体育专业学生技能大赛暨第8届河北省健康活力大赛，雄安新区首届京津冀大学生篮球精英赛、雄安新区首届篮球赛公开赛。这4项赛事吸引了京津冀三地包括北京大学、北京师范大学、首都体育学院、天津工业大学、中国民航大学、河北师范大学、河北工程大学、河北体育学院等19所高校、56所中小学、18所社会幼儿培训机构在内共计2000余名大中小学生，以及15支雄安本地广场舞代表汇聚雄安进行有氧健身操（舞）、自由舞蹈、广场健身操（舞）、健康活力操、啦啦操、篮球、休闲、社会体育专业技能大赛等9个类别的竞赛，可谓京津冀三地名校荟萃，内容丰富，人气爆棚，雄安容城市民体育运动中心成为一片欢乐的海洋，充满了青春的激情与活力。

推动京津冀协同发展，是党中央、国务院在新的历史条件下做出的重大决策部署，是一项重大国家战略，是千年大计。习近平总书记指出：京津冀地缘相接、人缘相亲，地域一体、文化一脉，历史渊源深厚、交往半径相宜，完全能够相互融合、协同发展。

本次活动策划有六大亮点：一是在贯彻落实京津冀协同发展国家战略背景下策划组织实施了本次活动，助力京津冀体育协同发展。二是本次活动是雄安新区首次举办京津冀的比赛，并且，选择在雄安举办此项活动，对于推动京津冀协同发展无疑具有十分良好的示范效应，雄安是京津冀协同发展的关键环节，是牛鼻子。三是选择在节假日举办群众喜闻乐见的体育比赛，丰富了雄安当地老百姓的节日精神文化生活，增强了老百姓的幸福感和获得感。四是虽然这四项赛事影响力都不大，但聚在一起办，就很好地起到了抱团取暖的效果，使得本次比赛具有内容丰富，竞赛层次多样，参与性广泛等特点。既有大学生高水平运动队之间的比赛，也有普通大学生之间的比赛；既有中学生的比赛，也有小学生的比赛，组委会还特意邀请了雄安本地的广场舞代表队进行展演比赛。同时，还有高水平的大学生篮球比赛，这么多比赛同期进行，在场地转换和使用、竞赛编排等诸多方面有许多难题，但组委会克服困难，使得这四项赛事组织运行有条不紊，精彩频出。五是科技助力。本次活动率先采用了物联网技术对篮球赛事进行实时直播，用手机在现场观看直播，大大降低了比赛直播成本，方便大众观看比赛。六是举办了精彩的颁奖晚会，参赛的健美操、啦啦操运动员为观众呈现了精彩的表演展示，受到观众的赞许。

雄安新区首届京津冀体育文化跨年嘉年华活动汇聚了京津冀三地政府、高校、协会与企业资源，共同打造了一场精彩的京津冀三地群众体育嘉年华盛宴，努力践行京津冀体育协同发展之文化先行的工作理念。此次活动丰富了雄安新区群众的节日精神文化生活，促进了雄安新区体育事业发展，进一步推动了京津冀三地的体育文化交流与合作，增强了三地群众的认同感和归属感，为“京津冀协同创新发展”国家战略做出了积极的贡献。

## 三、体育赛事策划的方法工具

产生体育赛事是体育组织的重要任务之一，策划体育赛事的目的是使体育组织在产生、安排和组织实施竞赛时，稳妥有序，不致在比赛的性质、时间和经费等方面产生冲突。体育赛事策划内容包括赛事名称、性质、承办地、项目设置、选手资格、赛期、比赛方式或赛制（如分站积分制、主客场联赛积分制、分区淘汰制，以及适应难美类和个人项目的赛会制等）、赛事文化活动（开闭幕式）、赛事周期、资金、商务计划和竞赛规程等。体育赛事规划的任务是形成能够最大限度地吸引选手和观众参与，并有益于项目发展的赛事。通过对体育赛事的规划，分析其利弊，使得比赛有章可循。目前，根据项目管理理论，对于体育赛事的利弊主要采用SWOT分析法。

“SWOT”是指体育赛事的优势（Strength）、弱势（Weakness）、机遇（Opportunity）、威胁（Threaten），对于体育赛事的SWOT分析能够帮助我们细致地认识特定体育赛事及其组织机构的自身特点，以及可能影响赛事成败的外部不确定因素。

“SWOT”分析法是竞争情报分析常用的方法之一。所谓“SWOT”分析，就是将与研究对象密切相关的各种主要内部、外部优势因素、弱势因素、机遇因素和威胁因素通过调查罗列出来，并依照一定的次序按矩阵形式排列，然后运用系统分析的思想，把各种因素相互匹配起来加以分析，从中得出一系列相应的结论。运用这种方法，有利于人们对组织所处的情景进行全面、系统、准确的研究，有助于人们制订发展战略和计划，以及与之相对应的发展对策。“SWOT”分析主要包括以下步骤。

### （一）分析环境因素

运用各种调查研究方法，分析体育赛事所处的各种环境因素，即外部环境因素和内部环境因素。外部环境因素包括机会因素和威胁因素，它们是外部环境中对体育赛事的发展有直接影响的有利和不利因素，属于客观因素，一般归属为经济的、政治的、社会的、人口的、产品和服务的、技术的、市场的、竞争的等不同范畴；内部环境因素包括优势因素和弱势因素，它们是体育赛事在组织发展过程中自身存在的积极和消极因素，属主观因素，一般归属为管理的、组织的、经营的、财务的、销售的、人力资源的等不同范畴。

### （二）构造“SWOT”矩阵

将调查得出的各种因素根据重要性和紧急程度排序，构造“SWOT”矩阵（图 6-1），从而明晰体育赛事所面临的内部的优势和劣势，外部的机会和威胁。在此过程中，应将那些对赛事有直接的、重要的、重大的、迫切的影响因素优先排列，而将那些间接的、次要的、轻微的、不急迫的影响因素排列在后面。

| | |
|---|---|
| 潜在外部威胁（T） | 潜在外部机会（O） |
| 潜在内部优势（S） | 潜在内部劣势（W） |

图 6-1　“SWOT”矩阵

### （三）制订行动计划

在完成环境因素分析和“SWOT”矩阵的构造后，便可以制订相应的行动计划。制订计划的基本思路是：发挥优势，克服劣势，利用机会，化解威胁。运用系统分析的综合分析方法，将排列与考虑的各种环境因素相互协调匹配加以组合，得出一系列体育赛事发展的可选择对策。这些对策包括以下几种。

（1）最小与最小对策（WT 对策），即考虑劣势因素和威胁因素，目的是努力使这些因素都趋于最小。

（2）最小与最大对策（WO 对策），即着重考虑劣势因素和机会因素，目的是努力使弱势趋于最小，使机会趋于最大。

（3）最大与最小对策（ST 对策），即着重考虑优势因素和威胁因素，目的是努力使优势因素趋于最大，使威胁因素趋于最小。

（4）最大与最大对策（SO 对策），即着重考虑优势因素和机会因素，目的是努力使这两种因素都趋于最大。

由此可见，WT 对策是最不乐观的一种对策，是处在最困难的情况下不得不采取的对策；WO 对策和 ST 对策是一种“苦乐参半”的对策，是处在一般情况下采取的对策；SO 对策是最理想的对策，是处在最为顺畅的情况下十分乐于采取的对策。

## 四、体育赛事策划要点

良好的赛事规划是体育赛事成功举办的先导，做好赛事规划需要注意以下事项。

### （一）注重体育赛事的核心竞争力及可持续发展

任何一项体育赛事的核心竞争力是竞赛的精彩性和隐藏在竞赛之后的软实力——赛事文化。只有有文化的体育赛事才能够可持续发展。因此，任何体育赛事的价值成长都遵循这样一个规律：自身内在品质+服务+营销与传播=品牌价值。

### （二）注重体育赛事的成本与收益

举办体育赛事要注重其经济效益，即要考虑体育赛事的成本和收益。一般来讲，体育赛事支出主要有比赛场馆的建造或租用，运动员、教练员和裁判员的差旅和食宿费，组织管理者、裁判员、设备管理者的劳务费、工作人员人头费、办公设备费用、开幕式、闭幕式及文化活动支出、安保费用、通信及设备租赁和维修费，及比赛期间交通费用等。体育赛事的收入来源主要有政府的投入、赞助收入、社会捐助等。

### （三）注重获得当地政府的大力支持

对于民间创办的体育赛事，需要赢得当地政府的积极参与和大力支持，若想把体育赛事办得非常成功，政府的支持不可或缺。首先，办赛事，尤其是大型体育赛事，需要政府动员的资源包括公共场地的使用、赛事安全维护、消防、卫生、城市管理等；其次，民间创办的体育赛事，需要政府做主办单位或指导单位，并通过政府购买服务方式谋求生存与发展；最后，获得政府的大力支持，更有利于体育赛事的招商引资。

### （四）注重体育赛事与文化融合

文化是体育赛事的个性与灵魂，是体育赛事的精神力量。体育赛事是一种社会文化活动，必须与社会的主流文化相适应。在进行策划时要根据体育组织的性质和宗旨，结合时代、承办地、参赛者等方面的文化特征，以及体育赛事的规模、级别、影响力和预期的社会和经济效益进行规划。例如，龙舟运动是我国的传统体育项目，也是一种体育文化，把中国的民俗文化，诸如二月二龙抬头、三月三泼水节、端午节等与龙舟体育赛事结合起来，无疑对我国传统民俗文化是一种传承和推广。可口可乐公司副总裁弗洛伊特曾说过，“奥林匹克是特殊的，它不仅仅是体育，它是人文价值”。正是奥林匹克鲜明的人文主义吸引了赞助商，使得奥运会营销成为可能。

国际奥委会通过体育展示（崭新的奥运会业务流程）来策划和展现奥运会的文化内涵，具体要从以下几方面着手。

（1）策划体育赛事的物质文化。主要包括：①场馆设施。②场地器材。③人员服装。④办公用品等。

（2）策划体育赛事的制度文化。例如，奥运会的申办程序、主办城市合同、谅解备忘录、技术手册等，体育赛事组委会的各项管理规章制度等。越是发展历史久远的体育赛事，其管理规章制度越完善。

（3）策划体育赛事的精神文化。①要探索发现体育赛事当中能够给予观众乃至社会大众一种难以忘怀的经历和体验、一种精神上的享受、一种心灵上的感动、一种人生的教育与感悟，让观众乃至社会大众都能够从体育赛事当中感受到一种正能量，精神上得到一种鼓励和力量。②充分发挥体育赛事精神文化的作用，促进人的全面发展。③赋予体育赛事更多的人文价值，增强体育赛事的传奇故事，向社会传递正能量。关注“失利者”，关注残疾人或弱势群体，关注“小人物”（观众）。

### （五）注重体育赛事赞助商权益

体育组织或赛事经营者策划的目的之一是获得丰厚的商业利益和长久的合作愿景。因此，在体育赛事规划过程中，特别是营销策划时，应该谨慎地研究赞助商的权益，控制市场中的隐性营销行为，并可邀请赞助商和服务提供商参加规划会议，这既保护了赞助商的利益，也有益于体育赛事的顺利实施和可持续发展。

### （六）注重体育赛事时间安排

从宏观层面看，体育赛事时间安排涉及一项体育赛事在考虑其日程安排时需要避让其他一些重要体育赛事的日程安排，尤其是同项目的体育赛事更是如此。当体育赛事日程安排有冲突时，优秀运动员以及电视转播、赞助等一系列因素就会受到影响。因此，赛事日程安排一定要注意避让。例如，亚运会举办时间的重大调整。从2019年起，亚运会将在奥运会的前一年举行，而不是原先的奥运会前两年。这种安排，主要是因为自2010年起，每4年举办一届夏季青年奥林匹克运动会，原先的亚运会与其有较大冲突，而且世界杯也是在奥运会前两年举行，同年举办的亚运会收视率将会受到影响。

国家体育总局印发了《关于实施体育赛事惠民计划的通知》（体竞字〔2017〕33号），该文件强调，应尽可能地结合我国节庆时间，诸如“春节”“五一”“十一”等节假日期间举办有影响力的、群众喜闻乐见的国际、国内体育赛事。

从微观层面看，体育赛事要运行有序，就需要有严谨细致的工作流程。例如，北京奥运会筹办28个大项的比赛时，必须制订各自的每日详细的竞赛活动计划表（Detail Competition Activities Schedule，简称DCAS）和详细的每日运行计划表（Detail Run Schedule，简称DRS），这些流程细化到以分钟为单位，这种严格的工作流程设计，为成功举办北京奥运会奠定了坚实的基础。

### （七）制定体育赛事任务的倒排序安排

以倒排序方式制定体育赛事总体规划，列出需要完成的重要任务，并规定完成的最后期限，厘清完成这些任务需要哪些步骤和需要花费的时间。例如，如果希望在某一日期前收到所有邀请函，以及被邀请者回复函件需要多长时间，由最后期限倒推，就可算出应在何时开始相关工作。

### （八）注重体育赛事国际惯例

当举办国际体育赛事时，要注意与时间安排有关的国际惯例和规定。例如，国际奥委会（IOC）要求在运动会开幕一年之前寄出邀请函。

### （九）尊重不同民族传统风俗

对于国内体育赛事而言，需要尊重少数民族运动员的风俗习惯，如饮食习惯、生活习惯、节庆礼仪等。对国际体育赛事而言，要充分尊重不同国家、不同民族的风俗习惯。

### （十）注重体育赛事组织成员之间的通信联系

为了及时有效地沟通和协调体育赛事各项工作，需要编制、分发体育赛事主要管理人员的通讯录（包括姓名、职位、住址、电子邮件、传真、移动电话等）。同时，还要注重对志愿者的招募、培训和管理，适当为志愿者提供便利条件，保障他们的权益，使组委会与志愿者之间建立良好的合作关系。

### （十一）注重体育赛事信息共享制度建设

为了使体育赛事组织工作人员都知晓体育赛事安排及进展程度，以方便其工作安排，应将体育赛事规划告知赛事的各项工作人员，包括主要管理人员、销售人员、志愿者队长和政府官员，让每个人进行确认。建议定期召开不同层级的工作人员例会，随着赛事的临近逐渐增加会议的频次。充分利用组委会内部办公网络（简称 OA 系统）、电子邮件、书面通知、微信等在组委会内部沟通信息，协调工作。

### （十二）注意制定赛事策划的应急方案

由于举办体育赛事可能会遇到各种意外事件，为此，制定规划时，要考虑到规划会发生随机变动，需要制定规划的应急方案，以备不测。

### （十三）注重助力社会生态文明建设，增强体育赛事的环保价值

通过举办体育赛事，宣传生态环境保护理念，在进行体育场馆建设时，注重不破坏当地的生态环境，尽可能地采用环保材料，充分利用自然资源，如太阳能等。

### （十四）注重新技术的开发和应用，增加体育赛事的科技价值

通过举办体育赛事，大力促进先进科技的应用。体育赛事领域是科技应用的重要场景之一，把大数据、云计算、物联网、人工智能等先进科技融入体育赛事举办全过程是未来体育赛事发展的趋势。

# 第二节 体育赛事的包装

体育赛事包装是指运用营销理论与策略，结合媒体宣传、新闻炒作、名人效应、形象景观、调整竞赛规则等有效手段扩大体育赛事社会影响力和知名度、树立良好公众形象的方法和手段的总和。概括地说，它是在体育赛事策划的基础上，对体育赛事的筹备和实施过程所进行的美化工作。目的是吸引社会大众关注、扩大体育赛事影响、提高体育赛事的价值。体育赛事包装是体育赛事营销的关键环节，而且，体育赛事包装必须要运用多样化的合理手段，做到与时俱进，不断更新，不落俗套，即体育赛事的包装是一个需要坚持不懈伴随体育赛事可持续发展的创新活动。体育赛事包装有多种分类，具体如下。

## 一、依据体育赛事人的要素进行包装

### （一）包装运动员、裁判员、观众、志愿者、工作人员

包装体育赛事中人的要素，包括运动员、裁判员、观众、志愿者和工作人员，显然，运动员的包装对于体育赛事而言至关重要。因为运动员是体育赛事的重要组成部分，其公众形象直接影响体育赛事的形象。运动员心理健康、行为规范、道德优良，无疑将强化社会对体育赛事的积极印象。塑造良好的运动员形象，可以明显提升体育赛事的价值；反之，将损害体育赛事的声誉。例如，NBA 球星——迈克尔·乔丹（Michael Jordan），其体育“乔丹效应”是指乔丹的影响力渗透各个领域。1998 年，美国《财富》杂志曾发表了一篇题为《乔丹效应》的文章，核心意思是，从 1984 年进入 NBA 以后，乔丹为全球经济的发展贡献达到了 100 亿美元。乔丹将 NBA 推广至全球每个角落，成为好莱坞以外又一无可阻挡的美国文化。乔丹案例其实就是体育赛事运营者对运动员包装成功的案例。对运动员包装主要包括技术包装和形象包装。在技术上，让运动员掌握先进的运动技术，

甚至是“秘密武器”，并予以充分的报道。在形象上，既要进行美化装饰和影像宣传等外表包装，又要注重运动员道德品质方面的内在包装，唯有如此才能代表体育赛事形象，梳理和打造赛事品牌。同时，对于体育赛事的观众、裁判员、志愿者、工作人员来讲，进行适当的包装更能够赢得社会大众的认同和支持。比赛的“失利者”和“小人物”同样可以成为体育赛事的“主角”。这样的体育赛事才是“接地气”的体育赛事，才能可持续发展。

### （二）利用名人包装

名人永远是大众和媒体津津乐道的关注话题，特别是青少年的偶像。通过邀请名人参与赛事的组织管理或主持节目，达到以名人为体育赛事闪光点来吸引社会大众关注的良好包装效果。这里的名人既可以是跨界名人，也可以是体育界名人，如明星运动员或明星教练员等。有名人参加的体育赛事能够广泛吸引社会关注和媒体追踪，引致体育赛事服务及其延伸产品市场扩大、门票和无形资产增值、赛事经营收益增加等效果产生。邀请名人参与，必须和名人的经纪人或明星运动员所属俱乐部进行磋商，并签署协议。协议的内容包括名人的出场费、住宿和餐饮条件、往返旅费及津贴、其他福利，如保险、旅游和家人伴随等。名人可以充分利用“粉丝经济”推动体育赛事发展。

对于名人中的“体育明星”，由于是业内人士，主要通过以下两种方式发挥其作用：第一，新闻方式。包括召开新闻发布会、举行欢迎酒会或仪式、印制体育明星的海报和宣传画或报道体育明星经历及生活花絮。第二，通过与体育明星接触。主要包括邀请体育明星与其支持者见面与互动、请体育明星为辅导班或训练营上课或做竞技表演以及邀请不同项目的体育明星或文艺明星进行客串等。例如，中国网球公开赛，邀请一些娱乐界名人来开球，或邀请其他运动项目的明星来客串表演，这样使观众感到既新奇又兴奋，具有极好的娱乐和宣传效果。同时，也扩大了体育赛事的影响，吸引了更多的观众，拓展了市场。例如，由腾讯公司原创的知识产权（Intellectual Property，IP）赛事“超级企鹅篮球名人赛”，就是充分利用名人效应把体育赛事+娱乐进行了整合与创新，目前已经举办了三届，社会反响不错。

## 二、依据体育赛事物的要素进行包装

### （一）包装城市

为了达到很好的宣传效果和氛围营造，体育赛事举办城市也需要包装，如北京奥运会筹办期间，对北京市进行了形象景观设计与打造。

### （二）包装赛场

对赛场进行包装主要是对场地进行设计装饰，以适应运动员、裁判员和观众的需要，其包括比赛场馆的地面和墙壁的装饰，休息室、更衣室、盥洗室、比赛场地的装饰，足球赛场的草坪铺设、修整，以及拳击台及其围栏的设计、灯光等。特别是在技能主导类表现难美性项目中进行搭台、舞台背景设计、地毯的质地及颜色、运动员的化妆及服装设计等，以及营造特殊气氛，如干冰喷雾、发射彩带、放彩色气球或热气球等。例如，现代奥运会的形象与景观业务流程就是对赛场的一种包装，即在所有竞赛场馆、非竞赛场馆和训练场馆实行统一的形象景观装饰和路标系统。

### （三）精心制作体育赛事的相关产品

一项体育赛事从策划筹办到实施、运营及评价往往需要制作相关产品，如会议文件、桌签、场馆设施、设备器材、办公用品、秩序册、门票、吉祥物、标志物和纪念品等。对体育赛事而言，这些产品如何呈现无疑是一种重要的包装方法。例如，国际奥委会创新了一种赛事包装方法——“形象与景观”，即对奥运会所有的相关产品都用统一的色彩与图案进行形象设计与展示，使奥运会对外有了一个统一的形象展示。

### （四）运用高新技术手段

高新技术对于任何一个产业来讲，都具有至关重要的作用，体育赛事产业也不例外。运用高新技术手段包装体育赛事主要体现在诸如互联网直播、物联网技术、智能可穿戴设备、VR 技术、大数据技术、云计算、兴奋剂检测、门票的防伪检测、安全检查、赛场的灯光音响、成绩的感应和记录系统以及通信设施等方面。例如，可以利用物联网技术为运动员的训练和比赛的各项数据提供服务，便于运动员自我监控比赛和训练情况，教练员选才、制定比赛技战术，以及比赛过程中更换运动员。2018 年俄罗斯世界杯首次采用了视频助理裁判（Video Assistant Referee，VAR）。VAR 成员可以利用基于光纤的无线电系统与场上的裁判员通话，而来自 33 台直播摄像机和两台专用的越位摄像机的画面则通过同一个网络直接传输到视频操作室。其中 8 个画面是超慢动作，4 个画面是极慢动作。在淘汰赛中，还将增加两台极慢动作摄像机。VAR 技术有力保证了该届世界杯比赛的公平、公正。

## 三、依据体育赛事活动要素进行包装

### （一）调整比赛规则

对比赛规则的调整是根据竞技水平的发展和观众需求的变化而进行的适应性或引导性的举措。调整竞赛规则的目的主要是提高比赛的观赏性、激烈程度和社会关注度，达到对体育赛事包装的效果。例如，NBA 的竞赛规则始终围绕竞争均衡而不断进行变革与创新，如“4 节 48 分钟”“进攻时间 24 秒”“8 秒推进前场”“防守 3 秒”“3 秒区宽度的修订”“增设三分球”“反孤立单打”“背身单打 5 秒”“区域联防”“合理冲撞区”“走步违例”合法化，以及关于赛区、比赛形式等赛制方面的规则。正是对这些竞赛规则的不断创新，使 NBA 比赛更加激烈和精彩，具有更强的观赏性，也使联赛各球队竞争实力趋于均衡，增强了比赛结果的不确定性，制造了悬念，且更加吸引观众。

2000 年，国际乒联规定将比赛用球的直径由 38 毫米改为 40 毫米，也就是后来大家熟知的“小球变大球”。在 2014 年国际乒联女乒世界杯赛上，国际乒联又进行了一次大胆改革，让使用了 120 多年的赛璐珞球退出历史舞台，启用塑料球。国际乒联前主席沙拉拉认为，塑料球替代赛璐珞球，除了赛璐珞材料易燃等因素外，最大的原因就是国际乒联想通过比赛用球的改变，让电视机前的观众欣赏乒乓球的旋转，同时让运动员在比赛过程中更多地展现自己的技巧和力量。

伦敦奥运会消极比赛事件发生后，世界羽联作出了修改奥运会赛制的决定，从2016年里约奥运会开始，在男双、女双和混双小组赛结束后进行重新抽签，避免选手为选择淘汰赛对手而刻意求败的做法。

### （二）运用新闻媒介

通过新闻媒介对体育赛事进行宣传报道可以引起社会对体育赛事的极大关注。新闻机构对体育赛事相关事宜的记叙、描述、专题报道等对体育赛事具有良好的包装价值，尤其是对典型事件或体育赛事花边新闻的宣传报道，可以不断造势，使体育赛事品牌效应发挥到最大化。

### （三）组织文化活动

体育赛事的系列文化活动，包括开幕式、闭幕式、火炬接力、传统文化展演，以及搏击项目赛前的入场仪式等都是非常重要的包装方式。其作用：一是可以丰富体育赛事产品并娱乐观众，增强观众的观赛体验；二是宣传体育赛事文化理念，为体育赛事暖场，营造氛围；三是强化体育赛事的仪式感。

#### 1. 开幕式、闭幕式和火炬接力等

开幕式、闭幕式和火炬接力等活动是根据体育组织对体育赛事策划的主旨，为体育赛事特别设置的文化仪式。其既是体育组织的规范工作，也是对体育赛事极好的宣传包装方式。其目的是可以让大众感受到体育赛事的隆重和神圣，了解体育赛事的内涵和历史意义，并吸引社会大众关心、参与和支持该项赛事。

#### 2. 重要时间节点的宣传与报道

一般来讲，筹办一项体育赛事都有一些重要的时间节点，如倒计时一周年、倒计时100天、倒计时30天、倒计时3天等，都是可以用来大力宣传与报道的。这是体育赛事的组织者为宣传体育赛事而发动新闻媒介、赞助商、参赛者和志愿者等在比赛前期所进行的一系列宣传活动，也是一种造势行为。体育赛事重要时间节点宣传的内容和规模等可以根据体育赛事的规模及经营者的包装目的而定。

#### 3. 青少年训练营、夏令营或冬令营

围绕体育赛事开展青少年训练营、夏令营或冬令营活动，是体育赛事筹办组织常用的一种包装方式，它实际上是一种营销沟通手段。例如，奥运会期间组织

奥林匹克青年营，目的在于让世界青年了解奥运会，弘扬奥林匹克精神，使奥林匹克运动具有亲和力，并广为世界大众所接受。

4. 制作体育赛事宣传片

体育赛事形象塑造可以通过制作体育赛事宣传片来实现。体育赛事宣传片就是要把体育赛事的文化理念、体育赛事的发展历程、体育赛事的传奇人物与故事、体育赛事的精彩之处收集与整理并制成短视频等文件，使之在很短的时间、通过各种新闻媒体及时传播出去，这对体育赛事而言是很好的包装手段。

5. 开展体育赛事博彩

一些国家会在体育赛事的比赛过程中组织一些博彩或竞猜活动。例如，英国、意大利等国家通过发行足球职业联赛彩票，长期吸引大批球迷购买足球彩票。这些球迷必须关心和参与足球职业联赛相关活动，球迷消费市场由此得以扩大。体育赛事博彩在我国受到严格限制。国家体育总局体育彩票管理中心负责国内体育彩票的发行及管理。

6. 创造品牌赛事

品牌是用来识别不同生产者、销售者或服务的商业名称或标志，内含一定时代、地域和企业的文化，代表了品牌拥有者与消费者之间的协议，即为消费者提供质量、价值和产品满意方面的保证，具有很高的市场价值，可以利用赛事标志、纪念物、吉祥物等系列特许产品打造品牌赛事。因此，创造精彩赛事，形成品牌赛事，是所有体育赛事组织者所追求的目标。这是因为精彩的体育赛事既可以提升体育赛事的市场形象，又可增强体育赛事的社会大众认可程度。例如，美国的四大职业联赛、欧洲的五大足球联赛、四大国际网球公开赛、世界六大马拉松赛、世界三大自行车赛等都是国际上公认的具有国际品牌的体育赛事。

7. 举行民族传统文化展演

对国际体育赛事而言，往往会吸引来自世界各国各民族的运动员来参加比赛，因此，可以采用世界各民族传统文化展演的方式包装赛事，使承办地的民众、各国各民族运动员和观众都能看到世界各地民族文化，尤其能够深刻领会本民族传统文化，这既是举办地民族传统文化与世界文化的一次大碰撞、大整合、大团结，也是文化创新的一种重要方式。同时让观众深刻感受到举办地是以和平共处、相互促进和共同发展为宗旨，是一个值得信赖的举办地。对国内的体育赛事而言，可以借体育赛事平台把我国的民族传统文化进行展示和表演。

8. 组织媒体进行比赛

体育赛事的筹办者为了宣传体育赛事，可以专门组织媒体进行比赛。一方面比赛本身就是为体育赛事做宣传，由于是新闻界参加的比赛，因此报道更加快捷全面；另一方面，通过比赛使得体育赛事筹办者与新闻媒体更加融洽，新闻记者与体育赛事更加接近，有益于对体育赛事进行宣传报道。对于体育赛事来说大量的报道就是一种不可或缺的包装。

◆ 案例 6-2

## 2015 年泛珠超级赛车节①②

新赛季的泛珠超级赛车节，延续了此前的亲民风格，从赛事时间表上看，各种激烈的赛事对抗和娱乐性强、观赏性强的亲民比赛穿插有序，节奏把握得非常巧妙。

三项比赛有了大幅度提升，首先是人气爆棚的红牛漂移大赛及障碍赛。障碍赛首次采用观众评分，赛会现场启用分贝器测观众掌声和欢呼声，分贝越高，分数越高。这一分数和专业测评分相结合，产生选手的最终得分。其次是赛道英雄比赛。这一直是泛珠的“招牌菜”，其中，赛道英雄——叁组别比赛规定参赛车辆必须为出厂时间在 2001 年 1 月 1 日之前的车辆。这样年代久远的车辆在珠三角存量很大，物美价廉但不足以和现今的车辆竞争。这个组别的设立，不但有助于盘活这部分存量赛车，进一步降低车迷参与这一比赛的成本，而且真正体现赛道英雄的“草根”本色。此外，泛珠赛还有 ZIC 超级摩托车赛、赛道英雄—壹、AFR 亚洲雷诺方程式系列赛、奥迪 R8LMS 杯等同样精彩不断。

同时，泛珠赛举办了新的赛车展示、车迷活动、老爷车展示、赛车纪念品售卖、美食节、陀螺车漂移体验环节、美女模特展示，邀请了往年的赛车冠军到现场与车迷亲密接触。

---

① 毕功．春季赛·激情嗨翻天［N］．中国体育报，2015-3-19（6）．

② 周萌．泛珠三角超级赛车节抓住参与者的“胃”［N］．中国体育报，2013-3-23（6）．

泛珠赛创始人之一、珠海国际赛车场总经理陈信中的感悟是：抓住参与者的“胃”。他讲到三点：第一，服务现场是基础。①做好观众后场服务工作。例如，儿童游乐区、名车展示区，甚至还有专门针对女性的美指美甲服务区。②把观众与赛事的互动环节做好。搞抽奖刚开始是抽200人来维修站参观，后是抽奖到发车区与赛手、赛车“零距离接触”，再后来带观众到后场看赛车维护、修理。经过多年培育，泛珠赛人气一直稳定不变。“去年调查显示，看比赛有四成是老观众，六成是新来的。场外停车场过去停的车有70%来自珠海，现在70%来自周边地区。”第二，培育根基赛事是关键。办了九年泛珠赛，摩托车、方程式、房车赛三大格局一直没有变，自创的也是最核心比赛项目——赛道英雄举办九年，有包括港澳在内、近三百名车手参加了这一平民化的专业赛事，单项比赛有42辆车之多，赛事火爆缘于它接地气。“赛事必须因地制宜，必须得有自己的比赛，一味引入高端赛事，而缺少与当地文化结合的根基性赛事，很难持久，也很难吸引当地来源。设立赛道英雄，就是考虑到广东毗邻港、澳，深受港、澳赛车文化影响，充分利用广东改装店多的这一条件来开展这一赛事。”第三，稳固参赛队伍是保障。除了厂商、赞助商，车队、改装店是发展壮大泛珠赛的一种重要分支。“泛珠赛创立开始，我们就经常借助车队、改装店这一平台推广赛事。服务好观众、车队、车手、厂商，还有媒体，是我们立足的根本。”

### ◆ 案例6-3

## 梅威瑟击败帕奎奥保持不败[①]——天价世纪之战12回合分胜负

北京时间2015年5月3日中午，美国的“漂亮男孩”弗洛伊德·梅威瑟（Floyd Mayweather）在赌城拉斯维加斯米高梅大饭店举行的一场拳击天价世纪之战中，凭借其高超的“防守大师”绝技有效控制并化解了“菲律宾国宝”曼尼·帕奎奥（Manny Pacquiao）凶猛的进攻，最终双方打满12个回合，梅威瑟以3名裁判的一致裁决获胜，全胜纪录提至48场。

此前，这场在2009年就开始运作谈判的“世纪之战”吸引了全世界的目光，

---

① 杜文杰. 梅威瑟击败帕奎奥保持不败［N］. 中国体育报，2015-05-04（3）.

可容纳 16 507 名观众的米高梅大饭店更是一票难求，最高票价达 30 万美元一张，除了不足1000 张对外销售的门票不到 5 分钟便售罄外，其余门票均被米高梅大饭店、两家推广公司和两家美国付费电视网（HBO/SHOWTIME）买走。两位拳手的酬金分别达到了 1.2 亿美元和 8000 万美元之巨，创下了世界体育史上的奇迹。

另外，这场比赛收看收费的价码达到了创纪录的 100 美元，预估付费总票房将达到 4 亿美元！足以说明这场“天价世纪之战”的影响力。

# 第三节　体育赛事的申办

随着体育赛事越来越具有影响力，不同的国家、城市以及各种组织，都对举办体育赛事产生了浓厚的兴趣，他们都已意识到通过体育赛事大到可以营销一个国家，小到可以营销一个城市或地区，体育赛事营销在当今社会具有非常重要的影响意义。当然，前提条件是体育赛事必须办得成功。从成功举办体育赛事的角度来看，好的体育赛事已然成为稀缺品，成为市场上顾客追逐的对象；从知识产权的角度来看，只有筹办一项成功的体育赛事的组织，才会拥有该项赛事的所有权，如果想要办该赛事，筹办方须向赛事所有权拥有者提出申请，体育赛事的申办就此产生。从某种意义上说，申办就是一种依照规定程序进行赛事策划的过程。

一般来讲，体育赛事产权拥有者面对众多的申办者，需要考虑怎样把自己的赛事交给最可靠的组织来承办，确保该项赛事能够成功举办。因此，赛事产权拥有者会对诸多申办组织提出各种要求，并从中遴选出最好的承办者。对于诸多申办者而言，也希望赛事产权拥有者能够依据一定的原则和程序，公平、公正遴选出最适合的承办者。因此，申办体育赛事的过程值得学习和探究。

## 一、体育赛事申办的原则

一般来讲，体育赛事的申办原则主要包括自愿原则、公平原则、公开原则和公正原则，按照申办标准和程序，采取民主协商、公开投票、集中选定的方式，也就是说大家都要把各自有的东西摆出来，然后公平竞争。

历史上曾发生过多起申办丑闻事件，如美国盐湖城冬奥会组委会行贿丑闻。1998 年，盐湖城在绝佳条件下，以压倒性的 58 票，一举获得 2002 年冬奥会的承办权，但 1999 年盐湖城冬奥会组委会向国际奥委会委员行贿丑闻事件被披露出来。这一事件给具有 100 多年历史的国际奥委会造成了巨大的压力，奥运会所秉承的公平竞争的理念与精神也受到严峻的挑战，国际奥委会的存亡就在一瞬间，此事件将奥运会置于存废的生死关头。萨马兰奇郑重地向体坛表示歉意，并拿出魄力彻底改革国际奥委会：成立调查小组做清查，公布涉案的委员名单，紧接着召开临时委员会处置涉案委员，并修改宪章，设立“道德委员会”，重新界定国际奥委会组织、奥运会的申办及精神与理念等。1999 年 3 月 20 日是国际奥委会最晦暗的日子。那一天，国际奥委会委员在瑞士洛桑总部召开了临时会议，对涉案的 14 名委员作出了除名裁决。这说明赛事产权拥有者如果在申办过程中不能遵循上述四项基本原则，最大的受害者其实就是赛事本身及其组织。因此，从体育赛事经营长远角度看体育赛事经营需遵循自愿、公平、公开和公正的原则。

## 二、体育赛事申办的条件要求

大型体育赛事目前一般实行申办制度，即按照体育组织制定的申办条例，依照法定程序，逐一审核申办者及其城市的各项指标，最终由体育组织的最高权力机构以无记名方式投票确定承办城市。

一般来讲，体育赛事产权拥有者根据不同规格和规模的体育赛事对申办者或申办组织都会提出不同的要求，具体如下：一是当地城市居民（社会大众）的支持，二是当地政府的承诺和可靠的财政保证，三是安定的社会环境和良好的社会秩序，四是场馆设施已初具规模，五是接待、交通、通信等方面基本具备条件，六是具备电视转播公用信号制作、传输的基本条件，七是具备较高的竞赛组织管理水平和较丰富的办赛经验，八是要提交一定的申办经费。

## 三、体育赛事的申办程序

关于体育赛事的申办有两种情况：一是知识产权已经明确的体育赛事一般都需要申办者向体育赛事产权拥有者（主办单位）提出申请，经主办单位同意并授权给申办者之后才可以付诸实施；二是原创的体育赛事，产权归发明者所有，这种类型的体育赛事不需要严谨细致的申办程序，但在组织实施之前，需要经过体育、公共安全等政府部门的审批方可进行。但随着 2014 年 9 月 2 日国务院总理李克强主持召开国务院常务会议之后，形势发生了很大变化，这次会议的主要目的就是部署加快发展体育产业，促进体育消费，推动大众健身。会议要求：各级政府部门要简政放权、放管结合，强调取消商业性和群众性体育赛事的审批制度，对体育赛事的转播进行松绑，为社会资本进入提供条件；推进职业体育改革，鼓励发展职业联盟，让各种体育资源活起来①。随后，《国务院关于加快发展体育产业促进体育消费的若干意见》（国发〔2014〕46 号）出台，国家体育总局也很快公布了《体育总局关于推进体育赛事审批制度改革的若干意见》《体育总局关于印发“全国性单项体育协会竞技体育重要赛事名录”的通知》《体育总局关于印发“在华举办国际体育赛事审批事项改革方案”的通知》三个配套文件。针对第二种情况的体育赛事的申办和举办，目前我国仍然在改革探索中。本章就第一种类型的体育赛事的申办和举办重点展开论述。

一般来讲，对于知识产权已经明确的体育赛事，申办者需要向主办者提出申请，主办者会对申办者的资质、能力等各方面办赛实力进行综合考察和评审后才授权给申办者举办。若有多个申办者申请，还需要进行竞标，只有获胜者才有资格举办这样的体育赛事。虽然奥运会目前申办遇冷，但是，奥运会以及我国全运会的申办办法与程序设计相对比较完整，值得学习和探究。基于此，本章以奥运会和我国的全运会的申办为例进行说明。

---

① 李克强主持召开国务院常务会议研究完善预算管理促进财政收支规范透明的相关意见部署 加快发展体育产业促进体育消费推动大众健身［EB/OL］.（2014-09-03）［2014-09-04］.https://www.gov.cn/zhuanti/2014-09/03/content_2796308.htm.

◆ 案例 6-4

## 奥运会的申办程序

1974 年加拿大蒙特利尔奥运会最初的财政预算仅为 1.2 亿美元，后升至 3.1 亿美元，最后一路飙升至 15.96 亿美元，最终给蒙特利尔以及整个魁北克省留下了近 10 亿美元的债务。直到 2006 年 6 月 30 日，这笔欠款才最终被还清。因此，在申办 1984 年夏奥会时，当时没有哪一个国家敢去申办，最后，美国一个商人尤伯罗斯以个人名义申办成功，最终该届奥运会获得了前所未有的盈余，奥运会申办的被动局面这才被扭转过来。

奥运会主办城市的申办过程需时约 2 年。具体申办程序如下。

（1）由申办城市向国际奥委会提出书面申请，成为预申请者。由于现代奥运会筹备工作需要足够的时间才能完成，国际奥委会在奥运会举行的前 8 年即开始招标，并规定明确的截止日期。意欲举办奥运会的城市须在此日期前以正式的书面形式向国际奥委会提出申请。申请报告必须经本国奥委会的批准，并由该国政府签署表示支持。如果同一国家有两个以上的城市拟申办，由该国奥委会从中确定一个，也就是说，国际奥委会只允许每一个国家有一个城市申办一届奥运会。

申办者必须在规定日期内向国际奥委会提交一笔申请费，这笔钱除了用来支付国际奥委会在申办过程中的开销外，还有一部分将拨给位于瑞士洛桑的奥运会知识传授服务公司。奥运会知识传授服务公司将为各申请城市举办一个为期 4 天的奥运会组织工作专题研讨会，向他们讲解历届主办城市的经验教训，以免他们走弯路和遭受不必要的损失。

（2）候选资格批准程序及遴选。国际奥委会执委会对提出申办的城市进行初步筛选，国际奥委会执委会对各提出申办的城市进行“资格”审定，根据申办城市自己的陈述以及对申办城市的基本情况的了解，筛选出数名城市作为申请城市（Applicant City）“入围”，再经国际奥委会执行委员会审查评估达到适当资格并经批准由申请城市正式成为候选城市（Candidate City）后，方可进入正式的申办程序。候选城市是指那些有资格被国际奥委会执行委员会选定并提交全会参加遴选的申办城市。国际奥委会主席为每届奥林匹克运动会候选城市任命一个评估委员会。每个评估委员都应研究所有候选城市的候选资格，视察场地，至迟在选定奥林匹克运动会主办城市的全会召开前1个月向所有国际奥委会委员呈交关于所有候选城市资格的书面报告。每个候选城市都应提供符合国际奥委会执行委员会要求的资金保证。

(3) 国际奥委会评估委员会对申办城市进行实地考察。候选城市需在翌年向国际奥委会评审委员会提交一份详细报告并准备为该委员会成员在计划举办的选址等地进行实地考察。国际奥委会和负责奥运会项目的国际单项体育联合会发出对申办城市各种条件进行调查的有关表格和问卷，这些问题非常具体而详尽，涉及举办奥运会的各个方面。申办城市将自己对这些问题的回答汇总，装订成长达数百页的申办报告，实际上就是一个非常详细的举办奥运会的计划。在国际奥委会全会表决前6个月送交国际奥委会。然后，国际奥委会组成评估委员会，该委员会由以下各方代表组成：国际奥委会委员、国际单项体育联合会代表、国家奥委会代表、前奥运会组委会代表、运动员代表、环境保护及财政方面的专家等。评估委员会会亲自赴各申办城市进行实地考察，并将考察的结果以书面报告形式呈交国际奥委会，发放给每一位委员，作为委员在最后的全会表决时的参考依据之一。

(4) 国际奥委会全会投票选举，确定主办城市（Host City）。奥运会举办城市的最后确定权完全由国际奥委会全会掌握。除了特殊情况外，遴选在奥林匹克运动会举行前7年召开的国际奥委会全会上，由全体委员秘密投票表决进行。在投票中，只要某个申办城市获得半数以上的选票，即被确定为举办城市。在有几个城市竞争的情况下，采用多轮投票的方法，每一轮淘汰票数最少的一个城市。如果两个城市票数相同，则增加一次专为这两个城市的投票，从中淘汰一个城市。国际奥委会主席不参加投票，如最后一轮两个城市票数相等，则由国际奥委会主席投出一票，来决定主办权归属。

(5) 国际奥委会与举办城市签约。举办城市确定后，该城市即与国际奥委会签订正式的协议——《主办城市合同》，承担具有法律约束力的责任，保证组委会将遵照《奥林匹克宪章》和国际奥委会的指示，不折不扣地履行协议中的各项条款。

自1999年“盐湖城丑闻”发生后，国际奥委会对申办程序进行了改革，其中最重要的两点是：①增加是否接受申办的步骤，从而一开始就将缺乏举办奥运会基本条件的城市淘汰掉。②不允许国际奥委会委员访问、考察申办城市，也不允许申办城市代表拜访国际奥委会委员。

2014 年 12 月 8—9 日举行的第 127 次国际奥委会全会通过了《奥林匹克 2020 议程》，为奥运会开启了改革之门。大会表决通过：第一，变城市主动申办请求为国际奥委会向有潜力的城市发出邀请，这样一来，主办城市在申办前可以根据城市发展规划与国际奥委会讨论具体承办方案，而不是反向被迫接受国际奥委会的相关要求。第二，国际奥委会考虑主办权归属前应对申办城市进行充分的风险和机遇评估，重点着眼于可持续性与奥运遗产，最大可能利用现有场馆和临时场地，并要求承办费用与运营费用这两类预算的区分更加明确。第三，减少申办花销，增加灵活性，如奥运会的部分比赛项目可以在主办城市之外进行，这意味着国际奥委会将允许跨城市、跨区域，甚至跨国联合申办，特别是出于地理或可持续考虑时。

◆ 案例 6-5

## 全运会的申办程序

全运会申办工作应在运动会举办前五年进行。申办程序包括申请、考察、评估、确定公布四个阶段，具体操作如下。

（1）主办单位向全国各省、自治区、直辖市发出申办通知。

（2）申办单位向主办单位递交申请书，同时报送省一级人民政府同意申办的批复文件。

（3）主办单位接到申请文件后，认为符合申办条件的，及时复函申办单位，接受其申请，正式承认申办单位的候选资格。

（4）申办单位在规定时间内，按照内容、格式要求向主办单位递交申办报告。

（5）主办单位对申办单位进行实地考察，完成考察报告。

（6）主办单位召开申办工作会议，听取申办报告、考察报告，对各申办单位进行评估。

（7）主办单位初步确定承办单位，上报国务院批准。

（8）主办单位与承办单位签订综合性运动会委托承办协议书。

## 四、体育赛事申办的关键因素

体育赛事申办能否成功受到很多因素的影响。申办工作犹如商品的推销，用户是否选择你的商品，首先要看你的商品的质量，其次要看你的推销手段。

### （一）举办地政府的态度

体育赛事的运行离不开城市的运行，尤其对于大型体育赛事而言更是如此。体育赛事的成功举办离不开举办城市有效的公共管理运行，如赛事的安全、交通、经费、住宿、场地条件保障等，都需要举办城市政府给予大力支持。对于任何一个申办组织而言，赢得举办城市政府的大力支持至关重要。

### （二）举办地的综合实力及其影响力

成功举办体育赛事需要具备一些基本条件，如体育比赛场地设施条件、举办地人均 GDP 的收入或经济发展水平、举办地城市基础设施条件、通信、交通、住宿等。因此，对于体育赛事的申办者而言，一定要考虑举办地的综合实力及其影响力，唯如此，才能够做到有的放矢，最终获得赛事的举办权。

### （三）举办地的政治时局形势

举办地的政治时局形势，包括国家层面的政治时局和地方城市的重大人事变化。对于举办高规格的国际体育赛事，举办地所在国家的政治时局的稳定至关重要。对于举办国内高规格的体育赛事，举办地政府的重大人事变化会给体育赛事的成功举办带来不利影响。因此，申办者要有一种政治意识，充分考虑到举办地的政治时局因素，确保体育赛事申办能够有一个长久稳定的政治时局形势，这样才有利于获得体育赛事的举办权。例如，伦敦奥运会的千年穹顶由托利政府启动，而到 1997 年劳动党当选时，就受到阻碍。

### （四）与赛事拥有者及相关评委委员的沟通与交流

一般而言，赛事产权拥有者往往会成立一个专家评估委员会，对申办者进行资质评估，这些评估委员会委员拥有投票权。因此，申办者（申办城市）能否取得举办权，赢得评估委员会委员们的理解和信任非常重要。当然，申办工作与商品推销还有所不同，主要体现在体育赛事不是单纯的商品，其不仅关系到复杂的国际或国内政治经济利益，以及体育赛事所有权内部委员会的人际关系，而且会受到体育赛事申办的各项规定、程序等约束。所以，申办工作应以争取委员或国际体育组织的支持为目的。

### （五）申办报告和申报演说的质量

申报报告和申报演说是申办程序中两个至关重要的环节。一份内容翔实、重点突出、条理清晰、优势条件明显的申办报告无疑可以增加申办者在评委心中的分量，申办演说在规定的有限时间内若能够做到主题明确、特色鲜明，加之演讲者的特色，无疑可以赢得重要的加分因素。例如，悉尼申办 2000 年奥运会时因“绿色”奥运而闻名世界。

### （六）利益相关群体的理解与支持

体育赛事想要申办成功，所有利益相关群体的共同努力是必备因素。与代表授权主体的评估委员会一样，公共和私有方面的资金和组织合作伙伴是体育赛事的主要的利益相关群体。另外一个主要的利益相关群体是当地社区。社区支持很重要，社区通过建立利益官网，来宣传举办体育赛事的益处。

学会运用名人效应申办体育赛事。奥运会各申办国家往往都会利用本国名人的影响力助力申办成功。例如，英国足球总会雇用了鲍比·查尔顿（Bobby Charlton）和吉奥夫·赫斯特爵士（Geoff Hurst）来申办 2006 年世界杯，他们都是 1966 年世界杯冠军队英国足球队成员。伦敦申办 2012 年奥运会起用了大卫·贝克汉姆（David Beckham）、托尼·布莱尔（Tony Blair），他们都公开表示支持伦敦。

### （七）申办程序和申办知识的熟练掌握

随着体育赛事的作用日益凸显，体育赛事的申办成了一门学问，同时通过申办体育赛事主办方累积了许多专业知识。对那些初次参与申办的国家来说，需要花大力气学习和掌握申办程序和申办知识。例如，加拿大温哥华通过采纳卡尔加里（Calgary）的意见获得了2010年冬季奥运会的主办权。实践证明，只有深入了解申办程序，熟练掌握申办知识，才能取得成功。除此之外，还需深入了解主管机构和其现有的公司合作者的相关情况。

## 五、关于联合申办大型体育赛事

由于大型体育赛事的举办非常复杂，投入的人力、物力、财力巨大，单凭一个国家或一个城市的力量显得力不从心，许多社会大众对自己的国家或市政府申请举办超大型或大型体育赛事有不满情绪。例如，最初有5个国家的5个城市提出申办2022年冬奥会，但是，波兰由于克拉科夫（Cracow）有70%的市民投票反对申办该届冬奥会而不得不放弃；乌克兰的利沃夫（Lviv）由于国内政局动荡而宣布退出申办该届冬奥会；挪威政府投票拒绝提供财政支持，奥斯陆（Oslo）不得不宣布放弃申办该届冬奥会。因此，申办该届冬奥会候选城市仅剩中国北京和哈萨克斯坦的阿拉木图（Almaty）。最终，北京赢得了2022年冬奥会的举办权。

2012年伦敦奥运会和2016年里约奥运会之后，夏奥会申办也遭到了冷落，尤其是里约奥运会的场馆没能及时修好，配套设施落后，比赛环境糟糕，并且在奥运会后大部分场馆都废弃了，可谓资源浪费。由于有了里约热内卢这个前车之鉴，使得之后其他申奥的城市纷纷萌生退意。原本申办2024年奥运会的波士顿、汉堡、罗马、布达佩斯等多个城市都相继退出，只剩下洛杉矶和巴黎在坚持。奥运会过去是“掌上明珠”，如今却成了“烫手山芋”。当地时间2017年7月11日，国际奥委会第130届全会在瑞士洛桑举行投票，一致决定2024年和2028年夏季奥运会的举办城市将从洛杉矶和巴黎中产生。换句话说，因为申办城市锐减，国际奥委会直接指定了举办2024年和2028年奥运会的两个城市——洛杉矶和巴黎，这也折射出奥运会等国际大型体育赛事申办频频遇冷的现状。在2017年9月13日国际奥委会第 131 次全会上正式确认：2024 年奥运会主办城市为法国的巴黎，2028 年奥运会主办城市为美国的洛杉矶。

目前国际体育组织采用了一种变通的办法，即由多个国家或多个城市联合承办。例如，2002 年韩国和日本共同举办了第 17 届世界杯足球赛；2018 年 6 月 13 日，国际足联宣布美国、加拿大、墨西哥三国获得 2026 年世界杯的联合主办权，这将是世界杯扩军后首次由三个国家联合承办。

根据 2014 年 12 月 8—9 日第 127 次国际奥委会全会讨论通过的《奥林匹克 2020 议程》，大会表决同意就奥运会申办程序进行重大变革，变“申办”为“邀请”、允许两个国家（地区）联合承办奥运会。

对于我国的全运会而言，以往一直是由一个城市举办，目前全运会的举办也发展到由多个城市共同承办。例如，第 11 届山东济南全运会，山东省有 17 个赛区承担全运会比赛任务。第 12 届全运会由辽宁省人民政府承办，主赛区在沈阳市，辽宁省内其他 13 个地级市均设有分赛区。联合承办有利于减轻主力城市负担，便于普及和推广体育项目。

## 六、关于政府购买服务事宜

2013 年 9 月 26 日国务院办公厅发布了《国务院办公厅关于政府向社会力量购买服务的指导意见》（国办发〔2013〕96 号）文件，2014 年 12 月 15 日财政部又发布了《政府购买服务管理办法（暂行）》（财综［2014］96 号）。这从国家政策层面已经肯定了政府购买服务将是政府向社会提供公共服务的一种重要方式，即通过发挥市场机制的作用，把政府直接向社会公众提供的一部分公共服务事项，按照一定的方式和程序，交由具备条件的社会力量承担，并由政府根据服务数量和质量向其支付费用。全民健身体育赛事就是一种典型的公共服务，完全适用于政府购买服务。此种方式需要通过政府的公开竞标获得，也是一种获得体育赛事举办权的方式。

◆ 案例 6-6

## 政府购买服务举办大型体育赛事——昆马先行一步[①]

2015 昆明高原国际半程马拉松赛（以下简称“昆马”）在云南呈贡区举行。该项赛事已举办了 4 年，已被中国田径协会评定为 2012 年、2013 年中国马拉松铜牌赛事。2015 年，昆明市采取政府购买公共体育服务的方式，引入国内知名专业赛事公司——智美控股集团对赛事进行专业运作，在力求进一步提升“昆马”品质的同时，积极探索政府购买公共体育服务的深度与广度。

“虽然昆明市的探索才刚刚开始，但有了此次政府购买服务的成功例子，今后昆明首先将在本土 3 大体育赛事——东川拉力车赛、‘昆马’以及昆明环滇池高原自行车赛上采取同样的购买服务的方式提高赛事水平。”2015 年年底的昆明环滇池高原自行车赛将是继“昆马”之后昆明市第二个采取政府购买服务模式举办的大型体育赛事。

◆ 案例 6-7

## 政府购买公共体育服务实现“一买多赢”[②]

2015 年 5 月 12 日，泰安市首个由政府主管部门主办、通过政府购买体育服务方式，交由社会力量承办的体育赛事服务项目——中国体育彩票 2016 年泰安市中小学生体育联赛“祝博士杯”排球联赛成功举办。

2016 年，泰安市积极转变政府职能、推进政府购买服务的新思路，财政支付 574.8 万元购买社会服务，参与招投标的各类赛事公司、社会机构等民间组织达 75 家次，成功组织 62 项体育赛事活动，吸引 1.2 万余人直接参与其中，带动锻炼人群 10 万余人，真正实现了“一买多赢”，促进了全市体育事业和体育产业的蓬勃

---

① 龙舟．政府购买服务举办大型体育赛事“昆明马拉松”先行一步［EB/OL］．（2015-09-08）［2015-09-09］．https://www.sohu.com/a/30992637_121315

② 佚名．政府购买公共体育服务实现“一买多赢”［EB/OL］．（2017-01-05）［2017-01-06］．http：//taian. dzwww. com/2013sy/taxw/15388618. html.

发展，极大地调动了民间资本和社会机构参与的积极性。

此外，为了充分发挥财政资金杠杆作用，泰安市还设立了市级体育产业发展引导资金。2016 年度市级体育产业发展引导资金共分 3 大类 9 个级次，扶持金额达 383 万元，用于扶持泰安市全民健身工程、全民健身赛事活动及体育健身服务业的发展。

# 第七章　体育赛事的市场营销

体育赛事蕴藏了丰富的宝藏，需要有心人悉心挖掘与保护。体育赛事的市场营销就是要不断改进、创新和提高体育赛事产品质量，努力把体育赛事系列产品在市场上卖出一个好价钱，同时，还要努力服务好赞助商，维护好他们的权益。俗话说，“酒好不怕巷子深”，在当今时代，更需要“酒好更要新营销”，没有现代化的营销手段，仅凭传统的营销理念和方法是无法适应时代发展要求的。西方发达国家的体育赛事的市场营销发展得比较成熟，已经形成了系统的理论知识体系，随着我国不断举办国际大型体育赛事，此方面也得到了快速发展。

## 第一节　体育赛事营销概述

在市场经济环境下，体育赛事的市场营销的好坏直接影响体育赛事是否可持续发展。在我国体育赛事的市场营销发展历程并不长，体育赛事市场营销理论与实践相结合仍有待进一步地发展和完善。

# 一、市场营销相关概念

## （一）营销的概念

营销是指处理与顾客的关系，包括吸引、保持和发展可盈利的顾客，因此，营销的定义可以理解为："营销是个人和集体通过创造，提供销售，并同别人交换产品或价值，以获得所需所欲之物的一种社会和管理过程。"① 营销核心概念如图 7-1 所示。

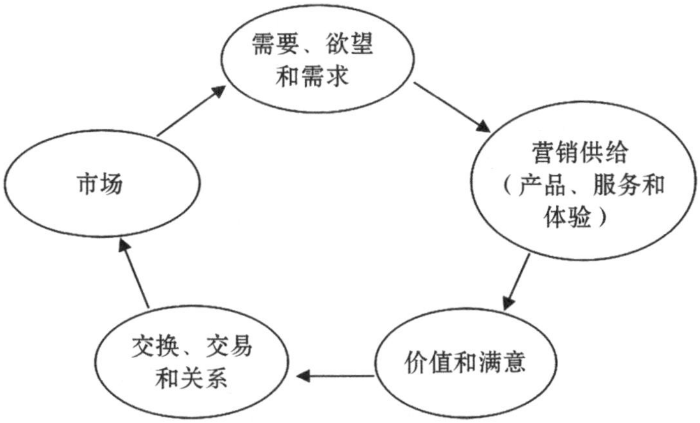


图 7-1　营销核心概念

### 1. 需要、欲望和需求

人类的需要是构成营销的最基本的概念。它既包括基本的需要，如对食物、衣服、温暖和安全的生理需要，也包括对归属和情感的社会需要，还包括对知识和自我实现的个体需要。这些需要并不是营销者所创造的，它们是人类天性的基本组成部分。

① 科特勒，阿姆斯特朗，洪瑞云，等．市场营销原理（亚洲版）［M］．何志毅，等译．北京：机械工业出版社，2006：6.

欲望是人类需要的形式，受文化和个人特征的影响而形成。欲望是由一个人所处的社会塑造的，往往表现为满足需要的目标物品。当有购买能力并作为支付时，欲望就变成需求。

2. 营销供给（产品、服务和体验）

企业通过营销供给为消费者提供满足其需要或欲望的产品、服务和体验，营销供给不仅局限于实体产品，还包括服务、活动或者利益，它们虽然用于销售，但是基本上不可触摸，也不被人所拥有。

3. 价值和满意

价值和满意是指顾客价值和顾客满意。顾客价值是指拥有或使用一个产品所获得的价值与获取这一产品所付出的成本之差。顾客满意是指对于一次购买的满意程度，依赖于一种产品的性能是否达到了顾客的预期。

4. 交换、交易和关系

交换是指通过提供某物作为回报，从别人那里获得所需之物。一次交易是指双方的价值交换。营销包括为建立和保持与目标受众所向往的交换关系而采取的行为，这种交换关系涉及一种产品、服务、创意或其他东西，目标是为了维系顾客并发展与他们的关系。

5. 市场

传统的“市场”是指买方和卖方聚集在一起进行交换的实地场所。目前经济学家用市场来泛指对一种特定产品或某类产品进行交易的卖方和买方的集合（房产市场或粮食市场）。美国的菲利普·科特勒及凯文·莱恩·凯勒在其著作《营销管理》中提出了五个基本市场及其交换流程。具体如图 7-2 所示。

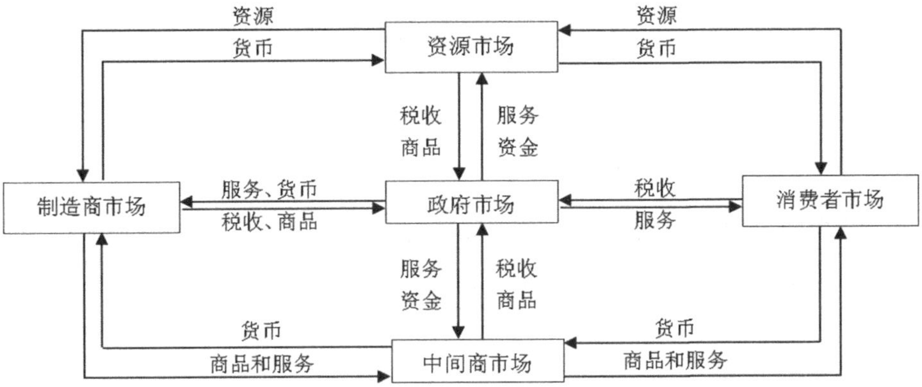


**图 7-2　现代市场结构及其交换流程**

（资料来源：科特勒，阿姆斯特朗，洪瑞云，等．市场营销原理（亚洲版）［M］．何志毅，等译．北京：机械工业出版社，2006：10）

## （二）营销组合的概念

营销组合包括四个方面，即产品（Product）、价格（Price）、地点（Place）和促销（Promotion）（以下简称 4P）。确定一项赛事活动的营销组合涉及许多方面，以合理的价格、合适的销售渠道提供令用户满意的产品，以达到通过适当的促销提高产品知名度，并让目标用户产生购买行为的目标，这一过程称为营销组合。

## （三）产品的概念

在营销领域，产品是一组实体特色的组合，包括包装、颜色、价格、质量和品牌，以及卖方的服务与商誉，即产品是指所能提供的利益或好处，并不仅仅指有形的产品实体，还包括可以给买主带来附加利益和心理上的满足感及信任感的售后服务、保证、产品形象、销售者声誉等一系列无形服务。

## （四）品牌的概念

品牌是一个名称、术语、标记、符号或设计，或是它们的组合，用以识别某种产品或服务的生产者或销售者。消费者将品牌视为产品的重要组成部分，品牌也能使产品增值。

## 二、体育赛事的市场营销基本理论

### （一）体育赛事营销的概念

体育赛事营销的定义为：个人和集体通过创造，提供销售，并同别人交换体育赛事产品或价值，以获得所需所欲之物的一种社会和管理过程。

### （二）体育赛事营销的目的

体育赛事营销的直接目的是筹集赛事资金、宣传赛事品牌、弘扬赛事理念和精神，核心目的是为赛事顾客提供优质服务。因为只有拥有了赛事顾客，才能够实现上述目的。体育赛事营销的目的可以归纳为以下几点。

1. 吸引、维系和发展体育赛事消费者

（1）关系的构建要素：体育赛事消费者价值和体育赛事消费者满意度。

（2）体育赛事消费者忠诚度和保持度。

（3）提高体育赛事消费者占有率。

2. 建立客户关系和顾客资产

（1）体育赛事消费者资产。

（2）体育赛事用户关系层次和工具。

3. 体育赛事营销的4C 理念

4P 理念是从卖方而不是买方的角度来考虑问题的。从买方的角度来讲，在以顾客关系为中心的年代，4P 最好转化为 4C。[①] 4P 与 4C 的比较具体见表 7-1。

---

① 科特勒，阿姆斯特朗，洪瑞云，等．市场营销原理（亚洲版）［M］．何志毅，等译．北京：机械工业出版社，2006：15.

表 7-1　4P 与 4C 的比较

| 4P | 4C |
| --- | --- |
| 产品（Product） | 顾客解决方案（Customer Solution） |
| 价格（Price） | 顾客的成本（Customer Cost） |
| 渠道（Place） | 便利（Convenience） |
| 促销（Promotion） | 沟通（Communication） |

## （三）体育赛事营销的资源

### 1. 体育赛事的无形资产

（1）无形资产的定义。我国财政部颁布的《企业会计准则——无形资产》一文认为，无形资产是指企业为销售商品、提供劳务、出租给他人或为管理目的而持有的、没有实物形态的非货币性长期资产，通常包括专利权、商标权、著作权(版权)、非专利技术、土地使用权、特许权和商誉等。

无形资产可以分为狭义无形资产和广义无形资产两大类。狭义无形资产是指可以从企业财务报表、统计报表上直观看到它的价值总量和消耗量，有可确指性的，能够独立存在和运行并计价和核算的无形资产。主要包括商标权、专利权、非专利技术（不具备必要的专利条件或企业不愿申请）、商业秘密（公司文件、财务报表等)、特许经营权、企业版权、企业优惠合同、土地使用权等。广义无形资产除了包括狭义无形资产以外，还包括一些综合性、基础性、条件性资源要素，它不能从企业财务报表或统计报表上直观地看到其具体的价值量和消耗量，其主要包括企业形象、企业营销关系网络、企业的信息技术系统、企业文化、企业战略规划与政策、企业人力资源、商誉等。

（2）无形资产的主要特点。

①非实体性。一方面，无形资产没有人们感官可感触的物质形态，只能从观念上感觉它；另一方面，无形资产在使用过程中没有有形损耗，报废时也无残值。

②独立性。可以不依赖有形资产而独立发挥作用。

③增值性。可重复使用，越使用价值越高。

④高效性。无形资产能给企业带来远高于其成本的经济效益。

⑤再生性。可口可乐公司前总裁伍德拉夫曾说过，即使可口可乐公司在全球所有的工厂一夜之间化为灰烬，但凭借“可口可乐”这块牌子，它在第二天就能重新站起来。因为可口可乐这块牌子放在世界任何一家公司的头上，都会给它带来滚滚财源。

⑥共享性。共享性是指无形资产有偿转让后，可以由几个主体同时共有，而固定资产和流动资产不可能同时在两个或两个以上的企业中使用。

⑦垄断性。无形资产的垄断性表现在以下几个方面：有些无形资产在法律制度的保护下，禁止非持有人无偿地取得；排斥他人的非法竞争，如专利权、商标权等；有些无形资产的独占权虽不受法律保护，但只要能确保秘密不泄露于外界，实际上也能独占，如专有技术，秘诀等；还有些无形资产不能与企业整体分离，除非整个企业产权转让，否则别人无法获得，如商业信誉。

⑧不确定性。无形资产的有效期受技术进步和市场变化的影响，很难准确确定，其价值存在一定的不确定性。

（3）体育无形资产的概念。体育无形资产，就是通过体育运动实践形成并主要为体育组织所有，以知识形态存在并通过各种体育市场进行运营，能够为其所有者和使用者产生一定经济效益的经济资源。体育无形资产是指存在于体育运动中，具有体育特质、受特定主体控制的，不具有实物形态，能持续地为所有者和经营者带来经济效益的资产。

（4）体育赛事无形资产的构成。体育赛事无形资产的构成主要包括：①标志产品使用权。②赛事冠名权。③比赛颁奖权。④广告。⑤电视转播权。电视转播权包括转播权、新闻报道权和节目集锦权。新闻报道权，即对赛事新闻的报道；节目集锦权是指以竞赛为主体的节目版块。对于同一场比赛的电视转播权，可以根据传播介质与传播范围来划分不同的权利：在电视传播手段的授权范围版权许可通常分为无线电视播出版权、有线电视播出版权、卫星电视播出版权以及互动电视、光盘、录像等出版发行权；在电视版权的授权范围，电视播出版权分为地域版权、国家版权、洲际版权和全球版权；在版权授时上分为直播版权和延时录播版权。⑥大型（主题）活动。大型（主题）活动包括但不限于：开、闭幕式大型文体表演，火炬传递活动，礼仪使者大赛，志愿者选拔活动，与全运会相关的体育博览会、展览会、演唱会、音乐会、各类评奖活动等。指定服务单位包括但不限于：指定银行、指定保险、指定电信、指定邮政、指定医院、指定印刷厂、指定宾馆、指定航空公司等。

2. 体育赛事的有形资产

（1）有形资产的定义。有形资产是指那些具有实物形态的资产，包括固定资产和流动资产。有形资产主要包括房屋、机器、设备等具有形态的资产。狭义的有形资产通常是指企业的固定资产和流动资金。广义的有形资产包括企业的资金、资源、产品、设备、装置、厂房、人才信息等生产要素。简言之，有形资产就是有一定实物形态的资产。

（2）体育赛事的有形资产。体育赛事的有形资产是指那些具有实物形态的体育赛事资产，包括体育赛事的固定资产和流动资产。

（3）体育赛事有形资产的构成。体育赛事有形资产的构成主要包括：门票，赛场销售专区，赞助商主题公园，指定服务单位，特许产品，纪念品（包括纪念邮币等），组委会及赛场器材、设备、物资的提供，政府给予政策性支持项目。

◆ 案例 7-1

## 体育赛事 IP 介绍

体育赛事知识产权（Intellectual Property，IP，以下简称体育赛事 IP），就是体育赛事的知识产权，其包括体育赛事无形资产和有形资产，它是体育竞赛表演业的核心产品。

显然，体育赛事 IP 处于体育产业链上游，具有培育时间长、稀缺性强、增长爆发力强、收入稳定性强等特点，它是一种需要长期打造和积累的稀缺资源，一旦形成就能聚合大量的核心和非核心用户群体。体育赛事转播权（版权）是体育赛事 IP 中重要的组成部分，2014 年国务院 46 号文发布以来，在我国掀起了争抢体育赛事版权大战。比较典型的事件有：2015 年 1 月，腾讯斥资 5 亿美元获得 NBA 未来 5 年在中国大陆地区网络独播，一年 1 亿美元的电视转播费是 2013 年的 5 倍；2015 年 8 月，PPTV 体育以 2.5 亿欧元获得西甲未来 5 年在中国的版权；“2015 年 9 月 23 日，华人文化旗下体奥动力以 80 亿元人民币获得了未来 5 年中超全球全媒体版权！2015 赛季，中超全年的版权总收入也只有 0.8 亿元人民币，而未来将达到年均 16 亿元人民币，与世界主流体育赛事在华版权价格相比，它是 NBA（年均 5.2 亿元人民币）的 3.07 倍，西甲（年均 3.4 亿元人民币）的 4.7 倍，英超（年均 1.67 亿元人民币）的 9.58 倍。仅仅一年，它就从 8000 万元人民币暴涨了 100 倍之巨，甚至超越了西甲、英超、NBA 在华版权价格的总和。常人的思维难以企及”。[①] 2016 年 11 月，苏宁以 7.21 亿美元（约合人民币 49.6 亿元）的总价获得英超 2019—2022 赛季中国内地及澳门地区独家媒体版权。按照这个价格，苏宁将为每个赛季的英超转播权付出约 16.5 亿元人民币。

灼识咨询最新发布的《2016 中国 IP 行业蓝皮书》指出：到 2020 年，我国体育赛事 IP 市场规模将达到 394.5 亿元人民币，达到体育产业增加值的 4% 左右，而这一数字在去年（2015 年）仅为 118.4 亿元人民币，2011 年是 41.1 亿元人民币；2011—2015 年，中国体育赛事 IP 市场规模的复合增长率为 30.3%，2015—2020 年的测算结果为 27.2%。由此可见，中国体育赛事 IP 有巨大的潜在价值。

“2017 年 7 月 11 日，世界上最大的 MMA 综合格斗赛事 UFC 被 WME-IMG 财团以 40 亿美元（约合 267.5 亿元人民币）的价格收购，据悉这也创造了体育史上最大的收购纪录，Zuffa LLC 曾在 2001 年以 200 万美元买下 UFC，成为其首个母公司。”[②] 16 年时间该赛事 IP 蹿升至 40 亿美元。

◆ **案例 7-2**

## 奥运会的营销资源

一、奥运会门票营销

二、电视转播权出售

三、奥林匹克标识营销

---

① 应虹霞．杨昕雨．出手即 80 亿 体奥动力背后“金主”有多阔气？［EB/OL］．（2016-06-23）［2016-06-24］．http：//sports. qq. com/original/boundary/bj375. html.

② UFC 以 40 亿美金被经纪公司 WME-IMG 收购［EB/OL］．（2016-07-12）［2016-08-08］．http：//finance. eastmoney. com/news/1351/640901242. html.

（一）营销许可证（特许经营）

（二）奥林匹克纪念币

（三）奥林匹克纪念邮票

（四）奥林匹克赞助商

奥林匹克赞助商分为两个层次：一是奥运会全球赞助商（The Olympic Partner，简称 TOP）；二是国家或地区内的赞助商（或称地方赞助商），如赞助奥运会组委会或国家奥委会的商家。

（五）奥林匹克供应商

奥林匹克供应商分为两个层次：一是国际奥委会的供应商；二是国内奥林匹克组织的供应商。主要集中在航空、公路交通和电信等服务领域。

### （四）体育赛事的营销对象

1. 观众

观众是体育赛事的重要组成部分，主要包括现场观众、电视观众、网络观众、听众等。现场观众营造的现场气氛能够影响运动员运动技术水平的发挥，观众上座率关系赛事冠名与场地广告的价值及电视转播的效果，观众数量也直接影响赛场销售专区的销售额。因此，赛事组织者应采取措施吸引观众到现场观看比赛。赛事组织者通过在门票、比赛信息、比赛时间、赛时交通、观赛环境等诸多方面为观众提供便利和举办促销活动的方式来吸引观众到现场观看比赛。电视观众也是体育赛事的重要营销对象，绝大部分不能到现场观看的观众通过电视、网络等直播或转播渠道了解和关注体育赛事，为体育赛事的宣传和教育起到了关键性的作用。电视观众数量也是反映一个体育赛事电视转播权价值的重要指标。当前有一种趋势就是网络观众的作用日益凸显，即通过移动终端收看比赛。因此，网络观众的作用不容小觑。总之，观众对于体育赛事的影响和价值至关重要。

2. 赞助商

体育赛事的赞助商营销应在符合市场开发部的总体要求下进行。赛事组织者根据可利用资源，包括体育赛事冠名权、场地广告和赞助商主题公园等有形资源和无形资源开展体育赛事营销。赞助商能够为体育赛事带来一定数额的现金、实物或服务，进而提升体育赛事的品质和价值。

3. 媒体和电视转播

体育赛事组织者可通过为媒体提供报道素材和引导媒体制造体育赛事关注点的方式吸引更多的观众。例如，网络媒体、自媒体等新媒体资源开发是一个新视点。电视转播是推广赛事、提升赛事影响力和提高赛事商业价值的重要途径。一般来讲，赛事的媒体报道规格越高、报道量越大，越有利于赛事的招商引资。

4. 举办地（政府或城市）

举办地城市政府往往是体育赛事的主导者或主办者，承担体育赛事中的许多责任，尤其是围绕体育赛事的城市运行任务，更是离不开城市政府的大力支持与配合，城市政府也希望借助体育赛事来实现营销城市的目标，因此，举办地城市政府往往也是体育赛事的消费者。

◆ **案例 7-3**

奥运会的营销对象如图 7-3 所示。

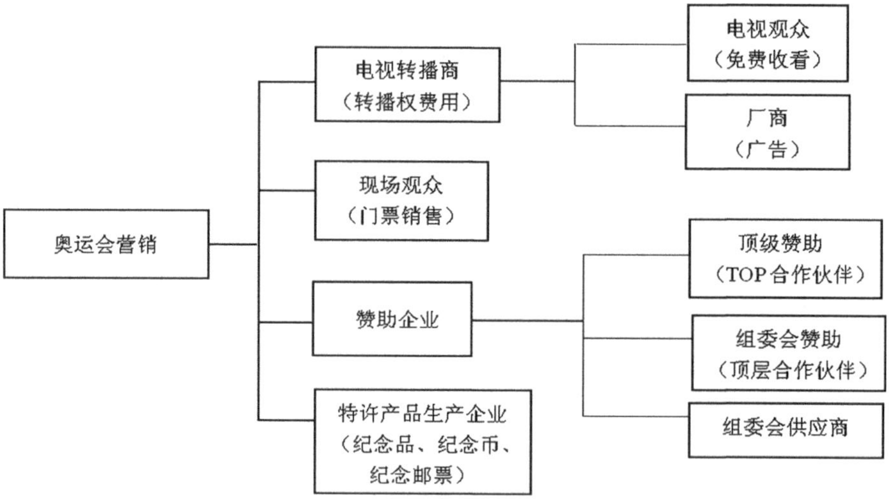


图 7-3　奥运会的营销对象

## （五）体育赛事的营销

### 1. 体育赛事消费者

体育赛事的消费者分为以下几类。

（1）体育赛事观众（现场观众、电视观众）。

（2）赞助企业。

（3）转播商。

（4）承办体育赛事的城市政府。

### 2. 体育赛事的营销环境的分析

（1）体育赛事内部营销环境。

①体育赛事公司的微观环境——体育赛事公司内部其他相关部门。体育赛事营销经理必须和公司其他部门紧密合作。在制订营销计划时，营销管理人员需要把体育赛事公司中的其他群体也考虑进来，如高层管理人员、研究开发部门、采购部门、生产作业部门和财务部门。这些相互关联的群体构成了内部环境。高层管理人员制定组织使命、目标、主要战略和政策。体育赛事营销经理根据公司高层管理者所制定的战略和计划作出决定。

②供应商。供应商是组成体育赛事公司整个价值传递系统的重要一环。他们为体育赛事公司提供生产商品和服务所必需的资源。供应商出现问题会对营销造成严重影响。大多数体育赛事营销人员视供应商为创造和传递顾客价值的合作伙伴。

③营销中介。营销中介帮助公司促进、销售和分配商品给最终购买者。他们包括转销商、实体分销商、营销服务代理商和金融中介。转销商是分销渠道公司，它帮助公司找到消费者并将产品销售给消费者。转销商包括批发商和零售商，他们买进、卖出货物。

体育赛事营销中介是公司整体价值传递系统的重要组成部分。在寻求创造令人满意的顾客关系时，除了最大化业绩之外，公司还必须做更多的工作。它需要与营销中间商有效地进行合作，使整个系统的表现最优化。

④顾客市场。体育赛事营销需要对以下五类顾客市场进行仔细的研究。消费者市场包括个人和家庭，他们购买商品和服务用于个人消费。企业市场购买商品

和服务目的是用于进一步加工或用于自身的生产活动中。转销商从市场购买商品和服务目的是用于再次销售以获取利润。政府市场由政府代理机构组成，它们购买商品和服务目的是用于提供公共服务或将其转移给有需要的人。国际市场由位于其他国家的购买者组成，包括消费者、生产者、转销商和政府。每类市场都有独有的特征，需要卖方仔细研究。

⑤竞争者。营销观念认为，想要取得成功，体育赛事公司必须提供比它的竞争者更高的顾客价值和满意度。因此，营销者不仅需要适应目标顾客的需求，还必须通过为自己的提供物在消费者头脑中建立起强有力的、与竞争对手不同的定位，从而获取战略优势。每一个体育赛事公司都需要考虑自身的规模和与竞争者相比在行业中所处的位置。

⑥公众。体育赛事公司的营销环境包括各种公众环境。公众是指任何对组织达成目标的能力有实际的和潜在的利益或影响的团体。我们可以识别出 7 种类型的公众：A. 财务公众。这些公众影响体育赛事公司获得资金的能力。银行、投资公司和股东是主要的财务公众。B. 媒体公众。包括报纸、杂志、广播和电视台，它们传播新闻、特刊和社论。C. 政府公众。营销管理必须把政府发展考虑进来。营销者必须经常向体育赛事公司的律师咨询有关产品安全、广告真实性和其他方面的事情。D. 公民行动公众。体育赛事公司的营销决策可能会被消费者组织、环境组织、少数民族团体和其他团体质疑。体育赛事公司的公共关系部门帮助公司与消费者团体和公民团体保持良好关系。E. 当地公众。这包括邻近居民和社区组织。大的体育赛事公司通常会任命一名社区高级职员负责与社区打交道、参加会议、回答问题并捐助有价值的事业。F. 一般公众。体育赛事公司需要关注一般公众对体育赛事产品及相关活动的态度，因为公众对体育赛事公司的印象影响着他们的购买行为。G. 内部公众。包括员工、管理人员、志愿者和董事会成员。大型体育赛事公司会采用实时通信和其他方法来告知和激励他们的内部公众。当雇员对体育赛事公司感觉良好时，这种积极的态度会扩散到外部公众。

就像消费者市场一样，体育赛事公司可以针对这些公众制订营销计划。假设体育赛事公司想从某些特定的公众处获得某种特定的反应，如良好的意愿、好的口碑或者时间、金钱的捐赠，该公司就须为这部分公众设计一个具有足够吸引力且产生期望反应的提供物。

（2）体育赛事外部营销环境。

①人口统计学环境。人口统计学研究人口数量、密度、地点、年龄、性别、种族、职业和其他统计特征。例如，变化的人口年龄结构、种族市场、家庭结构变化、人口的抵离迁移、受过更好的教育和白领化的人口等。

②经济环境。首先是收入分配。不同的国家在收入水平和分配及产业结构上差距很大。包括四种产业结构类型：自给自足的经济，如老挝；原材料出口型经济，如文莱；工业化经济，如印度和中国；工业经济，如日本。营销者通常将国家按五种不同的收入分配模式进行区分：极低收入、大部分为低收入、极低收入和极高收入并存、低、中、高收入并存、大部分为中等收入。其次是收入变化。

③自然环境。首先，原材料日益短缺；其次，污染增加；最后，政府在自然资源管理上的干预加强。现在，受绿色运动启迪的体育赛事公司正在开发体育赛事可持续发展战略并坚持不懈地实践，以创造我们这个星球能永续支持的世界经济。

④技术环境。当前，通信技术和互联网技术发展迅速，物联网技术开始得到应用，新媒体的兴起，如门户网站、新闻客户端、视频网站、微信、网红直播平台、信息交易平台等，这些新媒体的强势崛起对于体育赛事的营销产生深刻影响。例如，大数据营销成为一种趋势。

⑤政治环境。从三个方面理解：一是商业立法管制环境；二是道德和对社会负责的行为环境；三是官场腐败程度的环境。

⑥文化环境。第一，文化价值观的持续性；第二，亚文化价值观的变迁。一个社会的主要文化价值观表现为人们对自己和他人的看法以及对组织、社会、自然和宇宙的看法，如人们的自我观、他人观、组织观、社会观、自然观和宇宙观。

3. 营销分析的方法与工具

（1）“SWOT”分析法。所谓“SWOT”分析法，就是对体育赛事进行优势、劣势、机遇和威胁分析。皮尔斯（Piercy）坚持认为，为了使“SWOT”分析发挥更大作用，包括三个关键因素：第一，需要关注具体特定的问题、产品和服务；第二，这些标准是从哪个角度来考查的；第三，如果此方法使用恰当，它可以帮助管理者进行战略决策，它是达到目的的一种有效手段。

（2）赛事信息管理工具——营销信息系统。首先，信息是制订所有规划的基础，因此，营销规划需要从各方面收集、整理和分析这些信息；其次，需要进行多层次研究，以便获得对当前组织状况、竞争对手的活动和顾客群的全面了解。需要建立一套营销信息系统（Marketing Information System，MKIS）对信息进行收集和整理。信息研究有助于进行竞争对手分析和其营销活动的竞争力分析。营销信息系统中的关键因素是信息数据需要及时地收集、整理和分析决策。

第一个关键因素涉及组织在运作中对其竞争对手的深入了解和掌握。在市场上，通过分析竞争对手会发现更多的机会和威胁。对于一项赛事活动而言，它的市场“竞争力模型”包括对其他赛事活动的分析，市场承受和抵制新赛事活动的能力，其他娱乐活动多大程度上能替代它和发生购买转移以及供应商和消费者讨价还价的能力，因为它们能影响赛事的成本和价格，从而影响其竞争力。与其他体育赛事的直接竞争可能不是重要问题，因为通过体育组织机构的相互合作可以创造非竞争性的体育活动安排。对于多数赛事来说，最大的威胁就是那些可替代娱乐活动带来的影响。例如，电影、戏剧、家庭休闲活动，包括节假日，这些都是具有竞争性的活动。

第二个关键因素是组织机构对现有和潜在顾客群的深入了解。通过提供的数据进行市场细分和选择目标市场。

第三个关键因素是了解组织机构当前的状况，即内部分析。主要包括两种方法：一是通过对内部营销活动的考察，了解和掌握营销战略、资源的使用和对其结果的评估。二是需要对赛事活动的运营环境进行“SWOT”分析和评估。

4. 体育赛事营销的方式

（1）体育赛事产品。

①服务产品属性。有形产品首先被生产，其次被储存，再次被出售，最后被消费。相反，服务是首先被出售，然后在同一时刻被生产和消费。为此，服务往往需要其他营销手段。在服务领域，顾客与前线的服务人员互动而产生服务。因此，服务的提供者在整个服务过程中必须有效地与顾客进行互动，从而在服务过程中创造一流的价值。另外，有效的互动取决于前线服务人员的技能和后方人员对此过程的支持。体育赛事属于服务产品系列。服务产品具有以下四种特征：无形性、不可分性、易变性和易逝性。具体如图 7-4 所示。

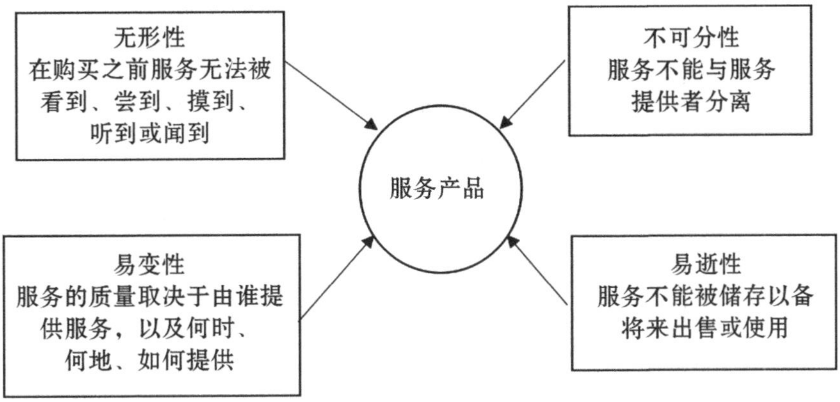


图 7-4　服务产品的四种特征

②体育赛事产品的内涵。第一，体育赛事产品的核心利益是为顾客解决问题。第二，体育赛事产品分为核心、有形和附加（或外延）等产品。其中核心产品是竞赛，有形产品是可以看得见、摸得着的。例如，质量、品牌、设计、特征、包装等，对于体育赛事而言，就是要把体育赛事中有形产品尽可能地做到极致。体育赛事的附加产品就是延伸出的相关服务。第三，体育赛事产品质量。其包括两个方面：一是竞赛本身，如赛场球星风采，比赛竞争激烈程度，运动员技术水平，教练员临场指挥水平，比赛过程中的战术运用，比赛最终结果是否有悬念，裁判员的执裁水平，等等。二是围绕观众观看比赛所提供的服务的质量，主要包括赛事的宣传形式、门票的销售渠道、赛场观众的气氛、赛场休息时的表演或与观众沟通的各种活动、赛场的环境布置、比赛之外的其他服务活动、竞赛的品牌、竞赛的包装等。

③体育赛事核心产品——“竞赛”的属性。本书第三章“体育赛事的基本特征”中已经对体育赛事的核心产品——“竞赛”的属性做了具体分析，如图 7-5 所示，我们要真正认识到体育赛事产品的多元属性特征，以便更好地对体育赛事进行市场营销。

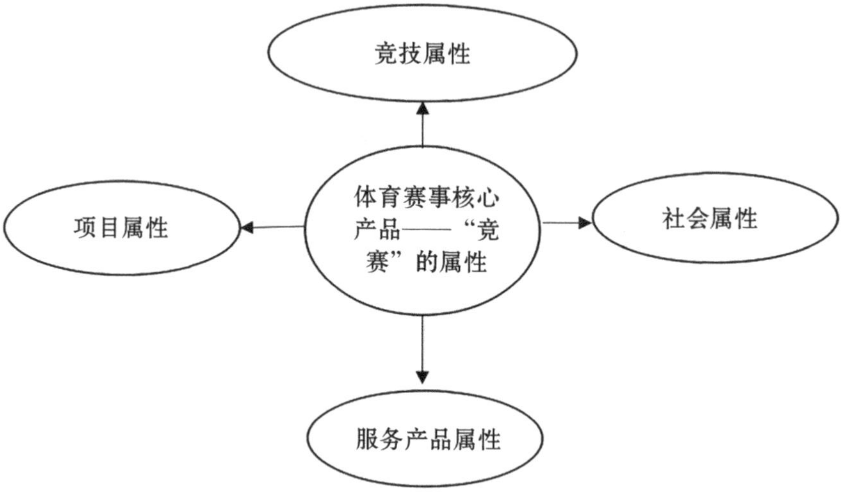


图 7-5 体育赛事的属性

（2）体育赛事的产品价格。体育赛事的产品价格主要包括以下三个方面：一是体育赛事的门票价格，二是赞助企业赞助经费的价格（门槛），三是体育赛事转播费用价格。体育赛事价格定价策略主要依靠市场调研和分析。对体育赛事的市场需求进行调研和分析，寻找目标用户。

（3）体育赛事营销渠道。

①渠道成员组成。体育赛事的供应商：赛事产权组织和承办组织及各参赛代表队或各职业体育俱乐部。体育赛事的经销商：赛事经纪公司或广告经销商、门票经销商等。

②渠道分类。直接营销渠道：生产商—顾客。非直接营销渠道：生产商—中间商—顾客。

③渠道的价值和作用——体育赛事供应链与价值传递系统。体育赛事生产商要和体育赛事经销商之间形成一种紧密的战略合作伙伴关系。今天的企业越来越会用一种整体的价值传递系统的观点来看待他们的生意。一个价值传递网络是由公司及其供应商、分销商和最终用户组成的，他们之间彼此合作以提高整个系统的绩效。对于体育赛事组织者而言，应高度重视运动员的选拔和培养，同时应重视和体育经纪人或培养初级体育运动员的实体组织的合作，因为他们就是体育赛

事的供应商。

（4）促销。营销传播组合，又称促销组合——由广告、销售促进、公共关系、人员销售以及直接营销等工具组成，公司使用这些工具来达到它的广告和营销目标。

①广告。由明确的主办人以付款方式进行的创意、商品和服务的非人员展示和促销活动。

②销售促进。各种鼓励购买产品和服务的短期刺激，如优惠券、销售竞赛、抹去零头、折扣以及其他，所有这些都有着独一无二的特性。

③公共关系。公共关系部门履行的职能包括：与新闻界的关系——用最有价值的信息去吸引公众对体育赛事的注意；体育赛事的公共宣传；为体育赛事做宣传；通过举办体育赛事，建立和保持与城市政府、本地社区或国家的关系。

通过公共关系保持良好的公众形象与体育赛事各方公众维持良好关系，慎重处理流言、谣传与不利事件。新闻故事、特写、赞助以及事件对读者而言比广告要真实可信得多，信息以新闻（非销售导向）的传播形式传达给购买者。例如，许多体育赛事组织者充分利用社交媒体（如微博、网红直播、抖音、快手、小程序等）和数字媒体开展体育赛事社交媒体战略，发展体育赛事公共关系，取得了良好的效果。

④人员销售。体育赛事销售力量为销售产品或建立顾客关系而进行的人员展示。

⑤直接营销。为获得立即的反馈并培养长期顾客关系，而与仔细选择的目标顾客进行的直接联系——使用电话、邮件、传真、电子邮件、互联网以及其他工具与具体顾客进行直接沟通。

5. 体育赛事的营销计划

表 7-2 概述了一项体育赛事产品或品牌计划的主要部分，首先是执行概述，简要地回顾了主要的评估、目标和建议。计划的主要部分是对潜在威胁、机会以及现有赛事营销状况的详细分析。其次是阐述体育赛事的主要目标和制订实现体育赛事目标的营销战略具体方案。

表 7-2　体育赛事营销计划的内容

| 部分 | 目的 |
| --- | --- |
| 执行概述 | 为了使高级管理层迅速了解体育赛事计划的要点而对主要目标和建议做出的简短总结，内容表述应遵循该执行概述。 |
| 当前的体育赛事营销状况 | 论述体育赛事目标市场和体育赛事公司在目标市场上的定位，包括市场信息、体育赛事产品性能、竞争和分销情况<br>体育赛事市场状况：描述整体市场和主要细分市场的情况，评价顾客需求和营销环境中可能影响顾客消费行为的因素<br>体育赛事产品状况：列出了体育赛事产品线中的主要产品的销售额、价格和毛利润<br>竞争对手状况：识别主要竞争者，评价他们的市场定位及其在产品质量、定价、分销和促销方面的战略<br>体育赛事分销状况：评价主要分销渠道中最近的销售趋势和其他进展 |
| 威胁和机会分析 | 评估体育赛事产品可能面对的主要威胁和机会，帮助企业管理层预测可能对企业战略对企业发展产生的正面或负面的影响 |
| 目标和问题 | 阐述体育赛事公司在计划期限内想要实现的体育赛事营销目标，讨论影响体育赛事目标实现的主要问题 |
| 体育赛事营销战略 | 概述业务单位希望实现体育赛事营销目标的大体营销逻辑，以及目标市场、定位、营销花费的具体方案；概述体育赛事市场组合的每个因素的具体策略，解释每个因素如何去应对体育赛事计划中提到的威胁、机会和关键问题 |
| 行动方案 | 明确说明体育赛事营销战略如何转化为具体的行动方案，回答以下问题：应该做什么？什么时候去做？谁负责去做？需要花费多少钱 |
| 体育赛事营销预算 | 具体列出体育赛事计划所预期的损益表的体育赛事营销预算。它显示出预期的体育赛事收益（预期的销售数量和平均的净价格）和预期的体育赛事成本（生产、分销和营销的成本）。体育赛事收益和体育赛事成本之差就是预期利润，一旦得到上级管理层的审批，体育赛事预算就成为材料购买、生产计划、人事安排和营销运营的基础 |
| 体育赛事营销控制 | 概述体育赛事营销监控进程的控制活动，上级管理层可以通过控制活动来评估体育赛事营销的执行结果和不符合体育赛事营销目标的缺陷产品 |

6. 体育赛事营销的市场选择

体育赛事营销的市场选择主要基于三种市场，即观众消费者市场、赞助企业消费者市场、转播商消费者市场。

显而易见，体育赛事消费者处于中心地位，体育赛事公司的目标是建立强大而盈利的体育赛事顾客关系。通过体育赛事市场细分、体育赛事目标市场选择和体育赛事市场定位，体育赛事公司决定为哪些体育赛事消费者服务，以及如何提供体育赛事服务。它识别出整个体育赛事市场，然后把它分为小的细分市场，选择最有前途的细分市场，集中服务于这些市场，满足体育赛事消费者的需求。

为了在竞争激烈的体育赛事市场上取胜，体育赛事公司必须以体育赛事消费者为中心，从竞争者手中夺取消费者，然后通过传递更好的价值来保持和发展体育赛事消费者。但是在迎合消费者之前，体育赛事公司必须首先了解体育赛事消费者的需求和欲望，因此，可靠的体育赛事营销需要谨慎的顾客分析。

在特定的市场上，体育赛事公司不能很好地为所有的消费者服务，或至少不能以同样的方式为所有的消费者服务。市场上有许多不同类型的消费者，其具有不同的需求。大多数体育赛事公司可以更好地服务于某些细分市场，因此，每个公司都必须通过划分整个市场，并选择最好的细分市场，来制定战略并获得利润。这个过程包括三个步骤：体育赛事市场细分、体育赛事目标市场选择和体育赛事市场定位。

（1）体育赛事市场细分。体育赛事市场包括很多类型的消费者、产品和需求，营销者要选择一个细分市场来实现体育赛事公司的目标。体育赛事消费者可以基于地理、人口、心理或者行为等因素来划分。市场细分是指把一个市场分为不同的购买者群体，这些群体有不同的需求、特征、行为，或可能要求独立的产品和市场营销组合。虽然每个市场都有市场细分，但是并非所有细分市场的因素都有效。

（2）体育赛事目标市场选择。目标营销是指公司评价细分市场，选择进入一个或更多的细分市场。一个公司应该选择能够产生最大顾客价值的细分市场并保持这个优势。资源有限的体育赛事公司可能仅仅选择进入一个或几个特别的市场或者“补缺市场”，这种战略的销售额有限，但是盈利往往很高。体育赛事公司也可能选择几个相关的细分市场——在这些细分市场上，消费者的类型可能不同，但是基本需求相同。一个大的体育赛事公司还可能通过提供各种不同的产品，为所有的细分市场服务。许多体育赛事公司在进入新的市场时，只选择为一个细分市场服务，当体育赛事公司获得成功时，会增加更多的细分市场公司，最终全面覆盖市场，他们通常通过设计不同的体育赛事产品来满足每个市场的特殊需求。

（3）体育赛事市场定位。当体育赛事公司决定进入某些细分市场时，必须对该细分市场的定位作出决定。一个体育赛事产品的定位是指相对于消费者而言，产品在消费者心目中所占据的位置。营销者希望为自己的体育赛事产品制定独特的市场定位策略，如果一个产品在市场上被认为与其他产品完全一样，那么消费者将不会购买。

市场定位是指通过对产品的设计，相对于竞争者的产品而言，在目标消费者心目中占据清楚、差异化和满意的位置。当时对产品进行定位时，体育赛事公司首先识别定位所基于的可能的竞争优势，为了获得竞争优势，体育赛事公司必须向目标消费者传递更高的价值，可以通过比竞争者收取更低的价格或者提供更多的利益来实现。如果体育赛事公司把产品定位为提供更高的价值，那么就必须传递更高的价值。因此，有效的定位只有从差异化公司的产品或服务开始，才能给顾客带来更高的价值。一旦体育赛事公司确定了定位，就必须采取有效的策略来给目标消费者传达其定位，体育赛事公司的整个营销活动都应保持此战略定位。

◆ 案例 7-4

## 美国“超级碗”的市场营销①

美国第 52 届“超级碗”在北京时间 2018 年 2 月 5 日周一早上 7：30 正式打响。在中国，媒体们往往把这一天称为“美国春晚”，原因就在于其在美国强大的社会影响力。2010 年温哥华冬奥会为了避免与之“撞车”甚至更改了开幕式的日期。在“超级碗”的那一天，美国人将会吃下 12.5 亿只鸡翅、1100 万个比萨、1120 万磅薯片和 5000 万箱啤酒。对于全美人民而言，每年的“超级碗”已经成为一次非官方的法定节日。然而，对于体育产业而言，一年一度的“超级碗”就是一次将体育 IP 高度商业化、体育赛事高度社会化的典范。对于美国本土市场，“超级碗”如今的意义已远远不止体育竞技层面，其巨大的吸金能力和曝光度，让广告商和一线明星都把其视为向全世界行销自己的最好舞台，“超级碗”也是全世

① 原文由葛思文于 2018 年 2 月 3 日发表于自媒体账号“体育产业生态圈”，有改动。

界最值钱的单场体育赛事。

2016年《福布斯》的数据显示，“超级碗”的赛事估值为6.63亿美元，其价值比奥运会（2.3亿美元）和国际足球联合会世界杯（1.2亿美元）相加还要高。1967年第1届“超级碗”30秒广告为4.25万美元，1991年为80万美元，2005年，美国全国广播公司（NBC）“超级碗”直播期间30秒广告的费用约为250万美元，十年间增长了75%，2015年涨至450万美元，而如今“超级碗”30秒广告位的价格已经达到500万美元。精彩且充满悬念的比赛、世界巨星表演的中场秀以及创意堪比电影大片的广告，让这场体育+娱乐的综合盛宴在全球范围内都备受瞩目。当“超级碗=赛事+中场秀+广告”的理念深入人心时，其广告价值越发昂贵。

近日，美国职业橄榄球联盟（NFL）宣布与美国福克斯公司（FOX）签下了五年的周四夜赛（Thursday Night Football，简称“TNF”）合约，虽然各家媒体对签约的金额报道稍有差异，但普遍给出的看法是每年金额超过5亿美元。单场价格达到创纪录的6000万美元。除了传统媒体以外，NFL在过去两个赛季，推特（Twitter）和亚马逊公司（Amazon）分别以4000万美元和5000万美元的价格购买了周四夜赛（TNF）的数字版权。“超级碗”是一个绝佳的范例，它让我们看到了世界顶级体育赛事IP的巨大影响力，看到了体育改变世界的力量。

7. 制定体育赛事招商手册

体育赛事的招商手册的制定，最重要的是能够吸引赞助商的注意，促成高质量赞助，因此，招商手册对于体育赛事的赞助至关重要。一般来讲，体育赛事招商手册主要包括以下内容：

（1）体育赛事背景。主要介绍体育赛事的时代背景、体育赛事缘起与发展历程，目的是展示体育赛事悠久的发展历史和深厚的文化底蕴。

（2）体育赛事目的和体育赛事理念。介绍体育赛事的目的、体育赛事的理念，包括主题口号等。主要目的就是使赞助商更好地理解赛事的目的和意义。

（3）赛事概况。介绍赛事的参赛对象、参赛运动员规模、赛事的规格、明星选手或东道主选手、名人参与的基本情况。主要目的是使赞助商掌握和了解体育赛事的基本情况，尤其是体育赛事的规格高低和规模大小。

（4）体育赛事组委会组成。介绍体育赛事组委会组成及组织机构设置，使赞助商了解体育赛事主办方、承办方、协办方。一般来讲，越高级别的政府或体育协会以及有实力的公司担任主办方或承办方、组织机构设置合理、人员充足、分工合理，越能够增强赞助商的信心。

（5）媒体宣传。介绍体育赛事的媒体支持单位，尤其是电视媒体的支持对于赞助商更有吸引力。随着媒体的迅猛发展，体育赛事的发展离不开媒体强有力的支持。此部分要介绍的媒体包括：电视媒体、平面媒体、广播媒体、网络媒体、自媒体等。支持的媒体单位越多，越有利于体育赛事的招商引资。需结合竞赛日程，介绍媒体宣传和转播体育赛事的具体时间，展示电视直播和录播情况，积极开展体育赛事各类主题活动，这样有利于吸引赞助商投资赞助。

（6）赞助分级及权益回报。介绍赞助商的分级以及相应的权益回报。不同级别赞助商的权益回报显然不同。将体育赛事权益进行分级分类，列表呈现，更有利于赞助商进行比较和决策。赞助商的分级和分类尽可能地依照国际标准化方式进行。

## 第二节　体育赛事营销的机构与职责

以大型综合性体育赛事的市场开发部为例，建立组委会唯一授权的体育赛事资源营销公司，体育赛事的市场开发工作由主办单位、组委会市场开发部、市场开发公司共同完成。

### 一、市场开发工作的功能及地位

（1）弘扬和传承体育赛事的品牌，将体育赛事的资源进行整合、营销，为举办体育赛事获得声誉、资金、设备、技术和服务等资源的活动。

（2）市场开发是使用赛事的形象标识体系进行市场推广的活动，其运作过程及结果直接影响体育赛事的品牌和形象，因此市场开发对体育赛事品牌和形象宣传至关重要。体育赛事组委会一般会成立市场开发部，市场开发部是组委会内部负责市场开发工作的部门。市场开发部下设市场开发公司，由市场开发部与相关行业人员共同组建，是主、承办单位设立的唯一一家体育赛事市场开发企业，经组委会授权，具体负责体育赛事市场开发工作的组织与实施。

## 二、市场开发工作的主要目标

### （一）总体目标

市场开发工作的总体目标是更好地树立、发展、维护体育赛事品牌形象，为举办体育赛事提供办赛经费、设备和服务等产品，同时维护用户权益，实现共赢发展。

### （二）具体目标

（1）树立、维护、发展体育赛事品牌形象，保护与使用体育赛事的形象标志体系，包括体育赛事名称、标识、会徽、会歌、主题口号、宣传口号、吉祥物、宣传画等。

（2）为体育赛事筹集资金，用于举办体育赛事和支持体育赛事可持续发展。

（3）为体育赛事提供符合竞赛要求的器材和信息系统设备的生产商。

（4）为体育赛事提供相关物资、技术和服务。

（5）为体育赛事的赞助商和服务商提供合同规定的回报权益。

（6）如果是综合性体育赛事，则负责协调管理各竞赛委会的市场开发工作，使体育赛事的市场开发形成统一整体。

## 三、市场开发部门机构设置

通过案例 7-5 和案例 7-6 来了解体育赛事的市场开发机构设施情况。

◆ 案例 7-5

我国大型综合性体育赛事的市场开发部组织结构如图 7-6 所示。

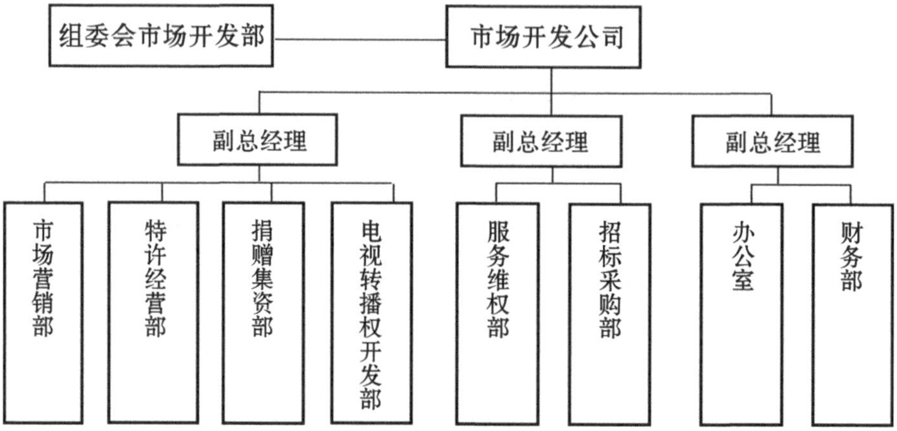


图 7-6　大型综合性体育赛事的市场开发部组织结构

◆ 案例 7-6

北京奥组委市场开发部组织结构如图 7-7 所示。

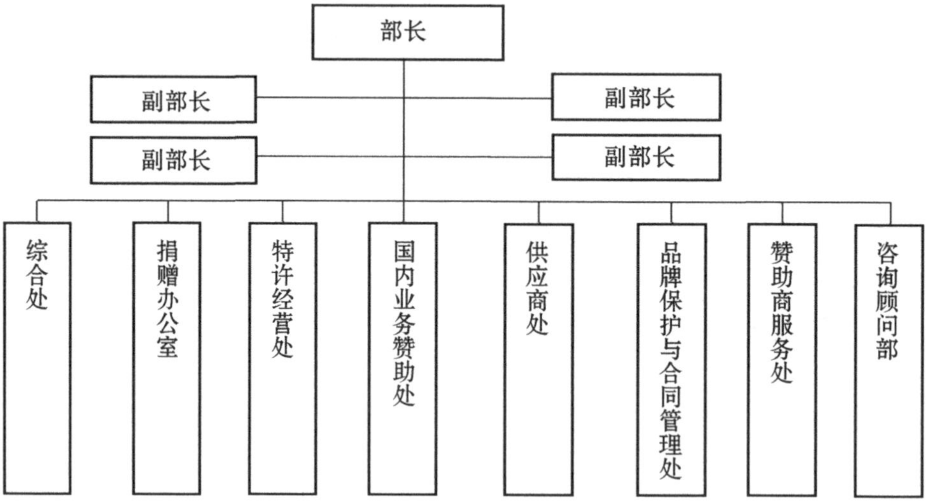


图 7-7　北京奥组委市场开发部组织结构

## 四、市场开发部门各处室工作职责

### （一）市场营销处

（1）负责体育赛事赞助招商的自主营销和代理营销业务。

（2）制订《赛事赞助计划》，经组委会市场开发部审批后执行。

（3）做好自主营销和代理营销的行业划分，为代理商提供必要的信息支持。

（4）与服务维权处共同制定赞助商合同文本（包括过渡合同和最终合同），并与赞助商签约。

（5）搜集赞助商反馈信息，及时了解赞助商的需求。

### （二）特许经营处

（1）负责赛事特许经营及其他商业资源的开发等业务。

（2）制订《赛事特许商品计划》《赛事纪念币计划》《赛事纪念邮品计划》，经组委会市场开发部审批后执行。

（3）与服务维权处共同制定特许经营商、纪念币发行商、纪念邮品发行商合同文本，并与之签约。

### （三）捐赠集资处

负责体育赛事社会捐赠、彩票和政府主导集资等业务工作。

### （四）电视转播权开发处

与广播电视部协作，对大型体育赛事电视转播权进行市场开发和销售。

### （五）服务维权处

（1）负责体育赛事资源的整合、协调、配置和管理。

（2）协助市场营销处和特许经营处制定各种合同文本。

（3）制定《赛事营销总则》，监督和指导各党委会对重点体育赛事的营销工作。

（4）根据合同规定，为赞助商提供所获得的各种权益，包括但不限于官方荣誉、行业收益、广告收益、招待权益等。

（5）负责监督、检查赞助商权益落实情况，保护赞助商的品牌和权益，防范和打击体育赛事隐性市场侵权行为。

（6）负责监督、检查赛事特殊标志的使用，保护赛事品牌和权益。

（7）负责与各竞赛委员会的联系工作。

### （六）招标采购处

（1）结合市场开发，协助组委会各部门招标采购的实施。

（2）征集各部门的产品、技术和服务需求，拟订到《市场开发计划》中进行市场开发。

### （七）办公室

（1）负责赛事资源的统筹管理，对外宣传、重要广告、重大项目策划，信息采集整理。

（2）负责公司文件的收发、批办、运转，内部协调和工作督办，文字材料的综合把关，文档管理等。

（3）负责公司人事劳资管理和员工培训。

（4）负责制定公司各项规章制度。

（5）负责日常接待和车辆管理等行政事务。

### （八）财务处

负责市场开发公司的财务管理、资金运作、内部审计等。

### （九）咨询顾问处

（1）聘请市场营销、投资、企划等方面的专家，对《市场开发计划》和市场开发工作进行指导。

（2）聘请法律顾问，负责审核公司的所有合同内容。

（3）聘请负责广告的政府职能部门人员，参与广告维权工作。

# 第三节　体育赛事的赞助

赞助是体育赛事获取经费的主要来源之一。对于体育赛事经营管理者而言，要做好体育赛事的赞助工作，需要换位思考，站在对方的角度来考虑问题。唯有如此，体育赛事的赞助才能够真正取得良好效果。

## 一、体育赛事赞助概述

### （一）体育赛事赞助的概念

赞助商是指向体育赛事或体育赛事组织提供资金、服务或其他支持，并期望得到特殊利益回报的公司或个人。同时，赞助还是创造品牌、培养感情、传递良好消费体验和推广产品销售的良机。

### （二）体育赛事赞助的目的和意义

对于体育赛事组织者或经营者来讲，企业赞助资金、技术、服务是体育赛事运营不可或缺的物力支持。一项体育赛事成功与否，可以通过其赞助商的数量、种类以及赞助收入等来判断。

对于企业来说，赞助是内容营销和讲好品牌故事的绝佳机会。体育赛事赞助可以帮助企业进行商业拓展和解决实际业务问题。体育赛事赞助不仅能够帮助企业宣传和塑造品牌形象，而且可以更多地参与到企业整体的发展战略中去。赞助是企业品牌整个市场营销的重要组成部分。企业赞助体育赛事不仅只是为了提高品牌知名度，还为了与消费者互动、提升粉丝忠诚度和保持市场份额。随着新媒体、自媒体、网络媒体迅速成长，传统广告影响力受到媒体变革的冲击，通过体育赛事做广告，可以实现以下几个目的：媒体的广泛性和多元性，广告的真实性和深刻体验性，把体育赛事粉丝转变成传播渠道，成为健康和阳光的消费群体。

通过和体育赛事合作，企业可以实现以下目标：刺激销售的增长，提高品牌知名度，塑造品牌个性和形象，触及消费者，获得展示品牌和产品的独家平台，对员工的激励和奖励手段，通过赞助体育赛事提升企业在社区和社群中的好感度。通过和体育赛事合作，企业可以运用以下赞助权利来实现上述目标：把品牌与体育赛事的品牌关联起来，使用体育赛事 IP 和平台做自己的市场营销和推广，利用体育赛事资源和体育场馆等来服务企业用户和员工、组织市场营销活动等。体育赛事给企业提供了有效且高效的平台，将企业的商业目标和社会责任目标相结合，进而使企业树立良好的社会形象。体育赛事赞助是很好的营销平台。

目前，我国企业在体育赞助中存在的突出问题就是体育赞助短视。例如，1996 年亚特兰大奥运会中国代表团的赞助商有 37 家之多。到 2000 年悉尼奥运会时就只剩下李宁公司一家了（健力宝由于可口可乐公司产品的排他性被迫退出）。这说明很多公司在赞助上还不成熟，对赞助的理解太过简单或片面。另外，体育赛事管理者不注重企业权益回报，使企业没有因此获得应有收益，有的甚至背上了沉重负担，所以被迫退出。反观西方发达国家的企业，它们都有一整套长期的赞助计划，甚至将体育赞助作为企业营销战略的一部分，成立专门部门，专司赞助项目公关策划工作，或由总裁挂帅瞄准体育赞助这一巨大市场，从研发到市场、从资金到人才全面调动，真正把体育赞助打造成品牌塑造不可或缺的举措。

## 二、体育赛事赞助商的招募和遴选

### （一）赞助商类别

一般来讲，体育赛事的赞助商多种多样，尤其是经营状况比较好的有影响力的体育赛事，其赞助商的类别往往是多样化的，具体参见案例 7-7。

◆ 案例 7-7

### 北京奥运会市场开发关键统计数据

2008 年北京奥运会赞助企业统计如下：12 家全球合作伙伴；11 家北京 2008 合作伙伴；10 家赞助商；15 家独家供应商；15 家供应商；15 家体育器材供应商，奥运会 28 个大项中的 18 个；3 家火炬接力全球合作伙伴；2 家火炬接力供应商；35 家残奥赞助企业。共征集 69 家特许生产商和 81 家特许零售商，此外还有 1 家海外特许零售运营商和 1 家互联网特许商品零售商，共开发了 12 类 8000 余款特许商品，开设 6300 多个特许零售店，共发行 10 组奥运纪念邮票和 3 组奥运会贵金属纪念币、3 组流通纪念币和一张奥运纪念钞。

（资料来源于北京奥组委工作资料，数据截至 2008 年 9 月底）

## （二）选择赞助商的主要参考因素

（1）资质因素。

（2）品牌因素。

（3）推广因素。

（4）文化因素。

（5）报价因素。

## （三）寻找赞助商的方式

### 1. 公开销售

通过官方网站和其他媒体公开征集企业赞助意向。

### 2. 定向销售

向具备条件的企业发出征集赞助邀请。

### 3. 个案销售

直接与符合条件的企业进行销售洽谈。

### 4. 中介销售

通过体育中介公司寻求符合体育赛事要求的赞助商。

### （四）寻找赞助商的步骤

（1）体育赛事组委会制定招商手册，明确赞助商权益和价格，以公告或新闻发布会的形式向社会公开征集赞助意向，或向企业发出赞助邀请。

（2）企业提交赞助意向书及企业信息表。

（3）对企业资格进行评审。

（4）与企业洽谈赞助方案。

（5）企业提交正式的赞助方案。

（6）确定赞助企业，报体育赛事管理机构（相关体育组织）批准。

## 三、体育赛事赞助商的赞助策略

赞助中了解双方需求是合作成功的关键。营销是企业的一种支出，除此以外，企业还有生产、分销、产品研发、人力资源等其他支出，因此，营销预算额度是关键因素。

当今时代，企业可以选择不同的营销方式：可以做与体育相关的广告、赞助、球员代言等；通过广告讲好故事；通过红人营销、电竞市场营销，专注女性市场营销；采取科技人工智能营销，以及体育短视频营销和语音激活搜索营销等；可以做非体育类的营销。另外，企业可以赞助不同层级的体育组织——联赛、赛事、俱乐部和运动员。将自己的优势展现出来是体育组织吸引企业的关键。

在具体的商业操作上，企业和体育组织还要考虑一些细节，如风险的共同承担、激励措施等，使得双方合作更加良性和平衡。例如，在签订合同时签订防护性和激励性的条款——可以规定在运动员表现良好时，给予更多赞助费用，相反地减少赞助费用。通过以上措施，能够减轻赞助的风险，规范双方的行为，建立良性的、积极稳定的合作。

成功的可持续的赞助合作要让双方的需求都得到满足，因此需要在合作过程中了解自己和对方所需，做好充分的沟通和配合，以期达到最好的效果。企业要学会使用体育赛事资源，体育赛事资源是最典型的试点营销。企业要获得好的体育赛事赞助效果，需要注意以下几点：

(1) 做好市场调查。和任何市场营销计划一样，品牌必须制定自己的关键目标和测量标准，找出自己的目标人群，这会决定他们能否成功。找到正确的赞助，然后再成功激活它，要求品牌真正理解消费者，以及什么可以推动消费者。

(2) 确保任何体育赛事赞助都是一整套市场营销计划的有机组成部分，这样可以保证执行得有效，并得到内部关键人员的支持。

(3) 确定赞助最重要的是什么。明确什么是最重要的，可以帮你一开始就在谈判中拿到更好的条件。

(4) 最大限度激活赞助并给赞助留出足够预算。谈判只是一个开始，因此和所有营销一样，赞助商必须在这个阶段制订计划、做预算、整合资源。有成功的赞助，必须有良好的赞助激活来配合。投入资金购买权益的同时不做任何激活预算，这通常是赞助不能带来正向的投资回报率（Return on Investment，ROI）的主要原因之一。

(5) 扩大信息的传播范围。赞助商须找出所有潜在的信息平台，包括包装、内部交流和合作伙伴关系，还包括数字和传统媒体。

(6) 内容是关键。赞助商必须及时地生产和传播相关的、有教育意义的、吸引人的故事，让消费者有关注的信息极其重要。

(7) 管理对话。及时的内容可以制造社交货币，但是品牌必须实时在社媒上主动管理人们的言论，如果发现有负面意见的势头，应提供一些积极的评论。

(8) 展示消费者的热情。体育赛事是消费者展示热情的中心，真实的参与可以让球迷们明白你也一样关心。

(9) 提供良好的体验。增值的体验和有创意的激活活动，结合媒体营销，可以提升音量、激发人们的情感。

(10) 保持相关度。明白并参与到当下的对话中来，可以有效地影响到那些参与对话的消费者。

## 四、体育赛事赞助商服务管理

以 2008 年北京奥运会为例，在体育赛事营销服务管理环节，市场开发部主要有三项任务：赞助商服务与接待、特许商品销售、品牌保护和反隐性市场。为了科学管理场馆，国际奥委会把场馆划分为六个区，具体划分标准见表 7-3。

表 7-3　奥运会场馆分区标准

| 分区名称 | 标示方法 | 允许通行的区域 |
|---|---|---|
| 竞赛管理区 | 蓝区 | 竞赛场地（FOP）、运动员准备（热身）区、运行管理区、公共流通区 |
| 运行管理区 | 红区 | 运行管理区、公共流通区 |
| 公共流通区 | 白区 | 公共流通区 |
| 媒体工作区 | 4 | 媒体工作区（含混合区） |
| 转播工作区 | 5 | 转播工作区 |
| 大家庭休息区 | 6 | 大家庭休息区 |

## （一）赞助商服务与接待

负责协调场馆相关业务口，做好奥运会（残奥会）赞助商的服务与接待工作，具体包括以下几方面。

1. 赞助商服务与接待的主要任务

（1）与赞助商有关的交通（专用/共用停车场）、注册证件（日卡申请等）、入场（固定人口或提供方便）、贵宾服务、赞助商包厢等。

（2）受理并协调相关部门处理赞助企业的投诉。

（3）协调赞助商识别牌、旗帜或其他标志的安装、保养和维护等工作。

（4）协调赞助商进行相关会议或活动的组织工作。

（5）负责奥运会向残奥会转换的工作。包括协调落实残奥会赞助商的场地广告和残奥会运动员号码布等赞助商广告事务。

（6）协调处理赞助商在服务与接待过程中遇到的各种突发事件。

2. 赞助商服务类别

赞助商用户群主要包括两类客人：第一类是赞助商贵宾，主要包括赞助企业的主席和首席执行官及其陪同、高级行政人员、奥运项目负责人。这类人员是注册人员，具有竞赛场馆 6 区（大家庭休息区或贵宾区）通行权限，可享受相应的礼宾待遇。第二类是赞助商有组织的持票客人。这类客人主要为非注册人员，通行权限与普通观众相同，由企业以团队方式组织观赛。以上两类客人在场馆内的行进流线完全不同，所涉及服务的业务口亦有差别。各项相关服务由每条流线上的各相关业务口负责，由市场开发业务口进行协调。

3. 赞助商注册贵宾相关服务的协调工作

（1）任务描述。协调安保、交通业务口保证贵宾 T1 车辆从后院进入场馆、停放在预留停车区域；协调礼宾人员引领贵宾进入大家庭休息室休息、进入预留座席观看比赛，并提供赛事信息、专供餐饮等相关服务；负责安排贵宾与奥组委领导的会见工作。

（2）运行地点。场馆 6 区大家庭休息区（大家庭休息室、预留座席等）、红区（停车区）等。

（3）配合业务口的任务描述。注册贵宾乘坐 T1 车辆进入场馆，由场馆交通负责引导行进并停放预留车位；由场馆安保负责实施安全检查或免检放行；注册贵宾本人由场馆礼宾负责相应的各项接待工作；出现问题时由市场开发业务口的工作人员进行协调。

4. 赞助商持票客人相关服务的协调工作

（1）任务描述。协调赞助商客车在指定位置落客、停车；根据场馆情况，在比赛开始前协调相关业务入口开辟赞助商团队专用的安检验票“快速通道”；协调观众服务人员提供座位及餐饮、医疗等服务。

（2）运行地点。场馆白区、红区、场馆周边。

（3）配合业务口的任务描述。赞助商大客车由场馆交通负责引导行进并停入安保线外预留车位，出现问题时市场开发业务口工作人员配合交通业务口工作人员协调解决；在有条件的场馆供赞助商团队使用的相对独立的安检验票“快速通道”由场馆安保和观众服务负责安排，根据场馆条件，该通道可专用也可与其他用户群共用，当赞助商团队客人到达时保证其优先通过，市场开发业务口工作人员负责提出识别赞助商团队的具体办法；赞助商团队客人在观众活动区的接待由观众服务、餐饮、医疗等相关业务口负责，出现问题时市场开发业务口工作人员将帮助协调解决。

5. 赞助商交通服务相关协调工作

（1）任务描述。根据往届奥运会惯例和国际奥委会接待技术手册等规定，将在各竞赛场馆、非竞赛场馆安保线外为赞助商车辆（包括租赁大客车和自备大客车）提供专用停车场，并根据各竞赛场馆、非竞赛场馆的实际条件将赞助商停车场设立在离安检口尽可能近的地方，原则上不应超过步行 10 分钟的距离。可以采取以下两种方式：第一，在靠近安检口较近的地方设置赞助商停车场，距离安检口的步行距离不超过 10 分钟。第二，在靠近安检口的地方设置赞助商上下车点，待赞助商的客人下车后，车辆再停入赞助商停车场；比赛结束后，车辆从停车场开到赞助商上下车点，赞助商的客人上车。关于停车场面积及停车位数量的问题将根据场馆的实际需求以及赞助商的票务信息确定。

（2）运行地点。场馆安保线外的赞助商大客车停车场。

（3）配合业务口的任务描述。赞助企业在赛前提交所有票务信息及交通流量信息，由赞助商交通运营中心进行汇总及流量分析，赛时提交至各场馆交通经理；交通人员根据流量信息提前预留车位，在赞助企业的车辆到达场馆时引导停放在指定停车位，比赛结束后，引导离开比赛场馆。

6. 赞助商证件相关的协调工作

（1）任务描述。根据新版技术手册，赞助商用户群中的奥林匹克全球合作伙伴的注册类别为 TOP，其余赞助企业的注册类别为奥运会组委会（Organising Committees for the Olympic Games，OCOG）；赞助企业提出的在协议规定范围内的合理的证件需求，如一日卡、升级卡等，协调场馆注册业务口办理。

（2）运行地点。场馆白区、红区、注册点等。

（3）配合业务口的任务描述。赞助企业在赛前提交所有人员的注册信息，由注册中心负责办理具体的采集、录入及制证等事宜；场馆内赞助商客人在协议允许的范围提出的合理的证件需求，如一日卡、升级卡等，由场馆注册业务口负责解决，出现问题时市场开发的工作人员进行协调。

当然，赞助商服务还包括但不限于赞助商的票务、包厢、赞助商品牌识别的规划、安装与维护、赞助企业为场馆提供产品或服务，以及奥运会向残奥会转换及残奥会期间赞助商广告及展示等相关工作的协调工作。

### （二）特许商品销售

特许商品零售商负责场馆特许商品销售工作，具体包括：①协调落实场馆零售点的位置、面积、库房和必要的办公、营业条件（信用卡刷卡服务）。②负责场馆特许零售商的日常管理工作，监督人员到场情况、每日商品销售情况和产品防伪等。③与其他职能业务口协调联络，解决场馆特许零售商所遇到的问题。④管理场馆特许零售商在场馆公共流通区内设立特许商品零售点销售特许商品，配合观众服务临时关闭对高峰人流造成影响的零售点。⑤要求场馆特许零售商每天报告当日的销售情况，及时处理存在的问题。保证场馆特许商品供应。⑥协调有关部门（场馆物流经理等）落实场馆特许零售商夜间进货事项，以保证场馆特许商品及时补货。

### （三）品牌保护与反隐性市场

品牌保护工作的核心是维护赞助企业的合同权益。

1. 品牌保护、反隐性市场主要任务

负责场馆的品牌保护、反隐性市场工作，落实清洁场馆政策。具体包括以下内容。

（1）对场馆各业务口的工作人员进行品牌保护、反隐性市场培训。

（2）依据《北京 2008 年奥运会与残奥会场馆品牌保护政策》与《品牌保护与清洁场馆技术手册》的相关规定，在日常工作的开展中认真执行清洁场馆任务，做好对场馆内各类人员、物资与事项的品牌控制。协助、监督和指导场馆各业务口在其各自领域内开展反隐性市场与清洁场馆工作，主要包括对场馆内各类设施、设备、体育器材及其他物品或事项、对进入场馆各类人员的服装、携带物品及其行为的检查。

（3）及时协调各业务口，妥善处理各类违反品牌保护政策和涉及赞助企业合同权益的问题。及时向场馆团队主任和品牌保护工作团队报告各类违反品牌保护政策的案件及处理结果，以及各种突发事件情况。

2. 品牌保护政策（ 奥运会的场馆 ）

（1）政策制定原则。根据《奥林匹克宪章》《主办城市合同》《市场开发计划协议》《品牌保护技术手册》的规定，场馆不得进行任何形式的市场开发，在 2008 年北京奥运会期间，除了有特殊规定之外，任何形式的宣传，不论是商业或非商业的，均不得出现在奥林匹克场馆内、场馆周边及其上空；不得出现在人体、所有奥运会参加者穿戴或使用的任何服装、配饰、器材或其他物品上，但根据国际奥委会及其执行委员会相关规定允许出现的生产商标识、商业标识和其他商业信息除外。因此，作为北京奥组委场馆团队的一项重要义务，赛时需对场馆内所出现的所有生产商标识、商业标识或其他商业信息按照国际奥委会的要求进行严格控制，这就是国际奥委会规定的清洁场馆或洁净场馆工作（Clean Venue），即场馆品牌控制（Venue Branding Control）。

（2）品牌保护政策的目的。①降低奥运会的商业化水平，尽量减少商业信息对运动员的干扰，促进奥林匹克运动的健康发展。②维护奥林匹克、奥运会形象与标识的品牌价值。③保护奥林匹克知识产权和奥运会赞助企业的合同权益，防范隐性市场。

（3）品牌保护政策的适用范围、对象与适用时间。

3. 划分品牌保护职责

由对应部门实施。

4. 场馆品牌控制技术要求

根据清洁场馆工作要求的不同，可将场馆分为不同的层次，每个层次的品牌控制技术要求见表 7-4 和表 7-5。（具体的技术标准请见《北京 2008 年奥运会与残奥会场馆品牌控制（清洁场馆）技术手册》）

（1）竞赛场馆。

北京奥运会竞赛场馆品牌控制表见表 7-4。

表 7-4　北京奥运会竞赛场馆品牌控制表

| 层次 | 区域 | 品牌控制要求 | 备注 |
|---|---|---|---|
| 第一层次 | 新闻发布会会场、混合区、颁奖仪式场地等其他区域 | 品牌的出现依据《奥林匹克宪章》的规定来确定，除了下述物品的生产商标识外，其他生产商标识、商业标识或商业信息均应采取措施予以清除或覆盖：①赞助企业为体育赛事或活动提供的技术设备。②参赛队服 | 根据《奥林匹克宪章》的规定，上述每件物品的生产商标识只能出现一次，标识的尺寸也应符合相关要求 |

续表

| 层次 | 区域 | 品牌控制要求 | 备注 |
| --- | --- | --- | --- |
| 第二层次 | 比赛场地（Field of Play，“FOP”）、运动员准备区、颁奖仪式准备区、观众坐席区（不含观众本身） | 品牌的出现依据《奥林匹克宪章》的规定来确定，除了下述物品的生产商标识外，其他生产商标识、商业标识或商业信息均应予以清除或覆盖：①体育器材，包括组委会提供的固定器材和参赛运动员自带的个人器材。②参赛队服。③赞助企业为体育赛事或活动提供的技术设备。④所有有权进入本区域的人员的服装和配饰，包括技术官员、颁奖嘉宾和组委会工作人员（包括赞助企业为体育赛事提供服务的工作人员） | 根据《奥林匹克宪章》的规定，上述每件物品的生产商标识只能出现一次，标识的尺寸也应符合相关要求 |
| 第三层次 | 奥林匹克大家庭贵宾休息室、场馆运行管理区（场馆后院）、技术控制区域、场馆主体建筑（如有）内部的公共流通区 | 品牌的出现依据与赞助的企业所签赞助协议的规定来确定而非《奥林匹克宪章》，只有赞助企业的品牌才能出现，目的是实现赞助企业的合同权益，如在赞助企业提供的产品或服务上出现品牌或赞助商官方标识，但赞助企业品牌的出现应是合理的，不得出于广告或宣传的目的，非赞助企业的品牌应予以清除或覆盖 | |
| 第四层次 | 场馆媒体工作间、场馆安保线内部除第三层次区域以外的公共流通区 | 品牌的出现依据与赞助企业所签赞助协议的规定来确定而非《奥林匹克宪章》，只有赞助企业的品牌才能出现。但应符合协议规定，非赞助企业的品牌应予以清除或覆盖 | 同时在个案分析的基础上，也可以出现非赞助企业的品牌，但不得与赞助企业的产品或服务形成竞争关系，如可出现奥运特许商品上的相关信息、餐饮服务商提供的产品的有限信息、物流车辆依据国家有关法规必须出现的车辆生产企业名称和车辆品牌等 |

续表

| 层次 | 区域 | 品牌控制要求 | 备注 |
|---|---|---|---|
| 第五层次 | 场馆外围紧邻安保的区域 | 品牌的出现依据当地的立法（如可能）或间接地与当地政府部门的合作，而非依据《奥林匹克宪章》或赞助协议。必须最大限度地防止出现与赞助企业构成明显竞争关系的品牌的出现，防范隐性市场 | 根据国际奥委会的相关规定，北京奥组委将与主办城市（包括京外赛区城市）实施户外广告控制计划，在赛事及赛前一段时间内对相关区域内的户外广告进行严格控制，因此，各场馆及其外围团队应协助做好该项工作 |

资料来源：2008 年北京奥组委工作资料。

（2）非竞赛场馆、训练场馆及其他场所。2008 年北京奥运会非竞赛场馆、训练场馆及其他场所品牌控制表见表 7–5。

表 7–5　2008 年北京奥运会非竞赛场馆、训练场馆及其他场所品牌控制表

| 序号 | 场馆及其他场所 | 品牌控制技术要求 |
|---|---|---|
| 1 | 颁奖广场或比赛场地外的颁奖地点 | 参照竞赛场馆第一层次的技术要求 |
| 2 | 开闭幕式现场 | 参照竞赛场馆第一层次的技术要求 |
| 3 | 奥运村 | 参照竞赛场馆第四层次的技术要求 |
| 4 | 奥林匹克大家庭饭店 | 参照竞赛场馆第五层次的技术要求，但产品与服务的使用应尊重赞助企业的产品类别 |
| 5 | 主新闻中心、国际广播中心 | 参照竞赛场馆第四层次的技术要求，但媒体工作人员携带的个人器材与物品可予以除外 |
| 6 | 奥林匹克公园公共区 | 参照竞赛场馆第四层次的技术要求 |
| 7 | 首都国际机场 | 参照竞赛场馆第五层次的技术要求，同时应遵守《北京 2008 年奥运会与残奥会户外广告控制计划》的相关规定 |
| 8 | 工作人员注册和制服发放中心 | 参照竞赛场馆第四层次的技术要求 |
| 9 | 数字北京大厦 | 参照竞赛场馆第四层次的技术要求 |
| 10 | 奥林匹克接待中心 | 参照竞赛场馆第四层次的技术要求 |
| 11 | 北京奥运物流中心 | 参照竞赛场馆第四层次的技术要求 |

续表

| 序号 | 场馆及其他场所 | 品牌控制技术要求 |
| --- | --- | --- |
| 12 | 北京奥运大厦 | 参照竞赛场馆第四层次的技术要求 |
| 13 | 青年营营地 | 参照竞赛场馆第四层次的技术要求 |
| 14 | 安保指挥中心 | 参照竞赛场馆第四层次的技术要求 |
| 15 | 奥运会兴奋剂检测中心 | 参照竞赛场馆第四层次的技术要求 |
| 16 | 训练场馆 | 训练场馆内训练场地及其周边区域的清洁场馆工作参照竞赛场馆第二层次的技术要求，训练场馆安保线内其他区域的清洁场馆工作参照竞赛场馆第四层次的技术要求 |
| 17 | 将来可能新增的场馆，以及其他场地、区域或设施 | 根据场馆的具体情况参照本政策 |

资料来源：2008 年北京奥组委工作资料。

5. 品牌保护的工作机制

（1）内部机制——完备的合同义务安排。合同义务安排是防范隐性市场与保证清洁场馆政策执行的重要环节。①北京奥组委与中国奥委会签署的《联合市场开发协议》，以及北京奥组委与中国残疾人联合会签署的《2008 年残奥会联合市场开发协议》，为奥运会与残奥会赞助企业营销宣传的排他权提供了前提条件。②北京市政府于 2001 年 3 月 28 日做出的授权北京奥组委对奥运会赛时期间的户外广告进行控制的承诺书，从户外广告的管理上加强了对隐性市场的防范和监控。③中央电视台对赛事期间的广告播放给予奥运会赞助企业第一谈判权的承诺书，从电视广告方面加强了隐性市场的防范和监控。④北京奥组委在与外界订立的合同中，凡有可能存在隐性市场风险的，如捐赠合同、采购合同等，均有要求合同另一方禁止与奥运会相联系进行营销宣传的合同义务条款。⑤在所有奥运会比赛场馆或设施的招标中，奥运会赞助企业均有第一谈判权。⑥奥运会门票背面及提供给购票观众的官方《观赛指南》上关于服装标志及广告宣传的禁止性条款为清洁场馆的执行提供了依据。

（2）外部机制。①保护知识产权的法律法规。与奥林匹克知识产权有关的法律法规包括商标法、著作权法、反不正当竞争法和《奥林匹克标志保护条例》（国务院令第 345 号）《北京市奥林匹克知识产权保护规定》等。②政府部门的大力配合。③新闻媒体的宣传报道。

6. 品牌保护的执行程序

（1）赛前市场开发业务口将对场馆各业务口进行有关品牌保护运行任务、场馆品牌控制技术要求及标准方面的培训，明确各业务口的工作职责，指导与协助各业务口开展场馆内品牌保护工作。

（2）赛时各相关业务口应安排专门的工作人员负责对其职责范围内的物资、用户群（包括其穿戴或携带的服装、器材、设备及个人物品）进行品牌控制检查。

（3）各相关业务口应在用户群检票、验证入场时，和整个比赛过程中检查用户的穿戴、携带物品和行为，如发现不符合品牌控制技术要求的事项或行为，工作人员应及时告知当事人予以纠正，或采取措施协助其予以处理。

（4）如当事人拒绝配合，工作人员应向当事人做必要的解释和劝导工作，如劝导无效，应及时报告，请本业务口负责人到场，对态度恶劣的可拒绝其入场或直接采取第 6 条程序。

（5）相关业务口对场馆品牌控制技术要求或技术标准难以确定或遇到技术问题的，可通知市场开发业务口相关人员到场，由市场开发副经理或经理予以必要的协助与技术支持。

（6）如当事人不服劝导和管理，影响了入场秩序或赛场秩序，相关业务口负责人应立即通知场馆安保工作人员到场协助。场馆安保将根据相关法律或政策进行处理，情节严重的，应阻止当事人入场或将其清理出场。

（7）相关业务口应及时收集场馆内违反本政策的各类问题并将处理结果报告市场开发业务口，由市场开发业务口予以汇总，场馆主管副主任审核后报场馆主任备案。

7. 转换期品牌保护政策

转换期是指奥运会闭幕至残奥会开幕的这段时间，通常为两周，北京奥运会、残奥会的转换期开始于 2008 年 8 月 24 日（奥运会闭幕），结束于 9 月 6 日（残奥会开幕）。根据国际残奥委会《残奥会技术手册》的规定，在转换期内，所有带有奥运会形象景观的旗帜、标语、道路指示标牌或标志、赞助商识别或其他形象元素应转化成带有残奥会形象景观的旗帜、标语、道路指示牌或标志、赞助商识别或其他形象元素。奥运会与残奥会之间有关形象景观的转换应遵守《国际奥委会

—国际残奥委会合作协议》《国际奥委会—国际残奥委会市场开发议定书》以及国际残奥委会的其他相关规定。

8. 场馆品牌保护政策

根据《国际奥委会—国际残奥委会合作协议》《国际奥委会—国际残奥委会市场开发议定书》《品牌保护技术手册》《残奥会技术手册》的规定，除下述例外规定外，奥运会的场馆品牌保护政策同样适用于残奥会比赛：①运动员号码布广告。②场地广告或其他商业装置。③国际残奥委会将来可能制定的其他例外规定。因此，场馆相关业务口应根据相关政策在残奥会期间做好残奥会场馆内的清洁场馆与品牌控制工作。

9. 反隐性市场

（1）什么是隐性市场。隐性市场是指所有故意或无意的，旨在与奥运会或奥林匹克运动进行虚假的或未经授权的商业联系的行为。具体包括以下三种形式：①非奥运会赞助企业想方设法与奥运会建立虚假或未经授权的联系。②非奥运会赞助企业违反各种保护奥林匹克知识产权的法律、法规。③非奥运会赞助企业故意或非故意干扰奥运会赞助企业的合法市场营销权。

（2）隐性市场的危害性。①损害奥运会的市场开发，影响奥林匹克运动的长期发展。②侵害赞助企业的合法权益。③干扰市场，误导消费者，并违反国家的法律法规。

（3）反隐性市场的合同义务。①《主办城市合同》。②《市场开发计划协议》，它由国际奥委会与北京奥组委共同签署。③《联合市场开发协议》。它由中国奥委会和北京奥组委共同签署。④赞助协议。它由国际奥委会或北京奥组委与奥运会赞助企业签订。⑤其他协议。

（4）反隐性市场的法律依据及法治宣传。①北京市政府于 2001 年 10 月 11 日发布了《北京市奥林匹克知识产权保护规定》，于 2001 年 11 月 1 日实施。②国务院于 2002 年 2 月 4 日公布了《奥林匹克标志保护条例》，于 2002 年 4 月 1 日施行。③与国家的商标法、著作权法、反不正当竞争法等共同构成了奥林匹克知识产权的保护体系。宣传措施主要有：①北京奥组委的内部培训。②对各级赞助企业的培训。③与在京主要媒体的沟通。④对群众与非奥运会赞助企业的教育与宣传。

10. 清洁场馆

（1）清洁场馆的定义。清洁场馆是指所有用于官方奥林匹克场馆的设施、设备和区域应不受商业广告和其他与奥运会不适宜的信息干扰。清洁场馆政策旨在为奥运会提供一个不受任何商业、政治、宗教或种族影响的竞赛环境，防止奥林匹克品牌被过度商业化，同时也保护赞助商的合法权益。除非得到国际奥委会或北京奥组委的事先批准，奥运会的场馆内不允许出现任何商业广告、宣传或展示等。

（2）清洁场馆的合同义务。清洁场馆不仅是奥运会独有的政策，也是北京奥组委、中国奥委会、各赛区政府及其相关机构应当履行的合同义务。此外，在奥运会转播商与国际奥委会签署的电视、广播、新媒体转播协议中，在奥运会门票背面及官方的《观赛指南》上均列入了清洁场馆的相关要求。因此，进入场馆的媒体工作人员、转播工作人员及在场馆观看比赛的观众也必须遵守清洁场馆的要求。

（3）《奥林匹克宪章》相关规定。《奥林匹克宪章》是奥林匹克运动的核心文献，它规定了奥林匹克运动的内涵、宗旨和精神，其中关于清洁场馆的规定包括：① 除非经国际奥委会执行委员会的批准，任何奥运会参加者不得将自己的照片（或者其他形式）在奥运会期间用于广告目的。②任何形式的宣传，无论是商业、政治、宗教还是种族性的，都不得出现在奥运场址。③技术设备、设施、体育器材、头部用品、鞋和衣服的标识应符合国际奥委会执委会的相关要求。④《主办城市合同》相关规定。《主办城市合同》中关于清洁场馆的规定如下："城市、国家奥委会和奥运会组委会应采取必要措施，使奥林匹克场馆内，场馆外报道奥运会比赛的电视镜头范围内，或在观看奥运会比赛的观众视野内不得有宣传和广告。同时，城市、国家奥委会和奥运会组委会应采取必要措施，使该城市和其他举办奥林匹克赛事的城市和场地的上空在奥运会期间不得有宣传广告出现。"

## 五、赞助效果评估

### （一）衡量赞助效果的指标体系

赞助已经成为体育赛事营销战略的组成部分，然而，许多企业仍然没能有效地量化这些支出的影响。赞助商只是投入资金，而没有综合考虑投资回报（ROI），这样的赞助效果并不理想。赞助效果可以通过以下五个指标来衡量：

1. 单次抵达成本

营销人员应该评估广告每次抵达所触及的具体人数，如电视、广播、纸媒、互联网中的基础数据以及自媒体和新媒体。成本不仅包括版权费用，也涵盖活动费用（如促销摊位和商品）和广告。

2. 单次抵达的无意识认知度

企业往往在赞助上投入大量资金，却很少投入在营销活动上，如宣传展台和商品推广活动等，这样容易得不偿失，错失了扩大销售和提高知名度的有效机会。因此，在赞助基础上的营销活动至关重要。

3. 单笔交易的销售和利润

通过商品单笔交易中商品销售情况和利润的变化来衡量赞助所起到的作用。

4. 长期的品牌属性

赞助必须超越短期投资，塑造长期品牌消费认知。长期的销售增长至关重要，品牌实力可以贡献60%~80%的销售额。

5. 间接效益

赞助可能刺激间接销售。

## （二）赞助评估报告撰写

赞助商在赞助完赛事后，往往需要对赞助的效果进行评估，一方面是综合评估本次赞助的投资回报率，另一方面是优化未来的赞助项目。赞助评估报告具有以下作用：帮助赞助商评估投资回报率，为赞助商提供内部工具，推动赞助协议的续签。赛后赞助报告要求：要与赞助商保持实时沟通，要提供更多ROI数据。

赞助效果评估报告模板如下：

1. 赛事介绍

简要介绍赛事概况。

2. 参与情况

（1）观众上座数据分析。

（2）观众人群分析（包括顾客年龄、性别、职业、偏好分析等）。

3. 对企业产品销售的测量

最简单的测量方法是比较赞助前和赞助后的销量，复杂一些的会通过其他非赞助因素来分析销售的变化。需注意的是，划定赞助可能会影响不同区域，如赞助一个俱乐部和一个全国联赛会产生不同的影响范围。

4. 品牌形象认知度/品牌回想和购买可能性的测量

调查方法可以测量赞助是否提升了消费者对品牌或赞助商的认知、试用和购买产品的可能性，也可以测量已有顾客是不是因为赞助而可能继续购买甚至购买更多产品。

5. 企业品牌曝光情况

获得媒体曝光是比较熟悉的一种赞助效果。通过赞助，品牌可以在比赛现场或媒体上获得在观众中的曝光。对媒体曝光的测量已经有比较成熟的方法和工具，不仅可以测量电视媒体等的曝光，还可以测量社交媒体上的曝光。

（1）电视媒体曝光：电视曝光（付费广告、公益广告、新闻报道及收视率统计等）。

（2）平面媒体曝光：纸媒曝光（广告宣传单、赞助相关文章、品牌标识呈现等）。

（3）网络媒体和自媒体曝光。

（4）新媒体曝光（数字曝光）：邮件、微博、即时通信软件、社交软件等。

（5）现场曝光：图像曝光（标牌展示、呈现区域等），接收信息的现场观众人数等。

（6）广播曝光：广播报道等。

（7）活动推广曝光：主题活动或新闻发布会、酒会、答谢会、颁奖、慈善捐助等。

（8）现场公众曝光：现场接收信息的观众人数等。

◆ 案例 7-8

## 广州亚运会赞助商回报与服务

广州亚运会赞助商主要的权益回报如下。

（1）享有广州 2010 年亚运会高级合作伙伴、合作伙伴、赞助商、供应商称号，享有同类产品的排他性权益。

（2）享有在产品目录、包装、名片及相关宣传手册上使用广州 2010 年亚运会标识（包括会徽和吉祥物）的权益。

（3）享有亚运会比赛场地、新闻发布会、宣传展台、宣传手册等广告的权益。

（4）享有现场展示的权益。

（5）享有参加广州亚运会火炬接力活动的权益。

（6）享有广州亚组委提供的接待权益（包括门票分配、酒店预定、制证等）。

（7）享有参加赞助商俱乐部论坛和相关活动的权益。

（8）享有购买赛时媒体广告、户外广告和广州亚组委出版物版面广告的优先权。

（9）享有赞助广州亚运会相关文化活动（包括火炬接力）的优先权。

（10）享有参加广州亚运会赞助商识别计划和反隐性市场计划的权益。

（11）鉴于不同层次的赞助体育赛事贡献的价值不同，销售进度也将体现差异。

以广州亚运会为例，具体安排如下：高级合作伙伴，2007 年 6 月—2008 年 12 月；合作伙伴，2007 年 10 月—2009 年 6 月；赞助商，2008 年 1 月—2009 年 10 月；供应商（独家或非独家），2008 年 1 月—2010 年 11 月。

◆ 案例 7-9

## 中华人民共和国第 11 届运动会市场开发与赞助概况①

### 一、第 11 届全运会市场开发概念

第 11 届全运会（以下简称“十一运会”）市场开发就是对全运会有形资源和

① 参考第 11 届全国运动会官网。

无形资源进行统一整合、包装、营销，充分挖掘其市场价值，实现应有的经济效益。

## 二、第 11 届全运会市场开发的主要内容

十一运会市场开发的主要内容包括以下几个方面。

（一）赞助招商

十一运会确立合作伙伴、赞助商、供应商三个等级的赞助招商计划，三个级别均设基准价位。其中供应商又分为独家供应商和供应商，合作伙伴为最高等级。

（二）社会捐赠

组委会采取有关措施争取企事业单位、社会各界、社会团体和个人出资捐赠支持十一运会承办工作。

（三）电视转播报道权

组委会通过出售十一运会赛事信号和信息而获取资金或广告时段等收益的经营活动。主要包括赛事转播权、新闻报道权等，分全国版权、地方版权、港澳台版权和海外版权四类。

（四）特许经营

组委会授权生产制造商在其产品上使用十一运会标志（名称、会徽及吉祥物等），并允许企业相关产品在全国范围内生产、销售，从而获取标志使用费、参与销售提成的经营活动。包括纪念币、纪念钞、纪念牌、纪念邮品、纪念衫等文化、生活用品的特许经营等权益。

（五）开幕式、闭幕式及比赛门票

组委会出售十一运会开、闭幕式及比赛等门票而获取收入的经营活动。

（六）资金运作

组委会将十一运会市场开发所得资金进行市场运作，获得经济收益用于十一运会承办工作的经营活动。

（七）网络及新媒体资源开发

组委会商业合作网站、网络直播资源开发，手机短信、视频等新媒体资源的开发。

（八）其他商业资源开发

主要包括但不限于以下几个方面：

体育彩票：为举办全运会发行的体育彩票，其公益金主要用于弥补全运会办赛经费不足。

体育展会：通过全运会期间举办的各种形式的体育博览会、专业体育展会来筹集资金。

商业比赛：是指举办具有市场开发价值、群众喜欢、赞助商有赞助意向的体育商业比赛。

文艺演出：为配合全运会有关活动举办的各类文艺演出活动，包括全运主题晚会、全运宣传晚会等。

主题活动：全运会组委会举办的和全运会有关的各类大型活动，如火炬接力、会徽和吉祥物等征集活动、开闭幕式、倒计时系列活动、邮展、论坛报告会等。

比赛场馆、印刷品广告及赛事冠名：各类比赛场馆、全运会刊、各类宣传手册等广告及赛事冠名等。

## 三、赞助意义

（1）展示企业形象，提高产品知名度。

（2）树立社会公益形象。

（3）展示企业产品、技术和服务。

（4）提升企业销售业绩。

（5）加强企业业务往来。

（6）提高企业内部竞争力、凝聚力。

## 四、赞助商的标准

（1）企业资质：赞助企业必须有较强的实力，发展前景良好，在国内同行业中处于领先地位，有充足的资金。

（2）保障能力：能够按照所签合同约定提供充足、先进、可靠的产品、技术或服务。

（3）赞助报价：企业报价必须超过所设定的基准价位。

（4）企业品牌：企业具有良好的社会形象和信誉，企业的品牌和形象与全国运动会品牌以及十一运会办赛理念相融合，产品符合绿色环保标准。

（5）推广措施：企业在市场营销和广告推广方面要给予相应的投入，以充分利用十一运会平台进行市场营销，同时宣传和推广十一运会。

五、赞助方式

（1）提供资金。

（2）提供产品。

（3）提供技术和服务。

十一运会组委会根据筹办工作进度和实际需求，赞助将分阶段进行，包括分期付款和分阶段提供产品和服务。

企业可以选择复合赞助的形式，即除了资金以外，产品、技术和服务也可以按照议定的价格以一定比例进行折算形成赞助金额，但一般情况下应以资金为主。

六、赞助程序

赞助程序见图7-8。

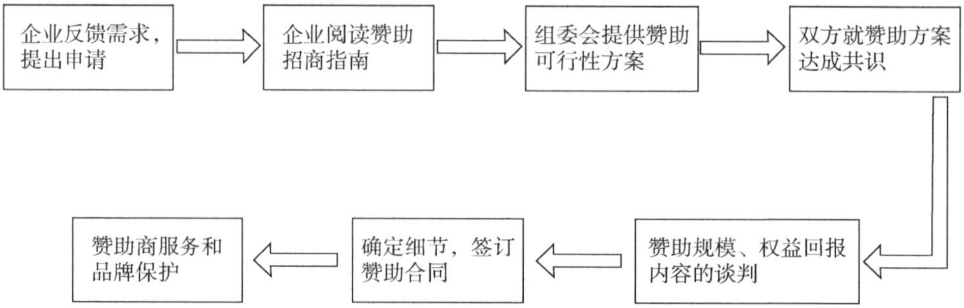


图7-8　赞助程序

以上步骤根据实际情况可以有所增加或减少。

七、赞助收益

（1）无形资产使用权。

①官方荣誉：授予企业荣誉称号，授予企业领导名誉职位，召开新闻发布会并安排领导会见等；

②冠名权：企业可以选择单项赛事进行冠名，在比赛场馆显要位置设置广告，获赠该单项比赛门票等；

③特殊标志使用权：企业可以根据相关规定在产品和宣传中使用十一运会会徽、吉祥物、主题歌。授予企业产品十一运会指定产品的称号，享有行业或产品类别排他权。

（2）广告收益：主要包括公共广告位广告、开闭幕式及比赛期间场馆广告、门票广告、证件广告、宣传册广告、电视广告、网络广告、平面媒体广告等。

（3）招待计划：主要包括邀请企业领导参加开、闭幕式，出席十一运会大型主题活动，获赠门票，组委会提供有关交通、食宿等。

（4）销售权益：比赛期间，企业可以选择部分场馆在指定区域设置产品展示或销售区；根据需要，十一运会组委会购买赞助企业的产品。

（5）主题活动：企业可优先选择（有偿）参与十一运会相关主题活动。

（6）企业在赞助十一运会期间，可有偿赞助冠名系列群体活动，以接近目标用户，扩大企业宣传力度。

## 八、十一运会市场开发计划的时间进度安排

十一运会市场开发赞助招商计划、特许经营计划以及门票计划按时间先后分别推出。最早运作的是赞助招商，其中合作伙伴自 2007 年 9 月开始，赞助商自 2008 年 3 月开始，供应商自 2008 年 8 月开始。特许经营计划原则上从 2007 年 11 月开始；社会捐赠工作将贯穿市场开发的全过程；门票销售从 2009 年 1 月开始；电视转播权开发争取在 2007 年 12 月开始；其他商业市场开发贯穿市场开发工作的始终。

# 第八章　体育赛事的风险管理

风险管理为体育赛事顺利进行保驾护航。体育赛事组织管理的复杂性增加了风险事件发生的可能性。体育赛事有时很脆弱，经不起风险事件的考验，尤其是重大风险事件的发生，往往导致体育赛事功亏一篑。因此，充分认识和把握体育赛事风险管理的规律至关重要。在体育赛事组织管理实施过程中组织者需要对潜在风险事件进行预测、分类与识别、评估、分析、监控，并做好应急预案及提高应急处置能力。同时，要突出以人为本，对于高风险运动项目的比赛，需通过风险管理来保护运动员的生命安全。

## 第一节　体育赛事风险管理概述

随着我国市场经济体制改革的不断深化，在体育赛事朝着市场化运作模式发展的时代背景下，风险管理逐渐渗入体育赛事管理实践当中。

### 一、风险管理概念

风险管理是指人们对可能遇到的风险进行预测、识别、评估、分析，并在此基础上对风险进行有效处置的科学管理方法。

### 二、风险管理过程

风险管理过程是指制订并执行风险管理计划，以便有效控制体育比赛活动，避免发生安全意外事件、伤害或损失的过程，包括风险规划、风险识别、风险评估、风险应对和风险监控五个主要环节。

### （一）风险规划

风险规划是指制订风险管理的一整套计划，包括确定风险管理成员与行动方案、选择合适的风险管理方法、确定风险判断依据、跟踪形式和具体的时间计划等。

### （二）风险识别

风险识别是指将风险因子要素归类并查找出来，从而确定风险的来源、产生的条件，并描述风险特征和确定哪些风险事件有可能影响比赛。风险识别的方法包括德尔菲方法、头脑风暴法、情景分析法和面谈法等。

### （三）风险评估

风险评估是指通过对所有不确定性和风险要素的分析，评估和预测风险发生的概率和损失的程度，从而找出关键风险，并确定整体风险水平。风险评估的工具和技术包括风险危害分析等级矩阵法、故障树分析法、层次分析法、蒙托卡罗模拟法、外推法、计划评审技术、概率分析法等。

### （四）风险应对

风险应对是指对风险提出有针对性的处置意见和办法。例如，制定体育赛事的各种应急预案。

### （五）风险监控

风险监控是指跟踪已识别的风险，并识别剩余风险，修改及保证风险管理计划的实施。

## 第二节 体育赛事风险管理过程

体育赛事风险管理过程是一项复杂的工作，其最大意义在于如何预防风险事件的发生，如何把风险降到最低，以及一旦发生了各种风险事件该如何应对，如何制定应急预案，这对于体育赛事组织管理者而言更为重要。尤其是高风险运动项目的比赛，对于组织者来说如何保护好运动员的生命安全更具有现实意义。

### 一、体育赛事风险规划

制订合理的计划是体育赛事风险管理的起始，其主要包括以下方面。

#### （一）明确风险管理的目标

风险管理的成功与否很大程度上取决于是否制定了明确的目标。因此，赛事主办方在一开始就要权衡举办体育赛事的风险与收益，并表明应对风险的态度。

#### （二）确定风险管理人员的责任以及与其他部门的合作关系

赛事主办方要成立专门负责风险管理工作的部门，并在制订风险管理计划时明确风险管理部门人员的职责。同时，风险管理涉及的范围很广，风险管理部门不可避免地要和赛事其他部门打交道，其他部门的配合途径也要事先明确；否则，实践中就有可能导致信息交流不畅、措施执行不严等情况的发生，影响风险管理的效果。

## 二、体育赛事风险识别

### （一）体育赛事风险类别

1. 按照体育赛事时间进度划分

（1）赛前风险。社会、经济、政治风险，是指由于社会、经济、政治等因素对赛事如期举办产生威胁的风险。

①赛前社会与经济风险。赛前社会风险一般是指举办地是否经济运行稳定、是否有大面积的传染病流行、治安及社会秩序是否良好、是否发生经济危机等情况。例如，2010 年第 19 届南非世界杯的举办就面临上述突出问题。2016 年巴西里约奥运会筹办期间，面临塞卡病毒、罢工、抢劫、经济危机等棘手的问题需要解决。

②赛前政治风险。赛前政治风险一般是指举办地的政府是否稳定有序、是否有政坛动荡、战争爆发、大范围的罢工行为等情况。例如，1916 年的奥运会由于第一次世界大战被取消，1940 年和 1944 年的奥运会由于第二次世界大战被取消；2014 年 6 月 30 日，国际奥委会发表声明，乌克兰的利沃夫市正式取消申办 2022 年冬奥会，转而申办 2026 年冬奥会，主要原因是乌克兰国内的政治、经济与安全均出现危机；2016 年巴西里约奥运会筹办期间，巴西政坛动荡，总统迪尔玛·罗塞芙（Dilma Rousseff）被弹劾，奥组委主席卡洛斯·努兹曼（Carlos Nuzman）辞职，体育部长频繁换人。这些都是政治风险事件。

（2）赛时风险。

①组织风险。组织风险是指由于组织者赛前对参赛人员、采访人员、观众赛事参与人员等的安置，对比赛和训练场地、时间的安排，对比赛设备运输、安装、调试指挥不力等带来的系列风险。例如，当比赛设备故障、运动员或裁判员缺位、天气不好、交通阻塞等意外情况发生时，比赛的时间可能被拖延、改动，场地也可能被更换。另外，当在广播电视转播、比赛成绩发布、升国旗及奏唱国歌时，也可能因人为失误引发风险。供水系统、供电系统、空调系统、消防报警系统、信息显示系统、广播系统、照明系统、通信系统、计算机网络系统、安全检测系

统、监视系统、成绩处理系统等出现故障而影响比赛进程所引发的风险。还有交通安全风险、水供应安全风险、开闭幕式供电安全风险、竞赛场馆火灾风险和场馆主要地下管线风险等。据统计，奥运会期间每天会发生 50~500 起事故。例如，2009 年 3 月 30 日，在世界杯预选赛科特迪瓦对阵马拉维队的比赛中，原本只能容纳 3.6 万人的博瓦尼体育场涌入了 4.5 万球迷，大量的球迷挤在体育场入口处，结果体育场的一面墙突然倒塌，导致 22 人死亡。

②经营风险。经营风险是指组委会由于意外事故导致赛事中断造成部分或全部赛事被取消的风险。赛事运作的目的是确保赛事能够顺利进行，一旦赛事部分或全部被取消，则会产生连锁反应，造成重大损失。其中，财务风险尤为突出。财务风险是指组委会因各种原因造成资金入不敷出而引发的风险。例如，达成协议的用户、供货商、赞助商因破产、不履约等原因使协议被迫取消；体育场馆建设、设备购置、运动员、马匹和其他财产的保险费用巨大，造成资金短缺等；由于利率、汇率的变动而导致收入减少或支出增大；由于各种原因，门票销售未达预期水平，使得收入减少；由于一些意想不到的事件的发生、比赛所需费用的额外增加等导致支出增大。

赛事取消风险是指由于各种原因使得预定的体育比赛不能按计划进行的风险。导致赛事取消的原因可以分为自然原因和人为原因两类。2003 年，由于中国部分城市突然暴发“非典”，使得当年在国内举行的女足世界杯比赛和其他一些比赛被迫取消。2011 年，因受到地震与海啸袭击，日本滑冰协会被迫放弃了世界花样滑冰锦标赛的举办权。据悉，灾害发生之后，国际滑联也表示可以考虑让该赛事延期举办，但日本方面出于种种原因最终还是选择了放弃。

人为因素主要是指由于经济、政治或技术等原因所致赛事不能如期举办。例如，20 世纪 60 年代末，韩国宣布因国家安全问题（也有说法称是财政问题）放弃第 6 届亚运会主办权。随后，该届亚运会于 1970 年 8 月 24 日—9 月 4 日在曼谷举行。2014 年 4 月 17 日，鉴于经济原因，越南总理阮晋勇宣布放弃 2019 年第 18 届亚运会的举办权。越南政府发布公告称，成功举办地区和国际体育赛事将对国家经济、社会发展、提升越南形象做出贡献，一旦不能成功举办，可能会产生相反的效果。越南在金融危机和全球经济下滑中受到了巨大影响，国家经济仍处于困境。目前，越南的中央和地方预算有限，只会用于更加紧急的任务中。

2016 年 7 月 25 日下午，国际冠军杯官方确认原定于 7 月 25 日晚 20：00 在北京鸟巢举行的“2016 国际冠军杯中国赛-北京站——曼城 VS 曼联”德比大战取消，原因是赛前北京多日连降大雨，草皮状况不佳，为保证球员安全而取消。赛前新闻发布会上，两队主教练何塞普・瓜迪奥拉（Josep Guardiolai Sala）和何塞・穆里尼奥（José Mourinho）都先后对鸟巢的场地情况表示了担忧。

③责任风险。责任风险是指由于组织的管理层决策失误导致的风险。例如，签订合同或协议的风险、法律诉讼的风险、对国际组织和社会承诺的义务和责任的风险等，或者说责任风险是指由于违反责任而对受害方进行赔偿的风险。产生责任风险的原因有很多，常见的有如下几条：

第一，体育产品不合格或意外损坏。例如，体育比赛场馆中的照明设备停止工作，或意外损坏的体育器材给参赛运动员造成伤害等，如撑竿跳高比赛用的撑竿折断伤害到运动员。

第二，失窃。失窃是体育赛事中很容易发生的事情，如运动员在比赛中使用的比赛器材或其他物品在驻地或赛事主办方设置的体育器材储藏室丢失等，对此，体育赛事举办方应负有责任。

第三，违反合同约定。赛事主办方违反合同约定可能引发冲突，造成人身伤害，导致经济损失。

第四，体育暴力。人身攻击包括抓住、绊倒、殴打对方球员，互撞，以及球迷向运动员、裁判员或官员投掷物品等行为。例如，2004 年底特律活塞队主场发生的著名的“奥本山宫殿事件”。活塞队球迷布莱恩特・杰克逊（Bryant Jackson）向他人扔椅子，约翰・格林（John Green）将装满啤酒的塑料杯扔向罗恩・阿泰斯特（Ron Artest），3 名球迷向步行者队球员的脸部扔塑料杯、泼饮料。事后，他们都被控告攻击他人。

“2012 年 2 月 1 日晚，塞得港埃及人队在塞得港体育场主场 3：1 战胜来自开罗的阿赫利队。终场哨响之后，上万名主队球迷涌入球场，追逐、殴打客队球员和球迷，引发大规模骚乱，致使 74 人死亡、248 人受伤，成为自 1996 年以来与足球相关的最致命灾难。骚乱引发阿赫利队球迷在开罗举行数日暴力示威，致死 16

人。最终埃及塞得港刑事法庭宣判 21 人死刑、5 人终身监禁。”①

在 2018 年 7 月 3 日晚间男篮世界杯预选赛菲律宾与澳大利亚的比赛中，爆发了一场骇人听闻的恶性群殴事件。在第三节还剩 4 分钟时，菲律宾球员波古伊（Boguye）持球进攻时立肘，随后无球状态下一肘推倒澳大利亚球员古尔丁（Guldin），齐克特（Zickett）为队友出头回给波古伊一肘，随后双方爆发大规模冲突，场边菲律宾替补席球员将齐克特按在地上殴打。这也彻底点燃了双方球员愤怒的火焰，包括布拉切（Stefan Bratzel）在内的一干球员亮肘加飞踢，场面一度十分混乱。在当时的情况下，裁判当机立断将涉事的所有 13 名球员罚出场外。菲律宾队在只剩下 3 人的情况下继续比赛，其中 2 人主动申请犯满离场，比赛自动结束。体育精神此刻已经荡然无存。

第五，应急计划不当及管理不善。世界杯预选主办方应急计划设计或执行不当、组织的监督管理不当等都可能造成人身伤害事故。足球场看台坍塌造成大量人员伤亡以及球迷冲击赛场并被挤压致死的事件中，世界杯预选举办方都负有法律责任而需进行赔偿。例如，1902 年，英国伊伯利克斯的体育馆由于看台倒塌导致 26 人死亡。在同一个场地，1971 年又由于体育馆出口拥挤导致更为严重的 66 人死亡的事故。与看台倒塌造成的财产损失不同，这里的责任风险指的是赛事举办方要负责的人员伤亡损失。

第六，恶作剧。例如，1996 年亚特兰大奥运会举行期间出现多起电力事故。在乒乓球比赛期间一名工作人员竟因打赌多次拉下电闸，导致比赛中断。

④人身风险。人身风险是指比赛过程中因人身意外伤害、人员缺席等带来的风险。体育赛事所涉及的人身风险主要是人身意外伤害风险，是指赛事各方人员，如运动员、裁判员、观众及其他人员因意外事件而遭受身体损伤的风险。比赛时运动员或裁判员的滑倒、绊倒及跌落等可能造成人身伤害，如参加赛车、登山、蹦极等比赛的运动员由于发生意外事故而丧生；因天气原因导致人员虚脱、中暑、身体突发其他疾病；看台坍塌、恐怖事件、骚乱、火灾、地震、冰雹等造成人员伤亡；人员缺席包括运动员、裁判员、工作人员、政府官员因各种原因不能按时抵达赛场。例如，1958 年 5 月 11 日，英国布拉德福德市（Bradford City）进行一

① 佚名．球迷被判死刑　埃及又起骚乱［N］．北京日报，2013-3-11（14）．

场比赛，木质的看台被引燃导致大火，56 人丧生。调查发现，大火起因是未熄灭的香烟或火柴点燃了看台下的垃圾；1972 年，在德国慕尼黑奥运会上，以色列运动员惨遭恐怖分子杀害；1985 年，英国足球流氓在布鲁塞尔引发的骚乱导致看台坍塌，造成了上百人死亡；1991 年 1 月 20 日，巴西皮里里队主场迎战克鲁塞罗队，比赛中突然雷雨交加，场上 2 名队员被雷击中后当场丧生；1996 年，在美国亚特兰大奥运会期间，奥林匹克体育公园发生爆炸流血事件；2004 年 3 月 10 日，新加坡新麒队中国籍球员姜涛在训练中不幸被雷击中身亡；2005 年达喀尔汽车拉力赛有 5 名车手死于比赛途中的翻车事故，2006 年达喀尔拉力赛中又有 1 名澳大利亚的摩托车选手和 1 名儿童观众死于该项赛事，截至 2018 年，该项比赛历史上死于比赛途中意外事故的人数累计 68 名，其中包括赛车手、工作人员、观众，甚至是无辜的路人；2009 年 7 月 6 日，在英国威尔士南部的一场板球比赛中，72 岁的裁判员金·詹金斯被飞来的球击中头部导致昏迷，后经抢救无效不幸身亡；2013 年 4 月 15 日，美国波士顿马拉松比赛终点线附近遭受恐怖分子袭击，发生至少两起爆炸，造成至少 2 人死亡，近百人受伤。

⑤灾害风险或财产风险。灾害风险包括自然灾害风险和人为灾害风险。自然灾害包括高温、热浪、暴风雨、雷电、冰雹、地震等。人为灾害包括恐怖袭击事件、犯罪分子破坏、盗窃、人群骚乱、人为火灾事故等。例如，1932 年，在意大利举行的第二届世界杯足球决赛中，由于天气炎热，看台上不少观众因中暑而晕倒，双方在 120 分钟内踢成了平局，由于天气炎热导致运动员疲惫不堪，加时赛不得不延至次日。1964 年 5 月 24 日，秘鲁队在首都利马与作客的阿根廷队进行一场奥运会南美区预选赛。比赛临近结束时，主裁判将秘鲁队的一粒进球吹判无效，进而导致阿根廷队击败秘鲁队。当时看台上大量秘鲁球迷对此相当不满，并且将怒火迁至阿根廷球迷，随后引发大规模球迷骚乱，事后据秘鲁警方统计，在这起球迷斗殴事件当中，共有 318 人死亡，另有 500 多人受伤。1985 年 5 月 29 日，在比利时布鲁塞尔海瑟尔体育场进行的欧洲冠军杯决赛中，利物浦队与尤文图斯队的球迷发生骚乱，导致看台倒塌。看台倒塌造成的损失就属于财产风险，看台上人员的伤亡则是人员风险。1990 年，北京亚运会开幕式当天上午发生 3.8 级有感地震；2003 年 3 月 31 日，由于“非典”的影响，原定于 4 月 2 日在北京举行的女子冰球世界锦标赛宣布取消，当时参赛的 8 支球队中已经有 5 支抵达北京；同年，

原定在我国举办的世界杯女子足球比赛也改在美国举行。一年之内，我国失去了两次举办重大国际体育比赛的机会。

2. 按照风险对象划分

根据风险损失作用对象的不同，体育赛事风险可以分为财产风险、人身风险、责任风险、经营风险（包括赛事取消和财务风险）、组织风险五个主要类型。

3. 按照体育赛事风险的重要性划分

（1）重大风险。

（2）较大风险。

（3）一般风险。

4. 按照体育赛事风险范围划分

（1）赛场风险。赛场上出现的风险主要有运动员的伤害事件、裁判员工作失误、观众寻衅滋事、赛场停电、赛场火灾等。

（2）城市风险。赛事的城市风险主要涵盖社会风险和政府公共危机。例如，关于奥运会北京空气质量保障风险防范评估、关于奥运会期间食品安全风险防范评估、关于奥运会期间交通安全风险防范评估、关于奥运会期间水供应安全风险防范评估、关于奥运会期间供电安全风险防范评估、关于奥运会期间火灾风险防范评估、关于奥运会期间主要地下管线风险防范评估、关于奥运会期间公共卫生风险防范评估、关于奥运会期间旅游安全风险防范评估、关于奥运会期间宗教风险防范评估等。

### （二）体育赛事风险的主要成因

体育赛事风险的主要原因，如图 8-1 所示。

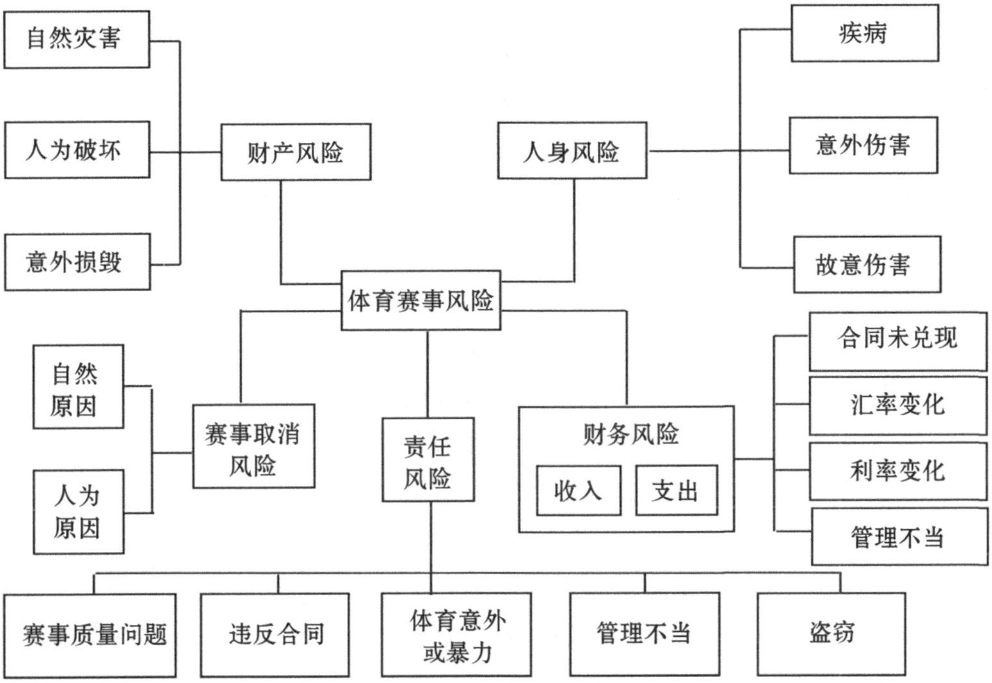


图 8-1 体育赛事风险的主要成因

## （三）体育赛事风险识别途径

1. 头脑风暴法

这是最常用的风险识别方法，它借助于专家的经验，通过会议方式去分析和识别项目风险。通常在一名主持人推动下，团队的全体成员就项目的风险集思广益。

2. 德尔菲法

该方法本质上是一种反馈匿名函询法，它邀请专家匿名参加项目风险分析，主要通过信函方式进行。调查员使用问卷方式征询专家对项目风险方面的意见，再将问卷意见整理、归纳，并匿名反馈给专家，以便进一步讨论。运用德尔菲法需要注意：人数不宜太少，一般 10~50 人为宜。

3. 检查表①

检查表是管理中用来记录和整理数据的常用工具。用它进行风险识别时，将项目可能发生的许多潜在风险列于一个表上，供识别人员进行检查核对，用来判别某项目是否存在所列或类似的风险。检查表中所列内容都是历史上类似项目曾发生过的风险，是项目风险管理经验的结晶，对项目管理人员起到开阔思路、启发联想、抛砖引玉的作用。

4. 情景分析法②

情景分析法就是通过有关数字、图表和曲线等，对项目未来的某个状态或某种情况进行详细的描绘和分析，从而识别引起项目风险的关键因素及其影响程度的一种风险识别方法。它注重说明某些事件出现风险的条件和因素，并且还要说明当某些因素发生变化时，又会出现什么风险，会产生什么后果等。

5. 流程图③

流程图是又一种项目风险识别的常用工具。项目流程图是用于给出一个项目的工作流程、项目各个不同部分之间相互联系等信息的图表。借助流程图可以帮助项目识别人员去分析和了解项目风险所处的具体项目环节、项目各个环节存在的风险以及项目风险的起因和影响。通过对项目流程的分析，可以发现和识别项目风险可能发生在项目的哪个环节或哪个地方，以及项目流程中各个环节对风险影响的大小。

## 三、体育赛事风险评估

### （一）体育赛事风险评估方法

1. 结构分解法

结构分解法（WBS），即将整个体育赛事按照其内容和功能分解为若干相对独

① 邱菀华，等．现代项目风险管理方法与实践［M］．北京：中国电力出版社，2016：44-45.

② 沈建明．项目风险管理［M］．北京：机械工业出版社，2018：63.

③ 邱菀华，等．现代项目风险管理方法与实践［M］．北京：中国电力出版社，2016：47-48.

立的小单元，从大的方面来讲，体育赛事包括赛事的申办、筹备、举办和赛后工作；从赛事本身来讲，以竞赛日程编排为例，比赛日程的确定包括确定每天比赛日程、每个单元比赛日程和每个时段比赛日程。因此，将庞大的体育赛事分解为一个清晰的结构非常关键。整个体育赛事被分解成多个相对较小的单元，功能和资源较为简单明了，这样便于发现其中潜在的问题。

2. 事故树法

事故树由若干节点和连接这些节点的线组成，每个节点表示某一具体事件，而连线则表示事件之间的关系。事故树分析利用逻辑思维的规律和形式，从结果分析原因。事故树简单明了，非常形象，其分析结果系统、准确，如果知道各个节点发生的概率，事故树还可以用来进行定量分析。

采用事故树法对体育赛事存在的各种风险进行识别，对体育赛事进行风险管理非常重要。这不仅可以全面找出体育赛事存在的各种风险及产生的原因，而且有助于针对各种风险及其原因采取积极、有效的措施，对于体育赛事管理有重要意义。根据历史风险资料、专家判断结果和风险识别成果等前期工作，就可以开展体育赛事风险评估。

3. 采用盈亏平衡分析法

风险评估有多种实用的方法。对于财务风险，可以采用盈亏平衡分析法。随着体育事业的产业化、市场化，许多重大比赛都是可以盈利的，盈亏分析法的关键作用是能大致确定比赛项目保本点在哪里。

4. 主观评分法

主观评分法就是赛事组织者对比赛运行过程中每一个阶段的每个风险因子给予一个主观评分，然后分析是否可行的做法。例如，可以根据经验评出各项比赛的风险程度大小，赛车、马术、拳击、足球等项目的风险程度相比乒乓球、羽毛球、排球等运动项目的要大。

5. 外推法

（1）前推法。前推法是根据历史的经验和数据推断未来事件发生的概率及其后果。例如，马术比赛中骑师是非常危险的，常见的伤害事故有骑师的手脚骨折、扭伤，颈椎骨折，锁骨、肋骨骨折，赛马倒地压到骑师造成骑师休克等。据统计，每位骑师发生严重事故的间隔时间约为700小时，由此我们可以计算出马术比赛发生严重事故的概率。

（2）后推法。后推法是手头没有历史数据可供使用时，把未知的想象事件及后果与某一已知事件及其后果联系起来。例如，赛场天气状况预测，可与历史上同期天气数据联系起来，判断高温、热浪、暴风雨、雷电、冰雹等灾害发生的概率。

（3）旁推法。旁推法就是利用类似项目的数据进行外推，用该项目活动的历史记录对比目前项目遇到的风险进行评估和分析。例如，拳击、摔跤、柔道等竞技比赛的组织过程和比赛形式有类似之处，风险管理的经验可相互借鉴。

6. 矩阵分析法

矩阵分析法就是利用矩阵将风险分为高风险、中风险、低风险三类。之所以采用这种更为完整的矩阵，其根本原因在于它为描述各种风险提供了一种等级的概念。项目风险分类如图8-2所示。

| | | 后果 | | |
|---|---|---|---|---|
| | | 低 | 中 | 高 |
| 可能性 | 高 | | | |
| | 中 | | | |
| | 低 | | | |

图8-2　项目风险分类

（资料来源：宾图．项目管理［M］．鲁耀斌，董圆圆，赵玲，等译．北京：机械工业出版社，2007：194.）

### （二）体育赛事风险评估主要内容

体育赛事风险评估主要内容体现在以下几个方面：第一，赛事风险存在和发生的时间分析，即风险可能在哪个阶段、哪个环节上发生。第二，赛事风险的影响和损失分析，或风险级别的判定，即分析和估计比赛项目风险后果的严重程度及可能带来的损失。假如某个风险发生的概率不大，但万一发生，其后果将十分严重，那么对它的控制就需要更加严格，否则将会造成恶劣的影响，如人员风险和灾害风险，为此，有必要给风险划出等级，分清轻重缓急。第三，赛事风险发生的可能性分析。通常用概率表示风险发生的大小。第四，赛事风险起因分析。风险起因研究是为预测、对策、责任分析服务的。第五，赛事风险可控性分析。可控性分析指有的风险是可控的，如比赛组织风险，可以通过周到细致的准备工作来规避或缓解；有的是不可控的，如自然灾害风险。

## 四、体育赛事风险处理

在对体育赛事风险进行了识别和评估之后，接下来一个最重要的环节就是有效地控制这些风险，以减少事故发生的概率或降低损失的程度，这是竞赛组织者最关心的问题，也是体育赛事风险研究的根本目的。对于风险处理，通常从改变风险因素的性质、风险发生的概率和风险后果的大小三个方面入手，采取风险回避、风险转移、风险降低、风险自留、风险应急等策略。

### （一）风险回避

风险回避是指当赛事项目潜在威胁发生的可能性太大，不利后果也很严重，但又无其他策略来减轻，而采取的主动放弃该比赛或改变该比赛的目标与行动方案，从而回避风险的一种方法。采取这种方法，必须对风险有充分的认识，对威胁出现的可能性和后果的严重性有足够的把握。

### （二）风险转移

风险转移是指赛事组织者为了避免承担风险损失，有意识地将可能产生损失的比赛或与损失有关的财务后果转嫁给另一些单位或个人去承担的一种风险处理办法。风险转移方式的种类有很多，其中最重要的风险转移方法是保险。例如，为运动员、裁判员、工作人员及志愿人员提供意外伤害和医疗保险，为体育场馆、设施、比赛器具、马匹等提供意外损失险等。2004 年雅典奥运会主办方就支付了 3000 万美元的保险费。目前可以为体育赛事提供的险种包括财产保险、责任保险、人身保险等。财产保险是指对有形财产的损失及相关利益进行保障的保险，如对赛场设备、器械、场馆等的损失及由此或其他原因导致的赛事取消进行保险。责任保险是对赛事举办方因违反责任而付出的赔偿进行保障的保险。与体育赛事有关的人身保险主要是人身意外伤害保险，是对运动员、裁判员、观众及其他人员因意外事件而遭受身体损伤的保险，保险保障涉及医疗费用、护理费用、全残或部分残疾导致的收入损失等。

### （三）风险降低

风险降低是指以一种积极的态度，采用各种技术和方法去减少损失发生的机会和降低损失发生时的严重程度。它最适用于能降低风险程度但无法消除，又无法进行转移的风险。风险降低的主要技术有分割、组合和复制，可以通过提高工作质量、加强工作质量监控、注重工作细节来降低风险。例如，通过维护秩序、安全保卫、工作人员风险管理培训，运用监控、审查、质量管理、紧急情况的应对方案、专业服务等措施来减少意外事故发生。通过设备精心维护及人员的合理配置，提高安全保护能力、火灾和自然灾害的防护能力、对破坏及袭击行为的防护能力。例如，1988 年韩国汉城奥运会，根据当时的社会情况，汉城在最后一天进行的马拉松比赛中，为了确保比赛的安全，在比赛途中，执勤时穿着制服的警察、士兵以及便衣侦探达 6.7 万人。

### （四）风险自留

风险自留是指将风险可能造成损失的全部或者部分留给主办方承担。主办方决定自留风险可能是主动的，如因损失金额相对较低而被自留；但是，风险自留也可能是被动的，即由于没有意识到潜在损失的存在，而自留了风险。供货商或赞助商破产或不履行义务属于通过风险管理后仍可能发生，且无法进行转移的风险。

风险自留是一种融资型风险管理措施，重心是在损失发生后筹集资金来弥补损失。所谓风险自留是指弥补损失的资金直接来自风险承担者内部，即赛事主办方。这些资金可以来自日常运作成本，也可以是一笔专用的应急基金，尤其是损失可能会比较大的风险，应急基金就显得更重要。例如，1986 年得克萨斯州休斯敦市美国奥林匹克节游泳比赛前 2 小时，游泳池冷却系统突然无法工作，而赛事主办方事先对此毫无准备。但他们迅速开始行动，请当地所有的冷冻食品公司提供冰块来冷却游泳池，使比赛得以准时开始。类似于这样的情况，就需要有一定的内部资金支持。

### （五）风险应急

风险应急是指针对赛事项目中可能出现的，也可以预料风险来源而制订的计划。例如，比赛组织者可以制订恐怖袭击应急计划、火灾事故应急计划、意外伤害应急计划和人员疏散应急计划等。表 8-1 显示体育赛事应急事件及其分级情况。

表 8-1　体育赛事应急事件及其分级情况

| 事件级别 | 序号 | 事件名称 |
|---|---|---|
| 一级 | 1 | 运动员伤病 |
| | 2 | 技术官员伤病 |
| | 3 | 教练员伤病 |
| | 4 | 颁奖时运动员未到场 |
| | 5 | 运动员比赛迟到 |
| | 6 | 食物中毒导致运动员无法参赛 |
| | 7 | 运动员、教练员和技术官员发生冲突 |
| 二级 | 8 | 停电事故 |
| | 9 | 计时记分系统、显示屏故障 |
| | 10 | 场地、器材故障或损毁 |
| | 11 | 观众滋事影响比赛正常进行 |
| | 12 | 运动员在颁奖仪式中打出政治标语 |

续表

| 事件级别 | 序号 | 事件名称 |
| --- | --- | --- |
| 三级 | 13 | 爆炸事件 |
| | 14 | 火灾 |
| | 15 | 恶劣天气 |
| | 16 | 空气污染 |
| 说明：一级事件是指在场馆层面能够控制和处理的问题，比赛不需要暂停；二级事件是指在场馆层面能够控制和处理的问题，但比赛及活动需要暂停；三级事件是指在场馆层面不能控制和处理的问题，需要提交建议方案到体育指挥中心处理 | | |

资料来源：2008年北京奥组委工作资料。

◆ **案例 8-1**

## 北京奥运会突发事件应急处置工作方案①

奥运会这个巨系统在运行过程中难免会出现各种意外，为及时有效应对奥运会运行时期出现的各种意外事件，北京奥组委以及北京市政府联合制定了奥运会应急管理办法，并分别成立了北京奥组委应急管理体系和机制以及北京市政府的应急管理体系和应急机制。该应急管理机制显示了北京奥运会运行期间北京奥组委和北京市政府两方面紧密配合、协调一致，确保能够及时有效地解决意外事件。事实证明，这种内外紧密结合的应急管理体制和机制是非常行之有效的。

北京奥运会、残奥会期间突发事件应对组织体系框架如图 8-3 所示，北京奥运会、残奥会期间突发事件处置工作流程如图 8-4 所示，北京奥运会、残奥会期间突发事件信息报送流程如图 8-5 所示。

① 资料来源：2008年北京奥组委工作资料。

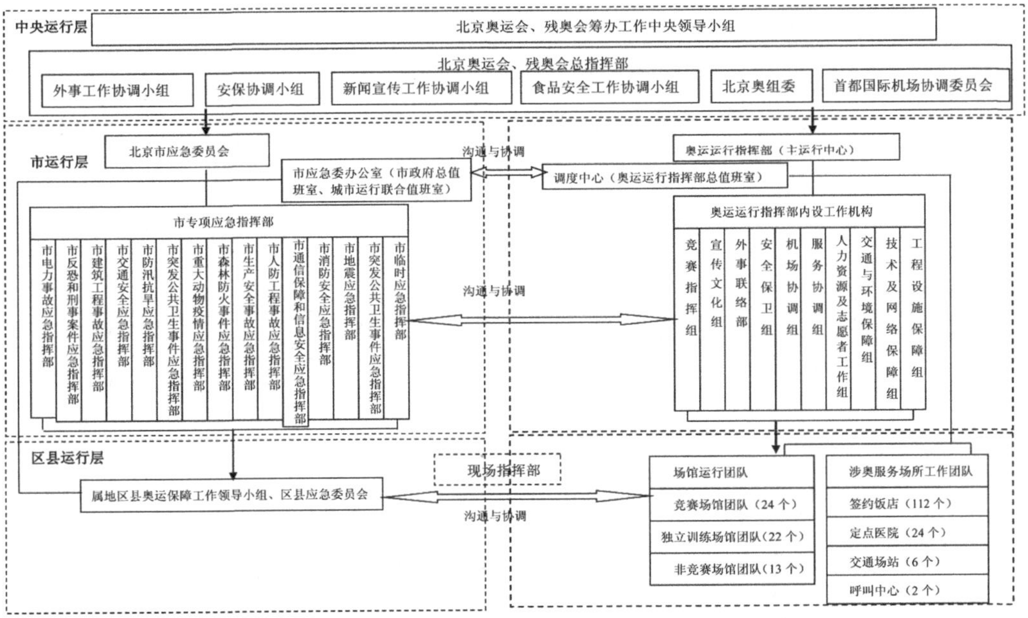


图 8-3　北京奥运会、残奥会期间突发事件应对组织体系框架

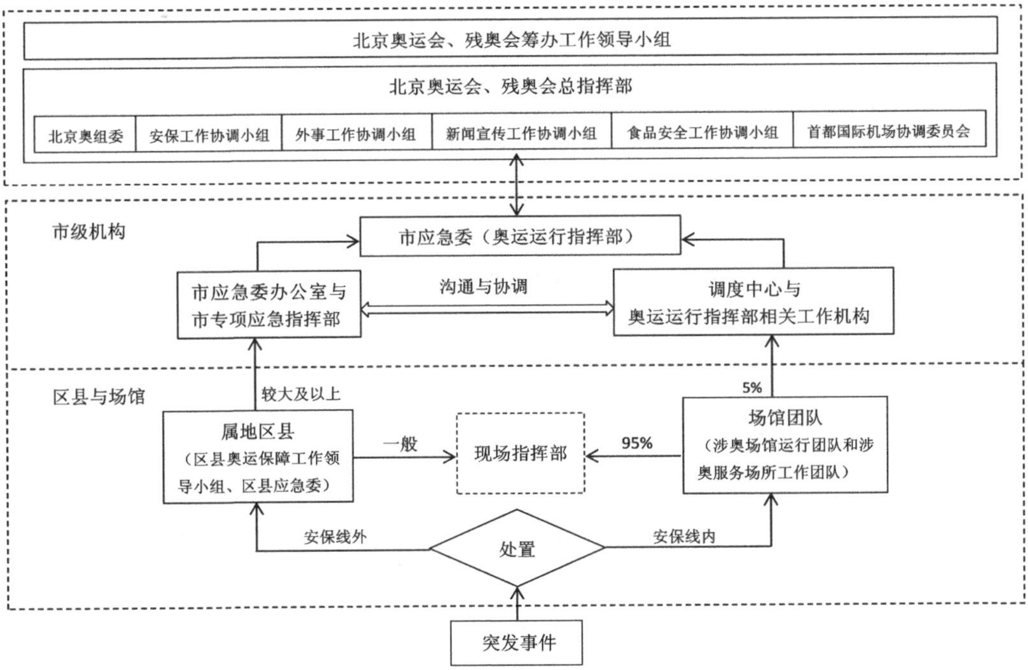


图 8-4　北京奥运会、残奥会期间突发事件处置工作流程

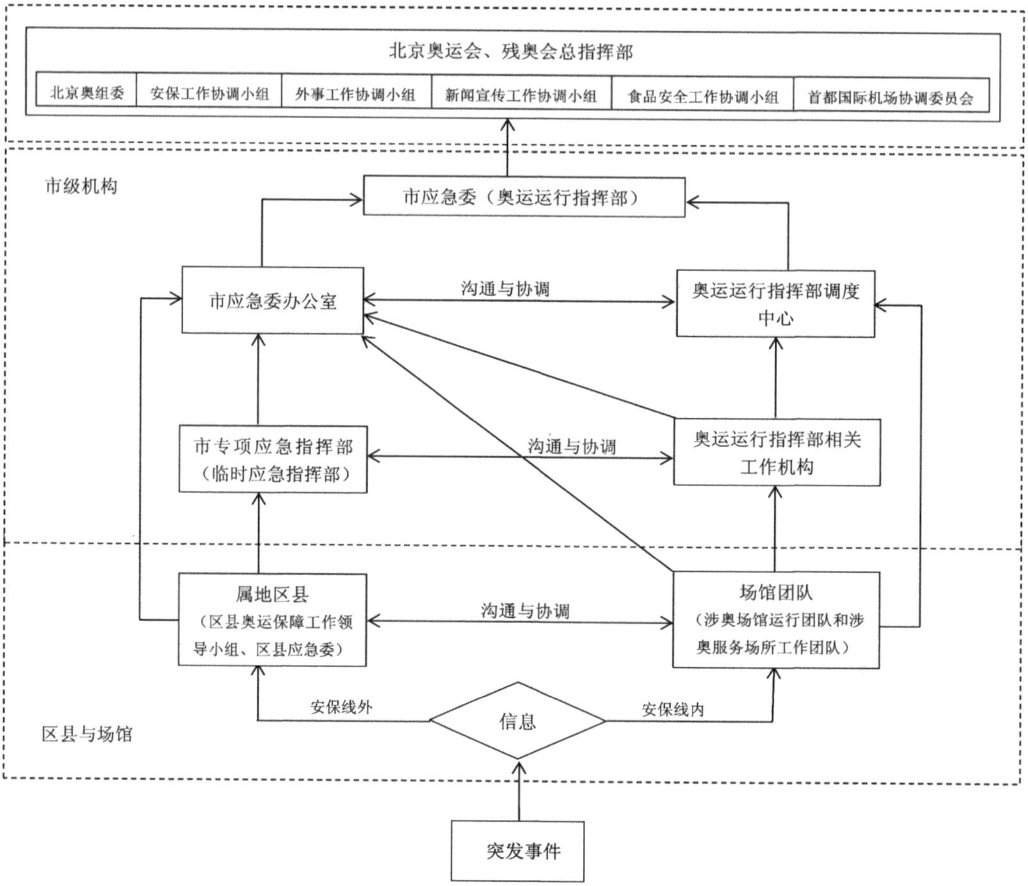


图 8-5　北京奥运会、残奥会期间突发事件信息报送流程

## 五、体育赛事风险监控

体育赛事风险管理计划实施过程中，要不断检查、评价和总结，图 8-6 显示了检查、评价和总结在整个体育赛事风险管理中的重要作用。

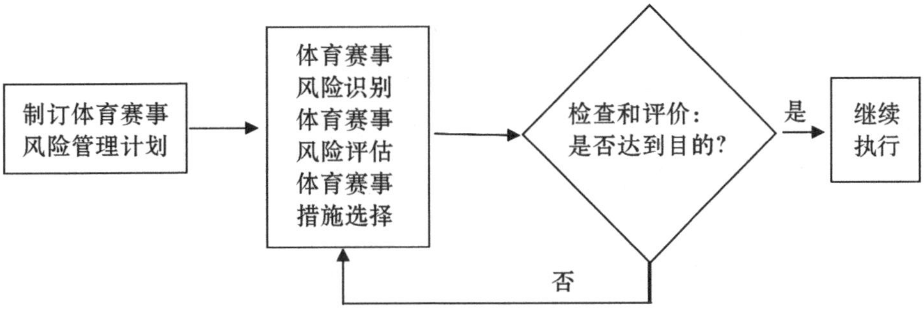


图 8-6　检查、评价和总结在体育赛事风险管理中的作用

◆ **案例 8-2**

## 2008 年北京奥运会保险计划①

2008 年北京奥运会举办赢得了巨大成功，国际奥委会原主席罗格先生评价该届奥运会是一届无与伦比的奥运会。很显然，这一届奥运会的成功举办离不开其出色的风险管理。具体来说，就是 2008 年北京奥运会的保险计划的成功实施。

该计划严格遵照《主办城市合同》中关于保险的规定、电视转播协议的保险要求以及其他合同协议中关于保险的要求，通过采取保险的方式，用较低的保险费支出，最大限度地转嫁组委会在筹备和举办过程中的财务风险，减少了各种意外突发事故造成的财务损失。

2008 年北京奥运会保险计划严格遵照以下 4 个原则。

（1）严格履行合同的原则

根据《主办城市合同》以及相关合同中保险的规定，满足保险约定。例如，国际奥委会（IOC）与美国国家广播公司（NBC）签订的电视转播权协议中要求我国奥组委（以下简称“我委”）购买保险金额不低于 1 亿美元的责任保险。

① 参考 2008 年北京奥运会工作资料。

（2）国际惯例与中国国情相结合的原则

保险计划的制定既要遵循以往奥运会保险的通行做法，又要结合北京奥运会和中国保险市场的具体实际。在我国举办奥运会面临的风险有自身的特点，需要在遵循惯例的前提下，充分考虑国情。既要合理利用保险的方式，有效规避组委会的各种风险，又要充分发挥我国的集中力量办大事的制度优势。

（3）经济务实的原则

拟订计划时，要考虑保险的成本，正确认识和评价奥组委自身承担风险的能力。既要充分转嫁财务风险，又不过分投保与重复投保，切实达到转移财务风险的目的。

（4）风险基础的原则

该保险计划充分利用我委已经取得的风险识别成果，针对不同风险，有的放矢地提出保险和风险管理措施，使得保险方案有针对性，确保财务风险有明确解决方案。

2008年北京奥运会的保险至少需要购买责任保险和非责任保险两大类。责任保险主要是保障奥组委在筹备或举办奥运会的过程中由于意外事故对第三方造成损害，依法应由奥组委承担的经济赔偿责任。非责任保险主要包括财产保险、人身保险、车辆保险等，主要保障奥组委自身的财产损失和人身伤亡所带来的财务损失。

2008年北京奥运会的综合责任保险主要包括以下内容。

（1）承保的责任。

①组织者责任。包括奥组委直接占用、租借、照管使用的办公场所及举办比赛活动的体育场馆等场所都可能因意外事件而导致第三者的人身伤亡、财产损失，以及直接或间接的财务损失，而奥组委将对这些损失承担赔偿责任。这种责任风险是大型活动的组织者通常面临的主要的责任风险，很多国内外重大体育赛事均办理了相关保险。

②产品责任。奥运特许商品、冠名商品或其他产品将通过奥组委或以奥组委的名义销售或提供给客户使用。这些产品因存在安全隐患而导致责任事故，奥组委将承担赔偿责任。

③职业责任。奥组委在赛时扮演着多种角色，如电视信号的制作者、医疗服务的提供者、临时场馆设施的所有人等，由于提供这些专业服务可能造成用户或其他人的人身伤害或财产损失，需要承担经济赔偿责任，因此奥组委需要就这种责任风险购买保险。

④雇主责任。赛时奥组委将聘用大量工作人员（包括授薪人员、志愿者和合同商），由于奥组委与他们存在劳务关系，因此奥组委可能承担其在工作中受伤害的赔偿责任。

⑤交通工具责任。奥组委直接使用或以奥组委名义提供的交通工具，如发生交通事故，则奥组委将承担对第三者的连带赔偿责任。

（2）保险金额。

总保险金额为2亿美元。（约合人民币16亿元，以上各保险险种的分项限额将根据风险评估的结果确定）

（3）保险安排。

考虑到奥组委面临责任风险的复杂性和不可预测性，综合责任保险的保单将建立在“一切险原则”的基础上，即对责任范围做出宽泛的定义，在保单中只列明除外责任，从而使奥组委获得宽泛的保险保障。

由于综合责任保险的保险规模较大，没有任何一个保险公司和再保险公司可以完全承担全部风险。因此，该保险将在直接保险完成的同时安排国际分保，并且以分层保险的方式进行安排：将2亿美元的总金额分成若干层，将不同的层安排给不同的国际再保险人，从而最终使北京奥组委获得2亿美元的总保险限额。这项工作非常复杂、专业性很强，按照保险行业的惯例，组委会会同顾问公司配合中国人保进行保险和再保险安排。该保险自签署之日起开始生效，并截止到2008年12月31日。

为了规避由于奥组委内部的人身伤亡和财产损失所带来的奥组委的财务损失，历届奥组委都选择了购买非责任保险的方式，2008年奥运会非责任保险主要包括奥组委的人、财、物所面临的一些常规风险，见表8-2。

2008年北京奥运会的非责任保险主要包括以下内容。

表 8-2　北京奥运会保险用户保险事务明细表

<table>
<tr><th>类别</th><th colspan="2">注册人员</th><th>数量/人</th><th>保障范围</th><th>合计/人</th></tr>
<tr><td rowspan="12">第一类（奥林匹克大家庭）</td><td rowspan="4">官员、贵宾</td><td>IOC 主席、委员及其客人</td><td>1400</td><td rowspan="6">转运</td><td rowspan="12">50 776</td></tr>
<tr><td>IP 主席及官员</td><td>1800</td></tr>
<tr><td>NOC 主席、秘书长及官员</td><td>2800</td></tr>
<tr><td>合计</td><td>6000</td></tr>
<tr><td colspan="2">运动员和随机官员</td><td>18 100</td></tr>
<tr><td colspan="2">技术官员</td><td>2649</td></tr>
<tr><td rowspan="3">媒体与广播</td><td>BOB 转播商</td><td rowspan="3">21 600</td><td rowspan="3">转运（待定）</td></tr>
<tr><td>持权转播商</td></tr>
<tr><td>注册文字媒体</td></tr>
<tr><td colspan="2">赞助商贵宾</td><td>682</td><td rowspan="3">转运</td></tr>
<tr><td colspan="2">北京奥组委</td><td>1245</td></tr>
<tr><td colspan="2">其他组委会</td><td>500</td></tr>
<tr><td rowspan="5">第二类（奥组委工作人员和奥运会服务人员）</td><td colspan="2">奥组委投薪人员（含正式聘用人员、借用人员和实习生）</td><td>7500</td><td rowspan="5">意外、医疗、转运</td><td rowspan="5">145 000</td></tr>
<tr><td colspan="2">志愿者</td><td>100 000</td></tr>
<tr><td colspan="2">合同商</td><td>7500</td></tr>
<tr><td colspan="2">安保人员</td><td>5000</td></tr>
<tr><td colspan="2">仪式演职人员</td><td>25 000</td></tr>
<tr><td>合计</td><td colspan="2"></td><td></td><td></td><td>195 776</td></tr>
</table>

（1）财产一切险。

保险范围是保障奥组委所有自有的、共有的、租赁的或者占用的建筑和财产（包括固定和临时设施和配套设施、安保设备、体育器材、办公设备等）。保险安排是以“开口保单”的形式投保财产保险，理论上奥组委的所有财产都可以在这张保单里得到保障；这张保险单的投保金额，并不是以奥组委所有资产的总价值来确定，而是以“第一危险”方式确定金额。

（2）人身保险。

保险范围是为特定种类的注册人员提供保险保障，包括死亡/残疾的补偿、意外伤害造成的医疗费用、转运回国的费用等。死亡/残疾的补偿是指被保险人由于遭受意外事故导致死亡或残疾，保险人给付其一定的补偿金。医疗费用保障是指被保险人因遭受意外伤害事故，在中华人民共和国境内县级以上（含县级）医院或者保险人指定或认可的医疗机构进行治疗，保险人按约定报销一定数量的医疗费用。转运回国的费用是指由保险公司负责将被保险人（患者）运送回国或第三地继续治疗，或将被保险人遗体运送回国等产生的相关费用。该保险于奥运会开幕式两周前生效，并于残奥会结束后一周截止。

（3）车辆保险。

保险范围是保障奥组委自有、租赁和使用的车辆由于自然灾害和意外事故造成的车辆损失。投保险种包括：①车辆损失保险（以下简称“车损险”）保障车辆在使用过程中，因意外或交通事故造成的机动车本身的损失。②机动车交通事故责任强制保险（以下简称“交强险”），保障车辆在使用过程中，发生意外事故，致使第三者遭受人身伤亡或财产直接损毁，依法应当承担的损害赔偿责任。(该保险为法定强制保险)。③机动车商业第三者责任险（以下简称“商业三者险”）保障车辆在使用过程中，发生意外事故，致使第三者遭受人身伤亡或财产直接损毁，依法应当承担的损害赔偿责任。该保险对于超过机动车交通事故责任强制保险各分项赔偿限额以上的部分负责赔偿。④附加盗抢险（以下简称“盗抢险’）保障车辆由于盗窃、抢劫、抢夺而遭受的损失。⑤机动车车上人员责任保险（以下简称“车上人员险”）保障意外事故造成车上人员的人身伤亡，依法应当由被保险人承担的损害赔偿责任。⑥不计免赔率特约条款（以下简称“不计免赔”）保障事故发生后，按照对应投保的主险条款规定的免赔率计算的、应当由被保险人自行承担的免赔金额部分，被保险人不再承担，而由保险公司负责赔偿。⑦玻璃破碎和划痕险保障车辆风挡玻璃或车窗玻璃的单独破碎和无明显碰撞痕迹的车身划痕损失。目前车辆主要分为两类，赛时用车和办公车辆，组委会根据车辆总数进行了风险评估，具体情况见表8-3。

表 8-3　北京奥运会上保险车辆统计明细

| 类型 | 车辆种类 | 预计使用车辆数量 | 车辆来源 | 使用者 |
|---|---|---|---|---|
| 赛时用车 | 小客车 | 2871（不包括收费卡项目提供车辆） | 大众提供 8 米以下小客车，桑塔纳豪华车、捷达、奥迪、帕萨特、途安等车主要从北京汽车租赁市场租赁 | T1、T2、T3 人员、代表团 IOC 有关组织/机构、安保警卫人员、技术官员、备用车 |
| | 大客车（含 150 辆面包车） | 1700 | 以公交集团更新车辆为主渠道，奥组委仅提供油料 | 运动员和随队官员、技术官员、媒体、观察员、奥林匹克青年营、备用车 |
| | 大货车 | 50 | 不详 | 为注册人员抵达和离开时运送行李 |
| 办公车辆 | 小客车 | 300~400 | 主要从大众公司购买 | 组委会工作人员 |

（4）其他保险。

包括奥组委使用的飞行器、船只相关保险、欺诈与恶意行为保险、物资运输保险、马匹相关保险等。

2008 年北京奥运会的保险总体预算大致如下，综合责任保险金额为 16 亿元人民币，保费预计支出 340 万美元，约合人民币约 2700 万元（悉尼和雅典奥运会该类责任保险支出分别是 380 万澳元和 450 万欧元）。关于非责任保险总保险金额约为 60 亿元人民币，保费支出约 860 万美元，约合 6900 万元人民币。这两类保险金额合计约为 76 亿元人民币，保费支出约为 9600 万元人民币，约合 1200 万美元。悉尼奥运会保费支出为 1200 万美元，雅典奥运会为 1200 万欧元。

鉴于中国人民保险集团股份有限公司（简称“中国人保”）是 2008 年北京奥运会唯一的国内保险合作伙伴，根据北京奥组委与中国人保签订的《赞助协议》，该保险以 VIK 方式从中国人保采购。

2008 年北京奥运会赛时索赔管理至关重要。奥运赛时索赔事件具有如下特点：一是时间滞后，二是涉及面广，三是涉及人群复杂，四是高危性，五是相当数量的索赔可能并不在保险范围之内，但是如果这些索赔事件没有被恰当地处理可能会造成更大的损失或负面的影响，因此组委会财务部需要配合总体策划部制定适当的程序处理非保险保障范围内的索赔事件。为此，2008 年北京奥运会需重点做好以下索赔相关工作：一是组委会组建了由中国人保、顾问公司和专业人士组成的索赔管理团队（10人左右），设在主运行中心，负责指导和管理赛事期间的所有保险索赔。每天对保险索赔情况进行小结，确保所有的索赔事故都按照既定的程序做出正确的处理。二是建立和明确信息发布的程序。三是根据往届组委会的经验，每天可能发生的索赔大约为30~1000起或更多。1992年巴塞罗那奥运会赛事期间就赔付了约400起案件，1996年亚特兰大奥运会赛事期间赔付超过1000起案件。以上数据还不包括车辆索赔。因此，需要建立一个高效的索赔管理数据库，以便对保险索赔事件进行跟踪和管理。四是组委会设计了一个既能全面反映事故信息又便于准确填写的索赔通知单，使用三种语言（汉语、英语和法语），用一个表格就可以适用于各种报损案，提高了索赔工作效率。

◆ **案例8-3**

## 2004年雅典奥运会的风险管理内容①

在奥运会的举办过程中，组委会的各个职能部门和各场馆将面临各种各样的实际问题和危机，为了尽可能防范这些可能的风险并解决实际发生的各种问题，历届组委会都设立了风险管理部门，以识别、分析和处理风险。风险管理所要达到的最终目的是保护组委会的收入和维护组委会的形象，风险管理部门可以通过保障收入和减少风险（自我防护和风险转移）两个渠道达到上述目的，即一方面确保赛事顺利进行，获得预期收入；另一方面，通过风险的自我防范和购买保险或转移组委会的赔偿。

在悉尼风险管理部记录了1700起大大小小的事故，雅典奥运会到8月20日时登记在案的大小事故已经达到1000多起。据统计，奥运会每天大概发生50~500起事故。

雅典奥组委的风险管理部门下设了3个处室：保险处，应急计划处，安全健康处。风险管理部的职责是识别、分析奥运会筹办过程中的各种风险，并通过自我防范或风险转移的方式减少或清除各种风险对组委会人员、财产和环境产生的不

① 参考2008年北京奥运会工作资料。

利影响，从而保护组委会的财务状况。保险处的职责是负责保险事宜（含赛事取消险）、合同的风险评估及赛时的索赔管理。应急计划处的职责是制定各职能部门和各场馆应急计划并演习，保障赛事不因事故发生而中断。安全健康处的职责是满足希腊和欧盟相关法律关于安全健康的要求，尽可能地减少人员的伤害和财产损失。

雅典奥组委风险管理的人员变化大致经历了五个阶段，具体见表8-4。

表8-4　雅典奥组委风险管理人员规划

| | 时间 | 人员 | 备注 |
|---|---|---|---|
| 计划阶段 | 2001年—2004年5月 | 6 | 每个处2人 |
| 场馆化阶段 | 2004年5月 | 26 | 新招收20名场馆风险管理经理 |
| 奥运会 | 2004年8月 | 126 | 100多名志愿者到岗 |
| 残奥会 | 2004年9月 | — | 减少志愿者人数 |
| 解散阶段 | 2004年11月 | — | 人员解散 |

雅典奥运会赛时风险管理分为两个层级，一个层级是留守于总部（或主控中心/MOC）的风险管理部核心成员，其主要负责以下工作：①利用事故跟踪系统记录资料信息，汇总每日事故数量和处理情况；②解决场馆风险经理解决不了的事故；③判断并启动索赔管理；④向MOC汇报自己解决不了的问题；⑤其他。

第二个层级就是场馆风险管理。其组织结构如图8-7所示。

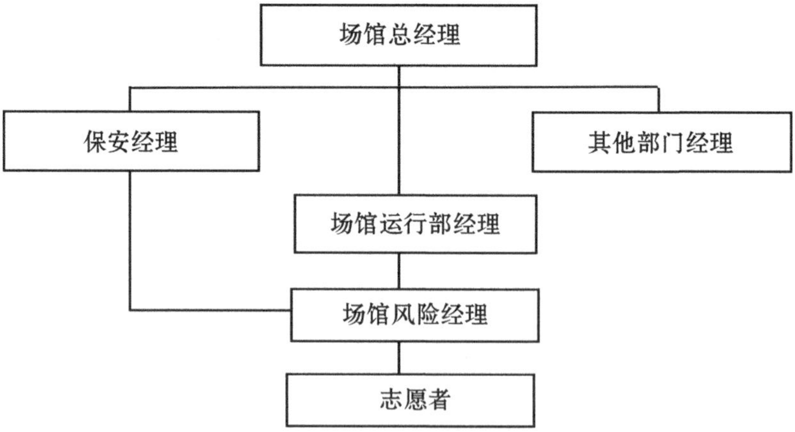


图8-7　场馆风险管理组织结构

在场馆层次，具体实施风险管理工作的是场馆风险经理（1 名）和志愿者（根据情况而定人数），其他职能主要包括：①双向汇报重大事故（事故记录卡）；②按照检查表每日例行检查场馆的健康和安全状况；③根据场馆安保经理和场馆风险经理的指令执行人员疏散计划（如果发生紧急情况）。

负责调研雅典奥运会风险管理的北京奥组委工作人员认为，雅典奥运会的风险管理工作整体还是比较成功的，并不逊色于 2000 年的悉尼奥运会。雅典奥运会结束的倒数第二天，系统共记录 1000 起左右的事故，而悉尼奥运会则有 1700 起的事故记录。整个雅典奥运会没有因为重大事故而中断，电视转播比较顺利，雅典组委会预期的电视转播及其收入基本能得到保证。可以说，其风险管理工作基本实现了预期目标。

概括其成功经验，主要有以下三点：一是专业化运作。雅典奥组委从申办时就聘请了高士华公司做保险顾问。七年的筹备过程中，也一直请该公司做了大量的咨询工作，该公司最终为雅典奥运会完成了保险合同的制定和购买。二是以我为主，重视风险的自我防范。雅典奥运会的风险经理一再强调，设立并重视安全健康处的工作，这就是减少事故发生的重要原因之一。三是使用大量志愿者，以节约成本。应该说，通过招收具有保险和安全背景的志愿者（大学生居多），然后给予相应的培训和测试赛锻炼，帮助他们在奥运会期间较好地完成了各项工作，同时为组委会节约了大量的人力资源开销。

北京奥组委的调研人员认为，雅典奥运会风险管理工作也存在一些问题。就财务风险而言，雅典奥运会显然没有悉尼奥运会成功，悉尼奥运会基本没有大规模地突破其预算，实现了预算和实际支出的平衡，并略有盈余。尽管雅典奥运会的预期收入基本实现了，但预算支出由 20 多亿欧元增加到 46 亿欧元，实际发生的费用更超过 70 亿欧元，从而给政府带来了债务。从雅典奥运会风险管理过程看，一是风险部门级别过低。风险经理赛前只能直接向财务经理汇报工作，某些意见未必能得到重视，从而直接造成了财务损失。二是咨询公司的选择过程过于缓慢，出现工作重复，赶工期的现象。三是由于场馆交付的时间过晚，导致场馆风险经理的任命和到位过晚，没有足够的时间去熟悉场馆和业务，所以场馆经理至少要提前半年任命。四是制证级别过低，影响办事效率。五是尽可能地在测试赛之前确定所有的志愿者，并参加测试赛。

◆ 案例 8-4

## 环法两天内连酿伤亡惨剧：选手遭枪击，车迷被撞死①

先有选手遭枪击，后是车迷被撞死——环法两天内连酿伤亡惨剧。欧洲当地时间2009年7月18日14点35分，在环法第14赛段的比赛中，1名61岁的老妇人在横穿马路时被开路的警方摩托车撞倒，当场身亡。

据法国媒体报道，事故发生在距离第14赛段起点科尔马38千米处的维特尔斯海姆。当时，跟随在领骑集团身后的警方摩托车正在为第二集团的车手开路，乡间公路上突然冒出一名61岁的老妇人，来不及避让的摩托车与之正面相撞，老妇人当即死亡。随后，失控的摩托车又撞上了2名正在路边观战的车迷，导致1名37岁的妇女背部受伤和1名61岁的老翁腿部骨折。据悉，事故发生时，这名37岁的妇女还怀抱着1名1岁大的婴儿，好在婴儿没有受伤。

这是该届环法大赛两天来发生的第2起惨剧。在17日第13赛段的比赛中，加门车队的新西兰车手迪恩（Dean）和拉波银行车队的西班牙车手费雷尔（Ferrer）在骑行至165千米处遭遇气枪袭击，迪恩左手手指被气枪子弹击中，而费雷尔的大腿上出现一个直径4.5毫米的小洞。所幸两人没有大碍，在取出子弹后，两人均参加了第14赛段的比赛。

警方随即逮捕了2名嫌犯。令人震惊的是，涉嫌凶手居然是2名青少年，他们被控藏匿在赛道后的山上，用气步枪向选手射击。

在环法历史上，导致车迷死亡的事故，上一次发生在2002年，当时1名7岁的小孩被开路的警车撞伤，在送至医院后不治身亡。从那以后，环法组委会大幅度缩减了赛道上的警车队伍。

① 孙文祥.环法两天内连酿伤亡惨剧：选手遭枪击，车迷被撞死[EB/OL].(2009-07-19) [2014-05-20]. https://www.chinanews.com.cn/ty/ty-zhty/news/2009/07-19/1781454.shtml.

# 第九章　体育赛事的文化建设

"文化是一个国家、一个民族的灵魂。"① "无科技无以强国，无文化足以亡种。"② "文化自信是一个国家、一个民族发展中更基本、更深沉、更持久的力量。"③ "坚定文化自信，是事关国运兴衰、事关文化安全、事关民族精神独立性的大问题。"④ 文化对于一个国家、一个民族的重要性可见一斑。正所谓文化是源泉，文化是土壤，文化是基石。文化不发达，很难成为一个强国。因此说，文化是一个国家发展的软实力，文化建设是中国特色社会主义事业总体布局的重要组成部分。体育文化是文化的重要组成部分，体育赛事文化是体育文化不可或缺的内容。文化是体育赛事的灵魂，是体育赛事向社会传播的正能量。西方发达国家的品牌体育赛事发展历史比较悠久，文化积淀厚重，其文化建设的成功经验值得借鉴。同时，体育赛事文化建设绝不是一蹴而就的，需要时间积淀，需要不断培育和创新。

## 第一节　体育赛事文化概述

体育赛事的文化建设包括体育赛事物质文化、精神文化和制度文化。这三者之间不是割裂的，而是相辅相成的关系。

---

① 习近平. 习近平谈治国理政（第三卷）[M]. 北京：外文出版社，2020：322.

② 许嘉璐. 未了集——许嘉璐讲演录 [M]. 贵阳：贵州人民出版社，2002：358.

③ 全国干部培训教材编审指导委员会. 推动社会主义文化繁荣兴盛 [M]. 北京：人民出版社，2019：1.

④ 同①。

## 一、体育赛事文化建设的重要性

体育赛事文化是体育文化的核心组成部分，也是国家文化体系当中的有机组成部分。体育赛事文化是体育赛事的内在品质，承载着体育赛事的思想与灵魂。正如人民日报一篇文章所言，“一个民族，不能靠娱乐滋养精神”，[①] 体育赛事不能仅仅被看作一种大众娱乐产品，体育赛事的文化建设不可或缺。即一项体育赛事应通过自身文化建设来影响运动员、教练员、裁判员、办赛团队、观众，进而影响社会大众，引领社会大众先进文化。“先进的文化”具有平等、公正、诚实、积极、向上、慈善、闪耀人性光辉等特征，这可以通过体育赛事向社会传播正能量（赛事的软实力）。

体育赛事必须为社会大众服务，体育赛事必须承接地气，让赛事离百姓再近些，把赛事办到百姓心中，这是时代发展的必然要求。体育赛事组织管理者必须为社会大众提供具有优秀文化品质的体育赛事，借以丰富社会大众的精神文化生活，提高社会大众的文明素质，没有优秀的体育赛事文化的积极引领，就不可能为社会大众提供优秀的体育赛事。忽略了体育赛事的文化建设，其实就丢掉了体育赛事的灵魂，“体育赛事，没文化不成！”[②]，“没有文化内涵的体育赛事是没有生命力的”。[③] 因此，体育赛事文化建设是体育赛事组织管理过程中不可或缺的组成部分。

体育赛事在当今社会具有极高的社会关注度和极其广泛的社会大众影响力、社会亲和力，尤其对于社会热点来说更是如此。体育赛事也是政府与社会大众之间一种非常重要的沟通渠道，这种渠道喜闻乐见，易于为社会大众所接受，因此，体育赛事应向社会传播正能量，应作为我国社会主义先进文化的重要宣传平台而高度重视起来，政府可以借此平台将社会主义先进文化融入体育赛事文化当中去，政府可以通过建设符合国家精神文明建设需要的体育赛事文化来宣传和弘扬社会主义先进文化，并以此来抵制西方不良文化对我国社会大众的侵袭。英国前首相

---

① 赵婀娜，李银鸽，黄星玮．一个民族，不能靠娱乐滋养精神［N］．人民日报，2014-10-16（17）．

② 王东．体育赛事，没文化不成！［N］．光明日报，2011-11-04（11）．

③ 同②。

撒切尔夫人曾说过，一个国家是否强大，看其能否向外输出自己的文化。由此可见，作为一个体育强国，必须能够向世界输出自己国家的民族文化。例如，美国作为一个现代意义上的体育强国，其 NBA 文化正在日益广泛地向世界各地输出。为此，中国要成为真正意义上的体育强国，就必须能够积极有效地向世界各国输出自己民族的体育赛事文化，唯有如此，才能真正确立和彰显我国体育强国的地位和实力。

由此可见，体育赛事文化应成为社会主义先进文化的重要组成部分，并且应有针对性地研究和建设，这对于我国社会主义文化大发展、大繁荣无疑具有积极的影响和重要的现实意义。同时，通过研究体育赛事文化，能够全方位提高体育赛事组织管理水平，大大提高体育赛事管理绩效水平，能够更加直接地提高体育赛事筹办工作绩效水平，从而对举办体育赛事的城市产生更加重要的影响作用。

随着我国改革开放步伐不断加快，社会经济迅速发展，国际交往日趋增多，各项事业蓬勃发展，我国举办的大型高端体育赛事越来越多。以 2008 年北京举办了第 29 届夏季奥林匹克运动会为重要标志，2010 年广州又举办了第 16 届亚洲夏季运动会，紧接着 2011 年深圳举办了第 26 届世界大学生夏季运动会、上海市举办了第 14 届世界游泳锦标赛，2013 年天津举办了第 6 届东亚运动会，2014 年南京市举办了第 2 届青年奥林匹克运动会。2022 年，我国举办了第 22 届冬季奥林匹克运动会。另据新华网 2012 年 11 月 14 日报道，体育市场分析公司 Sportcal 在 14 日发布的一份调研报告中称，中国是世界上举办大型体育赛事最有吸引力的国家。① 以上海市为例，“上海已经形成了具有一定影响力的七大品牌赛事。其中，创办最早的要数上海国际马拉松赛，起始于 1996 年，已连续举行了 18 届，并连续两年被国际田联评为金标赛事、连续三年被中国田径协会评为金牌赛事；环崇明岛国际公路自行车赛则创办自 2003 年，起初是一项全国性赛事，继而发展为国际赛事，2010 年被国际自行车联盟定为 2.1 级的洲际赛；2004 年 10 月上海迎来了首届‘上海 F1 大奖赛’，该项赛事目前保持着国内举办体育赛事单日观众人数最多的纪录；创办于 2005 年的上海国际田径黄金大奖赛是国际田联正式批复的室外赛事之一，是中国举办的国际顶级田径大赛，每年 9 月下旬在上海举办；2005 年汇丰创办的

① 王寰鹰．调查报告称中国是对大型体育赛事最有吸引力的国家［EB/OL］．（2012-11-15）［2012-11-15］．http：/www.gov.cn/irzg/2012-11/15/content_ 2266072.htm.

‘汇丰冠军赛’是中国乃至全亚洲水平、规格和总奖金最高的赛事，2009 年正式升级为世锦赛；上海斯诺克大师赛始于 2007 年，是世界斯诺克职业巡回赛的官方排名赛，冠军积分高达 7000 分，仅次于世锦赛的 10 000 分和英国锦标赛的 8000 分，高于其他所有同级别排名赛，也是亚洲最顶级的斯诺克赛事；始于 2009 年的 ATP1000 大师赛，是职业网球联合会世界巡回赛的九站‘ATP 世界巡回赛 1000 大师赛’之一，其重要程度仅次于网球四大满贯和 ATP 世界巡回赛年终总决赛，连续 5 次获得‘年度最佳 ATP1000 大师赛’的殊荣。这七大品牌赛事是上海体育赛事的重要组成部分，在 2014 年，上海市举办了更高规格的环球马术冠军赛，该项赛事成为上海第八大品牌赛事”。①

“客观而言，一些国际顶级赛事纷纷登陆中国，的确填补了国内赛事体系中长期存在的空白，对丰富群众文化生活、提高办赛城市知名度也起到了一定作用。但问题在于，许多城市在投资建场馆、花钱请明星方面颇为在行，而在将顶级赛事的文化内涵融入城市的精神气质方面却显得无能为力或少有作为。办赛热情有余而后劲不足，‘一次游’也就成了许多顶级体育赛事在国内诸多城市的终极命运。”②

我国大型体育赛事面临的一个严峻问题就是缺少观众，赛事不“接地气”。例如，“在十二运羽毛球、射箭、举重、摔跤、跆拳道等项目的现场，填补看台空白的观众多属各代表团成员及学校组织的学生。即使像游泳、田径等有明星出场的基础大项，真正买票上看台的观众也是屈指可数，而有体育明星参加比赛时也让不少仅存的有意购买门票的观众望而却步”。③其主要原因在于赛事缺少文化内涵。

“今年，中国体育界的一个关键词就是‘接地气’，面对空荡荡的看台，各级别赛事组织方也是颇费苦心，但效果总是不尽如人意。长期以来，中国有些运动项目发展思维没有与时俱进，只以搞好训练、比赛拿金牌来考虑问题，关门办体育带来的结果就是群众不了解也不关注，项目发展因此陷入‘缺兵少将’难以为

---

① 王庆伟，骆秉全，苏如峰，等．体育赛事管理模式的变革：以上海市为例［J］．首都体育学院学报：2014（6）：543-546.

② 钟文．盲目迎合难成大事［EB/OL］．(2011-04-19)［2011-05-09］．http：//www. hinews. cn/news/system/012346065. shtml.

③ 李中文，陈晨曦，刘硕阳．办赛改革站上新起点——十二运会启示录（上篇）［N］．人民日报，2013-9-17（15）.

继的窘境。”① 例如，“创办于1971年的穿越爱荷华自行车越野赛，最初就是由一群自行车爱好者自发举办的。30多年间，参加人数从最初的6人发展成为如今的1.3万人，并形成了数以百计的志愿者和工作人员队伍。相比之下，国内各地的体育赛事多呈现逆向生长，赛事的背后往往只有政府这种看得见的手在操控，缺少群众基础和商业支撑。”②

“办赛是为了什么？这个问题中，蕴含着对中国体育发展模式的追问。曾经，奥运会是最重的体育砝码，以此构建的赛事系统，打造了高效的金牌生产线，但也在不知不觉间简化、弱化了赛事的多元社会价值。如今，人们意识到体育可以为国争光、可以强身健体，也可以丰富生活、为民增利，而这些价值的实现，都指向体育的主要表现形式——赛事。”③ “怎样办比赛，观众才买账？答案或许千差万别，但有一点应该可以统一：如果只是关起门来办赛事，与社会发展相脱节，无视观众的存在与感受，只会陷入路越走越窄的困境。在现阶段，仍有很多体育赛事在老路上徘徊，不仅没有充分发挥和利用体育赛事的社会功能，还造成了赛事资源和社会资源的极大浪费，不可否认，中国体育事业之所以取得令人瞩目的成就，赛事的杠杆作用不可或缺，但是，传统的办赛方式已经受到严峻挑战，赛事这根杠杆，应该支撑起一片更广阔的未来。”④ “让赛事离百姓再近些”⑤，把赛事办到百姓的心坎上，这是我国大型体育赛事向亲民和惠民转型迈出的关键一步，更是时代发展的必然要求。

中国网球公开赛想要在未来成为世界网球第五大满贯赛，其目前最缺乏的是什么？与世界网球四大满贯赛相比较，差距在什么地方？可否认为是一种文化底蕴上的差距，或是一种历史传承上的差距。四大满贯赛犹如枝叶茂盛的大树，而仅仅发展十余年的中国网球公开赛犹如一棵刚刚长成的小树，其差距在于：一个是粗大茂盛，另一个则是细小孱弱，还需要政府扶持和培育；一个历史悠久，另一个则历史短暂，一个是故事多多，传奇多多，另一个则是鲜有耳闻；一个历史

① 范佳元．走近群众才能发展运动［N］．人民日报（体坛观澜），2013-11-21（15）．

② 季芳．精品赛事需要文化积淀［N］．人民日报，2013-11-21（15）．

③ 薛原．赛事的根在大众［N］．人民日报，2013-11-18（8）．

④ 陈晨曦，范佳元，季芳．怎样办比赛观众才买帐——大众需要什么样的赛事（中）［N］．人民日报，2013-10-31（15）．

⑤ 钟文．让赛事离百姓再近些［N］．人民日报，2013-10-28（15）．

文化传承厚重，另一个则是毫无根基。英国温布尔登网球博物馆就是最好的例证。这样的历史无法复制，无法一蹴而就。

事实上，中国是有着五千年文明历史的国家，我们不缺少文化积淀，我们缺少的是有文化积淀的体育赛事。值得庆幸的是，我们已经意识到了这一点，并在实践中不断探索着。对于一场体育赛事而言，让人惊叹的是技艺，让人回味的却是人文。因此，要深度挖掘体育赛事所蕴含的文化底蕴，坚持“精神引领，文化立赛”的原则，创造出更多更好的赛事文化，使体育赛事文化更好地服务于体育赛事，实现体育赛事与体育赛事文化的完美结合，促进体育赛事文化的建设和发展。

## 二、体育赛事文化

### （一）文化的概念

文化是一个内涵和外延都非常广泛的概念。1871 年现代人类学的奠基人爱德华·伯内特·泰勒（Edward Burnett Tylor）在《原始文化》一书中指出，“文化是一个复合的整体，其中包括知识、信仰、艺术、道德、法律、风俗以及人作为社会成员而获得的任何其他能力和习惯”。① 泰勒关于文化的定义在西方学界一直被视为第一个具有现代意义的文化定义，泰勒之后，人们对于文化的概念，可谓见仁见智。然而，迄今为止仍没有一个令人满意的定义。

“《中国大百科全书》（哲学卷）的文化定义是这样阐述的：‘文化即人类在社会实践过程中所获得的能力和创造的成果。文化分为广义与狭义两种，即广义的文化包括人类物质生产和精神生产的能力、物质和精神的全部产品；狭义的文化则指精神生产能力和精神产品，包括一切意识形态，有时专指教育、科学、文学、艺术、卫生、体育等方面的知识和设施，以及世界观、政治思想道德等与意识形态相区别的方面’。”②

许多文化学家、语言学家、哲学家、社会学家、人类学家和历史学家等一直

---

① 戴炜栋．现代英语语言学概论［M］．上海：上海外语教育出版社，1998：188.

② 周丽君，于可红．从文化的本质论体育文化［J］．中国体育科技．2005（1）：9-11.

努力，试图从各自学科的角度对文化概念做出不同角度的阐释。然而，迄今为止仍没有一个令人满意的定义。

林林总总的文化概念，归纳起来，有广义和狭义两种。《辞海》对文化的解释是："文化从广义来说，是指人类社会历史实践过程中所创造的物质财富和精神财富的总和。从狭义来说，是指社会的意识形态，以及与之相适应的制度和组织机构。"① 通常来讲，广义文化是指人类的所有社会实践活动及其物质方面和精神方面的成果的总和。广义文化是人类活动的记录，强调的是人类社会不同于自然界的独特存在方式。狭义文化是指人类社会实践活动的精神方面，一般与"经济""政治""军事"等概念相对应，主要包括哲学、社会科学、宗教、艺术、科技、语言、文字等内容。狭义的文化包含于广义的文化之中，即广义文化的精神方面。

国家体育总局体育文化发展中心的袁大任认为，"广义的文化，是指人类在历史实践中所创造的物质财富与精神财富的总和。狭义的文化，既指掌握文字与知识的能力，又是对某一种精神综合体的概括"。②

在其内涵组成上，本研究依据著名学者张岱年、程宜山的观点，即"文化是一个动态的系统，包括三个层次：第一层是思想、意识、观念等，第二层是记录历史的实物，第三层是制度、风格"。③

### （二）体育文化的概念

体育的历史与人类历史一样悠久，在人类文明的历史长河中，体育文化作为人类文化的重要组成部分，经历了一个逐渐发展的过程。然而，由于文化概念的众说纷纭，使得体育学界对体育文化的概念的界定也变得扑朔迷离。20 世纪 80 年代以来，学者们关于体育文化的涵义、内容、特征及分类等问题各执己见，至今仍没有统一的认识。

国内体育学界对于体育文化的定义有数十余种之多。总体来看，这些定义大体上可以分为以下三类。

第一类是用广义的文化概念来界定体育文化。持这一观点的学者认为体育文

① 辞海．［M］．上海：上海辞书出版社，1984：15-33.

② 袁大任．也定义体育文化［J］．体育文化导刊，2007（3）：28.

③ 同②。

化是人类特有的社会文化现象和文明成果，因此，体育文化是人类通过长期的体育实践所创造物质财富和精神财富总和。这种界定是源自《辞海》有关文化的广义定义——“文化从广义来说，是指人类社会历史实践过程中所创造的物质财富和精神财富的总和”，即用物质与精神的二元关系来定义体育文化的概念。例如，袁大任对体育文化的定义为，“以强身健体、振奋精神、建立积极生活方式为主旨的体育运动及其产生的物质与精神成果的总和”。①

第二类是用狭义的文化概念来界定体育文化。把体育文化限定在体育精神现象或与体育活动相关的社会意识形态范畴之内，即把体育文化的概念限定在精神领域，认为体育文化就是在以身体的活动为基本形式的体育活动过程中所体现出的具有运动属性的精神生活方面，即体育文化的内在品质，如体育观念、体育思想、体育精神、体育艺术、体育道德、体育法规等。这类界定是源自《辞海》有关文化的狭义定义——“指社会的意识形态，以及与之相适应的制度和组织机构”，体育学界将这种界定称为狭义体育文化。

第三类是借用结构主义来界定体育文化的概念。结构主义理论是认知心理学派中的一个分支，起源于20世纪初期，后来逐渐被应用到语言学研究和人类学研究中，到20世纪下半叶，成为分析语言、文化与社会的最常用的研究方法之一。结构主义强调，整体对于部分来说是具有逻辑上优先的重要性的。任何事物都是一个复杂的统一整体，其中任何一个组成部分的性质都不可能孤立地被理解，而只能把它放在一个整体的关系网络中，即把它与其他部分联系起来才能被理解。结构主义对我国体育文化的研究产生了比较明显的影响。一些学者主张从文化结构的角度来定义体育文化。“体育文化既有技术方面的层次，也有社会组织制度方面的层次，还有内在的价值观念、思维方式、审美情趣、道德情操等。因此，体育文化是一种多层次、内容极其丰富的文化形态”。② 目前，理论界存在几种比较具有代表性的提法，如物质文化与精神文化两层次说，物质文化、制度文化、精神文化三层次说。“可以把文化分为物质文化、制度文化和精神文化三部分。这三部分既有其相对的独立性，又互相依存、互相制约，构成了有机联系的整体结构，

① 袁大任．也定义体育文化［J］．体育文化导刊，2007（3）：28.

② 卢元镇．中国体育社会学（修订本）［M］．北京：北京体育大学出版社，2001；233.

一个与自然相区别的文化世界，一个意义与价值的世界”。① 我国著名的体育社会学家卢元镇教授对体育文化的阐述，即“体育文化是关于人类体育运动的物质、制度、精神文化的总和。大体包括体育认识、体育情感、体育价值、体育理想、体育道德、体育制度和体育物质条件”。② 还有物质、制度、行为、心态四层次说等。各种提法虽各有侧重，但都在特定的结构——功能系统中将体育文化视为一个有机的整体，各部分之间既有联系又有区别，存在着相互依存、相互制约、相互渗透、相互推动的辩证关系。笔者比较认同三层次说，即“体育文化是关于人类体育运动的物质、制度、精神文化的总和”。③

### （三）体育赛事文化的概念

体育赛事文化作为体育文化和社会文化的亚文化，其内涵深刻、外延丰富，是体育文化的重要组成部分。依据体育文化的概念，可将体育赛事文化概念定义为：筹办体育竞赛及其组织实施过程中产生的物质、制度与精神成果的总和，具体而言，它包括体育赛事的精神文化、物质文化和制度文化三个方面。

当然，体育赛事文化的内涵是随着体育赛事的发展而不断发展的，不断发展的体育赛事又孕育了体育赛事新的文化内涵，蕴含着丰富的文化内涵且具有生命力的体育赛事又可以形成特有的、各具特色的体育赛事文化。体育赛事作为一种独特的人类文化活动现象，能够潜移默化地影响体育赛事参与者的具体行为和思想意识。因此，体育赛事不但要反映社会的主流文化形态，而且还具有时代的文化特质。

现代奥运会的创始人顾拜旦认为，只有把现代奥运会办成一个神圣的体育祭坛，办成一个多种文化形式融汇在一起的盛大文化节日，才能使奥运会获得长足的发展。作为文化传承的有效载体，体育赛事中所渗透的文化能够体现出体育赛事本身的品位及水平，进而体现赛事文化的品牌价值。因此，现代体育赛事在组织过程中都非常注重发掘赛事活动中的深刻文化内涵。随着体育赛事的不断发展，体育赛事文化的内涵也将不断丰富和发展。

---

① 许苏民．文化哲学［M］．上海：上海人民出版社，1990：96.

② 卢元镇．体育社会学［M］．北京：高等教育出版社，2002：127.

③ 卢元镇．中国体育社会学（修订本）［M］．北京：北京体育大学出版社，2001：226.

# 第二节　体育赛事精神文化建设

精神文化是相对于人类所创造的物质文化而言的。所谓精神文化是指属于精神、思想、观念范畴的文化。它是人类在从事物质文化基础上产生的一种人类所特有的意识形态，是人类各种意识形态观念的集合。

## 一、体育赛事的精神文化概念

体育赛事的精神文化是指在体育赛事实践过程中产生的属于精神、思想、观念范畴的文化，包括体育理念、体育精神、体育道德以及体育审美等。体育赛事的精神文化是体育赛事的思想灵魂，肩负着引领体育赛事文化的发展方向的重任，其地位与作用是无可替代的。好的体育赛事一定要有好的精神文化内涵，并向社会传递精神方面的正能量。

## 二、体育赛事精神文化的内涵

体育赛事精神文化是人们在改造客观世界和主观世界中所取得的精神成就和观念性成果，包括体育赛事理念、体育精神、体育道德以及体育审美等。诸如体育赛事的理念、思想体系、宗旨、口号、格言、主题歌曲、宣传片、人物故事、相关电影与文学等均属于体育赛事的精神文化内容。

### （一）体育赛事理念

体育赛事理念是精神层面的哲学概念，是人们经过长期的体育赛事实践及理性思考而形成的思想观念、精神向往和理想追求的抽象概括，是一种比较系统的、自觉的、内省的理性认识，体现的是对体育赛事的未来展望和不懈追求，具有相对稳定性、延续性和指向性。简而言之，体育赛事理念就是指人们对体育赛事及其现象的理性认识和理想追求及其所形成的思想观念体系。在现代体育赛事发展进程中，体育赛事理念是一种内在的驱动力，起着明显的导向和规范作用。

一百多年以来，现代奥林匹克理念把促进人的全面发展提高到人生哲学的高度，将体育运动和文化教育融为一体，建立了一种身心与精神和谐统一的理念。例如，国际奥委会新修订的、自 2000 年 9 月 11 日起生效的《奥林匹克宪章》在“基本原则”第 2 条中明确将“奥林匹克主义”表述为：“奥林匹克主义是增强体质、意志和精神并使之全面均衡发展的一种生活哲学。奥林匹克主义谋求体育运动与文化和教育的融合，创造一种以奋斗为乐，发挥良好榜样的教育作用并尊重以基本公德原则为基础的生活方式。”《奥林匹克宪章》指出：“将体育运动与文化和教育融为一体，建立一种使人的身心和精神方面的各种品质均衡地结合起来，并得到提高的生活方式。”① 奥林匹克哲学倡导的是使人在奋斗中追求自我完善与和谐统一，其目的是促进人的全面协调发展，即要求奥林匹克运动的参与者都要在身体、心理和精神方面得到全面发展。这是在奥林匹克运动一百余年的发展中，国际奥委会一直致力于传播的观念。

国际奥委会原主席萨马兰奇通过改革创新奥运会的办赛模式及营销模式吸引了世界上最有影响力的企业来赞助，原因就在于奥运会在全球范围内具有良好的社会公众形象和社会人文价值，核心价值就是奥运会的精神文化，即奥林匹克主义、奥林匹克宗旨、奥林匹克思想、奥林匹克格言等。毋庸置疑，国际奥委会正是通过传播奥林匹克精神和其具有的良好的社会人文价值而获得了巨大的成功。

2008 年北京奥运会提出三大理念，即绿色奥运、科技奥运、人文奥运。其中绿色奥运传承了奥林匹克全面协调发展的思想理念，促进了人与自然、人与社会、人的精神与体魄之间的和谐发展，这是现代体育追求的目标，是现代体育与健康的结合点，是人类体育可持续发展的动力和必然。中国的申奥口号是“新北京，新奥运”，北京奥运会的宣传口号是“同一个世界，同一个梦想（One World，One Dream）”，这些都是在改革开放中富强起来的中国面向世界发出的宣言。

2014 年 12 月 8 日，国际奥委会第 127 次全会在摩纳哥蒙特卡洛举行，奥林匹

① 安雅然．奥林匹克运动对现代体育理念的启示［J］．体育文化导刊，2006（1）：47.

克运动发展中一份重要的改革文本《奥林匹克 2020 议程》（Olympic Agenda 2020）（以下简称《议程》）发布，这份改革路线图基本围绕可持续发展、提高公信力和吸引青少年三大主题。北京申办 2022 年第 24 届冬季奥林匹克运动会的三大理念是"以运动员为中心、可持续发展、节俭办赛"，这三大理念与《议程》高度契合。北京冬奥会秉持"绿色、共享、开放、廉洁"办赛理念，创造北京冬奥会和冬残奥会的"精彩、非凡、卓越"，让奥林匹克点亮青年梦想，让冬季运动融入亿万民众，让 3 亿人参与冰雪运动，让奥运盛会惠及发展进步，让世界更加相知相融。

事实上，奥运会的办赛理念或口号也是奥运会精神文化的重要体现之一，夏奥会主题口号首先出现在 1984 年美国洛杉矶奥运会上，而冬奥会主题口号首先出现在 1998 年长野冬奥会上，具体见表 9-1 和表 9-2。

**表 9-1　第 23 届—第 32 届夏奥会主题口号**

| 举办时间 | 届数 | 举办城市 | 口号（中文） | 口号（英文） |
| --- | --- | --- | --- | --- |
| 1984 | 第 23 届 | 美国洛杉矶 | 参与历史 | Play Part in History |
| 1988 | 第 24 届 | 韩国汉城 | 和谐、进步 | Harmony and Progress |
| 1992 | 第 25 届 | 西班牙巴塞罗那 | 永远的朋友 | Friends for Life |
| 1996 | 第 26 届 | 美国亚特兰大 | 世纪庆典 | The Celebration of the Century |
| 2000 | 第 27 届 | 澳大利亚悉尼 | 分享奥林匹克精神 | Share the Spirit |
| 2004 | 第 28 届 | 希腊雅典 | 欢迎回家 | Welcome Home |
| 2008 | 第 29 届 | 中国北京 | 同一个世界，同一个梦想 | One World，One Dream |
| 2012 | 第 30 届 | 英国伦敦 | 激励一代人 | Inspire a Generation |
| 2016 | 第 31 届 | 巴西里约热内卢 | 一个新世界 | A New World |
| 2021 | 第 32 届 | 日本东京 | 发现明天 | Find Tomorrow |

注：东京奥运会因新冠病毒感染疫情推迟到 2021 年举办。

表 9-2　第 18 届—第 24 届冬奥会主题口号

| 举办时间 | 届数 | 举办城市 | 口号（中文） | 口号（英文） |
|---|---|---|---|---|
| 1998 年 | 第 18 届 | 日本长野 | 让世界凝聚成一朵花 | From around the world to flower as one |
| 2002 年 | 第 19 届 | 美国盐湖城 | 点燃心中之火 | Light the fire within |
| 2006 年 | 第 20 届 | 德国都灵 | 永不熄灭的火焰 | An Ever Burning Flame |
| 2010 年 | 第 21 届 | 加拿大温哥华 | 用炽热的心 | With Glowing Hearts |
| 2014 年 | 第 22 届 | 俄罗斯索契 | 激情冰火属于你 | Hot. Cool. Yours |
| 2018 年 | 第 23 届 | 韩国平昌 | 激情同在 | Passion Connected |
| 2022 年 | 第 24 届 | 中国北京 | 一起向未来 | Together for a Shared Future |

表 9-3 为近年来亚运会的主题口号。

表 9-3　第 1 届—第 19 届亚运会主题口号

| 时间 | 届数 | 举办国/城市 | 口号（中文） | 口号（英文） |
|---|---|---|---|---|
| 1951 | 第 1 届 | 印度新德里 | 永远向前 | Ever Onward |
| 1954 | 第 2 届 | 菲律宾马尼拉 | 永远向前 | Ever Onward |
| 1958 | 第 3 届 | 日本东京 | 永远向前 | Ever Onward |
| 1962 | 第 4 届 | 印度尼西亚雅加达 | 永远向前 | Ever Onward |
| 1966 | 第 5 届 | 泰国曼谷 | 永远向前 | Ever Onward |
| 1970 | 第 6 届 | 泰国曼谷 | 永远向前 | Ever Onward |
| 1974 | 第 7 届 | 伊朗德黑兰 | 永远向前 | Ever Onward |
| 1978 | 第 8 届 | 泰国曼谷 | 永远向前 | Ever Onward |
| 1982 | 第 9 届 | 印度新德里 | 永远向前 | Ever Onward |
| 1986 | 第 10 届 | 韩国首尔 | 永远向前 | Ever Onward |
| 1990 | 第 11 届 | 中国北京 | 团结　友谊　进步 | Unity，Friendship，Progress |
| 1994 | 第 12 届 | 日本广岛 | 亚洲人的融合 | Asian Harmony |
| 1998 | 第 13 届 | 泰国曼谷 | 友谊不分国界 | Friedship Beyond Frontiers |
| 2002 | 第 14 届 | 韩国釜山 | 新希望　新亚洲<br>共同的亚洲　走向世界的釜山 | New Vision，New Asia<br>One Asia Global Busan |

续表

| 时间 | 届数 | 举办国/城市 | 口号（中文） | 口号（英文） |
|---|---|---|---|---|
| 2006 | 第 15 届 | 卡塔尔多哈 | 终身难忘的盛会 | The Games of Your Life |
| 2010 | 第 16 届 | 中国广州 | 激情盛会，和谐亚洲 | Thrilling Games，Harmonious Asian |
| 2014 | 第 17 届 | 韩国平昌 | 多元化照耀于此 | Diversity Shines Here |
| 2018 | 第 18 届 | 印度尼西亚雅加达 | 亚洲能量 | Energy of Asia |
| 2022 | 第 19 届 | 中国杭州 | 心心相融，@未来 | Heart to Heart，@Future |

表 9-4 是我国全运会的宣传口号。

表 9-4　第 1 届—第 14 届全运会宣传口号

| 时间 | 届数 | 举办城市 | 口号或理念 |
|---|---|---|---|
| 1959 | 第 1 届 | 北京 | 发展体育运动　增强人民体质 |
| 1965 | 第 2 届 | 北京 | 敢于胜利　善于斗争 |
| 1975 | 第 3 届 | 北京 | 友谊第一　比赛第二 |
| 1979 | 第 4 届 | 北京 | 锻炼身体　锻炼意志　为实现四个现代化贡献力量 |
| 1985 年 | 第 5 届 | 上海 | 提高水平　为国争光 |
| 1989 年 | 第 6 届 | 广东 | 冲出亚洲　走向世界 |
| 1993 年 | 第 7 届 | 北京 | 以亚运精神办七运　以七运风采争奥运 |
| 1997 年 | 第 8 届 | 上海 | 提高体育运动水平　振奋中华民族精神 |
| 2001 年 | 第 9 届 | 广州 | 铸九运辉煌　展中华风采 |
| 2005 年 | 第 10 届 | 南京 | 拼搏 2005　梦圆 2008　体育的盛会　人民的节日 |
| 2009 年 | 第 11 届 | 济南 | 和谐中国　全民全运 |
| 2013 年 | 第 12 届 | 沈阳 | 全民健身　共享全运 |
| 2017 年 | 第 13 届 | 天津 | 全运惠民　健康中国 |
| 2021 年 | 第 14 届 | 西安 | 全民全运　同心同行 |

注：上述各届全运会主题口号不是唯一，尤其是第七届和第八届全运会，口号比较多，上表仅选择主要的主题口号。

我国举办的第 3 届全国体育大会的宣传口号是“全民健身　健康中国”，2010 年 5 月 16 日—26 日在安徽省合肥市举行的第 4 届全国体育大会的主题口号是“徽风和韵，活力中国”，第七届全国农民运动会的主题口号是“展农运风采，创中原辉煌”。

2014 年在南京举办的第 2 届青奥会的口号是“与青奥共成长”（Grow with YOG），口号朴实无华，内涵深远，包含青奥会自身的成长、青年人与青奥会共成长、城市与青奥会共成长、世界与青奥会共成长等多层涵义。

## （二）体育精神

体育精神是指体育运动中所蕴含着的，在体育活动中经常表现出来的，对人的发展具有启迪和影响作用的，并具有一定倾向性的精神。奥林匹克精神就是相互了解、友谊、团结和公平竞争的精神。其通常包括参与原则、竞争原则、公正原则、友谊原则和奋斗原则。

费孝通先生从人类学和社会学的角度解释体育精神，他认为体育精神就是人类精神，即“公平竞争”“团队协作”“运动家的风度”，是“人类社会赖以健全和发展的精神”。① 体育精神集中反映了体育赛事的整体面貌、水平、特色及凝聚力、感染力和号召力，是体育赛事的灵魂支柱，是体育赛事的理想信念、体育知识、体育道德、体育审美水平的重要标志。体育精神是人与人和谐的理想支柱，已经成为东西方体育共同的精神财富。拼搏进取，团结友善、公平竞争的精神，是东西方体育的共同宗旨。

“体育精神是通过体育运动而形成并集中体现出人类的力量智慧与进取意识的总和，是体育运动的最高产物。”② 奥林匹克旗帜上的五环象征着五大洲，展示出世界人民大团结的精神。奥林匹克的口号“更快，更高，更强——更团结”，强调的是拼搏与进取的精神。中国申奥标志中的太极拳形象，展示了中国文化与世界文化的相融性。

体育精神追求公平竞争，对于队友和对手谦和有礼，遵守体育规则和体育道德，比赛中无论输赢都始终保持积极乐观的态度。对于此，现代奥林匹克之父顾拜旦曾说过：“最重要的……不是输赢，而是参与，”这是对体育精神的经典表述。牙买加运动员玛莲·奥蒂（Melene OTTEY-PAGE）被称为“永远的伴娘”，参加过七届奥运会，却从未获得过金牌，但她坚持不懈，50 岁仍然活跃在竞技场上。

---

① 费孝通．清华人的一代风骚［J］．读书，1991（11）：3.

② 李洪波．儒学·民族精神·体育精神［D］．曲阜：曲阜师范大学，2005：15.

人们称她为“失利者”而不是失败者，她的身上集中体现了奥运会提倡的“重在参与、永不放弃、永不气馁、永不低头”的精神。

### （三）体育道德

体育道德是体育运动中各种社会角色的行为规范的总和。体育赛事社会影响极广，对运动员、教练员、裁判员等相关人员进行职业道德教育是非常重要的。中华人民共和国体育运动委员会于 1981 年颁布了《运动员守则》《教练员守则》《裁判员守则》，对运动员、教练员、裁判员提出了具体而明确的、具有可操作性的要求，这是我国为了加强体育职业道德教育、加强体育队伍思想政治工作、加强体育赛事精神文化建设而采取的有效措施。

1995 年 10 月 1 日，新中国成立以来颁布施行的第一部体育法——《中华人民共和国体育法》第三十四条、第四十九条、第五十条和第五十一条中明确规定：“体育竞赛实行公平竞争的原则。体育竞赛的组织者和运动员、教练员、裁判员应遵守体育道德，不得弄虚作假、营私舞弊。在体育运动中严禁使用禁用的药物和方法。禁用药物检测机构应对禁用的药物和方法进行严格检查。严禁任何组织和个人利用体育竞赛从事赌博活动。在竞技体育中从事弄虚作假等违反纪律和体育规则的行为、在体育运动中使用禁用的药物和方法的，由体育社会团体按照章程规定给予处罚；对国家工作人员中的直接责任人员，依法给予行政处分。”利用竞技体育从事赌博活动的，由体育行政部门协助公安机关责令停止违法活动，并由公安机关依照治安管理处罚条例的有关规定给予处罚。

体育运动的结果不应是提前决定的，比赛双方应有同等机会获胜。为了保证公平竞争，人们制定了比赛规则，但是有些参赛者却试图通过打破规则来获得优势，或通过作弊以满足自己的获胜欲望。美国著名法学家劳伦斯·弗里德曼（Lawrence Friedman）说：“如果没有人的行为，规则不过是一堆词汇，而结论也不过是被遗忘的缺乏生命的空架子。”① 在体育领域，对于违背体育道德的行为是从不姑息的。

---

① 暴丽霞，冯强．后奥运时代奥林匹克思想与学校体育精神文化建设相关性研究［J］．山西师大体育学院学报，2009（3）：94.

◆ 案例 9-1

## 比赛不只胜负[①]

只懂得比拼而不懂得尊重，只懂得利用规则而不懂得展示风度，比赛就有可能在不经意间滑向功利泥潭而不自知。近日，在西班牙举行的一场自行车赛上，发生了这样一幕：车手伊斯梅尔·埃斯特班（Ismael Esteban）在距离终点只有 300 米时不幸遭遇爆胎，他只能扛起自行车跑向终点。此时，紧随其后的奥古斯丁·纳瓦罗（Augustin Navarro）没有顺势超越对手，而是刹车放缓了速度，慢慢地跟在其身后。最终，埃斯特班获得铜牌，而纳瓦罗则与奖牌失之交臂。后来，埃斯特班想把奖牌送给纳瓦罗，但遭到了婉拒。

很多网友看完这一段比赛视频后，纷纷称赞纳瓦罗的绅士举动，认为他的刹车行为是对竞争对手的尊重；但也有网友对纳瓦罗的举动不以为意，认为他的谦让之举，有破坏体育精神之嫌……到底该如何看待纳瓦罗的谦让举动？答案在比赛现场已经给出，那就是观众对纳瓦罗的绅士之举由衷送上的掌声。

### （四）体育审美

所谓体育审美，就是运用美学的基本理论和方法，研究体育运动过程中美的发展和规律，以及人如何表现、认识、反映和掌握这些规律。体育赛事的举办过程实际上是一个不断创造美和展示美的过程。诸如运用优美的身体运动和体态变化等手段，反映人体之美、运动之美、行为之美等，引导人们提高审美的能力、水平和情感等。

运动是体育的灵魂，运动之美无处不在。体育赛事本身就是一种艺术。一项体育赛事，从开幕式到闭幕式，从赛场内到赛场外，从运动员到工作人员无处不体现着美，传递着美。不论是比赛的参与者还是观赏者，都可以从中得到美的享受。运动员在比赛过程中通过各种肢体动作，展示丰富多彩的形象，表现着人类的健康美、力量美和形体美。工作人员在紧张有序的忙碌中，展现着奉献美、心灵美。观众在欣赏和享受比赛时，可以获得感官和精神上的愉悦、受到美的启迪

---

① 钟文．比赛不只胜负［N］．人民日报，2015-12-21（23）．

与熏陶。在体育赛事的影响下，人们不断地进行着审美感知，培养审美情感，增强审美意识，提高审美能力和审美敏感度。

2008 年北京奥运会开幕式以其大气磅礴、精美绝伦、巧妙构思的表演赢得了一片赞誉，开幕式的表演加入中国传统文化元素演员们将其展现得淋漓尽致。当演员们将中国五千年历史的卷轴慢慢拉开时，“太古遗音”、四大发明、太极拳、京剧京腔、万里长城、古丝绸之路、书法画卷竹简等印入人们的眼帘；演员们吟诵着《论语》中的名句——“四海之内，皆兄弟也”，897 块活字印刷字盘变换出不同字体的“和”字，表现了中国汉字的演化过程，也表达了孔子“以和为贵”的人文理念；2008 年北京奥运会开幕式向世人展示着中国灿烂的文化，传递着中国的和谐之美。如今体育赛事还与影视、音乐、绘画、舞蹈、摄影等艺术门类相融合，形成了独特的艺术表现形式。例如，北京奥运会前后推出纪录片《我们的奥林匹克》（2008 年 7 月 21 日推出），《与梦齐飞》（2009 年 2 月 10 日推出），《中国冰雪记忆》（2010 年 2 月推出），出版了《中国优秀体育电影精选》《中国优秀体育名歌精选》《中国体育名曲精选》等，北京奥运会主题曲《北京欢迎你》广为传播。目前，推出了以我国女子排球队为原型，尤其是以我国前著名排球运动员郎平为原型的电影《夺冠》。这些作品极大地满足了人们对体育美的追求与向往，弘扬了一种催人奋进、热爱祖国的体育精神。表 9-5 是我国历史上知名的十部体育题材的电影。

**表 9-5　中国知名体育题材电影**

| 序号 | 名称 | 公映年份 |
| --- | --- | --- |
| 1 | 《体育皇后》 | 1934 |
| 2 | 《女篮五号》 | 1957 |
| 3 | 《冰上姐妹》 | 1959 |
| 4 | 《女跳水队员》 | 1964 |
| 5 | 《乳燕飞》 | 1979 |
| 6 | 《京都球侠》 | 1987 |
| 7 | 《女帅男兵》 | 2000 |
| 8 | 《防守反击》 | 2000 |
| 9 | 《激战》 | 2013 |
| 10 | 《破风》 | 2015 |

2018 年 8 月，历时八年打磨，首部由中共广州市委宣传部、国家体育总局体育文化发展中心、广州环瑞都文化传播有限公司、海宁桔米影业有限公司联合出品，首部国球题材电视剧《夺金》即将杀青。原中国乒协主席徐寅生表示，希望观众们可以通过这部剧看到中国的体育精神。这些影视、摄影等体育作品，都向人们呈现了体育精神之美。

一种体育文化之所以千姿百态，“是中国人审美理想的体现，是人与自然和谐、完美结合的最好印证，从而促使社会文化的多方面发展”。① 不同国家、不同民族、不同历史发展阶段，体育审美有所不同。国际上比较知名的体育电影节和国外十大知名电影分别见表 9-6 和表 9-7。

表 9-6　国际知名体育电影节

| 序号 | 名称 | 创办年份 | 主办国家 | 备注 |
|---|---|---|---|---|
| 1 | 米兰国际体育电影电视节 | 1982 | 意大利 | 由国际体育电影电视联合会和国际奥林匹克委员会共同举办，是体育界的影视盛会，堪称体育电影的“奥斯卡” |
| 2 | 捷克利贝雷茨国际体育电影电视节 | 1998 | 捷　克 | |
| 3 | 北京国际体育电影周 | 2005 | 中　国 | 北京筹办 2008 年奥运会期间举办的国际体育影视活动 |
| 4 | 布达佩斯残疾人体育电影节 | 2006 | 匈牙利 | |
| 5 | 洛杉矶全体育电影节 | 2009 | 美　国 | |
| 6 | 巴塞罗那体育电影节 | 2010 | 西班牙 | |
| 7 | 意大利马泰拉国际体育电影电视节 | 2010 | 意大利 | |
| 8 | 巴西 CINEfoot 足球电影节 | 2010 | 巴　西 | |
| 9 | 法国天窗足球电影节 | 2013 | 法　国 | |

① 岳良．体育文化在全面建设小康社会中的价值［J］. 体育学刊，2004（2）：8.

表 9-7 国外知名体育电影

| 序号 | 名称 | 公映年份 |
| --- | --- | --- |
| 1 | 《百万宝贝》 | 2006 |
| 2 | 《洛奇》 | 1977 |
| 3 | 《斗士》 | 2010 |
| 4 | 《女生向前翻》 | 2006 |
| 5 | 《一球成名》 | 2004 |
| 6 | 《胜利大逃亡》 | 1981 |
| 7 | 《苏格兰飞人》 | 2006 |
| 8 | 《冰雪公主》 | 2005 |
| 9 | 《冰上奇迹》 | 2004 |
| 10 | 《泳出一片天》 | 2007 |

此外，国外一些优秀体育电影在我国广为流传，如《摔跤吧，爸爸》《绝杀慕尼黑》《极速风流》《光荣之路》《追梦赤子心》等。

## 三、体育赛事精神文化建设的目的

体育赛事精神文化建设的目的就在于要探索发现体育赛事当中能够给予观众，乃至社会大众一种难以忘怀的经历、一种精神上的享受、一种心灵上的感动、一种人生的教育与感悟，让观众乃至社会大众都能够从体育赛事当中感受到一种正能量，精神上得到鼓舞和力量。

## 四、体育赛事精神文化的作用

### （一）促进人的全面发展

“生产劳动同智育和体育相结合，它不仅是提高社会生产的一种方法，而且是造就全面发展人的唯一方法。”① 体育赛事不仅仅是一项体育活动，同时还是一种教育手段，对于形成健康科学的生活方式，提高人的综合素质有着重要作用。毛泽东同志早年就曾经提出：“体育之效，至于强筋骨，因而增知识，因而调感情，因而强意志。筋骨者，吾人之身；知识、感情、意志者，吾人之心。身心皆适，是谓俱泰。”② 体育赛事以竞赛的方式作用于人的物质生活与精神生活，发挥着强身健体、陶冶情操的重要功能，对人们树立正确的世界观、人生观、价值观，明辨是与非、善与恶、美与丑，对提高人的综合素质，进而对促进人的全面发展，都起到了重要作用。

### （二）培养爱国主义精神

体育赛事可以丰富人们的文化生活，弘扬集体主义、爱国主义精神，增强国家和民族的向心力、凝聚力。1959 年 4 月 5 日，在第 25 届世界乒乓球锦标赛上，中国运动员容国团勇夺男子乒乓球单打世界冠军，这是新中国成立以来获得的第一个世界冠军，德国多特蒙德体育馆响起了雄壮的中华人民共和国国歌。1984 年，许海峰实现了中国奥运金牌零的突破。2008 年北京奥运会中国获得 51 块金牌、100 块奖牌，金牌总数第一，超过了美国，我国体育健儿在奥运会和世界性大赛中表现出来的拼搏精神，极大地激发了全国人民的爱国热情和民族自豪感。运动员们在竞技场上奋力拼搏，为国争光，演绎的是一种爱国主义情怀，具有很强的示范作用，能够引起人们内心深处的共鸣。每一次当五星红旗伴随着中华人民共和国国旗升起的时候，国人都激动万分，民族凝聚力得到了极大的增强，民族精神得到了极大的弘扬。同时，对于举办地来讲，体育赛事不仅能够丰富人们的文化生活，而且能够扩大体育赛事举办地的公众传播效应。例如，赛事举办过程中所彰显出的体育精神文化，如体育赛事的标志和吉祥物的设计理念等，通常都会反映举办地的人文特点，极易激发起人们重温历史的热情，进而激发起人们的民族自信心和自豪感，提升人们的爱国情怀。

---

① 马克思恩格斯全集（第 32 卷）［M］. 北京：人民出版社，1972：530.

② 毛泽东 . 体育之研究［M］. 北京：人民体育出版社，1958. 14.

◆ 案例 9-2

## 最伟大的最后一名

1968 年第 19 届奥运会，在墨西哥城浓重的暮色中，坦桑尼亚马拉松运动员约翰·斯蒂芬·阿赫瓦里（John Stephen Akhwari）正步履蹒跚地行走在比赛途中。由于他在比赛途中摔倒受伤，导致缠在伤腿上的绷带血迹斑斑。当他进入主运动场时，这一项目的发奖仪式早在一小时前就已结束，观众席上人迹寥寥。当他走过终点线时，在场的观众禁不住站起来为他大声欢呼。事后，有记者问他为什么明知获胜无望，还不中途退出比赛？阿赫瓦里正色地回答道，“我的祖国，把我从 7000 英里外送到这里，不是让我开始比赛，而是要我完成比赛……”他被人们称为“伟大的最后一名”。

### （三）培养敬业进取精神

体育赛事蕴含了顽强拼搏、不断超越、勇往直前的人生态度。体育赛事文化有着丰富的内涵，即超越对手、超越纪录、超越自己。敬业进取精神在体育赛事中表现得尤为突出。无论输赢，无论对手强弱，都要保持认真对待比赛的敬业进取精神，既是尊重对手，也是尊重自己。

### （四）构建和谐人际关系

体育是人类共通的“语言”，体育赛事能促使不同国家、民族、宗教、信仰，甚至敌对或战争状态下的人们，为了共同的理想汇聚到一起。通过国内体育赛事，能够扩大人与人之间的情感交流，增进人与人之间的相互了解、相互认同，有利于人们共同创造文明和谐的社会氛围。通过国际性的大型体育赛事，能够促进国家与国家之间、民族与民族之间的相互理解、尊重和信任，对于促进人类社会的和平与发展起到了重要的作用。正如《奥林匹克宪章》规定：“奥林匹克运动的目的是通过体育运动在增进相互了解和友谊的精神方面教育青年，从而有助于建立一个美好的更加和平的世界。”可以说，体育赛事以特有的文化特征，为人类的精神生活和价值追求提供了超越意识形态的有效渠道。体育赛事已经成为沟通情感、增进友谊、化解矛盾、缓和冲突、促进世界和平与发展的重要手段。

### （五）培养公平、公正和诚信意识

体育赛事是公平、公正的事业，向人们传递着崇尚规则、追求平等的价值观。竞争是体育赛事的灵魂，而与竞争同等重要的是公平。在体育竞赛中，参赛者不论民族、种族、宗教、信仰的不同，也不论地位、金钱、文化背景的差异，都站在同一“起跑线”上，完全凭借个人实力去战胜对手，获取胜利。公正是体育赛事健康发展的基础和前提，而公正需要通过规则的约束来实现。在体育竞赛中，所有参赛者都必须遵守严格的规则，人们只能在规则允许的范围内努力创造成绩，任何违反规则的行为都会受到相应的惩罚。然而仅仅依靠规则是远远不够的，在规则的背后，必须借助道德的力量，而道德的核心就是诚信。体育赛事精神文化以诚信为根本，继承和发扬了中西方文化追求诚信的美德。在战火连绵的古希腊，“奥林匹克神圣休战”是化敌为友，保障人们自由交往、经商、旅行的“诚信契约”。体育赛事文化强调“真、善、美”的统一，并以“善”为核心，追求道德觉悟的提升。缺少诚信，诸如服用兴奋剂、打假球、吹黑哨等都将给公平竞争这一崇高信念带来严重的危机，使高尚的体育沦为低级的杂耍，纯粹的体育异化成追逐名利的工具，诚实的体育堕落为欺骗的行为，与“更快、更高、更强——更团结”的奥林匹克精神背道而驰。

### （六）培养团队协作精神

团队协作精神是每个进入社会的人应具备的现代化品格。体育赛事是培养团队协作的主战场。时任联合国秘书长安南在2005年的国际体育年工作会议上说：“年轻人接触到体育，参加到体育中来，他们不仅可以感受到什么是真正的快乐，还可以受到团队协作与忍让的理念的洗礼，这就是我们努力地创造一个太平盛世的过程中越来越多地借助体育帮助的原因。”① 在体育比赛中，不管是个人项目还是集体项目，每一位参赛者都不是单兵作战，其背后都有一个庞大的团队。这会使大家深刻体会到团队的力量以及团队成员间相互支持的重要性。中国

① 张秀萍．体育是一种世界语言［N］．中国体育报，2005-12-26（1）．

乒乓球队就是一支具有很强的协作精神的团队，从 1959 年容国团获得第一枚金牌至今，中国乒乓球队获得一百余枚金牌。然而，在球队辉煌战绩的背后，是无数无名英雄默默无闻的奉献，是他们不计个人名利，甘当人梯，才造就出一支团结协作、科学配合的队伍。团队协作精神成为中国乒乓球队长盛不衰的力量源泉。

◆ **案例 9-3**

## 中国“女排精神”

中国女排在 1981 年和 1985 年世界杯、1982 年和 1986 年世锦赛、1984 年奥运会夺冠，成为世界上第一个“五连冠”获得者。为此，全国各行业掀起了学习“女排精神”的风潮，并喊出“学习女排，振兴中华”的口号。之后中国女排又在 2003 年世界杯、2004 年奥运会、2015 年世界杯、2016 年奥运会上四度夺冠，而就在 2019 年世界杯比赛中，中国女排“十一连胜”，再度夺得了该届世界杯冠军，这也是中国女排队史上第 10 个排球“世界三大赛”冠军，中国女排用新鲜出炉的世界杯冠军为新中国成立 70 周年华诞献上了一份沉甸甸的厚礼。事后有人问中国女排主教练郎平，女排精神是什么？郎平的回答是：“女排精神不是赢得冠军，而是有时候知道不会赢，也竭尽全力。是你一路虽走得摇摇晃晃，但站起来抖抖身上的尘土，依旧眼中坚定。人生不是一定会赢，而是要努力去赢。”

2019 年 9 月 30 日，习近平总书记亲自接见了中国女排队员、教练员代表，他指出，“38 年前，中国女排首夺世界冠军时，举国上下心潮澎湃，亿万观众热泪盈眶。中国女排‘五连冠’，万人空巷看女排。广大人民群众对中国女排的喜爱，不仅是因为你们夺得了冠军，更重要的是你们在赛场上展现了祖国至上、团结协作、顽强拼搏、永不言败的精神面貌。女排精神代表着一个时代的精神，喊出了为中华崛起而拼搏的时代最强音”。

◆ **案例 9-4**

## 北京冬奥精神

国际奥委会主席巴赫在北京冬奥会闭幕式上致辞时表示，我们之所以有北京冬奥会的难忘经历，要归功于热情好客的东道主全体中国人民。目前中国有三亿多人参与冰雪运动，中国的冰雪运动员取得巨大成功，这是一届真正无与伦比的冬奥会。

2022 年 4 月 8 日，在 2022 年北京冬奥会、冬残奥会总结表彰大会上，习近平总书记指出，7 年来，在党中央坚强领导下，各有关部门、各省区市团结协作、攻坚克难，北京携手张家口作为主办城市尽锐出战、全力投入，同国际奥委会、国际残奥委会等国际体育组织紧密合作，克服新冠疫情等各种困难挑战，向世界奉献了一届“简约、安全、精彩”的奥运盛会，全面兑现了对国际社会的庄严承诺，北京成为全球首个“双奥之城”。北京冬奥会、冬残奥会广大参与者珍惜伟大时代赋予的机遇，在冬奥申办、筹办、举办的过程中，共同创造了“胸怀大局、自信开放、迎难而上、追求卓越、共创未来”的“北京冬奥精神”。

## 五、体育赛事精神文化建设的现状

随着我国社会经济的迅速发展，人民生活水平的不断提高，人们对体育赛事的需求不断增大，对体育赛事的认识不断加深，社会各方面普遍认识到体育赛事所具备的多元化功能和后续效益，使我国体育赛事文化的迅速发展成为一种必然。虽然我国体育赛事文化发展迅速，体育赛事呈现出欣欣向荣的局面，但我国体育赛事文化起步较晚，难免存在着一些不足，这些不足在体育赛事精神文化方面的体现尤为突出。

### （一）我国体育赛事精神文化发展相对滞后

相对于西方发达国家体育赛事文化而言，我国体育赛事文化发展起步较晚，还没有形成自己的赛事文化品牌，而且体育赛事文化发展极不平衡。体育赛事物质文化有了一定的发展，而体育赛事精神文化的发展相对滞后。在举办大型体育赛事时，举办方通常比较重视体育赛事的物质文化建设，而忽视体育赛事的精神文化建设，导致我国体育赛事的发展缺乏精神文化内涵。2008 年北京奥运会、2010 年广州亚运会的成功举办，极速催生了我国体育赛事物质文化的发展，如

“鸟巢”“水立方”“国家体育馆”等奥运场馆、广州亚运会场馆，体现了我国大型体育赛事物质文化的发展水平。北京奥运会的中国印会徽、祥云火炬、金镶玉奖牌、青花瓷服饰等，广州亚运会的羊城广州会徽、吉祥物“乐羊羊”“潮流”火炬、“行云流水”礼服等极大丰富了我国体育赛事物质文化的内容，也成为我国体育赛事物质文化未来发展的风向标。相对于体育赛事物质文化而言，体育赛事精神文化发展相对滞后，既无明确的指导思想，也无具体的建设措施。赛场上黑哨、假球、兴奋剂事件和赛场下观众不文明行为现象屡禁不止。还有某些运动员缺乏顽强拼搏精神，缺乏敬业精神，表现出浮躁情绪，甚至不惜违背体育精神而消极比赛等，均体现了体育赛事精神文化建设的不足，和我国体育赛事精神文化发展相对滞后的现状。

### （二）体育主体意识淡薄

“主体意识是指人们认识到自己是社会的人，在社会中处于主体地位，并有表达自己意志的强烈愿望，不因外部力量放弃这种要求。同时也是人对于自身的主体地位、主体能力和主体价值的一种自觉意识，是人之所以具有主观能动性的重要依据。”① 所谓体育主体意识，即人们对体育促进人的身体、心理和社会性诸方面全面发展的功能的认识，是人们的体育兴趣、体育态度、体育习惯与行为的综合反映。换言之，人们要意识到自己是体育活动的主体，自觉地、有目的地将体育视为人类生存与发展的需要。有了体育主体意识这种内在的动力，人们才可能积极主动地参与体育运动，发扬真正的体育精神。换句话说，体育主体意识淡薄就意味着体育主体失去了自我，体育竞赛可能沦为一种工具，在很大程度上影响了人们参与体育的积极性和正确认识体育的态度，进而导致体育精神异化。

### （三）体育赛事异化

良好的体育赛事精神文化更有利于人们形成科学的体育观，树立正确的体育意识，并更好地接受、领悟、传播先进的体育理念。但是随着现代社会的发展，体育赛事也出现了异化现象。体育赛事中的异化现象主要表现为：体育赛事非但

---

① 龙秋生. 富裕小康地区体育社团成员体育主体意识的现状与提升的研究［J］. 吉林体育学院学报，2008（4）：6.

没有促进人们的身心健康，反而将主体变成一种摘金夺银的工具，过度的竞争、极端的功利主义，造成了人们对竞技体育认识的偏离。

目前，我国每年举办的各种类型、各种规模的体育赛事非常多，笔者通过亲身经历、现场考察、专家访谈以及文献资料分析等方法，不难获知，我国举办的体育赛事在精神文化方面的建设不容乐观。一个现实状况就是由于我国长期的举国体制，体育政绩观长期围绕“奥运战略”“全运战略”，形成了“唯金牌论英雄”的思想价值观，潜移默化地融入我国居于主流地位的各种竞技体育赛事当中，运动员、教练员、官员等都围绕着“金牌”展开竞争，急功近利、功利思想成为一种隐性赛场精神文化“杀手”，严重影响着我国体育赛事精神文化的健康发展。

## 六、体育赛事精神文化建设取得的经验

从体育赛事筹办的角度看，我国承办的综合性体育赛事的精神文化建设要比单项性体育赛事的精神文化建设略好一些。例如，大型综合性体育赛事在主题口号或办赛理念上、在赛事宣传片的制作及赛事礼仪等方面采取以下措施：大型体育赛事的精神文化建设状况要比小型体育赛事精神文化建设状况好一些；国际性体育赛事的精神文化建设状况要比国内体育赛事的精神文化建设状况好一些；品牌体育赛事精神文化建设状况要好于非品牌体育赛事的精神文化建设状况。

随着 2008 年北京奥运会的成功举办，奥运会模式无疑为我国体育赛事举办树立了理想标杆。北京奥运会办赛理念、宣传口号、主题歌曲、宣传片的制作与传播、志愿者精神的形成与传播、奥运人物传奇故事的传播等，都成为北京奥运会精神文化的象征。

纵观我国体育赛事在精神文化建设方面的发展过程，不难发现，主要经验就在于狠抓运动员的赛风赛纪和裁判员、代表队的精神文明奖的评比。这一点值得肯定，但就体育赛事精神文化建设方面来讲，还远远不够。一项体育赛事的精神文化建设必然是多方面、全方位的，包括运动员、教练员、裁判员、办赛人员、媒体人员、志愿者和观众，不仅仅是挖掘比赛场上运动员的精彩表现，更要挖掘运动员背后的感人故事，通过对运动员的塑造，不断凝练体育精神，使之成为体育赛事精神文化的核心，还要挖掘教练员的感人故事，同时也要挖掘办赛人员、

志愿者和观众的感人故事，从而拉近运动员与观众之间的距离。正是通过挖掘体育赛事所有参与者的感人故事，进而形成一种精神力量，形成一种正能量，向社会传播，感染和教育社会大众，这是体育赛事精神文化建设的关键所在。

国际奥委会在挖掘体育赛事精神文化建设方面积累了一些经验，通过体育展示的方法展示体育赛事的精神文化内涵。体育展示是指利用场地内最新工具的合成（如讲解、音乐、视频、得分板显示屏、灯光和其他场馆内娱乐设施）等方式，通过现场表演、舞蹈、解说、音乐、视频和灯光等将体育比赛呈现给电视观众和现场观众的做法。

体育展示这项业务是从 1996 年的亚特兰大奥运会开始应用的，随后的悉尼、盐湖城和雅典奥运会在体育展示工作深度和广度上得到了较大的发展。目前，体育展示已成为各国际单项体育联合会和世界各大转播商都非常重视的一项工作，被称作奥运会的“脸面和形象”。体育展示的目标包括：①告知和娱乐观众，现场观众留下终生难忘的奥运会经历。②通过创编统一的、独特的有创意的主题活动来展示奥运会的形象，宣传奥林匹克精神。③培育新的观众群体，帮助他们理解运动项目，拓展市场。④突出奥运会举办国的文化特色。据调查，目前我国懂得运用体育展示挖掘体育赛事精神文化的人才还非常少，这就意味着我国举办的体育赛事在精神文化建设方面开展得还不够好。

## 第三节　体育赛事的制度文化研究

著名的诺贝尔经济学奖获得者道格拉斯·诺思（Douglass C. North）把制度定义为“是一个社会的游戏规则，或更规范地说，它们是为决定人们的相互关系而人为设定的一些制约”，包括“正规约束”（如规章和法律）和“非正规约束”（如习惯、行为准则、伦理规范），以及这些约束的“实施特性”。[①]

制度文化是人类为了自身生存、社会发展的需要而主动创制出来的有组织的

① 林国先．制度理论：马克思与诺思［J］．经济学动态，2002（9）：26-30.

规范体系。其主要包括国家的行政管理体制、人才培养选拔制度、法律制度和民间的礼仪俗规等内容，是文化层次理论要素之一。制度文化是人类在物质生产过程中所结成的各种社会关系的总和。社会的法律制度、政治制度、经济制度以及人与人之间的各种关系准则等，都是制度文化的反映。

制度文化包含基础理论和规则系统两部分。“制度的基础理论明显地属于制度的意识形态文化，制度的规则系统则是一定的意识形态文化和一定的社会心理文化的凝聚和体现，也可称之为‘内在性制度文化’或‘正统化制度文化’。还有一种‘外在性’的制度文化，它主要是指‘非正统’性的制度文化，即没有被纳入或被社会统治所接受的有关制度的社会学说和思想及有关的社会心理。”①

## 一、体育赛事制度

体育赛事制度就是指体育赛事管理的各项规章制度的总和。在宏观层面上是指体育赛事的管理体制及运行机制，微观层面上是指筹办体育赛事的各项管理规章制度。从横向来看，分为办赛制度和竞赛规则；从纵向来看，分为办赛制度的演变和竞赛规则的演变，论述了办赛制度或竞赛规则的演变过程、演变的思想及缘起以及演变的特点等。

## 二、体育赛事制度文化

体育赛事制度文化是指经营和管理体育赛事的基础理论及相关规则系统两部分。体育赛事的基础理论体现为一种意识形态文化，而体育赛事的规则系统则体现为一定的意识形态文化和一定的社会心理文化的结合体。能够为社会统治服务的体育赛事制度文化，我们称之为内在性体育赛事制度文化或正统化体育赛事制度文化，据此，那些未能为社会统治所认可的体育赛事制度文化则属于外在性体育赛事制度文化。随着制度环境或制度条件的变化，内在性体育赛事制度文化和外在性体育赛事制度文化都会发生变化。

① 贺培育．论制度文化［J］．河北学刊，1990（2）：28-33.

就内在性体育赛事制度文化而言，在计划经济体制条件下，我国内在性体育赛事制度文化更多地体现在训练队伍、发现人才、备战奥运会、为国争光等目标上；而在市场经济条件下，我国内在性体育赛事制度文化则不仅仅是指奥运争光计划，还要考虑体育赛事的社会效益和经济效益。

## 三、体育赛事制度文化建设的作用与目的

体育赛事制度文化建设的作用与目的就在于探讨研究体育赛事制度的科学性与合理性，以便于充分发挥体育赛事制度的激励作用和约束效果，确保体育赛事在良好的制度环境下组织实施，确保体育赛事的公平与公正，确保体育赛事的精彩与感动，确保体育赛事在正确的轨道上高效运行。

## 四、体育赛事制度文化建设的现状

近年来，我国举办的一些国内体育赛事也偶发负面事件。以我国的全国运动会为例，截至目前，我国共举办了 14 届全运会，自 1959 年举办第一届以来已有 60 年的发展历史了。虽然全运会对我国运动员在国际舞台上争金夺银发挥了功不可没的作用，特别是在新中国成立以来竞技体育从弱到强的发展历程中，全运会的杠杆作用非常明显。尤其是 1997 年第 8 届全运会设项全面接轨奥运会之后，效果更为明显。但是，全运会暴露出的弊端也越来越明显。我们需要高度重视和深刻思考：是否制度出了问题，是否制度文化出了问题。因此，怎样改进和创新制度，成为一个至关重要的时代命题。

“2014 年 11 月 1 日，中央第十一巡视组向体育总局党组书记、局长刘鹏传达了习近平总书记关于巡视工作的重要讲话精神，并反馈了巡视情况。主要是围绕赛事的行业不正之风反映突出，赛事审批和运动员、裁判员选拔、选派不规范、不公开、不透明；比赛违背公平原则、弄虚作假，破坏赛风赛纪现象比较严重；赛事开发经营混乱，缺少必要的规范和监督；总局直属单位行政、事业、社团、

企业四位一体，权力高度集中；干部兼职普遍，利益关系复杂。”① 原国家体育总局局长刘鹏在2014年全国体育局长工作会议上指出，“近年来，在全运会等国内赛事中，出现一些单位和人员不择手段地争夺成绩的不正之风和丑恶现象，引起全社会的极大愤慨。中央巡视组严肃指出，体育系统存在的围绕赛事的不正之风反映突出，原因在于金牌至上的政绩观扭曲了体育精神。金牌至上的政绩观导致的种种问题，是抛弃了体育的优良传统，歪曲了体育竞赛的本质意义，破坏了社会公德、职业道德和个人品德……金牌至上的政绩观所导致的赛风赛纪方面的种种问题，归根结底是由于一些领导干部的自身原因误导部分运动员、教练员、裁判员，面对金牌的政治荣誉、经济利益，公然违背公平竞争的体育精神，甚至铤而走险，违反国家的法律法规。这些问题的出现决不能归咎于竞技体育的崇尚卓越与拼搏，而要归咎于一些小单位、小团体和个人的私心膨胀，也归咎于管理规范和惩罚制度不健全、不到位。”②

从上述现象不难发现，我国的体育赛事制度文化建设不容乐观。一方面从内在性来讲，我国的体育赛事制度仍然是政府办赛事，基础理论仍然是政府管理理论，目标是围绕着奥运争光计划去训练队伍及发现和培养后备人才，政绩文化仍然是主流文化，规则系统仍然是政府管理体育赛事，政府办体育赛事。从外在性来讲，官本位意识仍然很强烈，当然，随着市场经济体制改革不断深化，作为体育赛事制度文化的外在性，体育赛事市场化、社会化趋势越来越明显，并影响着我国体育赛事制度文化内在性的变化。

另一方面，从体育赛事主办单位与承办单位之间的管理制度，到体育赛事组委会的各项管理规章制度的建立健全，再到体育赛事各种业务流程的设计与管理等，都显得不够严谨和细致。筹办一项体育赛事，就相当于一个项目的管理与实施，需要建立各种各样的规章制度来约束办赛工作人员的行为，如果制度不健全，就必然导致工作效率低下、资源浪费和赛事资源被贪污和挪用。

因此，筹办一项体育赛事，需要建立健全各项规章制度。例如，财务管理规

---

① 中央第十一巡视组向国家体育总局反馈巡视情况［EB/OL］. http：//www. ccdi. gov. cn/special/zyxszt/2014del_ zyxs/fkqk_ 2014del_ zyxs/201411/t20141117_ 30662. html.

② 刘鹏．国家体育总局局长刘鹏在全国体育局长会议上的讲话［EB/OL］.（2015-10-01）［2020-05-01］ http：//www. sport. gov. cn /n16/n1077/n1467/n3670964 /n3671192 /3708811. html2014. 12.

章制度、人事管理规章制度、物资管理规章制度以及相关法律法规等。对于体育竞赛而言，则需要不断完善竞赛规则。以奥运会为例，国际奥委会为奥运会的顺利筹办制定了非常详细的各种管理规章制度，从宏观到微观，尤其是微观制度，更是彰显了奥运会筹办业务流程的国际化、标准化和科学化的制度文化理念。在北京奥运会筹办期间，北京奥组委严格依照国际奥委会的各项规章制度执行如《奥林匹克宪章》《主办城市合同》《谅解备忘录》，取得了非常好的办赛效果。各种业务流程技术手册包括：①技术运行手册。②注册报名技术手册。③核心术语技术手册。④住宿技术手册。⑤商品保护技术手册。⑥礼仪技术手册。⑦通信技术手册。⑧接待技术手册。⑨国际单项体育联合会技术手册。⑩电视转播技术手册。⑪媒体技术手册。⑫医药服务技术手册。⑬奥运村技术手册。⑭会议组织技术手册。⑮残疾人奥运会技术手册。⑯奥运会计划、协调和管理技术手册。又如，奥运会的开闭幕式礼仪、颁奖礼仪等都有着严格的程序。这些程序的制定和实施使得奥运会更加庄严、更加神圣，也更具魅力。

## 第四节　体育赛事物质文化建设

大多数人类学家认为，“物质文化仅指人工制品，而将体现于其中的技术、观念、知识等归属于精神文化范畴”。[①] 物质文化是指，“人类所创造的物质财富的总和。它主要反映人类在一定历史阶段利用和改造自然界所达到的程度，体现于技术装备、交通网络工具、建筑物等具体实物上，表现为社会生产力的水平和性质以及劳动者的生产技能”。[②] 其明显特点为：实体存在，有形、可观、可触，是建立在人的知觉基础上的。

① 陈国强．简明文化人类学词典［M］．杭州：浙江人民出版社，1988：320.

② 覃光广，冯利，陈朴．文化学词典［M］．北京：中央民族学院出版社，1988：504-505.

## 一、体育赛事物质文化的概念

依据物质文化的定义，我们认为，体育赛事的物质文化可以理解为体育赛事实践过程中所产生的物质财富的总和，体现在体育场地、器材、设备、技术等具体实物上。

## 二、体育赛事物质文化的内涵

依照类别，体育赛事物质文化主要包括以下几方面：①体育赛事的场地、场馆建筑文化。②体育赛事的竞赛器材文化。③体育赛事的服装文化。例如，工作人员服装、志愿者服装、运动员服装、领奖服装等。④体育赛事视觉系统文化。例如，体育比赛出版物、形象景观、标示等。⑤体育赛事的特许文化产品，如职业俱乐部代表队的队服、体育赛事纪念品等。

## 三、体育赛事物质文化的作用

研究体育赛事物质文化的目的就在于通过总结和梳理体育赛事物质文化的内容，使其与体育赛事的精神文化建设高度契合，且更具有纪念意义和精神价值。不断提高体育赛事所需要的各种物质产品的质量，为各种体育赛事的参与者提供便捷、舒适的服务。事实上，体育赛事的物质文化建设，就是一项体育赛事的外在形象的展示，犹如一个人的外在穿戴一样，穿什么样的衣服、鞋子，搭配什么样的服饰，等等。这都说明了外在物质文化的重要作用，物质文化可大大增强事物的可识别性，因此，体育赛事物质文化建设无疑对体育赛事品牌价值具有良好的维护和提升作用。

### （一）体育赛事物质文化是强化体育赛事品牌的标识符号

体育赛事的物质文化与环境、形象、行为、规则、制度、知识、技能、色彩等许多文化因素有关系，它是一种强化的标识符号，具有独特的可识别性。例如，每届奥运会都有属于自己的会徽，而会徽的使用都要经过国际奥委会的批准。

2008 年北京第 29 届奥运会会徽“京”由三个部分构成：一是像一个奔跑着的人的小巧篆书“京”字中国印；二是汉语拼音“Beijing”和“2008”字样，象征 2008 年北京奥运会；三是奥运五环，是奥林匹克精神的象征。北京奥运会的吉祥物五位福娃都有一个朗朗上口的名字：“贝贝”“晶晶”“欢欢”“迎迎”“妮妮”，当把五位福娃的名字连在一起，大家就会读出北京对世界的盛情邀请——“北京欢迎你”。在相当长的一段时间里，北京的大街小巷出现了许多横幅、标语、彩旗及随处可见的北京奥运标志（logo）形象。北京奥运会的火炬是祥云图案，奥运会开始前不论是官方还是民间都进行了火炬传递活动，更有网友参与到腾讯 QQ 火炬的传递，祥云图案深入人心。北京奥运会在奖牌设计上诠释了“德”和“玉”的特征，挂钩由中国传统玉双龙蒲纹璜演变而成，金、银、铜奖牌的造型均采用镶玉图案，整个奖牌尊贵典雅，中国特色浓郁。在前三名颁奖的献花环节，奥运颁奖花束的名字叫“红红火火”，花材的主料采用了最具中国特色的中国红月季，而配材也全部带有中国特色。

2017 年 12 月 15 日，北京 2022 年冬奥会会徽“冬梦”和冬残奥会会徽“飞跃”正式亮相。2019 年 9 月 17 日，北京 2022 年冬奥会和冬残奥会吉祥物“冰墩墩”和“雪容融”正式发布。其中，“冰墩墩”形象来源于国宝大熊猫，“雪容融”形象来源于中国传统文化符号大红灯笼。

### （二）体育赛事物质文化形成城市形象景观

体育赛事物质文化可以极大地丰富城市的风貌，成为城市发展规划的重要内容，让城市的外在形象与内在文化和谐统一，形成鲜明的城市品位或格调。

北京奥运会筹办期间，建造了一批现代化的体育场馆，如鸟巢、水立方、五棵松篮球馆等。作为奥运遗产，这些场馆已经成为北京不可或缺的城市景观和旅游景点。

体育赛事物质文化建设不仅仅局限在比赛场馆或训练场馆，还要扩展到城市的每一个角落，只有这样才能够将体育赛事与城市融为一体，使得体育赛事深入城市居民生活之中。例如，北京奥运会筹办期间，以北京奥运会的宣传口号、会徽、运动标识为主题的形象景观俯拾皆是，到处弥漫着奥运会的气息，营造了良好的奥运会氛围，也成为城市的奥运形象景观。

### （三）体育赛事物质文化提升硬件服务水平

体育赛事物质文化建设的前提是以人为本，如鸟巢设计中充分体现了人文关怀，碗状座席环抱着赛场的收拢结构，上、下层错落有致，无论观众坐在哪个位置，和赛场中心点之间的视线距离都在140米左右。“鸟巢”的观众席上，还专门为残障人士设置了200多个轮椅座席。这些轮椅座席比普通座席稍高，保证残障人士和普通观众能有一样的视野。比赛期间场内还将提供助听器并设置无线广播系统，为有听力和视力障碍的人士提供个性化的服务。

## 四、体育赛事物质文化建设的现状

改革开放以前，我国举办的各种大型体育赛事，在物质文化建设方面，往往关注点在于其实用性，满足需要、够用就行。犹如一个人，买衣服只要保暖就行，吃饭吃饱就行，穿鞋只要合脚就行，体现出来的特点就是衣着简单、朴素、实用。那个时期的体育赛事，无论是体育比赛的场馆建设，还是体育比赛的器材、服装、技术设备等，都是如此。

改革开放以来，尤其是近年来，我国举办的国际大型体育赛事越来越多，带给我们的是崭新的体育赛事举办模式，大大促进了我国体育赛事物质文化建设。尤其是2008年北京奥运会，对我国体育赛事物质文化建设产生了重要影响。

据调查，北京奥运会新修建了12个竞赛场馆，改扩建了11个场馆，对59个训练场馆进行了改造工程。京外新修建了3个竞赛场馆，改扩建了3个场馆。尤其是新修建的竞赛场馆，无论外观设计、内部设施设备、功能设计、技术设备、信息技术、内外部装饰等都堪称国际一流水平。

北京奥运会物质文化建设非常有特色的业务流程就是形象与景观工作。这项工作主要负责北京奥运会形象景观的整体规划，负责奥运会基础形象设计、商业应用设计、赞助商形象应用设计、出版物形象设计、电视和互联网形象设计、竞赛场馆、非竞赛场馆及测试赛的景观设计；负责组委会日常形象设计工作，组织协调重要设计任务的调研、招标工作；负责形象管理，完成形象设计指南的制定；负责为组委会内部各部门提供设计服务；负责奥运会形象应用的管理、审核与质量监控；负责奥运会形象景观综合管理工作，如祥云图就是北京奥运会形象景观的核心要素之一，无论是在场馆内外装饰、街道围挡、道旗等都是以祥云图为基础元素展示，这就形成了北京奥运会统一的形象景观，维护了北京奥运会的品牌形象。

奥运会在物质文化建设方面具有的另一个显著特点就是设计和制作会徽、吉祥物、火炬、工作人员和志愿者服装等，这些都成为奥运会物质文化建设的典型代表，对我国体育赛事物质文化建设产生了重要影响。

## 第五节　西方发达国家体育赛事文化

在21世纪的今天，我们无法不将中国的体育赛事文化的建设和发展置于全球化的语境当中，同时也不能不关注西方发达国家体育赛事文化。

西方发达国家的体育赛事或历史厚重，或受众普及，或规模宏大，或意蕴悠远，一直以来在世界各地得到广泛的关注和持续的研究。无论是语言的障碍，还是时差的不便，都无法阻隔人们对于这些体育赛事的热情。显而易见，在体育赛事这一显性的事件背后必然有许多隐性的文化内核在持续闪耀着人性的光芒，与人类向上、向善的理想和追求高度契合，从而引起人们的附和与共鸣。对于起步较晚、发展滞后的中国体育赛事来说，引入国外体育赛事的硬件建设和管理模式可以实现跨越式发展，而体育赛事文化的培育和凝结不是可以简单移植引进、现学现卖的，其发展过程也非一朝一夕、一蹴而就的。但对于体育赛事文化建设的洞悉必定能为我国的体育赛事文化建设带来些许灵感和启发。

西方发达国家产生了许多历史悠久的著名体育赛事，“《福布斯》2007年评出世界最值钱的十大体育赛事品牌，榜首是品牌价值3.79亿美元的美国职业橄榄球联盟‘超级碗’，而全球人都关注的夏季奥运会只排名第二，而且夏奥会的品牌价值尚不及美国职业橄榄球联盟‘超级碗’的一半，足球迷引为狂欢盛宴的世界杯以 1.03 亿美元位居第三，第四是美国的戴托纳 500 赛车（Detona 500）（0.91 亿美元），第五是玫瑰碗决赛（Rose Bowl Game）（0.88 亿美元），而‘三月疯狂’最精华的 NCAA 四强赛以 0.82 亿美元位列第六，NBA 总决赛也只不过以 0.47 亿美元排在第十位，第七到第九位分别是冬季奥运会（0.82 亿美元）、美国肯塔基赛马大会（0.69 亿美元）、棒球世界系列赛（0.58 亿美元）”。①

此外，还有世界知名的足球五大职业联赛，其中包括英国足球超级联赛、西班牙足球甲级联赛、德国足球甲级联赛、意大利足球甲级联赛、法国足球甲级联赛。网球项目有世界四大网球公开赛，包括温布尔登网球公开赛、美国网球公开赛、法国网球公开赛和澳大利亚网球公开赛。美国的波士顿马拉松赛、NBA、美国冰球职业联赛、国际汽车联合会主办的世界一级方程式锦标赛、巴黎达喀尔汽车拉力赛等赛事也位列其中。

◆ 案例 9-5

## 温布尔登网球公开赛的文化内涵

温布尔登网球公开赛创立于 1877 年，迄今已有近 150 年的历史，是网球四大满贯赛事中历史最为悠久的（其他三项大满贯赛事中，美国网球公开赛创办于 1881 年，法国网球公开赛创办于 1891 年，最“年轻”的澳大利亚网球公开赛创办于 1905 年）。因此，温布尔登网球公开赛无疑是网球运动员心目中的圣地。

英国人在开创这项比赛时就规定，参赛运动员必须身着白衣。一百多年过去了，绿草地上的白色身影依然是一道风景线。为纪念百年温网而建的博物馆里，360 度旋转展示的白色带花边女子网球裙，裙摆长过脚面，记录了网球服装早年的式样。比赛服装的演进，同样记录着温网发展的历史，从衬衫夹克到 T 恤短裤，从长袖长裙到吊带超短裙。走进温网的裁判室，厚厚的《着装细则》告诉你：在整肃服装的同时，更需整肃的是你的意识。从以上的细节中可以看到英国的保守文化在温网的体现。而在经历了几百年的历史沉积后，不仅没有将网球“大牌”赶走，反而越来越吸引他们，这就是文化的魅力，就是在各种不同文化撞击后产

① 福布斯．世界最值钱十大体育赛事品牌［EB/OL］．（2014-10-14）［2014-11-11］．http：//www.forbeschina.com/review/atlas/005713_ 1.shtml.

生的绚丽的火花。

温网为了其自身整体形象的维护，规定除相关运动用品赞助商之外，不允许在球员服装上出现可识别的各类形式广告。同时，温网比赛场中也不允许设立广告牌，以淡化商业气息。为避免过度商业化，温网除中央球场被称作“中央球场”外，其余场地均按照数字排序编号。温网的看台全是木质的，中央球场可容纳1.5万名观众，看台的座位经过特殊设计，使观众能看清楚球的路线，保证观众席任意位置在晚上7点之前不会出现一点儿阴影。

同时，温网还有很多传统的仪式，如运动员需要向中央球场的皇室包厢鞠躬、行屈膝礼及卫冕冠军的揭幕仪式。每年的揭幕战都有上一年的男单冠军参加，第二天的揭幕战则是上一年的女单冠军参加。加上每年赛事结束后的冠军晚宴，这对于每一位职业网球运动员来说，都可以称得上是一项极高的荣誉。正是这一点一滴的细节，让很多选手都将温网看作职业生涯中最为重要的赛事之一。

温网冠军的荣誉规格高。作为唯一一个由皇室颁发冠军奖杯的网球赛事，近年来温网冠军奖杯均由英国皇室的肯特公爵现场颁发。和其他三大满贯赛事不一样的是，温网的全英草地俱乐部不属于任何的国际网球组织，其主要赞助人是英国女王（或国王）本人。此外，在温网比赛中男、女单打进入八强，男、女双打进入半决赛，混合双打进入决赛的球员，都会成为温网冠军俱乐部的成员，可享受终身免费观看温网比赛的礼遇。温网的这种人文关怀，有效提升了赛事的文化内涵。

通过梳理和总结这些西方发达国家的知名体育赛事的经验可知，它们都具有以下共同点：

（1）体育赛事很好地彰显了国家所倡导的体育精神。这种体育精神往往融入国家民族文化当中，能够教育国民并深深影响着国民性格的养成，使之成为国民性格中的有机组成部分，甚至发展成为国家民族文化的象征，如美国的棒球文化。

（2）在西方发达国家，无论是运动员、裁判员，或是体育赛事组织经营者，其主体意识都很强烈，都竭力希望通过体育赛事这个平台来获得财富、转变命运、追求人生价值或彰显人生个性和品格。

（3）体育赛事注重与公益或慈善事业相结合，打造良好的社会公众形象。

（4）体育赛事拥有持续不断改进制度规则的创新动力，也正是公平、公正的制度规则确保了运动员、裁判员、管理者、经纪人、观众等诸多参与者在科学有序的制度框架范围内尽情释放体育之美、个性之美、人性之美，把体育精神诠释得淋漓尽致。

（5）体育赛事的比赛都非常精彩、惊险、刺激、悬念丛生及比赛结果难以预料，赛场上运动员之间的高水平对决，体力、毅力、智力、技术和战术的完美运用，以及顽强拼搏的精神展现无遗，令人难以忘怀。

（6）知名体育赛事均办赛时间较长。这些知名的体育赛事多数都有 100 余年的发展历史。正所谓历史越悠久，文化积淀就越厚实，无论其精神文化建设、制度文化建设，还是物质文化建设，都经过了长期的积淀，达到了一定的高度。例如，现代奥运会自 1896 年第 1 届开始至今已有 120 余年的历史了，期间虽然遇到许多曲折和坎坷，但现在发展得越来越好了。它的精神文化建设、制度文化建设及物质文化建设堪称世界体育赛事的楷模。由于前文已有论述，在此不再赘述。

## 第六节　体育赛事文化建设的对策与措施

体育赛事文化有一套完整的理论体系。体育赛事文化是体育赛事实践的重要组成部分，是体育赛事软实力的体现，体育赛事文化建设的好坏对体育赛事举办水平有着直接的影响作用，体育赛事文化对体育赛事筹办工作绩效具有重要的影响作用，体育赛事文化对体育赛事举办地具有文化影响力和渗透力。因此，要进一步加强对体育赛事文化的研究，高度重视体育赛事文化在当今我国文化大发展、大繁荣过程中所具有的地位及其应然作用，探索体育赛事文化建设对体育赛事筹办工作绩效的重要影响作用，并充分借鉴国外体育赛事文化建设的经验。

## 一、体育赛事精神文化建设对策与措施

第一，体育赛事精神文化建设是一个渐进的历史过程，任重而道远。第二，深度挖掘和积极宣传体育赛事精神文化内涵，不断清除赛场上急功近利的“唯金牌论”思想价值观，逐渐树立真正的体育精神文化，并采用多样化的手段予以宣传，使之成为一种影响人、教育人的手段，使之融入国民性格当中，成为一种国家文化的象征。第三，要积累素材，大力发展体育赛事精神文化创意。第四，积极开展相关文化活动，如通过摄影比赛、书画比赛、征文活动等相关文化活动为体育赛事增加人文气息。同时，应充分发挥影视、广播、板报、宣传栏及网络等媒介的作用，宣传体育赛事的历史发展、比赛规则、明星风采、优秀人物事迹，弘扬拼搏精神，传递正能量，带动体育赛事精神文化建设与发展。第五，要避免过度商业化。第六，积极参与和发展社会公益事业（如文化和教育事业、慈善事业等），并将文化和教育融入体育赛事实践当中。第七，要形成体育赛事特有的传统，挖掘和整理体育赛事中出现的优秀人物和故事，建造体育赛事博物馆。体育博物馆作为一个陈列、收藏、研究体育文化实物的文化教育场所，对于体育赛事文化的传承与发展具有重要意义。

## 二、体育赛事制度文化建设对策与措施

第一，树立先进的体育赛事文化理念；

第二，把先进的体育赛事文化理念付诸制度制定过程中，在管理过程中充分地体现出来；

第三，要大力宣传先进的体育赛事制度文化理念；

第四，要广泛借鉴国内外优秀体育赛事的办赛经验；

第五，要在筹办体育赛事的实践过程中不断积累和总结经验和教训，不断完善现行的各项管理规章制度。

## 三、体育赛事物质文化建设对策与措施

第一，应高度重视体育赛事物质文化建设工作，它是体育赛事整体形象的具体体现；

第二，要加大体育赛事形象景观业务流程的学习和研究；

第三，要培养具有复合型知识的形象景观人才；

第四，要把体育赛事物质文化建设与体育赛事精神文化建设高度统一，不能顾此失彼。二者应互为补充，相辅相成，相得益彰。

# 第十章　体育赛事的城市运行

城市运行与体育赛事被当作体育赛事管理的重要内容正式提出，意味着体育赛事管理水平在提升，说明体育赛事的组织管理与实施和城市运行是密不可分，相辅相成的关系。一方面，通过举办体育赛事可以促进城市公共管理水平的改进和提高；另一方面，通过城市公共管理的改革与创新，为体育赛事的组织与实施提供更好的便利条件，确保体育赛事成功举办。尤其对于大型体育赛事而言，更加需要把体育赛事与城市运行紧密结合，统筹考虑。2000 年悉尼奥运会和 2008 年北京奥运会都已总结出来很好的实践经验。

## 第一节　城市运行概述

城市运行是城市全过程管理中的重要组成部分，在城市科学管理中具有举足轻重的作用。城市规划与建设最终都是服务于城市运行，服务于城市居民。

### 一、城市运行的概念

城市运行是指与维持城市正常运作相关的各项事宜，主要包括对城市公共设施及其所承载服务的管理。城市运行则是政府、市场与社会围绕城市公共产品与服务的提供、各要素共同作用于城市而产生的所有动态过程。

现代城市作为区域政治、经济、文化、教育、科技和信息中心，劳动力、资本、各类经济、生活基础设施高度聚集；人流、资金流、物资流、能量流和信息流高度交汇。现代城市的复杂性决定了城市运行的复杂性。

## 二、城市运行的主体

从参与角色来看，城市运行的参与主体包括政府、企业和社会；从运行层次来看，城市运行包括市级、区级、街道、社区、网格等多个层次。因此，体育赛事的城市运行主体可以理解为举办城市政府的职责及其履行。做好此方面工作的重要前提条件就是分清楚体育赛事组委会与举办城市政府之间的职责。

## 三、城市运行管理的主要内容

城市运行管理围绕城市治理和公共服务两方面展开。一方面是整个城市的治理和公共服务，另一方面是针对体育赛事专用区域的治理及其公共服务。针对城市治理，如对奥运会的专用场地治理，对奥运交通运输长廊、交通枢纽、步行街、火炬接力长廊、火炬接力庆典场地、社区庆典活动场地以及奥运文化广场等的治理。针对城市运行需要的服务，包括垃圾管理、交通和步行设施及基础设施建设与管理、安全保障服务、非法泊车控制服务、摊贩和自动售货机控制、商品优惠、急救、咨询和城市市容美化等内容。

## 四、城市运行的特征

从专业维度来看，城市运行管理包括市政基础设施、公用事业、交通管理、废弃物管理、市容景观管理、生态环境管理等众多子系统，而每个子系统又包含许多子系统，整个系统呈现出多维度、多结构、多层次、多要素间关联关系高度繁杂的、开放的复杂巨系统。城市运行的复杂巨系统特性使得传统的分解、叠加方法在城市运行与管理中失效。

# 第二节 体育赛事的城市运行概述

体育赛事举办与城市运行有着密切联系。不同规模和不同类型的体育赛事对城市的影响是不同的。一般来说，中小型体育赛事，尤其是在室内举行的中小型体育赛事，对城市的影响比较小，其城市运行特征不明显。因此，本节所探讨的体育赛事的城市运行问题，以大型体育赛事为研究对象进行分析，如奥运会、亚运会、全国运动会等。

## 一、体育赛事与城市运行之间的关系

筹办一项大型体育赛事是一个复杂的巨系统工程，必然要涉及城市许多方面的运行。

一般来讲，体育赛事是城市当中的一个“点”，或多个“点”，这个“点”或多个“点”可以理解为比赛场馆、训练场馆、住宿酒店、赛事庆典广场等地点，城市相对体育赛事而言，是一个“面”。体育赛事与城市运行在物理空间上是“点”和“面”的关系，城市运行就是要保证体育赛事这个“点”或多个“点”能够在城市运行当中顺利发展；反过来，体育赛事这个“点”或多个“点”要能够深刻刺激城市并做出深刻反映，可围绕体育赛事举办标准和要求，改革与创新城市，进而促进城市的全面发展。体育赛事运行与城市运行之间的关系如图 10-1 所示。

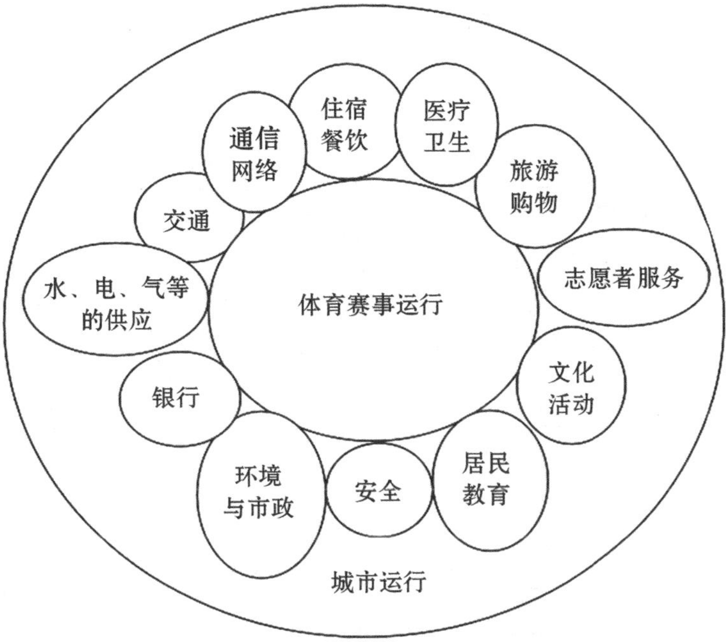


图 10-1　体育赛事运行与城市运行之间的关系

2008 年北京奥运会筹办期间，国际奥委会对北京奥组委提出了城市运行要求。为此，研究人员发表了《城市运行系统设计与实现：北京奥运城市运行系统设计理论与实施研究》，该研究成果系统论述了城市运行模式创新、理论体系、系统 GBCP 模型、技术平台、数字市政等，并以 2008 年北京奥运会城市运行系统设计为案例，客观反映了 2008 年北京奥运会与城市运行之间的关系。

## 二、体育赛事的运行特征

一般而言，体育赛事的运行具有以下几个特征：第一，需要和动用社会资源多；第二，参与人员多且广泛；第三，安全要求较高；第四，各项工作标准要求较高；第五，涉及政府部门多。对于大型体育赛事而言，由于其规模大，需要动用的社会资源和政府资源更多，使得体育赛事运行更加复杂而艰巨。

例如，运作一场较大规模的马拉松赛事，就需要与20多个政府部门或事业单位建立联系，政府部门公关任务比较重。马拉松赛事运行涉及的政府部门或事业单位具体见表10-1。

表10-1 马拉松赛事运行涉及的政府部门或事业单位

| 序号 | 政府部门或事业单位 | 序号 | 政府部门或事业单位 |
|---|---|---|---|
| 1 | 省政府、市政府 | 13 | 市政市容管理委员会 |
| 2 | 市体育局 | 14 | 医院 |
| 3 | 国家体育总局田径运动管理中心 | 15 | 市交通委员会 |
| 4 | 省体育局 | 16 | 市气象局 |
| 5 | 中央电视台、地方电视台 | 17 | 市城市道路养护管理中心 |
| 6 | 市公安局 | 18 | 市公共交通控股（集团）有限公司 |
| 7 | 市公安局治安管理总队 | 19 | 市无线电管理局 |
| 8 | 市公安局公安交通管理局 | 20 | 市电力公司 |
| 9 | 特定地区管理委员会 | 21 | 市志愿服务指导中心 |
| 10 | 市卫生和计划生育委员会 | 22 | 地方高校 |
| 11 | 省或市体育竞赛管理中心 | 23 | 赞助企业 |
| 12 | 省委或市委宣传部 | 24 | 市旅游局 |

例如，1896年第1届雅典奥运会仅有13个国家的311名运动员参加，而2000年悉尼奥运会有199个国家参加，尽管国际奥委会要求将运动员人数严格控制在万人以内，但仍然突破了万人指标，达到了11 116人。2008年北京奥运会有204个国家参赛，创造了历史新高。北京奥运会注册人员达30余万人，其中，奥林匹克大家庭人员有8万余人。

表10-2是1996年亚特兰大奥运会、2000年悉尼奥运会和2004年雅典奥运会官方注册人员数量。由此可见，奥运会的人员数量规模巨大。

表 10-2 亚特兰大、悉尼、雅典奥运会官方注册人数统计表

| 项目 | 亚特兰大奥运会 | 悉尼奥运会 | 雅典奥运会 |
|---|---|---|---|
| 提交注册申请总数量 | 265 811 | 255 006 | 255 918 |
| 身份注册卡实际制作发放数量 | 228 563 | 309 890 | 219 494 |
| 身份注册卡最终实际激活数量 | 200 551 | 195 426 | 176 522 |

资料来源：2008 年北京奥运会工作资料。

## 三、体育赛事的城市运行的目标

体育赛事的城市运行主要目标就是要通过城市的正常运作来确保体育赛事顺利运行。一般来说，举办一场大型体育赛事，某种程度上，无异于把举办地变成了一个巨大的赛场，举办地不仅仅要为这场赛事的所有参与者提供良好的竞赛服务，而且还要为这场赛事所有参与者提供良好的城市公共服务，即通过提供优质的服务和安全的环境，来展示举办城市（举办国家）的文化特色。把城市发展战略与体育赛事战略有机结合起来，共同促进，融合发展。为举办地和体育赛事提供最大化的物质和精神文化遗产，通过举办体育赛事，达到宣传推广举办地的目的，维护、强调和彰显举办地的独有特色。

## 四、体育赛事的城市运行的主要内容

一般而言，大型体育赛事组委会需要与举办地政府对接的主要城市项目包括以下内容。

### （一）住宿服务

体育赛事城市运行中的住宿服务是指为那些参赛的运动员、教练员、裁判员、代表队官员、赞助商、媒体记者，以及外地观众提供住宿服务。赛事主办单位一般都会对住宿条件和标准提出一定的要求。一般来说，高规格的赛事对住宿条件要求也高。因此，对于要举办高水平、高规格的体育赛事的举办地政府而言，为

了确保赛事服务一流，往往会下大功夫整顿城市的酒店服务业。一方面要求酒店服务要更加标准化、细腻化和人性化；另一方面对各酒店的硬件设施提出了更高要求，“上档升星”成为规定动作。也因为如此，举办大型体育赛事之后，举办地的五星级酒店往往会得到明显增加，从而增加了举办地的接待能力，也提高了举办地的接待水平。

### （二）餐饮服务

体育赛事城市运行中的餐饮服务与酒店服务紧密联系，但是从城市运行的角度来看，餐饮服务不仅局限于酒店餐饮，还包括饭店，尤其是赛场附近的饭店以及旅游景点附近的饭店，这些都应包含在体育赛事城市运行管辖范畴。举办大型体育赛事之前和赛时运行时期，城市的卫生部门、工商管理部门和质量检验检疫部门往往会对城市的酒店及饭店的餐饮服务、食品卫生进行检查和监督，确保赛事相关人员在举办地的餐饮服务质量和水平。

### （三）交通服务

体育赛事城市运行中的交通服务包括：机场服务，火车站服务，公交车服务，出租车服务，快速轨道（城市铁路）服务，地铁服务，城市有关赛事的交通标示服务，交通路线服务（赛事绿色通道、对城市道路的封闭和限制等），不同场地之间的交通服务：比赛场馆之间的交通服务、比赛场馆到驻地的交通服务、场馆与城市交通枢纽之间的交通服务、场馆或驻地与城市主要景区之间的交通服务等。

要实现顺利举办大型体育赛事或高规格体育赛事，城市交通服务至关重要，因为这项服务直接影响参赛人员或现场观众对赛事服务的评价。我们时常体验到观看精彩体育赛事时停车位不够、停车难和离场难的窘境，比赛结束时间晚了，没有公交车和地铁，出租车又很少，导致观赛人群大量滞留。这都是比较突出的体育赛事城市运行中的交通问题。例如，2008 年奥运会期间设 200 千米专用道，奥运专用车道主要用于保证各国和地区的官员、运动员、裁判员等能及时到达目的地。奥运专用车道从北京奥运会开幕前 14 天（2008 年 7 月 25 日）起投入使用，至奥运会闭幕后 3 天（2008 年 9 月 20 日）取消，运行期总共 58 天。2008 年奥运会期间，北京市政府还制定了一系列关于交通的临时性政策，如私家车实行单双号限行，大货车白天限制进入五环内城区等政策来控制进京车流量，确保奥运会期间交通畅通。

◆ **案例 10-1**

## 悉尼奥运会的城市运行内容之一——交通运行①

一、悉尼市政府把奥运会交通运输问题确定为城市运行面临的关键的挑战之一。

二、综合类活动与交通规划

（一）交通规划的原则

原则一，奥运会和公共交通优先原则；原则二，尽可能地容纳大量人群。

（二）交通规划的要素

（1）交通优先措施。

（2）道路封闭和限制通行区域。

（3）无路边随意停车。

（4）货物运送集中在夜间。

（5）免费公交环线。

（6）酒店和接待场所的预定规划。

（三）交通运行成功的要素

（1）深刻理解活动及交通之间的内在联系。

（2）减少常规交通。

（3）一些道路封闭，以满足行人活动。

（4）在火车站进行分流。

（5）具体的路标规划。

（6）有较强的联络策略。

（7）本地企业和社区的合作。

---

① 资料来源：2008 年北京奥组委工作资料。

三、如何解决本地游客和国际游客的交通需求

四、重大活动的交通需求（如开闭幕式的交通需求）

五、支持货运和一般业务的入口

### （四）安保服务

体育赛事城市运行中的安保服务是重中之重的任务，因为这项任务城市政府执行得好不好，直接影响到来参赛或观赛人员的人身安全和财产安全问题。给人们留下深刻印象的就是2010年在南非举办的足球世界杯和2016年在巴西里约热内卢举办的第31届夏季奥林匹克运动会，媒体记者不断报道有参赛运动员和记者遭到当地不法分子的抢劫或偷盗，其社会治安问题堪忧。这反映出了当地政府的城市治理存在一定的问题。2008年北京奥运会安保工作以平安社会保证平安奥运。第一，制定了《奥运会期间社会面防控勤务指挥工作方案》，加强社会面巡逻防控，强化危险物品的治安管理，加强人员密集场所、易燃易爆危险物品等企业单位的安全监督检查，严格道路交通安全管理，严防发生爆炸、火灾、交通事故。第二，在全社会广泛开展形式多样的奥运安全宣传教育活动，动员社会各界积极参与奥运安保工作，组织广大市民邻里守望，呵护家园，形成了奥运安保工作广泛参与、人人有责的社会氛围。第三，围绕着奥运会竞赛场馆、训练场馆、非竞赛场馆、签约饭店、定点医院等重要场所和区域，为政要、贵宾、运动员、代表团成员、奥林匹克大家庭成员、媒体、转播商、赞助商、观众等各类用户群体提供全方位的、高效便捷的安全保卫服务。

### （五）文化旅游观光服务

体育赛事城市运行中的文化旅游观光服务是众多参赛人员或外地观赛人员的不可或缺的活动内容。许多人到异地参赛或观赛，往往是为了到举办城市旅游和观光，即使是参加竞争激烈的高水平赛事，仍然挡不住人们想旅游观光的热情，因此，把办赛和办旅游有机结合起来是城市运行中非常重要的服务内容。这就要求城市旅游部门对当地的旅游景点进行严格的监督管理，避免服务态度不好而给主办城市带来负面影响。

### （六）核心公共区域的管控“人流控制”服务

体育赛事城市运行中的核心公共区域的管控服务是确保城市运行的关键环节。一般来讲，一个城市往往都会有自己的核心公共区域，如北京的奥林匹克文化广场、天安门广场、王府井步行街等地方，当北京举办大型体育赛事时，这些地方往往会成为一些不法分子扰乱公共秩序以吸引世人关注的地方。因此，这些核心公共区域需要重点管控，确保其运行安全有序。如果这些区域管理不好，就会影响体育赛事的成功举办，也会影响城市的声誉。

### （七）基础设施服务

城市的基础设施建设水平往往是影响能否举办大型体育赛事的前提条件。具体表现在：①城市交通是否方便到达。交通工具是否多样化，城市内部的交通是否便捷多样，如地铁、出租车、公交、快速轨道交通、赛事专用路线等。②城市无障碍设施是否达标。③城市通信是否发达。④城市照明管理系统建设是否完善。例如，2008 年北京奥运会对北京城市基础设施建设创纪录地投入 1800 亿元人民币，重点建设 142 个项目。其中：900 亿元用于修建地铁、轻轨、高速公路、机场等；450 亿元用于环境治理；300 亿元用于信息化建设，奠定“数字北京”的基础，初步实现电子政务、电子商务、信息化社区和远程教育；其余 150 亿元用于水电气热等生活设施的建设和改造。

### （八）市容市貌服务

任何一个举办大型体育赛事或高水平体育赛事的城市，都希望把城市最好的形象展示给外界，展示给来参赛或观赛的人员，因为这是一种绝佳的城市营销。因此，城市的市容市貌的建设与管理是体育赛事城市运行中的重要内容。具体来说，市容市貌建设与管理的内容包括：①城市垃圾治理。②城市景观建设（城市建筑）。③城市亮化工程。④城市违章建筑的治理（如城中村的治理）。⑤城市的绿化与美化。⑥城市的空气质量。⑦城市体育赛事主题文化氛围的营造（如体育赛事的形象景观）。

环境保护是环保部门的职责，也是体育赛事城市运行当中的重要内容之一，空气质量的好坏直接影响体育赛事举办的质量。例如，通过多年治理，京津冀地区空气质量大幅改善，PM2.5 浓度十年下降超六成。北京马拉松比赛的参赛人数在此期间也呈逐年递增趋势，空气质量转好是其中的重要原因之一。

◆ 案例 10-2

## 北京奥运会的形象景观

打造城市形象景观，主要目的就是要美化环境，营造赛事氛围。北京奥运会的形象景观设计总体战略部署是围绕北京重点区域进行形象景观打造。例如，鸟巢附近的奥林匹克公园周边、首都机场到东直门沿线，以天安门为轴心的长安街和北京中轴线，之所以这样安排主要考虑成本问题，同时也能够突出重点。

### （九）城市公共服务（侧重于城市窗口行业的公共服务）

城市公共服务是体育赛事城市运行中不可或缺的条件与基础。城市公共服务设施设备完善很重要，如公共厕所、自动售货机、银行 ATM 机的数量和分布等。城市公共服务中的城市卫生服务、食品安全服务，尤其是城市窗口行业的从业人员的服务态度和服务水平对体育赛事的成功举办起到非常重要的作用。例如，银行窗口、酒店窗口、医疗窗口、警务窗口、公交车窗口、出租车窗口、机场窗口、海关窗口、商场窗口、旅游景点窗口等，诸多窗口行业无不显示着这个城市的治理水平，彰显着这个城市的文化涵养。周到、耐心、细致的服务无疑会给人留下难忘的印象，使人有宾至如归的感觉。

### （十）城市志愿者的服务

志愿者的微笑是城市最好的名片，志愿者的精神是城市文化最好的诠释。举办大型体育赛事或高水平体育赛事，不仅需要赛会志愿者，更需要大量的城市志愿者，他们遍布城市的大街小巷，为赛事维护良好的社会秩序，为社会提供暖心的赛事咨询服务，这就是体育赛事城市运行中的志愿者服务。

例如，2008 年北京奥运会共有各类志愿者 170 多万人，赛会志愿者 10 万人（奥运会志愿者 7 万人、残奥会志愿者 3 万人），社会志愿者 100 万人（含社区志愿者、窗口行业志愿者），城市志愿者 40 万人，还有 20 万啦啦队志愿者。

## 五、体育赛事城市运行的关键战略

### （一）城市政府高度重视，抓好顶层设计

体育赛事的城市运行涉及城市的各个方面，对城市的治理提出了挑战，因此，需要城市政府的高层高度重视，做好顶层设计。要把体育赛事的筹办和城市未来发展规划紧密结合起来，统筹考虑，使得体育赛事与城市发展相得益彰，互为促进，充分发挥体育赛事在营销城市方面的爆发力作用，通过体育赛事举办，创新城市，努力提高城市的治理水平。例如，体育赛事的定位和特色，城市未来发展的定位与特色，这两者之间需要相辅相成。

### （二）明确赛事组委会与政府之间的合作机制及职责分工

为了确保体育赛事的各项城市运行工作顺利进行，必须明确赛事组委会与举办地政府之间的职责分工，只有分工明确，工作才能够有序高效进行。体育赛事的规模与规格不同，所动用的政府资源也有所不同，如夏奥会、冬奥会等体育赛事，就可能需要动用中央政府的资源，因为有些事情不是承办城市能够解决的。因此，明确组委会与举办地政府之间的职责分工不可或缺。举办地政府围绕体育赛事的工作任务进行任务分解，并将任务分配给下级政府机关。下面以 2000 年悉尼奥运会为例。

◆ 案例 10-3

## 悉尼奥运会组委会与澳大利亚各级政府之间的关系

新南威尔士州政府在悉尼奥运会中发挥着组委会以外的非常重要的作用。更进一步讲，新南威尔士州政府很大程度上起到悉尼奥组委同其他两级政府的中间桥梁作用。澳大利亚各级政府与组委会之间的关系如图 10-2 所示。

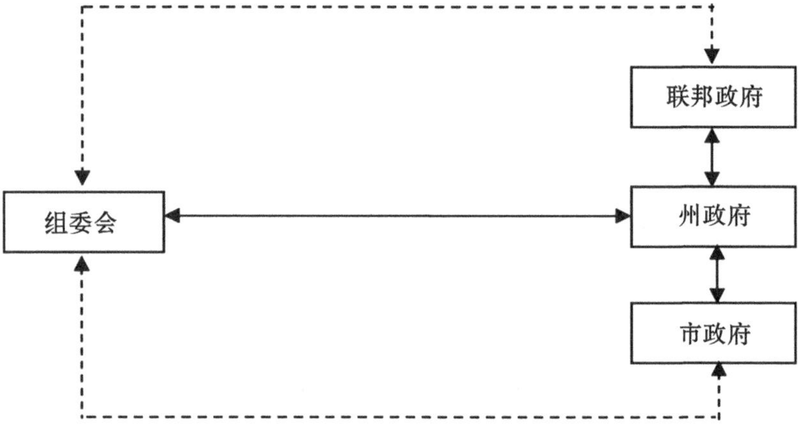


图 10-2　澳大利亚各级政府与组委会之间的关系

（注：虚线表示联系松散，实线表示联系紧密）

## 悉尼奥运会组织实施过程中各级政府的职责分工

在悉尼市政府与国际奥委会签署了《主办城市合同》后，联邦政府承诺提供 1 亿 5 千万澳元用于建设新的奥运会基础设施和其他相关设施，同时在安保、检疫、边境保卫和外交事务方面提供支持。

新南威尔士州政府则向国际奥委会做出了承诺和保证。其承诺主要包括：①为奥运会提供比赛场馆、相关设施以及奥运村住宿设施等。②提供必要的服务和对环境提出立法提案。③编制悉尼奥组委和悉尼残奥会组委会的预算。

澳大利亚各级政府所提供的服务和支持见表 10-3。

表 10-3 悉尼奥运会各级政府职责分工

| 序号 | 服务/支持 | 新南威尔士州政府 | 联邦政府 | 当地（市）政府 |
|---|---|---|---|---|
| 1 | 提供现有的场馆，包括赛前训练场地场馆建设 | * | | |
| 2 | 建立安全服从机制 | * | | |
| 3 | 提供交通和管理交通 | * | | |
| 4 | 交通基础设施 | * | | |
| 5 | 食品和环境卫生服从机制 | * | | |
| 6 | 公用事业维护（电、水、气、排水系统） | * | | |
| 7 | 环境保护 | * | | |
| 8 | 教育服务 | * | | |
| 9 | 财政监督 | * | | |
| 10 | 财政担保 | * | | |
| 11 | 提供足球分赛场 | * | | |
| 12 | 工作人员（工会联络） | * | | |
| 13 | 安保 | * | * | |
| 14 | 医疗/卫生服务 | * | * | |
| 15 | 国际礼仪（非奥林匹克大家庭） | * | | |
| 16 | 海事服务 | * | * | |
| 17 | 商业、环境和社会影响管理 | * | * | * |
| 18 | 辅助必要的立法变更 | * | * | * |
| 19 | 奥运遗产 | * | * | * |
| 20 | 火炬传递服务 | * | * | * |
| 21 | 商业/旅游推广 | * | * | |
| 22 | 许可和审批 | * | * | |
| 23 | 商业零售管理 | * | * | |
| 24 | 隐性市场/商贩管理 | * | * | |
| 25 | 市容——街道和城市景观 | * | * | |
| 26 | 城市公共领域运行 | * | * | |
| 27 | 媒体服务（非制证类） | * | | |
| 28 | 兽医服务（检疫） | * | | |
| 29 | 海关和入境 | * | | |

续表

| 序号 | 服务/支持 | 新南威尔士州政府 | 联邦政府 | 当地（市）政府 |
|---|---|---|---|---|
| 30 | 支持兴奋剂管制（包括药检） | * | | |
| 31 | 空管（机场区域控制） | * | | |
| 32 | 气象服务 | * | | |
| 33 | 国家队服务 | * | | |
| 34 | 转播宽带/频率管理 | * | | |
| 35 | 电信管理/提供 | * | | |
| 36 | 城市清洁和垃圾清除 | * | | |

注：政府部门向悉尼奥组委提供的许多服务都是依据悉尼奥组委的要求进行的，包括临时设施、奥林匹克大家庭的交通、固定设施安全保卫和观众服务。所有的这些产生的费用都由悉尼奥组委全部或者部分支付。

资料来源：2008 年北京奥组委工作资料。

### （三）需要建立强有力的领导机构及高效沟通协调机制

体育赛事的城市运行涉及政府部门众多，需要城市高层亲力亲为，才便于沟通协调和指挥调度。城市运行范围可以从比赛场地和比赛驻地开始，由近及远，逐渐扩展，突出重点区域，与赛事联系最为紧密的地区列为重点地区进行监控和管理，一方面可以节省人力物力，另一方面收效显著。

### （四）对于重点区域，要测算数据，控制规模和人群流量

体育赛事的城市区域是指在举办城市的城区中将影响体育赛事举办的所有区域。这通常包括：所有体育赛事的竞赛和非竞赛场馆，酒店和其他住宿场所，知名旅游景点、文化庆典场所，交通枢纽（火车站、长途汽车运输站、机场等），城市主要的运输中转站和道路枢纽。例如，中心城区运作管理。由于中心城区要容纳大多数游客，包括官员和媒体，其目标就是要把中心城区规划和治理成为一个让所有参观者和商家都感觉舒适和愉快的地区，且从中心城区到场馆的交通便利是至关重要的，要充分考虑城市运行负荷问题。为此，中心城区的治理就需要关注如下方面：流畅和准时的赛事公交车出行；舒适和安全的行人流动；及时和充

足的城市商家再供应；舒适的聚会庆典场所（体育赛事文化广场）；干净的街道和有效的垃圾清理；体育赛事的观看、气氛和体验（如巨型电视屏幕）；充足的设施（如厕所、食物和水等）；重要日子的具体计划、安排和及时告知；人流和交通拥堵的应急预案；在历史标志性建筑场地进行娱乐和文化庆祝活动等。

对重点区域要做好以下方面的服务工作：垃圾管理、交通管理（如公交车下班延长）、基础设施维护、路标设置、非法泊车控制、摊贩和自动售货机控制、商品优惠和商场下班时间延长、急救、咨询、城市市容美化、利用夜间进行垃圾收集和处理等。对于交通拥堵问题，提前规划赛事专用路线，需要通过立法程序开展此项工作。

◆ **案例 10-4**

## 悉尼奥运会体育赛事城市区域划分①

澳大利亚悉尼地区可划分为悉尼市中心、悉尼东区、悉尼西区和悉尼奥林匹克公园专用区。其中，悉尼奥林匹克公园专用区包括：公共汽车总站、步行区、马拉松和火炬接力最后阶段区、一些有影响的训练场馆、奥运交通走廊和设施、悉尼奥林匹克公园场馆和公共区域等。

悉尼东部专用区则包括：帆船训练基地拉什库特斯海（Rushcutters）、悉尼足球场、沙滩排球场地邦迪海滩（Bondi Beach）、公路自行车赛场、百年纪念公园、马拉松赛的重要组成部分、20 个非竞赛场馆、奥运交通长廊和设施及一些重要的指挥中心。

① 资料来源：2008 年北京奥组委工作资料。

# 第十一章　体育赛事对举办地的影响

体育赛事对举办地的影响可能是正面积极的，也可能是负面消极的，这取决于体育赛事举办的效果如何。体育赛事对举办地的影响，包括政治、经济、文化和环境等。一般来讲，体育赛事的规模越大、规格越高，其影响力就越大，反之则越小。总体来看，历史上产生正面影响的体育赛事仍然占多数，产生负面影响的体育赛事为少数，但无论是产生正面影响还是负面影响的体育赛事，都值得参考和借鉴。

## 第一节　体育赛事对举办地的政治影响

体育是人类文化活动的重要组成部分，是国家上层建筑的构架之一，这就决定了体育不可能完全摆脱意识形态而独立存在。但从另一角度来看，体育反过来也能对政治产生积极影响，通过体育能够改进或促进国家与国家之间的相互关系。因此，体育与政治之间的关系需要从两方面来理解：一是政治对体育产生什么样的影响，二是体育对政治产生什么样的影响。

### 一、政治对体育赛事的影响

#### （一）政治对体育赛事的不利影响

由于不同国家、不同种族之间存在相互隔阂或相互矛盾，双方除了在外交、军事、文化、新闻宣传等方面存在相互竞争，在体育方面也会产生激烈的竞争。自2001年美国“9·11”事件发生以来，国际社会普遍认识到在多级体制下，地区冲突和国际恐怖主义已经成为人类和平与发展的主要威胁。从经验上分析，国际恐怖主义和地区冲突者往往将触角伸向国际大型活动，在体育赛事上频繁制造事端，借以激化矛盾。奥运会要接纳来自世界各国和各民族的赛会成员和游客，不可避免地成为部分恐怖分子的袭击目标，给奥运会安全带来更大考验，严重威胁着体育赛事的顺利举办。“9·11”事件发生以后，美国盐湖城冬奥会组委会加强了赛场警备，甚至动用预备役和军队来保证赛场安全。在冬奥会期间安全费用投入高达1亿美元，大大超出了预算。2013年4月15日，第117届美国波士顿国际马拉松赛在比赛期间受到恐怖分子袭击，造成3人死亡，260多人受伤。2002年韩日世界杯足球赛组委会高度重视举办城市的安全问题，两国在赛前进行了一系列的安全保卫演习，并与其他国家合作防范恐怖主义。2004年雅典奥运会安保投入的费用达到创纪录的12亿欧元。这些大型体育赛事由于采取了严格的安保措施，没有发生恐怖袭击事件，说明政治对于奥运会的影响不可避免。

回溯奥运会历史，第一次世界大战和第二次世界大战中断了两次奥运会，说明世界政治局势动荡给体育带来了巨大影响。1936年德国柏林奥运会，许多国家的运动队被要求必须向希特勒致纳粹礼；1972年德国慕尼黑奥运会，11名以色列运动员被巴勒斯坦激进组织“黑色九月”成员枪杀；1980年莫斯科奥运会，西方国家借苏联入侵阿富汗抵制了该届奥运会；1984年，苏联及其盟友也以美国入侵格林纳达为由拒绝参加这一届奥运会。这些事例都说明，政治对体育的影响是巨大的，其直接恶果就是破坏或阻止体育赛事的顺利进行。

### （二）政治对体育赛事的有利影响

政治对体育赛事的有利影响主要体现在各国政府对体育赛事的高度重视以及相互之间的紧密配合，其直接效果就是体育赛事得以圆满顺利举办。以2008年北京奥运会为例，在开幕式上，有84位国家元首、首相（总理）、王室成员出席。北京残奥会开幕式上，有67位国家元首、首相（总理）或王室成员出席。这说明世界各国对于中国北京奥运会给与了积极支持与配合。这种源于奥运会举办而带来的国际政治影响力不容小觑。

## 二、体育赛事对政治的影响

### （一）体育赛事对政治的正面影响

1. 促进国家与国家或地区之间的关系良性发展

体育赛事可以促进国家与国家或地区之间的关系良性发展。例如，20 世纪 70 年代中国与美国的“乒乓外交”，就是以乒乓球比赛为契机开始了中美高层间的政治交往。北京奥运会的成功举办，大大促进了中国与世界各国之间的相互了解，增进友谊，提高了北京乃至整个中国在国际上的政治地位和影响作用，凸显了北京在国际上的重要的政治城市地位。

“举办奥运会，是我国各族人民的共同心愿，是中华民族的百年期盼，是全国的一件大事。……我国取得奥运会举办权不容易，要真正举办一届有特色、高水平的奥运会更不容易。……可以说，奥运会是一次规模空前的对外交往活动。”①

“在中国举办奥运会，主要靠两个方面：一是国家富强。改革开放和现代化建设使我们国家发生了巨大变化，面貌为之一新，经济实力增强了，我们有能力来举办奥运会。二是国家在国际上的地位提高了，中国人民越来越受到国际社会的尊重。所以，在中国举办奥运会，不仅说明中国有能力承办国际最大的体育赛事，而且在我国历史上有着重大的意义。从成功申办到举办奥运会，已经并将继续极大地鼓舞全国人民，推动国家经济社会发展，促进现代化建设。”②

2. 促进社会和谐与稳定

大型体育赛事可以产生社会凝聚力，激发民族自豪感和自信心，转移社会大众的注意力，减少社会犯罪，在社会稳定中扮演着重要的角色。例如，悉尼奥运会申办活动可以将媒体和公众的注意力从诸如经济衰退这样的压力事件上转移开来。当然，中小型体育赛事对举办地或举办国的政治影响不会那么明显，对于一

① 胡锦涛考察北京奥运会工程建设强调做好筹办工作［EB/OL］.（2006-10-01）［2007-09-06］. http://www.gov.cn/ldhd/content_404240.htm.

② 温家宝考察北京奥运会工程建设 看望工程建设者［EB/OL］.（2007-07-17）［2008-10-11］. http://www.gov.cn/ldhd/content_687722.htm.

次性的中小型体育赛事而言更是如此。

3. 体育赛事促进举办城市公共治理水平的提高

体育赛事的成功举办离不开政府强有力的支持，尤其是举办大型体育赛事更是离不开政府的支持。例如，一场马拉松赛事就需要 20 多个政府部门的配合才能顺利举办下来，如果要举办夏奥会或冬奥会这样全球性的大型综合性体育赛事，对举办国政府的执政能力则提出了更高的要求，对具体举办城市更是提出了明确要求，即对政府工作人员的素质，政府的工作效率，政府的组织能力、管理能力、协调能力、应变能力、服务意识、城市居民文明素质等全方位提出了很高的要求，正是这些外界客观要求促使政府不断改革创新，改进治理理念与治理方式，最终实现由善管向善治的转变。因此说，“举办一场大型体育赛事就是对举办城市的政府公共管理水平的一次全面检验，更确切地说，就是对举办城市的政府公共管理改革的一次极大的促进”。① 例如，悉尼奥运会给人们留下了绿色奥运的印象；汉城奥运会向世界树立了韩国作为和平国家的遗产；巴塞罗那通过奥运会由一个普通中等城市一跃成为欧洲第七大城市；1964 年东京奥运会把日本从第二次世界大战的阴影中带了出来，很大程度上了恢复了社会生机。

## （二）体育赛事对政治的负面影响

体育赛事举办不成功，诸如赛事组织混乱、赛事顾客群不满意、媒体评价不好、国际舆论反响不好等，对举办城市或举办国家的声誉损害很大，自然也会影响政府的信用或公信力。在体育赛事组织管理不到位的情况下，体育赛事也会给政治带来一些负面的影响。例如，中美洲的萨尔瓦多共和国与洪都拉斯两国因争夺 1970 年墨西哥世界杯足球赛小组出线权而爆发了一场足球战争，虽然足球比赛只是导火索，但是，从中也可以看出体育赛事对政治的影响也有不利的一面，这场足球战争又称“一百小时战争”。1985 年“海瑟尔惨案”（Heysel Disaster）后，英国和比利时两国球迷长期敌视，双方对阵的国际比赛都使当地警方如临大敌。2000 年英格兰阿森纳队前往土耳其比赛时，球迷间爆发大规模冲突，造成严重的人员伤亡，两国球迷势同水火。

---

① 王庆伟，王庆锋．第 29 届奥运会对北京市公共管理的挑战［J］．中国体育科技，2002（8）：14-20.

# 第二节 体育赛事对举办地的经济影响

体育赛事的举办对于当地的经济会产生影响，尤其是大型体育赛事的举办对当地的经济产生的影响更加明显。然而，体育赛事对当地的经济影响可能是正面的，也可能是负面的，关键取决于体育赛事举办的科学化程度。

## 一、体育赛事对经济的正面影响

体育赛事对举办地的宏观经济的发展常起到一个“触发器”的作用。体育赛事能够激发相关行业的发展，一个城市在获得某项体育赛事的承办权后，会进行较大规模的超前规划与建设，从而引发巨大的自投资与自需求，同时也会吸引大规模的外部投资与需求，刺激相关产业的发展，使投资的影响扩展到多个行业和生产领域，各行业的利润增多，人们的收入和消费也随之增多，这样就带动了一系列的投资和消费，使得国民收入成倍增长，形成经济增长的乘数效应。体育赛事与相关行业关系如图 11-1 所示。

有关调研数据显示，现代奥运会不仅是体育盛会，也正在成为经济盛会。一届奥运会可以为举办国带来至少十余年的发展机遇。例如，1984 年美国洛杉矶奥运会盈利 2.227 亿美元，为南加利福尼亚地区带来了 32.9 亿美元的收益；1988 年韩国汉城奥运会盈利 4.97 亿美元，创历史新高，比预计盈利多出 1.25 亿美元。其对韩国经济的贡献值约为 26 亿美元，相当于韩国 1998 年 GDP 的 1.4%；1992 年西班牙巴塞罗那奥运会为巴塞罗那城市带来了 260.48 亿美元的经济效益，其中直接效益 94.48 亿美元，间接效益 166 亿美元，相当于 1992 年西班牙 GDP 的 1.7%，年均 GDP 效应为 0.28%；1996 年美国亚特兰大奥运会为佐治亚州带来了 51 亿美元的经济效益，其中直接和间接效益 23 亿美元，诱导性效益 28 亿美元，相当于佐治亚州 1996 年 GDP 的 2.3%，美国 1996 年 GDP 的 0.07%，年均 GDP 效应为 0.01%；同时还带动了 7.7 万人的就业，间接支出（外来旅游者支出）带动 4.1 万

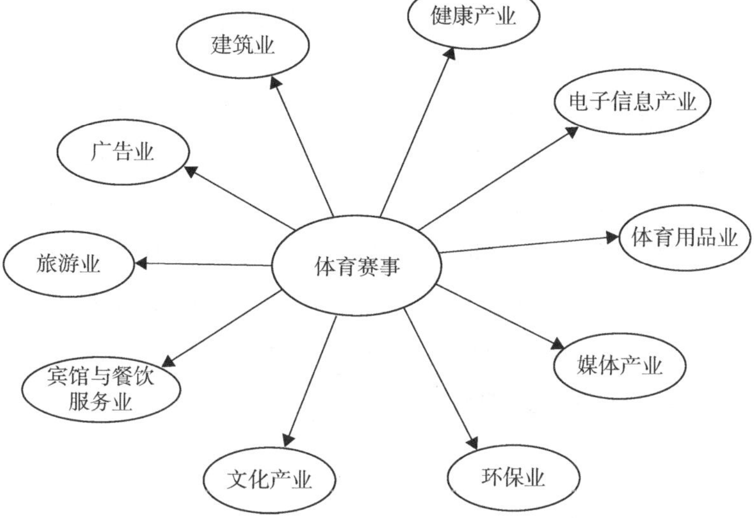


图 11-1　体育赛事与相关行业关系

人的就业；悉尼举办 2000 年奥运会所产生的全国性经济效益达到 43 亿美元，相当于新南威尔士州 2000 年 GDP 的 2.8%，相当于澳大利亚 2000 年 GDP 的 1.0%，年均 GDP 效应为 0.08%。

“国家审计署在 2009 年 6 月 19 日对外公布了北京奥运会财务审计报告，北京奥运会收入达到 205 亿元，支出达到 193.43 亿元，结余超过 10 亿元，北京残奥会的收入和支出均为 8.63 亿元”。①

“巴西旅游部 7 月底公布的一份报告显示，世界杯期间巴西共接待外国游客近 150 万人次，比之前预期的 60 万人次多出 1.5 倍。这些外国游客在 6、7 月份为巴西带来了 14 亿美元的消费额。据巴西经济研究协会基金会 7 月公布的研究结果，世界杯约为巴西至少 15 个经济部门直接注入 300 亿雷亚尔（1 美元约合 2.2 雷亚尔），约合巴西国内生产总值的 0.6%”。②

“俄罗斯政府的一份报告也显示，在成功申办世界杯后的 10 年内，2013—2023

① 王世让. IOC 商业经营迈上高峰［N］. 中国体育报，2009-07-21（1）.
② 颜欢. 巴西“后世界杯经济”任务重［N］. 人民日报，2014-08-11（22）.

年，世界杯将拉动俄罗斯 GDP 260 亿至 308 亿美元，有望占到俄罗斯 GDP 总量的 2%。这样的判断得到了全球知名咨询公司麦肯锡的支持，该公司认为 2018 世界杯将从整体上为俄罗斯经济带来约 150 亿美元的收益，而在未来 5 年，仍可带动俄国内生产总值每年增加 6 亿美元至 10 亿美元。……从 1998 年开始，世界杯这项体育领域最受瞩目的赛事已经成为一个“赚钱的买卖”，1998 年法国世界杯为 GDP 增长贡献了 1%，2002 年韩日世界杯这个数据为 0.74%，南非世界杯为 0.4%，即便是德国和巴西世界杯也能为 GDP 增长贡献 0.2%。其中法国在世界杯前国内生产总值一度为负增长，世界杯后 GDP 转负为正，俄罗斯世界杯决赛前夕，法国经济及财政部长勒梅尔还公开表示，即便是异地夺冠，也会对法国经济产生积极影响，裕利安怡集团首席经济师苏布朗对 2018 年法国国内生产总值的增长预测也已由 1.8%增加至 1.9%”。①

### （一）形成投资热潮，拉动经济增长

举办体育赛事将带动城市基础设施建设的不断发展，也为城市的硬件设施全面升级提供了难得的机遇。成功申办体育赛事将吸引来自国家政府、民间和海外的大量资金投资城市硬件设施的建设和改造，这种巨大的城市基础设施投资所产生的几何效应、辐射效应和示范效应，将拉动主办城市、周边城市，甚至全国的经济快速增长。

投资建设奥运村、道路交通建设与改造工程、大型体育场馆的建造和相应的改造以及星级宾馆总数的扩充也必定要在赛事举办前完工。业内人士认为，场馆兴建、运动员村建设、城市基础设施的完善、服务更新等一系列的投资，都将有效推动城市经济的消费。赛事之后主办城市与国际性大都市的发展差距将明显缩小，与现代化城市发展相适应的生态环境将显著改善，商务中心区、城市重点功能区、城市危旧房改造和卫星城开发建设都将取得重要成果，城市现代化服务和承载能力将显著增强，交通、通信方面都将得到改善，城市基础设施水平都将大幅度提高，举办赛事也将对城市每年的经济增长产生巨大的拉升作用。

如东京奥运会用于组织奥运会的直接开支仅为 0.25 亿美元，用于建设和改造

① 俄罗斯世界杯：一本万利的经济账，一场拉动 GDP 的巨大变革［EB/OL］.（2018-07-17）［2018-07-18］. https：//baijiahao. baidu. com/s？ id=160619936447886 7297&wfr=spider&for=pc.

奥运会设施的开支为 4.6 亿美元，而用于发展市政建设的费用却高达 25 亿美元；慕尼黑奥运会的开支中用于组织奥运会的开支为 5.27 亿马克，而用于建设奥运会设施和市政设施的费用为 13.5 亿马克；1988 年汉城奥运会的 2.4 兆韩元（约合 35 亿美元）开支中，有 17 亿美元用于修建奥运村、扩建汉城地铁、修建电视中心、扩建公路和清理汉江等。

研究表明，北京用于 2008 年奥运会的直接投资将达 298.5 亿元人民币，将使北京 GDP 总额增加 1783 亿元人民币，另外对城市基础设施建设还创纪录地投入 1800 亿元人民币，重点建设 142 个项目。其中，900 亿元用于修建地铁、轻轨、高速公路、机场等；450 亿元用于环境治理；300 亿元用于信息化建设，奠定“数字北京”的基础，初步实现电子政务、电子商务、信息化社区和远程教育；其余 150 亿元用于水电气热等生活设施的建设和改造。这些市政基础设施建设不仅直接拉动了经济的高速增长，还为经济的可持续发展打下了坚实的基础。

此外，由于大型体育赛事的投资聚集效应，大量外来资金也将涌入举办城市及其关联地区，进一步推动经济的快速增长。如在 1997—2000 年这四年中，悉尼因举办 2000 年奥运会而带来的海外投资达到了 87 亿美元。悉尼奥运会使澳大利亚 GDP 增长了 65 亿美元，因为举办大型体育赛事，这些国家和城市都获得了快速发展。

“2018 年俄罗斯世界杯是一届史上最昂贵的世界杯，在南非世界杯耗资 60 亿美元、巴西世界杯豪掷 110 亿美元之后，俄罗斯世界杯的总投入达到了惊人的 132 亿美元，从莫斯科到圣彼得堡，从下诺夫哥罗德到索契……围绕着 11 座承办城市为核心的世界杯相关项目达到 218 个，其中仅用于改建和扩建相应场馆和训练场的开支就超预算 47%。不能不提到圣彼得堡泽尼特球场，这座为世界杯兴建的现代化体育场 2017 年 3 月份刚刚完工，耗资达到 17 亿美元，超越了英国的新温布利球场，成为当世也是史上最昂贵的足球场”。①

## （二）增加就业岗位，提高就业率

举办大型体育赛事可以增加大量的就业岗位，这不仅包括与赛事本身组织有

① 俄罗斯世界杯：一本万利的经济账，一场拉动 GDP 的巨大变革［EB/OL］.（2018-07-17）［2018-07-18］. https：//baijiahao. baidu. com/s? id=160619936447 8867297&wfr=spider&for=pc.

关的就业岗位，还包括因大量游客增加而在旅游业、零售业等部门创造出来的就业岗位，以及当举办赛事需要建设大量基础设施时，在建筑业内创造的就业岗位。例如，奥运会的举办将为北京带来新增投资1800亿元人民币用于北京城市基础设施建设，给北京带来新增消费支出880亿元人民币，诞生100万个就业机会，拉动北京居民人均收入年均增长6%，使第三产业比重提高2个百分点，奥运经济拉动北京现代化5.6%——提前两年实现人均GDP 6000美元，基本实现现代化。

“绿色人才”、“高科技人才”、基建与管理人才的就业机会将大大增加，如果再加上赛事的后续效应带来的就业机会，大型体育赛事的成功举办所提供的工作岗位数量将是巨大的。举办体育赛事新建的大量场馆、酒店需要的服务人员及工作人员，可解决大量下岗再就业问题。比赛期间还需要大量的志愿者，这样不仅增加了就业，而且促进了社会稳定发展。

“资料显示：1984年洛杉矶奥运会创造了2.5万人的就业机会，1988年汉城奥运会给3.4万人带来了就业机会，1992年巴塞罗那奥运会每年新增就业人数5.9万人，1996年亚特兰大奥运会带来7.7万人的就业，2000年悉尼奥运会创造了15万人的就业机会，而2008年奥运会大约将给北京创造200万个就业机会”。① “据2018年世界杯主办方透露，基于筹备世界杯的前期投资效应，世界杯已经给俄罗斯带来了22万个就业岗位，其中就包括建筑业7.9万人、宾馆餐饮业3.8万人、运输和通信业1.8万人、社会及个人服务业1.8万人……而未来5年还将创造16万到24万个就业岗位……在南非和巴西，则分别创造了13万和50万的工作机会”。②

### （三）促进相关行业发展，完善举办城市产业结构

对于举办城市而言，成功举办体育赛事可以直接带动地方第三产业的发展，尤其在交通、酒店、餐饮、旅游等方面有明显的拉动作用。举办一项大型或高规格的体育赛事更是如此，甚至第二产业都会受到影响。

---

① 黎冬梅，肖锋．举办大型体育赛事对大都市经济影响之研究［J］．河北体育学院学报，2007（1）：23-25.

② 俄罗斯世界杯：一本万利的经济账，一场拉动GDP的巨大变革［EB/OL］．（2018-07-17）［2018-07-18］．https：//baijiahao.baidu.com/s？id=16061993644788 67297&wfr=spider&for=pc.

近年来大型体育赛事的发展历程已经证明，每一次大型体育赛事的举办，都给举办地旅游业的发展带来积极而深远的影响。具体作用如下：

（1）提高了举办地的知名度，丰富了举办地的旅游资源。

（2）观看或参与体育比赛已成为一种旅游目的。

（3）改善了举办地的旅游基础设施。

（4）提高了举办地旅游营销、管理水平。

（5）改善了举办地旅游市场的客源结构。

（6）增加旅游者数量、支出及停留时间。

（7）延展旅游季节，拓展旅游市场。

（8）激活静态吸引物和设施。

◆ **案例 11-1**

## 2000 年悉尼奥运会对澳大利亚旅游业的影响①

### 一、指导思想

为了充分利用 2000 年悉尼奥运会机遇营销澳大利亚，澳大利亚旅游委员会制订了专门的奥运会旅游计划——“澳大利亚 2000——娱乐、游戏”旅游计划（以下简称该计划）。该计划的中心思想是借助奥运会，通过在整个奥运会期间塑造具有代表性的旅游形象和主题，进一步拓宽“澳大利亚品牌”，而这种想法是通过把“澳大利亚品牌”“奥林匹克品牌”（世界上最醒目的标识）以及包括赞助商、转播商和奥林匹克大家庭的奥林匹克伙伴的品牌紧密联系在一起实现的。

### 二、目标

该计划的口号是“澳大利亚 2000——娱乐、游戏”。该计划的目标为：①通过媒体公关计划最大限度地宣传澳大利亚。②通过和奥林匹克组织以及合作伙伴的联合提升澳大利亚的形象。③增加高收益市场，如会议、大会等。④为旅游业制订营销计划，使其充分利用奥运会的大好时机。

澳大利亚旅游委员会在 1997—2000 年这 4 年间从澳大利亚政府获得了 670 万

① 资料来源：2008 年北京奥运会工作资料。

美元用于营销澳大利亚旅游计划的实施。澳大利亚旅游委员会建立了一个专门网站——www.2000.australia.com，它是2000年正在澳大利亚发生的每件事情的信息库。

## 三、关键步骤

该计划实施的关键步骤如下：

（1）建立一个专家小组。借鉴往届奥运会主办城市的经验教训。该计划的核心是需要看到举办奥运会带动旅游业发展不仅仅局限于奥运会的17天，还是一个十年机会。同时，也不能有高得不切实际的期盼。

（2）澳大利亚旅游委员会有关计划的内容，得到全世界的支持。

（3）获得地方性的旅游工业事业的支持并作为一种协调方式。

（4）获得主办城市组织委员会的支持。

（5）获得政府政策支持和赞助实施计划。

（6）和奥运大家庭建立联系。其中包括IOC、全世界的和地方性的赞助者、媒体、电视转播和广播赞助商、奥委会委员等。澳大利亚旅游委员会制订了奥林匹克媒体计划，具体如下：

①在1999—2000年间的到访记者计划（VJP）中，邀请2000多名国际新闻记者来到澳大利亚。

②向50 000多个国际媒体的询问提供咨询服务。

③为国际媒体提供一个专业因特网网站。

④在奥运会之前把国际的媒体记者带到澳大利亚。

⑤与国际的电视和广播转播者合作，提供新闻线索，制作或协助制作澳大利亚宣传片及相关视觉资源。

⑥将新闻线索和澳大利亚所有地区的照片协助提供给国际报纸和杂志。

⑦使澳大利亚的周围社区有最多的奥运会火炬传递机会。

⑧在奥运会期间，同时请来澳大利亚的顶端旅游媒体和公关专业人士协助世界媒体。

## 四、取得成效

“澳大利亚2000——旅游、游戏”计划取得了明显成效，具体如下：

（1）额外的160万名观光者消费了30.5亿美元。

(2) 使“澳大利亚品牌”发展提前了10年。

(3) 媒体公关计划产生了21亿美元。

(4) 奥林匹克赞助商投资了1.7亿美元宣传澳大利亚。

(5)“澳大利亚2000——娱乐、游戏”系列活动使2000年到访的观光者增加了11%。

(6) 因为举办奥运会，澳大利亚增加了被观光的可能性。

(7) www.2000.austrilia.com 的点击率增加了700%。

(8) 提高了澳大利亚在国际社会的地位。

(9) 奥运会之后的竞争产生了巨大的商业价值。

**五、后奥运会时期的旅游计划**

悉尼奥运会之后的计划包括4个关键部分：

(1) 90多个系列的具有战略性的广告活动促使假日交易立刻在奥运会之后实施。这些系列活动包括200多个工业合作伙伴，价值超过2500万美元。

(2) 一个意在获取300万美金的直接营销活动，包括澳大利亚旅游委员会网站（www.2000.australia.com）的改版。

(3) 开始了关于奥林匹克如何提升澳大利亚的国际形象的研究。

(4) 通过澳大利亚团队（Team Australia），一个被澳大利亚旅游委员会领导的MICE（Meetings Incentives Conferencing Exhibitions）联盟体，建设商业性的会议、展览等部门。

**六、2000年悉尼奥运会旅游遗产**

(1) 奥运会所带来的利益远比它表现出来的大得多。

(2) 随着更多的消费者对澳大利亚的了解，世人对澳大利亚的看法也发生了变化。

(3) 增长的游人数量为澳大利亚经济注入了强心剂——为澳大利亚增加了就业机会。

(4) 对于澳大利亚旅游委员会来说奥运会在很多方面创造了很多新的机会，并且开启了很多新的通道，体现在澳大利亚国内外的商业、政府以及媒体等方面。

(5) 澳大利亚赢得了赞誉，国民自豪感空前高涨，自信心大幅上升，提高了整个国家的凝聚力。

◆ 案例 11-2

### 2018 年世界杯对俄罗斯旅游业的影响

从俄罗斯世界杯组委会发布的《2018 年俄罗斯世界杯对经济、社会和环境领域的影响》报告来看，俄罗斯世界杯承担着提振俄罗斯经济的重任。2010 年之后，国际油价开始下跌，加之欧美的经济制裁和封锁，卢布贬值，过度依赖自然资源的俄罗斯经济需要寻求转型，世界杯被认为是一个契机。首先是拉动消费，而世界杯起到的作用毋庸置疑。

在世界杯的各项收入中，最直接的收入来自旅游业，国际足联的报告宣称，2018 年俄罗斯世界杯期间，约有 60 万外国游客涌入俄罗斯，以每名游客平均逗留 12 天计算，就能给俄罗斯带来 19.49 亿美元的收入。此间，俄罗斯旅游局给出的入境游客数据有较大出入，但最终的收入预测大体相似：150 万外国游客来到俄罗斯，以每名游客 1000 欧元的消费计算，就能实现大约 16 亿美元的进账。当下一系列数据统计并不完全准确，不过相关产业的短期井喷显然是不争的事实。先期收集的数据显示，世界杯期间莫斯科的酒店预订量同比增幅超 10 倍，赴俄机票订量同比增长超 400%，价码也水涨船高，小组赛期间星级酒店单日标价增长 4~10 倍不等。俄餐饮业和酒店业者联合会副会长瓦季姆·普拉索夫就曾给出过评估，俄罗斯四星或五星级酒店收入可望增长 40%，三星级酒店收入增幅也可达 15%。

## 二、体育赛事对经济的负面影响

经济方面能否盈利是衡量体育赛事是否成功的重要指标之一。历史上有许多大型体育赛事由于组织实施不得力而带来经济方面的巨大负担。一些大型体育赛事组委会盲目投资建设使承办城市财力透支，结果造成巨大亏损。例如，加拿大蒙特利尔市人口近 300 万，获得 1976 年奥运会主办权，该届奥运会的教训是：主体育场建筑花费 14.7 亿美元，组织费用原计划 6 亿，实际为 7.3 亿，整个运动会亏空 10 多亿美元，赛后 30 年，最后一笔债务于 2006 年 11 月偿还完毕。2004 雅典奥运会共花费了 116 亿美元，是历史上比较“昂贵”的一届奥运会，仅为防范恐怖袭击、安保等费用就高达 13.8 亿美元。

还有赛后组委会大量工作人员安置问题，而赛后场馆利用问题也是大型体育赛事面临的棘手问题。承办地为大型体育赛事耗巨资修建的大量体育设施和场馆在赛事结束后被闲置乃至废弃，甚至有些地方对部分场馆进行拆除，变卖废旧建筑材料。体育设施的闲置是众多大型国际体育赛事结束后的普遍现象，比赛后遗留下的体育设施大量闲置、维修保养费用昂贵等成为世界性难题。例如，长野冬奥会场馆闲置；悉尼奥林匹克公园建有大量奥运会场馆，相对比较集中，且远离城市居民区，被当地人称为“鬼城”；雅典奥运场馆每年花费 1 亿多欧元进行养护，巴西奥运会后大量场馆闲置等。

# 第三节　体育赛事对举办地的文化影响

体育赛事是一种文化产品，对于举办地必然产生文化方面的影响，科学办赛能够激发体育赛事的正能量，盲目办赛会导致体育赛事向社会排放负能量，对于社会大众而言，可能会造成一定程度的精神污染。

## 一、体育赛事对文化的正面影响

### （一）丰富举办地的精神文化生活

#### 1. 举办地居民可以欣赏精彩纷呈的体育比赛

承办大型体育赛事最直接的受益者是当地居民，他们能在家门口观赏到高水平的比赛，还能更深刻地理解体育的内涵与健康的重要性。精彩纷呈的体育竞赛，不仅陶冶了居民的高尚情操，激发了他们参与体育的热情，扩大了体育人群，还有助于当地居民建立良好的体育生活方式，提升生活品位。随着体育赛事的举办，一些体育用品的展览会、运动服装秀、体育摄影和邮票展等文化形式更是丰富了城市居民的文化生活，使城市居民生活变得五彩斑斓。

2. 提高举办地居民的人文素质

体育赛事是否成功举办取决于服务质量，服务质量的好坏取决于城市居民的服务态度和行为，居民的服务态度和行为取决于居民自身责任心的强弱和道德素质的高低。为此，要成功举办赛事，就需要加强城市居民的社会责任感、荣誉感和主人翁感，提高城市居民的道德素质。

（1）举办地政府对人的素质的要求。

①要大力宣传赛事的重要性和必要性，树立良好的示范效应，充分发挥城市居民的道德自律行为作用，进而提高居民的自身道德修养及其文明程度。

②要从制度上规范城市居民的行为，不断提高其道德素质，增强其社会责任感。

（2）体育赛事的精神文化对举办地居民人文素质的影响。大型体育赛事往往都有着丰富的文化内涵。例如，奥运会的举办对举办地居民会产生巨大的文化冲击力。现代奥林匹克运动具有一套完整的思想体系，奥林匹克运动不仅是体育运动，更是文化活动。顾拜旦从始创奥林匹克运动起，就坚决反对把这一运动看作纯粹的体育竞技运动，他主张奥林匹克运动“并非只是增强肌肉力量，它也是智力的和艺术的”。他提出奥林匹克主义旨在促进人的和谐发展。国际奥委会原主席萨马兰奇先生也明确指出：“奥林匹克主义就是体育加文化教育。”

“奥林匹克主义是将身体、心理和精神方面的各种品质均衡地结合起来，并使之得到提高的一种人生哲学。它将体育运动与文化和教育融为一体。奥林匹克主义所要建立的生活方式是以奋斗中所体验到的乐趣、优秀榜样的教育价值和对一般伦理基本原则的推崇为基础的。”[①] 奥林匹克主义的中心思想就是人的和谐发展。奥林匹克运动宗旨就是指“通过没有任何歧视、具有奥林匹克精神—— 以友谊、团结和公平精神互相了解的体育活动来教育青年，从而为建立一个和平的更美好的世界做出贡献”。[②] 奥林匹克精神就是互相了解、友谊、团结和公平竞争的精神，奥林匹克格言之“更快、更高、更强—更团结”“重要的是参加，而不是取胜”即是这个意思。

---

① 国际奥林匹克委员会．国际奥林匹克章程［EB/OL］．（2011-12-08）［2020-05-01］．https：//www. olympic. org/olympic-studies-centre/collections/official-publications/olympic-cha rters.

② 同①。

2008 年北京奥运会提出“人文奥运”。“人文奥运”是对奥林匹克生活哲学的展开与发展，是全世界超种族、超文化、超等级、超地域的百姓的巨型狂欢节；“人文奥运”推动的全民健身是对奥林匹克人文关怀的伟大实践；而“天人合一”的和谐自然观是对奥林匹克竞技文化的生动补充；“人文奥运”是世界各民族文化交融互惠的现实平台，多元创造、对话交往，是新世纪奥林匹克文化精神的核心理念，创造性地实现奥林匹克文化与中国文化的交流和融合。北京居民在长达 9 年的申办和筹备时间里，不断接受奥林匹克运动思想体系的影响和熏陶，无疑对北京市民的文化素养产生良好的影响作用。

### （二）改进和完善当地居民的体育生活方式

当地居民长久地不断地受到体育赛事的推广宣传的影响，耳濡目染，很多人就会受其影响，由不知道到知道，由知道到喜欢，由喜欢到参与，由参与到热爱，由热爱到自觉和升华，这是一个体育运动爱好者发展的必然路径。体育赛事对当地居民的影响要经历这样几个阶段：首先提高了当地居民对体育运动的认识，较以往发生了观念上的变化；其次，从一定程度上改变了当地居民生活方式，使体育成为一种生活方式，即由原先的不参与体育运动到后来积极参与体育运动，这是一个重要变化；最后，随着国家经济社会发展、体育产业的兴起，体育消费成为提高生活质量和品位的一种生活方式，体育赛事的举办，尤其是职业体育赛事或商业性体育赛事，无疑可以增强当地居民体育消费意识，使得观看体育赛事，花钱买门票成为一种习惯。

根据调研可知，2022 年北京冬奥会申办成功后，对北京城镇居民冬季体育生活方式产生的影响如下：“①2022 年冬奥会申办成功对北京市城镇居民参与冰雪运动及冬季体育生活方式的养成具有促进作用。②北京市城镇居民参与冰雪运动的消费类型以参与性消费为主，观赏性消费最少。③北京市城镇居民参与冰雪运动的认知已经逐步改善，近一半居民开始有主动参与冰雪运动的意愿。④有近三分之一的北京市城镇居民参与冰雪运动的频率和消费额度有了增加。”①

---

① 郝文艳，王庆伟．2022 年冬奥会背景下北京市城镇居民冬季体育生活方式变化的研究［D］．北京：首都体育学院，2018.

## 二、体育赛事对文化的负面影响

体育赛事实施过程中出现各种丑闻事件，如赌球、假球、黑哨、打架、罢赛等负面事件，无疑会影响体育赛事的形象，对社会大众心理冲击严重。

# 第四节　体育赛事对举办地的环境影响

随着全球环境保护的重要性日益凸显，体育赛事与举办地环境发展之间的关系也受到广泛关注，通过举办体育赛事来促进当地生态环境发展成为体育赛事越来越重要的目标之一。

## 一、体育赛事对举办地环境的正面影响

促进举办地环境建设是体育赛事实现可持续性发展的重要目标。“可持续性发展是指既满足当代人的需要，又不对后代人满足其需要的能力构成危害的发展。”① 例如，为了促进奥运会对举办地的环境保护，国际奥委会将“环境”列为继“体育”和“文化”之后的奥林匹克运动的第三大支柱，并将保护环境的条款写进了《奥林匹克宪章》，同时设立了体育与环境委员会，出版了《奥林匹克运动 21 世纪议程》（1999 年 10 月），用以指导奥林匹克运动在环境领域的行动。这是“让体育广泛地为人类的协调发展而服务，促进和平社会秩序的建立，以维护人类尊严”这一奥林匹克精神的生动体现。

### （一）对举办地生活环境的改善

体育赛事举办可以改善举办地居民的生活环境，尤其是赛场附近的社区居民

① 摘自《布伦特兰报告》（1987 年）.

更是如此。例如，对于2008年北京奥运会来说，最受益的就是北京市的广大人民群众，如市民的居住环境（街道治理）、卫生服务条件、交通设施、残疾人服务设施乃至社区服务行为规范都得到了很大程度的提高，以及“整治城中村”、市政绿色环保建设、园林建设等。北京奥运会提出了“绿色奥运、科技奥运、人文奥运”三大理念，就必须解决北京市周边环境、森林覆盖率、市民的居住环境、卫生等，以及提高北京市人文素质等问题，这样就使北京市民的生活环境得到了很大的改善和提高。

### （二）对举办地自然环境的影响

举办体育赛事对举办地的自然生态环境会产生积极影响。例如，北京2008年奥运会的三大理念之一为“绿色奥运”，北京1998—2008年用于环境保护和治理的费用超过1000亿元人民币，建设了1亿平方米的绿色生态隔离带环绕北京城。为确保北京空气质量，将大型工厂迁出北京以及限制不达标的汽车进京和上路。此外，北京奥林匹克森林公园的建设也让北京市民受益。

### （三）对举办城市环境的影响

大型赛事组委会要大力提倡“绿色环保赛事”，谴责并反对因举办体育赛事而造成以下后果的任何活动：对空气、土壤或水造成不必要或不可挽回的污染；危及生物多样性，使植物或动物物种濒临灭绝；破坏森林植被，不利于土地保护等。举办大型体育赛事要有资源节约的管理意识，事实上，大型体育赛事的举办，已经成为承办城市推动市政建设、促进公共事业发展的一项主要动力。例如，为减少对水资源的浪费，大量使用节水设备；为减少对能源的过度消耗，大力推动使用可再生能源和节约能源的新技术、器材、设施和措施；向更广大的地区推广使用可再生能源和无污染能源。广东省九运会市政建设总投资达620亿元人民币，绿地、鲜花、立体交通、星罗棋布的高低建筑，使广州市容市貌焕然一新。

◆ **案例 11-3**

## 后奥运首都体育文化建设思路

北京“后奥运经济”重点锁定体育文化产业，拟将北京建设成为国际体育中心城市，充分利用赛后场馆，开展全民健身（体育休闲产业），举办和发展多种国际品牌赛事。

北京“十一五”规划目标是：第一，构建体育市场体系。重点培育健身休闲、竞赛表演、体育用品、网络体育、体育书刊、体育彩票等市场。第二，推进体育资本跨行业、跨地区、跨所有制的重组和股份制改造，加强与国际体育企业的合作与交流。第三，建立“体育商务中心区”，吸引国内外体育组织和体育中介机构设立办事处或分支机构，提供商务和体育事务交流平台。第四，培育和吸引懂规则、会经营的体育经纪公司和体育经纪人，活跃体育中介市场，推动竞技体育的职业化和竞赛表演业的市场化。第五，加强北京体育服务业与文化、旅游、媒体、商业、科技等产业的合作，发挥各自优势，拓展体育服务领域，积极引导大众的综合性消费，开发具有体育特色的大文化市场。第六，建立体育休闲产业中心区域，以体育特色为主，体育企业相对集中，体育经营规模较大，融健身、休闲、娱乐、观赏、旅游、购物为一体的体育休闲产业中心区域，如崇文区（现东城区）龙潭湖体育产业园、朝阳区奥林匹克公园和石景山“首都休闲娱乐中心区”（Capital Recreation District，CRD）体育产业区域的建设。

◆ **案例11-4**

## 牛津—剑桥划船赛[①]

“牛津—剑桥划船赛”始于1829年，至今已有180余年的历史。该项赛事每年能吸引现场观众数以万计，英国电视观众多达几百万，有160多个国家进行电视转播，全球电视观众超过4亿。更有不少电影导演选择“牛津—剑桥划船赛”作为拍片的题材，例如，《真实之蓝》一片的内容，便是1987年“牛津-剑桥划船赛”泪水与血汗交织的真实再现。该项赛事体现了“君子之争”，体现出了牛津和剑桥两所大学的竞技体育与教育的融合发展理念与治理模式。也正是因为如此，该项赛事才能够得到不断地传承与发展，并为人津津乐道。

① 资料来源：蔡明烨．百年船赛君子风［N］．人民日报，2011-04-13（23）．

◆ 案例 11-5

## 一条艇带动一座城①

“曾经说到去柳州，人们的第一个反应是‘看汽车’，但是现在应该变成‘看摩托艇’了，据我们了解，今年有不少群众就是专门为看摩托艇比赛来柳州旅游的。”国家体育总局水上中心主任李全海说，“这是一种双赢的模式，中国摩托艇联赛是我国非奥运项目的第一个联赛，今后我们也还会继续扶持”。

2012 年，已举办过多次水上赛事的柳州投资 5.5 亿元为比赛建立了水上设施。之所以选择做水上赛事，柳州方面有自己的考虑，因为过去柳州是一个重工业城市，又曾经有过“酸雨”的污染，虽然经过多年的治理已今非昔比，但是很难改变在人们心中的印象。为了改变人们对柳州的不利印象，举办水上比赛是个不错的选择，而摩托艇比赛要求水质清澈无污染，对水体水质有着较高的要求，能举办水上项目比赛，证明柳州已摘掉了“污染”的帽子，借助体育赛事宣传，显然比单纯宣传更具有说服力。

2008 年，柳州第一次和摩托艇项目牵手，举办 F1 摩托艇世锦赛，在 F1 摩托艇世锦赛的带动下，人们很快就喜欢上水上休闲的娱乐方式。现在的柳州，人们喜欢在柳江游泳，甚至在冬天也有 30 多支冬泳队坚持参加冬泳活动。柳江上每年还会举行全市的龙舟赛，柳江两岸都会围聚数万人观看。这些赛事的举办不仅吸引了本地市民的参与，活跃了群众文化和体育生活，同时也吸引了大量的游人前来欣赏。借助 F1 摩托艇世锦赛，柳州市迅速尝到了通过体育营销城市、吸引目光、拉动产业发展的甜头。

一场亲水赛事，一场山水体验，柳州知名度飙升。仅 2008 年，柳州市共接待国内外旅游者 913.53 万人次，同比增长 16%。

尝到甜头的柳州人紧紧抓住水上运动不放，随即又引入世界水上极速大赛（IAC）。2010 年柳州的《政府工作报告》中提出，要加强公共体育服务设施建设，着力打造“水上娱乐运动之都”。2011 年，柳州再次推出水上狂欢节，让水和普通百姓走得更近。2014 年，当柳州已第五年和水上运动牵手时，柳州已经彻底扭转

① 资料来源：陈思彤．一条艇带动一座城［N］．中国体育报，2014-05-06（3）．

了在人们心目中的“工业城市”形象，成为一座文化之城、宜居之城。五年的努力终于开花结果。

柳州之所以获得成功，除了抓对了项目，也抓对了模式。柳州采用的模式是由企业来运营，社会来出资，政府来支持。由于有专业的赛事运营商（北京今日影响投资管理有限公司），赛事能够更好地传播，做成精品赛事，这样政府不仅“省心”，而且效果也非常突出。就拿搭建场地来说，此次比赛水电接通后，仅几天时间运营方就搭建了赛场，节省了政府方面大量的人力和物力。

一条艇带动一座城，柳州市体育局副局长吕青专对此有着很深的感悟，“水上运动有效地向全国宣传了柳州，展示了柳州的城市面貌，促进了柳州的建设发展，助推了柳州水上运动项目的普及和人才队伍的培养，提升了柳州的知名度，实现了城市发展与赛事推广的共赢。近两年，全国先后有十余个城市到柳州参观考察发展水上运动的做法和成效”。

“非奥项目的生存是个难题，柳州模式让我们感到近10年我们走的路没有错。”李全海说，“希望这种双赢的模式能继续走下去，并且开创更多的双赢模式”。

### ◆ 案例11-6

## 中国摩托艇联赛成彭水发展推手①

以往提起彭水这个地方，恐怕没有太多人知道，但一项经过数年打造的赛事——中国摩托艇联赛彭水大奖赛，正让这个重庆西南部的苗族土家族自治县进入更多人的视野，而随赛事而来的各界人士，也明显感受到了这个小城越来越快的发展脚步。

由于地处偏远，彭水的经济发展水平在重庆市的排名并不靠前，而正是因于此，彭水免受了工业化带来的环境破坏，保持了良好的生态环境。如何发挥彭水的后发优势，走出一条兼顾环保和经济增长的可持续发展之路，是摆在彭水人民面前的一个战略课题。引入品牌体育赛事，使之成为连接彭水和外界的窗口，成

---

① 资料来源：刘先永，陈思彤. 中国摩托艇联赛成彭水发展推手［N］. 中国体育报，2014-05-28(3).

为城市改造的助推器，成为培养市民现代化意识的平台，从而拉动整个县域经济、社会发展的引擎，是一个值得尝试的选项。而从今天的变化来看，这个选项无疑是明智的。

从彭水着力打造的旅游业的发展来看，2010年彭水旅游收入首次突破1亿元，2011、2012年分别达到5亿和8亿元，而在2013年首次站在10亿元级台阶，达到16.6亿元，连续几年实现几何级增长。在旅游收入高速增长的同时，彭水也获得了“亚洲金旅奖·大中华区十大民族（民俗）特色旅游目的地”、美丽中国·生态旅游十佳示范县、重庆非去不可·十大创新案例前三甲等称号，为旅游业的进一步发展，奠定了良好的基础。

在彭水的规划中，2014年彭水旅游业要实现26亿元收入，成为当地经济发展的支柱产业。旅游业能成为拉动彭水经济发展的强劲车头，除了本身具有的旅游资源优势外，中国摩托艇联赛彭水大奖赛这个窗口对彭水的推介作用，功不可没。在重庆市新近发起的寻找重庆十大影响力节庆活动中，这个新晋品牌成功入选备选名单，充分显示了其在重庆市乃至全国的影响力。

引入体育品牌赛事，为彭水的城市改造和基础设施建设提供了动力，而硬件系统的提升，让彭水正在成为外部投资的热土——冠名本次比赛的太极集团，正是看中了彭水优越的山水环境，投资开发了太极水品牌。通过赛事提高地方知名度，吸引投资，而前来投资的厂商通过赛事平台，打造企业品牌。摩托艇联赛在彭水的发展中，扮演着多重角色，而在今年举行的渝洽会上，彭水更是获得了7个外部投资项目，协议金额达236亿元。

彭水通过引入品牌赛事，助推区域经济发展的做法，鲜明地诠释了体育的社会经济功能。体育筑巢，经济引凤，中国摩托艇联赛彭水大奖赛，真正让彭水插上了经济腾飞的翅膀。

◆ 案例11-7

## 铜都转型　赛车开道
## ——透过泥石流赛看东川变化[①]

据当地政府官员介绍，2004年首届东川泥石流汽车越野赛举办时，因矿务局破产而由地级市降为县级区的东川被确定为中国唯一“再就业特区”。当年整个东川从事第三产业的人员只有1800余人，几届赛事下来，东川第三产业就业人员已达30 000人之众。东川2005年全区财政收入达5600万元，到2013年，已超过7亿元。“资源枯竭型城市”东川成功转型，赛车功不可没。

“东川车赛带动最大的就是旅游业。2004年第一届东川泥石流越野赛时，城里最好的酒店就是我们的‘铜都大酒店’，现在从事酒店服务的有上百家，星级酒店就有三家。”铜都车队的胡斌这样告诉记者。

车赛带动的不仅是当地旅游业的蓬勃发展，也火箭般地掀起了当地汽摩运动的发展。东川泥石流汽车运动俱乐部老板、昆明鑫泰然集团董事长马世华说：“首届泥石流越野赛前，东川汽车、摩托车俱乐部及参与者几乎为零，现在从事汽摩运动服务的俱乐部就有十余家。今年泥石流赛我们派出了两辆车参赛，车手、领航全都是我们酒店职员。没有比赛时，俱乐部会组织会员开展穿越、探险活动。下一步，我们打算一方面进军赛车改装、体验式服务领域，另一方面我们准备走出大山，组队参加新疆环塔越野赛。”

2004年举办首届泥石流越野赛至今，作为东川区人大常委会副主任兼赛事副总指挥长的马俊一直都是这项赛事的参与者、组织者。“11年办赛，最大收获就是我们将车赛发展成了城市转型的助推器。”

东川史称“天南铜都”，开采铜的历史已经2000多年，然而城市结构单一，矿产资源日益枯竭严重制约了城市的发展，为了探索一条资源型城市的转型之路，2004年，云南省确定东川为再就业特区。也就是这一年，东川人利用世界上唯一的泥石流赛道，举办了首届东川泥石流越野赛。

“矿产资源枯竭逼迫城市转型，转型核心就是寻找替代产业。我们的选择就

① 资料来源：周萌．铜都转型　赛车开道［N］．中国体育报，2014-05-15（6）．

是：走文化产业、特种旅游之路，泥石流越野赛就是龙头、就是支点。2004 年比赛还是地区性赛事，看比赛的基本都是当地百姓；据有关部门统计，今年赛事期间进入东川的人数达 17 万人次。大量人员的流入，在东川吃住游玩娱，对拉动东川消费和旅游经济起到了极大的促进作用。东川一家面条公司，平时月收入 20 万元，车赛半个月就收入 70 万元。去年全区旅游收入 1.6 亿元，车赛期间的旅游收入占其中三分之一。”马俊介绍说，“车赛的拉动效应非常明显。我们现在考虑的是让泥石流越野赛这个品牌怎么向国际化拓展，让赛车产业化、常态化、市场化。云南机电技术学院已把汽车维修专业放在了东川，云南多家企业正在东川兴建以赛车为主题的汽车修理厂、越野运动基地和泥石流越野主题酒店。有基地、有实体、有产业链才能让车赛这盘棋真正活起来”。

◆ **案例 11-8**

## 大型体育赛事对举办地综合影响案例分析
## ——以 2022 年冬奥会对延庆区的影响为例

北京市延庆区作为 2022 年冬奥会三大赛区之一，承担了该届冬奥会的高山滑雪、雪车、雪橇 3 个大项、4 个分项、22 个小项的办赛任务。这无疑将对延庆区未来发展产生深远的影响。具体体现在以下几个方面。

### 一、引发延庆区发展定位的变化

由于延庆区要举办 2022 年冬奥会 3 个大项的比赛，结合延庆良好的生态环境优势，延庆区发展定位增加了“国际文化体育旅游休闲名区”，举办冬奥会使得延庆从“封闭卫城”向“开放融城”的转型。具体体现在以下三点：①区位从封闭到开放，打破地理阻隔，实现京津冀区域的融合。②理念从封闭到开放，脱离单纯保护，实现生态与产业的融合。③环境从封闭到开放，从边缘到成为北京国际冰雪运动中心，对接国际机遇，实现城市与世界的融合。

延庆区专门成立了涉及旅游、体育、文化等多部门的规划编制小组，编写《延庆冰雪产业发展规划》以及《延庆区体育产业发展规划》等。

### 二、引发产业结构变化

随着延庆区发展定位的变化，延庆区聚焦冬奥会比赛场地小海坨区域与山下直连的张山营镇，重点打造张山营冰雪小镇，以世界级冰雪竞技平台、世界级冰雪度假区、世界级体育文化交往为重点，打造世界级健康乐活名片，使得健康乐活成为延庆区未来重点发展的三大产业之一。此外，延庆区还重点关注体育科技，结合中关村延庆园，发展以大数据、人工智能、云计算为支撑的体育+科技的产业，包括智能体育装备、智慧场馆、科学训练与运动康复等。与此同时，也很关注体育+旅游、体育+教育、体育+医疗、体育+健康的服务业的业态。

（一）城区建设的变化

1. 新城建设

2016年延庆区召开的区委一届三次会议，审议通过了《中共北京市延庆区委 北京市延庆区人民政府关于紧抓重大机遇加快延庆新城规划建设管理的实施意见》，促进延庆新城建设。

2. 冰雪产业核心区

以冬奥小海坨山赛区为主，打造集大众冰雪运动、专业赛事、训练培训、冰雪观光、温泉养生等于一体的冰雪产业核心区。

3. 城区改造

制订实施城中村改造五年行动计划，稳步推进棚户区和城中村改造。到2020年，基本完成城中村改造和老旧住宅小区综合整治任务。完成区中医医院、精神卫生保健院新建和妇幼保健院改扩建工程，使区医院和区中医医院达到三级甲等医院水平。

4. 旅游景区基础设施改造

岔道古城搬迁完毕，近期启动建设。旅游项目提升方面，目前八达岭的整体旅游项目和配套服务设施都在规划建设，岔道古城是其中的建设内容。八达岭整体旅游项目建设一期改造工程已经完工，2018年春季启动包括交通接驳等工程的建设。增加延庆旅游景区星级酒店数量。

（二）体育场馆的变化

1. 冬奥场馆群

冬奥会延庆赛区建设规模约10.1万平方米，静态投资总额28亿元，包括：

（1）国家高山滑雪中心。举办滑降、超级大回转、大回转、回转等极具挑战和观赏性的比赛项目。国家高山滑雪中心包括竞速、竞技赛道及训练道、高山集散广场、媒体转播区、山顶平台出发区，竞速、竞技结束区等，可提供8000个观众席位。规划建设7条雪道，全长21公里，落差约900米。

（2）国家雪车雪橇中心。雪车、钢架雪车、雪橇等比赛。赛道垂直落差127米，赛道长度1935米，设置16个弯道，最高设计时速134.4公里，设置5个赛道出发区，总观众席位数7500席。

2. 延庆冬奥非竞赛场馆群

与以往奥运村常见的“高楼大厦”形成鲜明的对比，延庆冬奥村是一个美轮美奂的“冬奥山村”。为运动员及随队官员提供约1430个床位，包含国际区、运营区、居住区等功能区。还有山地媒体中心以及颁奖广场及配套基础设施等。

3. 大众体育场馆建设

延庆将筹备建设妫河边上的游泳馆和综合性体育馆以及北京市的冰上运动基地等，还将考虑增加若干滑雪场以及级别较高的冰雪基地。延庆政府引入万科集团，对石京龙滑雪场进行升级改造，将其作为学生、教师、群众及北京冬奥组委和冬残奥会残疾人运动员的滑雪培训基地。

依托区域公园、度假村、广场、体育中心、有条件的乡村休闲农业场所及其他空置场所，延庆还将建设至少两个嬉雪场地，1个冰面积不小于1800平方米的室内冰场，冬夏均可用的6万平方米以上的人造冰场两块，室外冰场5片。延庆还将在有条件的学校建设冰场，并利用妫水河等水域资源开辟天然滑冰场，利用城市空地、公共绿地人工浇筑滑冰场、搭建可拆装滑冰场。

（三）交通的变化

1. 建设高铁

（1）修建京张城际铁路173.96公里，共计10站，时速200~350公里/小时，到延庆20分钟，到张家口52.5分钟，1小时之内就能到达张家口及崇礼太子城雪上赛区。

（2）建设崇礼支线和延庆支线。

2. 建设高速公路

修建兴延高速公路（六环路到延庆，全长42公里），京藏高速公路局部改造。京新（北京—乌鲁木齐）高速（G7）局部改造，海坨山与崇礼太子城赛场将有高速（延崇高速）连通，全长116公里。

3. 改造国道、省道公路

开展110国道二期工程。

4. 开通航空运输

在北京、延庆、张家口崇礼三个赛区修建直升机停机坪，方便2022年冬奥会运行管理。

5. 修建城市轨道交通

提升S2线铁路营运能力和水平（简称城铁S2线），该线路开通于2008年8月6日，是北京市第一条市郊快速通勤铁路。

6. 城区交通

新建及改扩建西玉路、阜康路、圣百街、延康路等干路及支路，形成世园会园区、城区和对外交通互联互通的区域联络线系统，建设延庆站综合交通枢纽和园区公交接驳站，结合世园村功能，建设世园会交通指挥调度系统。

（四）冰雪文化的变化

伴随着北京冬奥会的日益临近，延庆广大市民参与冰雪运动的热情也一次次被点燃，全区掀起上冰上雪、参与冰雪运动、热爱冰雪运动的热潮。刚刚结束的2017—2018年雪季，延庆8.7万人次上冰上雪，冬奥赛区延庆的冰雪氛围日益浓厚，冰雪赛事和节事活动明显增多，延庆各学校通过开展主题活动、编纂《冬奥宣传读本》等方式积极普及冬奥知识，传播冬奥理念，营造冰雪氛围。同时，上冰上雪从娃娃抓起。2018年组织了14所学校3000名学生进行滑雪训练，7所学校5509人进行滑冰训练。珍珠泉小学、太平庄小学自建冰场，组织学生开展丰富多彩的滑冰活动。积极响应国家提出的“带动三亿人参与冰雪运动”的号召，扩大了延庆区冰雪人口数量，如延庆龙庆峡冰灯艺术节、京津冀冰雪文化大庙会、冰雪摄影活动、延庆世葡园冰雪文化大庙会、柳沟中国年、永宁新春花灯庙会、延庆柳沟冰雪马戏嘉年华、延庆区冰雪乡村旅游推介会、2018国际冬博会延庆分会场活动、冰雪入校园活动等。

（五）冰雪生活方式的变化

延庆张山营冬奥小镇开启首个农民滑雪训练营。2018年1月18日，张山营镇农民滑雪训练营正式开营。训练营为期5天，50余名普通农民参加培训，培训教练则是来自张山营镇海坨滑雪队具备滑雪专业教学资格的教练员。冰雪运动成为冬奥冰雪之城的新时尚。

目前，延庆大部分冰雪运动场所都配备了无障碍设施，向残疾人敞开了大门。区残联借助筹办北京2022年冬奥会和冬残奥会的契机，努力推动延庆区残疾人冰雪运动发展，组织全区15个乡镇和3个街道的残疾人朋友到万科石京龙滑雪场体验滑雪运动。

（六）生态环境的变化

关于延庆赛区的规划理念，延庆赛区总设计师、中国建筑设计研究院有限公司总建筑师李兴钢概括为8个字："山林场馆、生态冬奥。"基于该理念，延庆赛区的场馆，如看台、广场等建筑设施不像一般体育场集中成片，而是分散布局在狭长的山谷中，随山形呈珠链式分布建设，不破坏山形地貌，成为"山林掩映的场馆群"。

李兴钢指出，延庆赛区没有地标建筑，如果有，那就是这一方青山绿水。早在2015年，林业、水务和环保专家最早进驻延庆赛区，制定了严格详尽的环境保护考核指标，通过标注高山草甸、泉眼、天然次生林、重点野生动植物保护区等各类生态敏感因子，落实赛区内部生态保护措施。

在延庆赛区施工现场，目前所有的施工面表土已经全部剥离，严格进行编号，妥善进行保存，待完工后再将全部原土覆盖、原貌修复。同时，设置了数条动物通道，野生动物通过特有的"通道"可以穿越道路。此外，每个场馆都有一套污水处理系统，雨污水经过处理后先用于赛区的绿化浇灌等，剩余中水进入城市中水管网系统，向自然界零排放。垃圾也会在收集处理后清运出赛区。

## 二、体育赛事对举办地环境的负面影响

举办体育赛事，尤其是大型体育赛事，必然要建设场馆和城市基础设施。并且，在赛事实施过程中，由于赛事大量人群的集聚，必然会对赛场及周边环境造成破坏，如赛场废弃物或垃圾。有些举办地为了利用赛事的影响力为城市做宣传，不惜举债举办，盲目扩大城市框架，使得整个城市成为一个大工地，不仅扰民而且破坏了城市原来的生态环境。

# 第十二章　体育赛事政策

近年来我国体育赛事发展越来越好，尤其以马拉松赛事为典型代表，之所以如此，离不开国家政府各层面出台的有关体育赛事的政策，有了这些政策的支持，相应各级政府才有了办赛或支持办赛的重要依据，社会力量才有了投资体育赛事的决心和信心。同时，有了体育赛事政策的支持，才能很好地规范体育赛事市场，监督和规避体育赛事风险。

## 第一节　体育赛事政策的相关概念与逻辑框架

随着市场经济体制改革的不断深入，体育赛事政策对于体育赛事发展的影响日益凸显，因此，掌握和了解政策、公共政策、体育政策以及体育赛事政策及其逻辑框架就显得非常必要。

### 一、相关概念

#### （一）政策

“政策”是指国家政权机关、政党组织和其他社会政治集团为了实现自己所代表的阶级、阶层的利益与意志，以权威形式标准化地规定在一定的历史时期，应该达到的奋斗目标、遵循的行动原则、完成的明确任务、实行的工作方式、采取的一般步骤和具体措施。

### （二）公共政策

公共行政学创始人之一，美国学者伍德罗·威尔逊（Woodrew Wilson）认为，"公共政策是由具有立法权的政治家制定的而由行政人员执行的法律和法规"。① 政治学学者戴维·伊斯顿（David Easton）认为，"公共政策就是对全社会的价值作权威的分配"。② 北京大学宁骚教授关于政策的界定，即公共政策是公共权力机关经由政治过程所选择和制定的为解决公共问题、达成公共目标、实现公共利益的方案。③

### （三）体育政策

我国的体育政策是公共政策的一种，它是公共权力机关（多为体育行政机关）经由政治过程所选择和制定的为解决体育公共问题、达成体育公共目标、实现体育公共利益的方案。

### （四）体育赛事政策

体育赛事政策就是指公共权力机关（多为体育行政机关）经由政治过程所选择和制定的为解决体育赛事问题、达成体育赛事目标、实现体育赛事利益的方案。

上述政策属于一般意义上的体育相关政策。但在我国，中国共产党是领导核心，其所发布的各类有关体育及其赛事的文件均属于体育公共政策，包括赛事政策，并且是级别最高的体育及其赛事政策。

## 二、体育赛事政策的逻辑框架

以体育政策颁布主体为划分依据，可将体育赛事政策分为体育赛事宏观层面政策、中观层面政策和微观层面政策三种。党中央、国务院颁布的有关体育政策

① 伍启元．公共政策［M］．香港：商务印书馆（香港），1989：4.

② Easton B D. The Political System：An Inquiry into the State of Political Science［J］. Canadian Journal of Economics & Political Science，1953，20（2）：272.

③ 宁骚．公共政策学．［M］．北京：高等教育出版社，2011：133.

可视为宏观层面的政策，国家各部委及省政府、直辖市颁布的有关体育政策可视为中观层面的政策，地市司局级及区县级颁布的有关体育政策可视为微观层面的政策。近年来，国家颁布的各级体育赛事方面的政策见附录2。体育赛事政策逻辑框架具体如图12-1所示。

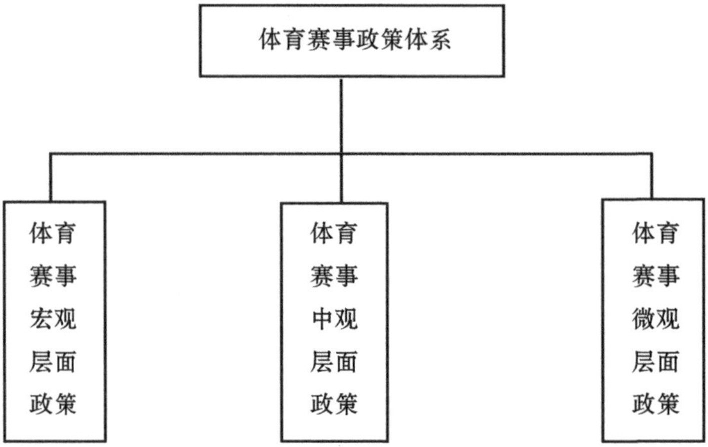


图12-1 体育赛事政策逻辑框架

## （一）体育赛事宏观层面政策

体育赛事宏观层面政策是指由党中央、国务院、各部委颁布的关于体育赛事发展的相关政策。例如，《国务院办公厅关于政府向社会力量购买服务的指导意见》（国办发〔2013〕96号）、《国务院关于推进文化创意和设计服务与相关产业融合发展的若干意见》（国发〔2014〕10号）、《国务院办公厅关于加快发展生活性服务业促进消费结构升级的指导意见》（国办发〔2015〕85号）、国务院《关于加快发展体育产业促进体育消费的若干意见》（国发〔2014〕46号）、《全民健身计划2016—2020》（国发〔2016〕37号）、《“健康中国2030”规划纲要》（中共中央、国务院，2016年10月25日）、《国务院办公厅关于促进全域旅游发展的指导意见》（国办发〔2018〕15号）、《汽车自驾运动营地发展规划》（八部委联合下发，2017年5月8日）、《马拉松运动产业发展规划》（十一部委联合下发，2018年1月12日）、《中国足球中长期发展规划（2016—2050年）》（发改社会

〔2016〕780号）、《关于促进消费带动转型升级的行动方案》（发改综合〔2016〕832号）、《体育发展“十三五”规划》《水上运动产业发展规划》《山地户外运动产业发展规划》《航空运动产业发展规划》《冰雪运动发展规划（2016—2025年）》《关于支持社会力量举办马拉松、自行车等大型群众性体育赛事行动方案（2017年）》（九部委联合印发，2017年7月）、《体育总局关于推进体育赛事审批制度改革的若干意见》《体育总局关于印发〈体育赛事管理办法〉的通知》（体竞字〔2015〕190号）、《国家体育总局印发〈关于进一步加强体育赛事活动监督管理的意见〉的通知》（体规字〔2018〕3号）等，这些政策的出台对于体育赛事具有直接的指导、规范和监督作用。这些政策均是从体育政策大背景下阐述有关体育赛事的发展的原则、要求及未来发展方向，有些政策从文件名称看，根本就没有“体育”两字，但其内容则完全包含着“体育”事务，甚至包括体育赛事。这就要求我们在学习政策时能够做到“跳出体育看体育”，以更加宏观的视角来审视体育赛事政策。

一些体育协会尚未与政府脱钩，仍然具有政府属性，其主办的或承办的体育赛事中制定的规则依据体育协会的管辖范围确定其制定的政策的级别。如果是全国级别的体育协会，其制定的政策属于宏观层面；如果是省级体育协会，其制定的政策属于中观层面；如果是地级市及以下的体育协会制定的政策，则属于微观层面政策。例如，中国铁人三项协会制定了一些具体办赛办法，《中国铁人三项运动协会赛事服务费管理办法》《中国铁人三项运动协会专业运动员比赛积分排名办法（2014修订版）》《中国铁人三项运动协会比赛操作手册（2014版）》《中国铁人三项运动协会赛风赛纪管理办法（试行）》《中国铁人三项运动协会犯规行为处罚细则（2017版）》。中国田径协会制定了一系列马拉松赛事管理办法，如《中国境内马拉松及相关运动赛事管理办法》《中国境内马拉松赛事组织标准》《中国田径协会关于全国马拉松赛事奖金设置的规定》《关于加强全国马拉松及相关运动赛事赛风赛纪的管理规定》《中国田径协会马拉松及相关运动赛事注册指南》《中国田径协会马拉松及相关运动赛事共同主办程序指南》等。这些规则的执行确保了体育赛事的规范、严谨、细致，保证了办赛质量。

### （二）体育赛事中观层面政策

体育赛事中观层面政策是指由直辖市或省级机关颁布的直接关于体育赛事发

展的政策。

### （三）体育赛事微观层面政策

体育赛事微观层面政策是指由地市级及以下公共权力机关制定的体育赛事相关政策。

# 第二节　体育赛事政策的特点及其功能

了解和掌握关于体育赛事政策的基本特点和基本功能，有助于体育赛事的组织管理与实施，并能够更好地促进体育赛事政策的变革与创新。

## 一、体育赛事政策的基本特点

### （一）认同性与权威性的统一

体育赛事政策作为一种公共体育利益分配方案，它既涉及体育公共目标的科学设置问题，也必然涉及社会体育公共资源和体育公共价值的合理性与合法性分配问题，并且合理是合法的基础。因此，面对免费的社会体育公共资源，理性的公民或组织都会表达自身的体育公共利益诉求，并且都会希望能够得到及时准确的回应，如能够及时得到体育公共利益等。

就某一具体体育赛事政策而言，它就是一次体育公共利益的“分配”，当一个社会的多数成员能够对体育赛事政策“分配”结果产生认同时，他们的认同感就会由此产生；反之亦然。值得注意的是，如果对某项体育公共政策的认同度较低甚至很低，他们可能会因自身体育公共利益受损不仅不会产生认同性，甚至还可能会表现出冷漠、反对等行为。这便是体育赛事政策的认同性。

诚然，考虑到社会成员及其群体的有限理性（或短视理性），国家完全依靠认同性来维持合法性是不可能的。因为社会成员及其群体对于体育公共利益的诉求未必全部合理。因此，体育赛事政策作为一种体育公共利益分配方案，其形成过程中的各个环节问题的解决还必然会依赖一定的权威性，各类组织与个体均应遵从体育赛事政策的相关要求与规定。

### （二）公共性与偏好性的统一

体育赛事政策本质上应该是在追求和分配一种体育公共利益问题，这是其作为国家政府不可或缺的职能属性——满足社会成员及其群体体育公共利益需求。因此，体育赛事政策必然具有公共性，并且常常表现出为社会成员某种福利而存在，或其生活质量的具体体现。

在实践中，体育赛事政策的形成及其实现过程是一个体育公共利益或偏好选择交互作用的过程，其中包括体育赛事政策问题的认定、体育赛事政策方案的择定、体育赛事政策资源的配置及实施，以及怎样进行体育赛事政策评估等环节。这些环节的安排都是体育赛事政策主体主要依据自身的价值偏好进行选择的结果。这类选择必然或多或少地体现着体育赛事政策制定主体或大或小的偏好。这类偏好具体体现为体育赛事政策制定主体对社会各个阶层、各个部门、各个地方、各类职业等目标群体提出的体育赛事利益诉求进行选择、聚合、转换、输出、分配的过程。当然，由于该过程不可避免地会受到来自政治系统内外部各种力量或大或小的影响，致使体育赛事政策制定主体在政策选择过程中做的选择不可能仅仅只按照自身偏好来加以实施，而是基于自身偏好最大化基础上对各种力量加以平衡和综合考量的结果。显然，体育赛事政策的形成及其实施过程是一个体育赛事政策制定主体综合平衡各种利益诉求者之间利益关系的过程和结果，其选择的最终结果导致体育赛事政策是各方体育公共利益得到平衡并印有制定主体偏好烙印的方案。

### （三）普遍性与回应性的统一

对于一个社会而言，无论是从性别、年龄、民族、职业等因素来看，也无论是从个体或群体来看，还是从行业或社会地位等多维视角来看，广大社会成员对于政府体育赛事产品——体育公共利益供给的需求应该是普遍的客观存在。依照马克思主义的观点，作为体育行政机关，它是广大社会成员实现自身体育权利的委托代理者，因而从体育行政机关存在的正当合法性的角度讲，它理应以广大社会成员的体育公共利益为主。体育行政机关应该关注每一位社会成员的体育利益诉求，同时也应该对每一位社会成员合理与合法的体育利益诉求予以普遍回应，谁的体育利益诉求也不应该被忽视甚至被遗漏，这便是体育赛事政策的普遍性。

体育赛事政策面对广大社会成员诸多的体育公共利益诉求，只能依据现有的客观条件以及公私问题的边界、体育赛事问题的类型等因素做出选择性的回应，这即为体育赛事政策的回应性。体育赛事政策的普遍性与回应性的统一直接关系到体育赛事服务的同质等效性。

### （四）应然性与实然性的统一

从现实出发，就是从客观存在着的体育实际出发来考量体育赛事政策的设计，而对现实体育问题的认识，基本要求就是弄清楚现实体育问题本身的情况：体育赛事问题是什么，其起因是什么，发生的过程是什么，其中包含哪些因素，各个因素的主次关系如何，问题的重要性如何，已达到什么程度，还会有怎样的发展趋势等。对上述问题的认识反映着体育赛事政策主体现有的认识方法和技术水平，也反映着他们现有的识别体育赛事客观规律的认知能力，其实也折射出了他们现有的处理体育赛事问题的理性程度。从这个视角看，体育赛事政策具有认识论层面上的实然性。

对未来体育赛事做安排，就是基于对现实体育赛事问题的发展趋势而做出应对方案。如针对上述体育赛事问题，如何尽快地解读困局，尽快阻止体育赛事问题的扩大或蔓延，直至做到对症下药乃至药到病除的效果，等等；诚然，高级的治理应该走向善治，即通过创造性思维塑造未来的体育赛事艺术。显然，这就需要体育赛事政策主体具备较高的预测、设计体育赛事政策的认识方法和技术水平，同时也反映着他们识别体育赛事的客观规律应有的认知能力，其实也折射出了他们应有的处理体育赛事问题的理性程度。从这个视角看，体育赛事政策具有认识论层面上的应然性。毋庸置疑，体育赛事政策事实上是从实然到应然而后再到实然的过程。因此，从过程的角度看，体育赛事政策具有应然与实然相统一的特征。

## 二、体育赛事政策的功能

### （一）管制功能

体育赛事政策问题的解决，可以通过体育赛事政策对象不做什么来达成体育赛事政策目标。体育赛事政策主体要制约、禁止体育赛事政策对象不做什么，或者说要使体育赛事政策对象不发生体育赛事政策主体不愿见的行为，就须使体育赛事政策对体育赛事政策对象的行为具有管制功能。这种功能是通过体育赛事政策的条文规定表现出来的。

### （二）引导功能

为了解决某个体育赛事政策问题，政府依据特定的目标，通过体育赛事政策对人们的行为和事物的发展加以引导，使得体育赛事政策具有导向性。也就是说，体育赛事政策给社会的发展、人们的行为确定了方向，使整个社会体育事务由复杂的、多面的、相互冲突的行为，能有效地纳入统一的、明确的体育发展目标上来，使之按既定目标有序推进。引导功能是体育赛事政策的积极功能。

### （三）调控功能

体育行政机关对体育赛事的治理是通过体育赛事政策来实现的，或者说，体育赛事政策是体育行政机关实行体育赛事治理的手段、工具和杠杆。体育赛事政策的调控功能，指的是政府及其体育行政机关运用体育赛事政策，在对体育赛事事务中出现的各种利益矛盾进行调节和控制的过程中所起的作用。

### （四）分配功能

在通常情况下，体育赛事政策容易把体育价值或体育利益分配给与政府主观偏好一致者，一般情况下应该是最能代表社会生产力发展方向者及普遍获益的社会多数者。

## 三、当前体育赛事政策变化的特点与内容

### （一）依据政策的制定主体与特点分析

（1）政策出台规格高。2014—2019 年，党中央、国务院发布的关于体育赛事的宏观指导文件多达 20 个。

（2）跨部门联合政策出台多。2014 年以来，多个部委联合出台关于体育赛事中观层面文件达 10 个，其中，《群众冬季运动推广普及计划（2016—2020 年）》一文涉及 23 个部委，《关于印发〈马拉松运动产业发展规划〉的通知》涉及 11 个部委，《汽车自驾运动营地发展规划》一文涉及 8 个部委，这使得这些政策更具有公信力和可行性。

（3）政策出台总量多。2014—2019 年，党中央、国务院、部委（含国家体育总局）出台关于体育赛事的宏观层面文件共计 70 余个，省级人民政府或省体育局制定的体育赛事政策有近 40 个。

（4）政策出台快。2014—2019 年，各层面出台政策总计约 110 个，反映出政府制定政策的效率比较高。

### （二）依据政策的制定主体与内容分析

（1）原则上都在强调发动和引入社会力量参与体育产业发展。

（2）强调政府购买服务政策。①实现政府“管办分离”，有利于形成“小政府，大社会”格局。②有利于提高赛事的质量（含金量），群众参与性高，可充分体现“体育即民生”的治理理念。③可以有效激活体育赛事市场，充分调动和发挥社会力量。

（3）大力提倡、推广和普及的运动项目有户外运动休闲项目，包括水、陆、空三个维度的运动项目以及民族传统体育项目。例如，马拉松运动、户外越野运动、登山运动、户外徒步运动、水上休闲运动、航空运动等，还有三大球运动、武术运动、冰雪运动、极限运动和马术运动等。

（4）在赛事方面则强调打造多层级赛事体系，强调丰富赛事供给，调整赛事

供给时间，打造品牌赛事和职业赛事，强调高水平赛事与群众赛事衔接，积极倡导“体育赛事+”的融合发展模式。

（5）强调采取的政策措施包括：多部门与多元手段并举（如组织领导、税收、土地、基金、金融、信用、安保、电视转播等）、设立体育产业发展基金、引导资金，设立政府购买服务项目、建立体育产业基地或示范项目，建设体育特色小镇或体育产业聚集区，打造休闲体育健身休闲圈等，这使得制定的政策实效性显著。

（6）自 2017 年下半年以来，国家层面在体育赛事政策方面有所调整，加大对体育赛事的标准化管理、赛中赛后的监管力度，加大对体育赛事的评级制度建设和社会信用体系建设，加强体育市场黑名单建立与管理，加强体育赛场行为规范要求。

（7）加强境外非政府组织在境内开展体育赛事的规范要求。

### （三）当前政策的不足之处

（1）当前政策存在的主要不足就是中间层面（省级体育系统）和基层（地级市体育系统）跟进缓慢，制定具体操作性政策滞后或出台政策可操作性不强。

（2）政策执行效果缺乏监督和督查。

（3）面临相关配套政策措施的缺位或不到位的挑战。例如，赛事安保政策、电视转播政策、相关法律政策等都未能及时匹配到位，仍然制约着我国体育赛事的发展。

（4）围绕区域协同发展（如京津冀协同发展）方面的政策相对缺乏。

（5）体育企业没有充分介入体育政策的制定过程，影响了政策的可操作性。

# 第十三章　体育赛事的绩效评价

体育赛事的绩效评价在我国仍然是一个新生事物，其理论体系和应用实践尚不完善。以往我国体育赛事的绩效评价主要局限于政府内部的自我评价或总结，缺乏外部的评价，尤其是独立的第三方机构的专业评价，这样就容易造成不知道体育赛事到底办得好不好，成功不成功，或办得好与不好都一个样的吃大锅饭的工作局面，不利于调动和激发体育赛事举办主体的积极性。自改革开放以来，我国随着政府绩效评价理论的广泛开展和应用，体育赛事的绩效评价也越来越得到体育赛事举办主体和社会大众的重视，深入挖掘体育赛事绩效评价的意义与价值并重新构建其相关理论体系已迫在眉睫。

## 第一节　体育赛事绩效评价概述

为了有效评价体育赛事，借鉴相关理论和国外经验，我国体育赛事绩效评价应有一个完整的知识体系。这个体系同公共项目绩效评价体系一样，包括由一系列与绩效评价相关的评价理论、评价原则、评价内容、评价指标、评价方法、评价标准、评价机构及管理机制等形成的有机整体，只有基于这样的绩效评价，才能真正衡量体育赛事是否办得成功。

### 一、体育赛事绩效评价概念

体育赛事绩效评价是指“采用科学、规范的评价方法，对照统一制定的评价标准，基于预期目标，对由政府部门主办和承办（主导的）的体育赛事公共投资行为过程及其结果的经济性、效率性、有效性和公平性进行科学、客观、公正、全面的衡量比较和综合评判，旨在判断其产品在多大程度上满足社会公众和国家需要”。

## 二、体育赛事绩效评价基础理论

基于体育赛事的公共项目属性，其绩效评价属于公共项目绩效评价范畴，所涉及基础理论主要有以下几种。

### （一）政府绩效管理理论

目前，在我国，体育赛事的管理与运作基本上都是由政府来负责的，因此，对我国体育赛事进行绩效评价，实际上就是对政府绩效管理进行考评，即体育赛事绩效评价其实就是政府绩效管理当中的重要组成部分。因此，研究和分析体育赛事的组织管理绩效评价问题，自然离不开政府绩效管理理论的支撑。

### （二）公共项目绩效评价理论

公共项目绩效评价在我国已发展了 30 余年，经过这些年的不断积累，逐步形成了我国公共项目绩效评价理论体系。虽然还不够成熟，但已成体系。体育赛事作为公共项目进行绩效评价，在我国尚为新鲜事物。无论是体育界还是从事公共项目绩效评价研究的外界人士，双方沟通和交流都不够。但不管怎样，体育赛事绩效评价离不开公共项目绩效评价理论作基础。

### （三）福利经济学理论

公共福利性或称公共性是体育赛事（侧重群众体育赛事）的当然属性，自然在研究体育赛事绩效时，不能抛开福利经济学理论，必须运用福利经济学相关理论分析体育赛事如何更好地发挥其公共福利性，强化其内外部效应。

### （四）生态环境理论

由于举办体育赛事（侧重大型体育赛事）对举办地将产生很大的影响，大量的场馆和城市基础设施建设等都可能对举办城市的生态环境产生重要影响。例如，奥运会对举办地环境建设的要求。为了促进奥运会对举办地的环境保护，国际奥委会将“环境”列为继“体育”和“文化”之后的奥林匹克运动的第三大支柱，并将保护环境的条款写进了《奥林匹克宪章》，同时设立了体育与环境委员会，出版了《奥林匹克运动21世纪议程》（1999年10月），用以指导奥林匹克运动在环境领域的行动，这是“让体育广泛地为人类的协调发展而服务，促进和平社会秩序的建立，以维护人类尊严”这一奥林匹克精神的生动体现。

2015年12月国际奥委会审议通过了《奥林匹克2020议程》，这是关乎奥运会改革的重要方案，为奥运会开启了改革之门。该方案改革措施的核心内容是降低奥运会申办和运行成本、强化奥运会的可持续发展、提高奥运会的公信力和注重人文关怀等。当前，国际上提倡“生态体育”“绿色体育”，从这一角度看，体育与生态环境之间存在密切联系，通过体育赛事促进举办地生态环境的可持续发展成为国际上的共识，也是实现体育赛事可持续发展的重要目标。

## 三、体育赛事绩效评价的意义

### （一）有利于提高体育赛事绩效水平

通过体育赛事绩效评价研究，有利于提高体育赛事的办赛效率、经济效益、市场化运作水平和公平性，有利于体育赛事市场化运作，有利于提升政府执政水平，有利于杜绝“隐性豆腐渣工程”“面子工程”“形象工程”，或“政绩工程”的产生。

### （二）有利于推动体育公共部门绩效改革

体育赛事绩效评价是政府公共部门绩效评价的重要组成部分，是衡量政府公共部门工作绩效好坏的重要指标之一。通过体育赛事绩效评价研究促进我国政府公共部门不断改进和提高体育赛事绩效水平，努力使社会大众（纳税人）满意，进而推动我国政府公共部门绩效改革。

### （三）有利于体育管理人才的培养

通过体育赛事绩效评价研究可以有效补充和完善我国体育赛事组织管理理论体系，丰富体育赛事管理课程内容，有利于我国高等体育院校培养体育赛事管理专门人才。

### （四）有利于体育赛事理论创新

通过体育赛事的绩效评价，不断总结体育赛事举办的经验和教训，不断创新理论内容，将其融入体育赛事理论之中。

## 四、体育赛事绩效评价目标

一般来讲，不同规模和规格的体育赛事其组织管理绩效评价目标不完全一致。就大型体育赛事而言，由于其规模和影响力比较大，赛事规格也比较高。其绩效评价目标包括以下几点。

### （一）是否向社会大众提供精彩比赛和一流赛事服务

政府承办体育赛事的最基本目标就是要为社会大众提供精彩的体育比赛，促进竞技水平提高，为观众和参赛人员提供满意的各项保障服务。为此，对其进行绩效评价时，首先要考虑其在组织管理实施过程中是否能很好地做到这一点。

### （二）政府公共部门（尤其是体育赛事组委会）公共权力的使用是否合法合理

由政治学理论可知，公共权力原本是社会大众让渡出来的部分权力之结果，让渡的目的也是期望政府能够借助公共权力去追求公益，那么在公共部门举办的大型体育赛事的立项、审议、批准、实施、监督等环节中，体育赛事管理权力的使用是否合乎法律法规的要求，是否符合民众的期望当属于评价的目标之一。

### （三）体育赛事所用公共财政的使用是否合法合理

承办体育赛事要动用公共财政，而公共财政原本来自纳税人缴纳的税金，纳税的目的也是期望政府能够借助公共财政去追求公益，因此，在体育赛事的立项、审议、批准、实施、监督、评价等环节中，公共财政的使用是否合乎法律法规的要求，是否符合纳税人的期望也属于评价的目标之一。

### （四）是否尽最大努力降低了办赛成本，实现了节俭办赛目标

由于体育赛事花费公共财政资金，社会大众必然要求节俭办赛，花最少的钱，办最多的事情，而要实现这一目标，就必须向管理要绩效。只有通过提高体育赛事的组织管理绩效水平，才能够实现节俭办赛目标。因此，我们可以通过体育赛事办赛经费多少反映其组织管理绩效水平如何。

### （五）其他公共资源的使用是否合法合理

除了公共权力和公共财政，尚有诸多的公共资源（如公共设施、公共交通、公共场地等）也可能在体育赛事的实施中会被消费或使用，那么这些公共资源的使用是否合法合理也属于评价的目标之一。

### （六）体育赛事是否有力推动了举办地的体育事业的发展

通过举办体育赛事可以检验其是否有力推动了当地的体育事业的发展，作为体育遗产重要组成部分的体育场地设施是否得到改善和赛后充分利用，体育文化氛围是否较以往更加浓厚，体育生活方式是否更加普遍，体育人口是否扩大，体育组织是否得到增多和壮大。

### （七）是否促进体育赛事效益最大化，推动举办地的政治、经济、文化和教育的全面发展

检验体育赛事的举办是否提升了举办地的影响力、是否带动了举办地的相关产业（如当地旅游业、酒店服务业、商业购物、建筑业、交通运输业等）的发展，是否促进了当地的文化和教育事业的繁荣，是否促进了举办地精神文明建设发展、提高了社会大众的文明素质、丰富了当地文化内涵、教育了当地社会大众，尤其是青少年群体，体育精神遗产是否得到了很好的规划和利用。

### （八）是否促进了社会可持续发展

体育赛事作为政府公共事务之一，如果能在立项、审议、批准和实施等诸多环节做得好，就可能取得良好的社会效果并足以促进社会良性循环和可持续发展；反之则可能引致恶性循环进而导致社会灾难。显然，评价的目标之一就是每个体育赛事是否促进了社会可持续发展，赛事遗产及赛后遗产利用是否得到了很好的整体规划和实践检验。

### （九）是否促进社会公平与社会和谐

在我国，大型综合性体育赛事毋庸置疑是比较典型的公共项目，当属公共产品，其具有显著的福利性特点，其供给必然要涉及一个社会公平问题。换言之，体育赛事在立项、审议、批准和实施等诸多环节中是否公平的问题，必然会影响社会各阶层利益群体。因此，如何通过举办体育赛事最大限度地实现社会公平与和谐，使举办地各个行业、各个阶层的利益群体均能从中获得社会福利，享受到体育福祉，创造体育福利公平环境便是体育赛事绩效评价的目标之一。

◆ **案例** 13-1

## 《奥林匹克 2020 议程》在 2022 年北京冬奥会的实践应用

《奥林匹克 2020 议程》是由国际奥委会在 2014 年 12 月通过的奥运会改革方案，开启了奥运议会改革之门。其核心内容就是要降低奥运会筹办成本，实现奥运会可持续发展，提高奥运会公信力和强化奥运会人文关怀理念。“议程”内容更加强调奥运会绩效评价指标体系的全面和完整。

北京冬奥会是第一届全面践行《奥林匹克 2020 议程》，落实新规范要求的奥运赛事，将最大限度地把可持续发展理念贯彻筹办全过程。2019 年 2 月 19 日，北京冬奥组委发布了《北京 2022 遗产战略计划》，此届冬奥会是国际奥委会《奥林匹克 2020 议程》颁布后第一届从筹办之初就全面规划管理奥运遗产的奥运会。该“遗产计划”通过筹办北京冬奥会，努力创造体育、经济、社会、文化、环境、城市发展和区域发展 7 个方面 35 个领域的丰厚遗产，为主办城市和区域发展留下宝贵财富，实现奥林匹克运动与城市、区域发展的双赢。

2020 年 5 月，《北京 2022 年冬奥会和冬残奥会可持续性计划》发布，强调“环境正影响、区域新发展、生活更美好”。“可持续 · 向未来”——北京冬奥会提出的可持续发展愿景，不仅为冬奥会举办树立起新的标杆，更深远的意义还在于“创造奥运会和地区可持续发展的新典范”。

## 五、体育赛事绩效评价原则

体育赛事绩效评价指标体系不是个人主观随意设计出来，而是经过大量的调查研究、运用科学的方法研究制定出来的。依照笔者的经验和文献资料分析，我国体育赛事绩效评价的原则可参照公共项目绩效评价原则，结合赛事实践，形成以下原则：

### （一）系统性原则

体育赛事是一项复杂的系统工程，因此，其绩效评价是一项系统性很强的工作，要充分考虑到大型体育赛事从申办、筹办到结束整个过程，还要充分考虑其涉及影响因素的多样性和复杂性。

### （二）全面性原则

这个原则强调的是体育赛事绩效评价指标体系的全面性或完整性，从系统性的基础出发，全面考虑各方面的评价指标。

### （三）法治化原则

从我国现实国情看，对于体育赛事绩效评价需要上升到法律的高度，才能够使之可行并行之有据，否则，在实施过程中会碰到很多现实困难。通过立法，使我国体育赛事的绩效评价具有法律依据，进而使其组织管理绩效评价规则化、预期化和公开化。

### （四）多元化参与原则

体育赛事虽然有主办单位、承办单位以及协办单位，但在组织管理绩效评价方面，往往基于自身利益的考虑开展有利于自我的绩效评价，为确保该项工作的客观性和公正性，确保社会公共利益，必须鼓励和允许社会大众、第三方评价机构等多方面人员共同参与其绩效评价工作，从而形成多元化的绩效评价工作局面，达成一种利益均衡。

### （五）定量为主、定性为辅原则

毫无疑问，在对我国体育赛事绩效评价时，定量指标测度不可或缺，但鉴于体育赛事绩效评价涉及面非常广泛，目前赛事绩效测评技术不完备等因素，完全用可量化的指标进行测度显然不现实，因此，对其绩效评价还应是定量和定性评价相结合才更为全面。

### （六）“顾客为本”的原则

体育赛事是一种服务性的公共产品，其要为社会大众（顾客）提供服务，其生产的产品要能够满足“顾客”的需要；否则，即使新闻炒作得再好，也难以取得真正意义上的成功。这也就是我们前边所讲的赛事要距离老百姓近一些，赛事要多接地气，只有扎根于社会大众的赛事才具有生命力。

## 六、体育赛事绩效评价分类

（1）依据被评价者的层次可以分为高层管理者绩效评价、中层管理者绩效评价和基层实施者绩效评价。

（2）依据评价客体可以分为计划决策绩效评价、组织绩效评价、领导绩效评价、控制绩效评价、效益绩效评价五个方面的内容。

（3）按时序分类，可以分为三种类型，即体育赛事的赛前评价、赛中评价和赛后评价。其中，赛前评价主要是对体育赛事工作方案的预期性评价，赛中评价的主要功能是监控性评价，赛后评价则是对体育赛事的成本、效率、效益和公平性予以评价。

（4）按绩效评价的内容分类，可以分为成本评价、效率评价和效益评价三类。其中成本评价主要是对体育赛事的经济成本予以评价；效率评价主要是对体育赛事公共资源配置的合理性予以评价；效益评价则是对体育赛事的社会效益（如直接效用以及对社会环境等）和社会大众满意度（含公平性）进行评价。

（5）按评价层次可分为宏观评价、中观评价和微观评价。

（6）按评价主体的不同可分为体育赛事的内部评价和外部评价等。

## 七、体育赛事绩效评价方法

前文已经交代过，公共项目绩效评价方法有多种，诸如多指标综合评价法、费用—效益分析法、关键绩效指标法（KPI）、平衡计分卡、项目卓越模型（PEM）等，这些方法同样适用于体育赛事的组织管理绩效评价，只是研究者需根据课题研究的实际情况来确定具体采用何种方法适宜。

## 八、体育赛事绩效评价结构

### （一）体育赛事绩效评价的目的

前文已有论述，之所以开展对我国体育赛事绩效评价工作，初衷就是要检查和监督其工作绩效，确保通过举办体育赛事最大限度实现社会公共体育利益，确保其公平、公正，不断提高社会整体福利，确保其每一分钱花得都有效益，确保我国体育赛事不成为豆腐渣工程、或政绩工程、或面子形象工程。

### （二）体育赛事绩效评价客体

简单来说，体育赛事就是我们评价的客体，延伸出来的是对体育赛事各层级的管理者的工作绩效评价，进一步可以说是对管理体育赛事的政府公共部门工作绩效的考评。

从评价内容来看，依据公共项目绩效评价提出的“3E”理论，我国体育赛事绩效评价内容可从以下五个方面进行评价：一是体育赛事的决策绩效，二是体育赛事的组织绩效，三是体育赛事的领导绩效，四是体育赛事的控制绩效，五是体育赛事的效益。

### （三）体育赛事绩效评价主体

我国大型综合性体育赛事绩效评价的组织机构应符合的基本要求是：满足独立性、客观性、公正性要求，具有强大的反馈作用机制。同时，一个完整的评价组织体系应该由社会评价主体、政府评价主体、内部评价主体三个层次所构成，三者之间是互补关系，各具特点，各有其局限性。但从发展趋势来看，社会评价应该是发展主流。

从理论上讲，我国大型综合性体育赛事绩效评价主体，应该是社会大众（主要是观众）和独立的第三方，以及主办方与承办方的上级主管部门等。从现实状况来看，目前，我国的大型综合性体育赛事的评价主体是主办单位和承办单位，而非参与者（赞助商、运动员、教练员、裁判员、媒体等），以及第三方和社会大众。从目前的评价现状来看，我国大型综合性体育赛事绩效评价基本上还处在内部评价与内部控制阶段，即表现出来“上对下”“内部性”或“内控性”的主要特征。客观地讲，这种内控性的绩效评价基本上属于内部消费和内部掌控，优点是内部自我评价做法相对简单，不足或缺陷是不透明且易伤害公平、效率和效益。因此，难以实现多元化评价追求公平客观的目标，相反，还使得独立的第三方（独立性、客观性、公正性等）评价也因为“竞争被选择”而存在着较大的欠缺。

### （四）体育赛事绩效评价的工作依据

目前尚无法律或规章对我国体育赛事绩效评价做出统一规定，但依据 2006 年 2 月全国人大修改通过的《中华人民共和国审计法》中第二十二条规定：“审计机关对政府投资和以政府投资为主的建设项目的预算执行情况和决算，进行审计监督。”目前我国体育赛事绩效评价的工作依据源于此。此外，我国体育赛事的主办单位的要求也是此方面工作的主要依据之一，承办单位对自身的工作绩效也有一定的要求，也是此方面工作的依据之一。但是，作为社会大众、赛事参与者（利益相关群体）以及第三方评价机构缺乏对体育赛事开展组织管理绩效评价的工作依据。虽然有上述两种工作依据，但显然在执行上和效果上存在较大差距。通过“立法”“决定”等行政文件的形式出现，更具有效力或强制力，无论赛事主办单位还是承办单位都会高度重视，否则，效果可能会大打折扣。

### （五）体育赛事绩效评价流程

评估主体怎样实施评估，评估完成之后怎样向社会公布评估结果，以及能否进一步反馈评估结果等问题，实际上反映的是我国大型综合性体育赛事绩效评价管理体制与机制是否完善。

## 九、体育赛事绩效评价结果使用

如何使用体育赛事绩效评价结果反映了其管理是否公开和透明，反映了社会的文明与进步程度，正确使用绩效评价结果无疑可以检验公共权力、公共财政、公共资源是否使用得当以及公共利益是否达到应有体现，如果评价结果不能对外公开，必然伤害公共利益。因此，体育赛事绩效评价结果的公开和透明至关重要。

## 十、体育赛事绩效评价问题及持续改进

针对我国大型综合性体育赛事开展绩效评价的根本目的之一就是要发现其中存在的问题，并不断改进和提高，只有坚持体育赛事绩效管理的持续跟进和改革创新，大型综合性体育赛事绩效水平才能够持续提高，最终最大限度地实现其体育公共利益。除此之外，针对大型综合性体育赛事开展组织管理绩效评价，可以不断发现问题，并寻求解决方案。同时，有利于找到相关的责任人，启动问责机制，如此不断改进和提高其组织管理绩效水平，为今后的大型综合性体育赛事的组织管理提供有益的经验。正如当前许多品牌大型综合性体育赛事，如奥运会、世界杯等国际知名大型综合性体育赛事，其发展历史悠久，每一周期的赛事结束都会有来自各方面的绩效考评，从而促其不断改进和提高，最终逐渐发展成为品牌赛事。因此说，品牌赛事不能一蹴而就，需要长时间的绩效改进才能最终形成。

## 十一、体育赛事绩效评价指标体系设计

### （一）体育赛事绩效评价指标核心指导思想

1. 注重经济

这里的“经济”指标包括体育赛事成本，即通常我们所说的“节俭办赛，花最少的钱，办最多的事情”，也就是如何控制赛事成本。赛事市场开发本身就是控制体育赛事成本上升的重要手段之一。体育赛事的“经济性”指标系一级指标，根据体育赛事的具体任务及组织机构建设情况，其赛事成本可继续细分。

“经济”指标主要考察体育赛事资金的使用情况。一方面是政府投入要尽量减少，另一方面是要尽可能地利用市场手段最大限度开发体育赛事的资源，最大限度从市场上获取赞助，以减轻政府财政负担。就指标体系而言，市场开发收入以及捐助所占总投入的比例越大说明该项赛事比较成功，在赛事规模相同的情况下以及不降低服务标准和质量的前提下，总投入越少，说明该项赛事举办得越成功。相同规模的体育赛事可以凭借总投入多少进行比较。从体育赛事盈利情况来看，盈利的体育赛事是成功的，持平是比较成功的，亏损则是不成功的。

2. 注重效率

所谓“效率”是指赛事进度管理（体育赛事按照进度计划如期举办）没有因为组织管理工作失误或低效率而延期，这是一个基本要求。做事情的正确性如何，即是否有技术规范手册，是否有严格的标准化的业务流程，是否按时保质保量完成工作任务，是否有风险管理。所谓“效率”主要针对体育赛事各项管理活动的考核与评价。其重点是要解决如何能够达到目标，如何才能把工作做得更好等问题。从组织的根本目的来说，进行体育赛事的效率评价，主要是为了提高组织运行的效率，并实现组织和员工个体的双赢。

3. 注重效益

所谓“效益”是指体育赛事带来的政治效益、社会效益（包含环境和可持续发展效益、用户满意度以及未来发展机遇）、经济效益和社会公平和责任。

（1）政治效益。对于国际体育赛事而言，其政治意义更加突出。北京奥运会

为北京国际影响力带来显著变化。尼尔森（Nielsen）在奥运会总结报告中指出，北京 2008 年夏季奥运会创下了有电视收视记录以来的最高收视率，全球约有 47 亿观众通过电视收看了奥运会的比赛项目，约占全世界人口的 70%。根据尼尔森在全球 37 个国家和地区所收集的电视收视数据显示，北京奥运会期间奥运相关的电视节目的个人触达率为 80.2%。尼尔森在奥运会总结报告中指出的世界范围内部分国家和地区对北京举办奥运会的总体评价如图 13-1 所示。

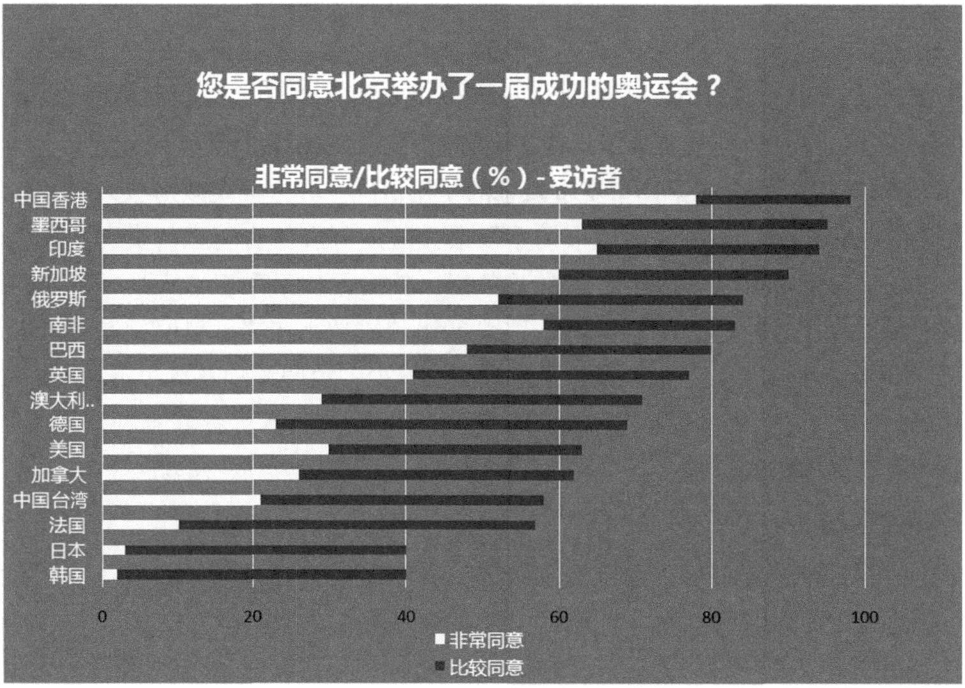


图 13-1　受访者对北京奥运会的评价数据

（2）社会效益。

①促进举办城市的社会大众凝聚力及其满意度。对体育赛事的社会效益而言，举办体育赛事，往往能够起到凝聚人心、提升大众自豪感和自信心、提高当地社会大众文明素质、促进当地精神文明建设及促进当地和谐社会建设的重要作用，提高城市居民的满意度。不仅如此，据调查，体育赛事办得好，将有利于维护社会治安，有效降低社会犯罪率。

②促进举办城市的社会进步。例如，北京奥运会提出的“人文奥运”“科技奥运”“绿色奥运”，由于得到了广泛的宣传，并深入人心，其对北京市社会大众的影响深远，对北京市今后的发展理念与定位产生了重要影响。“人文奥运”是北京奥运的灵魂。“人文奥运”在努力提升市民思想道德素质、科学文化素质和健康素质方面，在展示中国人民文明礼貌、热情友好、奋发向上的精神风貌方面，在展示世界各国、各地区的优秀文化成果方面，在向世界展示中华民族优秀文化的无穷魅力方面，在展现北京历史文化名城的古老神韵和现代活力方面，在学习奥林匹克知识、传播奥林匹克精神方面起到了积极作用。

③ 促进举办城市的环境可持续发展。“绿色奥运”是北京 2008 年奥运会三大理念之一。促进举办地环境建设是体育赛事实现可持续发展的一个重要目标。“绿色奥运”就是要用保护环境、保护资源、保护生态平衡的可持续发展思想筹备和举办奥运会。北京从 1998—2008 年用于环境保护和治理的费用超过 1000 亿元，培植 100 平方千米的绿色生态隔离带环绕北京城，修建了占地 12. 15 平方千米的北京奥林匹克公园；为了确保北京空气质量达标，将首都钢铁股份有限公司迁出了北京，并限制不达标的汽车进京和上路。通过举办北京奥运会，促进了北京市生态环境的改善以及北京市环保基础设施的建设；通过广泛地开展环境意识的宣传和教育活动，提高了全民的环境保护意识以及可持续发展意识。

④ 为举办城市带来“潜在机遇”。通过举办体育赛事能够促进举办城市体育设施的完善，促进举办城市基础设施的改善，提高举办城市的治理水平和整体服务水平，提升举办城市的影响力，扩大举办城市的知名度。对举办城市而言，通过举办体育赛事，既向世界证明举办城市的办赛能力，又向世界展示举办城市的人文精神，让世界充分地了解了自己，从而，最大限度地吸引了外部资源，这就是体育赛事为举办城市带来的“潜在机遇”。例如，通过举办体育赛事，积累了办大赛的现实条件和经验，从而为今后申办体育赛事创造了“潜在机遇”。北京奥运会之后，北京获得第 24 届（2022 年）冬奥会和第 13 届冬残奥会的举办权，这充分说明了 2008 年北京奥运会为北京的未来发展带来了“潜在机遇”。北京奥运会之后，北京市政府将北京未来发展定位为把北京建设成为国际体育中心城市。与此同时，举办体育赛事为举办城市带来的不仅仅是体育方面的潜在机遇，还有其他方面的潜在机遇，如带动旅游业的发展、吸引外部投资等。

（3）经济效益。体育赛事对举办地的宏观经济的发展起到“催化剂”的作用。一个城市在获得某项体育赛事的承办权后，会进行较大规模的超前规划与建设，从而引发巨大的自投资与自需求，同时也会吸引大规模的外部投资与需求，刺激相关产业的发展，诸如为旅游业、商业餐饮业、社会服务业、体育产业、会展业、广告业、文化产业、房地产业、金融保险业、媒体传播业等行业带来新的商机，产生明显的经济拉动作用，从而使投资的影响扩展到多个行业和生产领域，各行业的利润增多，人们的收入和消费也随之增多，同时，带动了一系列的投资和消费，使国民收入成倍增长，形成经济增长的乘数效应。

2008 年北京奥运会的成功举办，带动了北京市体育产业的快速发展，体育产业总体规模不断扩大，产业结构和布局逐步优化，发展质量和效益稳步提升。体育产业正成为首都经济新的增长点。竞赛表演业已成为北京体育产业中四大支柱性产业之一，体育竞赛表演市场发展较快，赛事品牌影响力逐渐增强，赛事运营能力明显提高，并有效带动了奥运场馆的开发利用。

（4）社会公平和责任。由于体育赛事是公共项目，其必然存在着社会福利分配问题，或者说是社会公平问题。例如，大型体育场馆选址就会涉及社会公平问题，选址在城市的哪个地方，这个地方及附近的居民就将受益，这对那些远离这些场馆的城市居民自然就显得不够公平。因此，在筹办体育赛事的过程中，当面对诸如此类问题时，在决策之前应该充分考虑到社会公平，最大限度减少此方面的负面效应。

体育赛事的“责任”，是指体育赛事应该承担的社会责任。作为体育赛事的组织者或管理者，就应该想办法把体育赛事办得精彩、办得公正和透明、办得有教育意义，这种社会责任就是要杜绝体育比赛的丑陋现象，通过精彩的体育赛事向社会传播正能量，这也是体育赛事义不容辞的责任。

### （二）体育赛事绩效评价指标体系设计的原则

如前文所述，作为公共项目，体育赛事绩效评价指标体系设计应遵循以下原则。

#### 1. 服务于体育赛事绩效目标原则

体育赛事绩效指标设计的首要原则是要围绕其组织目标进行设计，而从政府公共部门的目标来看，就是“社会大众利益至上”和“顾客为本”，因此，服务组织目标的原则自然等同于“顾客为本”原则。

2. 全面性原则

全面性原则是指所设计指标应该覆盖体育赛事工作任务和主要责任的所有重要方面和所有关键结果领域。但有时考虑到其绩效指标不可能覆盖工作任务的所有方面，这时就必须设计好关键指标。否则，当体育赛事的主要任务或核心职责方面缺乏绩效指标时，绩效评价就会产生误导作用，招致“劣币驱逐良币”的结果。例如，目前的一些赛事评价忽视了赛事质量而去关注一些次要的指标。

3. 多变项相互制约原则

多变项相互制约原则即绩效指标的设计应考虑使用多种变项来相互制约。这一原则与全面性原则既有联系又有区别：全面性原则强调从多个方面来衡量赛事的工作绩效，避免主要任务和责任领域绩效指标的缺失；多变项相互制约原则则表示用多个指标来衡量赛事某一特定任务或责任领域的绩效水平。坚持多变项相互制约原则可以避免绩效指标单一性和片面性造成的不良后果。

4. 结果导向原则

体育赛事作为公共项目，不仅要关注经费投入及其使用方向，还要关注其结果或效果——纳税人受益群体的大小以及各自收益的多少。因为这必然涉及其公共价值取向问题。

5. 协商一致与双向约束原则

这一原则要求确定体育赛事绩效目标时应充分考虑资源、环境因素和组织的能力的限制，避免目标过高或不切实际。体育赛事绩效目标不是自上而下的命令和强加过程，而是管理者和组织成员乃至公众（纳税人）代表之间相互讨论、反复协商直至达成共识的过程。

6. 广泛参与原则

体育赛事绩效指标设计既需要管理者和专家的智慧，又需要广泛参与，包括公民参与和一线人员的参与。以民为本是绩效管理的核心理念之一，其含义包括服务设计、提供和结果评价中以公民为主体的多元主体介入，确保政府服务满足社会大众需求。①

7. 可操作性原则

体育赛事绩效指标设计要充分考虑指标的可量化或可操作性。否则，指标即使有了，也无法实现，最终达不到绩效评价的实际效果。

### （三）体育赛事良好绩效指标体系的特征

体育赛事良好绩效指标体系的特征包括：①相关性；②简便性；③内在一致性；④明确性；⑤经济性；⑥防操纵性；⑦灵活性。

### （四）体育赛事绩效指标体系的设计程序

一般而言，绩效指标设计应遵循的基本程序为：明确评价框架→任务与环境分析→具体化与设计→评价与整合。体育赛事绩效指标设计的逻辑思路如图 13-2 所示。

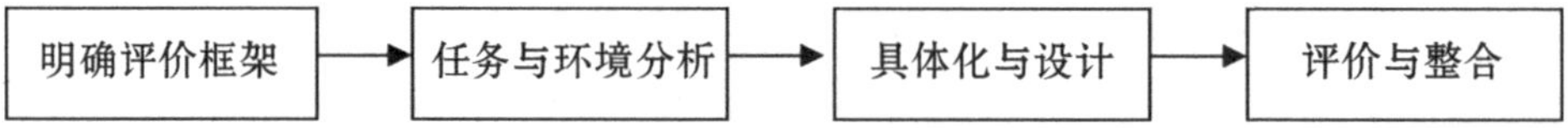


图 13-2　体育赛事绩效指标设计的逻辑思路

首先，明确体育赛事绩效评价框架。明确体育赛事要评价的范围，界定评价边界。其次，对体育赛事的任务与所处环境进行深入分析。再次，对体育赛事各项管理流程及实施效果进行分析，设计出体育赛事绩效指标体系及评价模型。最后，利用评价指标及其模型，对体育赛事绩效进行评价。

### （五）体育赛事绩效评价指标分析

依照管理学理论，在遵从“3E”指导思想基础上，本研究设计了五个一级指标，分别是决策绩效、组织绩效、领导绩效、控制绩效及赛事效益。具体分析如下。

1. 决策绩效

决策绩效意指为计划管理决策，旨在考查赛事决策好坏。其可分为决策目标

① 王庆锋．论警察绩效评估主体的多元化问题［J］．中国人民公安大学学报（社会科学版），2007（1）：111-114.

和决策过程。决策目标分为明确性和合理性，决策过程可细化为决策依据和决策程序，决策依据进一步细化为赛事规划和现实资源及条件，决策程序可细化为体育赛事立项和调整情况。通过这些指标的分解与细化，考量体育赛事决策绩效水平。

2. 组织绩效

组织绩效旨在考察体育赛事在人、财、物、信息及组织结构与运行机制方面的管理情况。第一是体育赛事的组织机构设置，从其完整性和有效性两方面考察，其中隐含着体育赛事组织结构的运行机制建设，在指标体系中并不直接体现出来。第二是体育赛事组委会各项制度建设指标，主要从制度的完整性和有效性两方面考量。第三是从财务的角度来考量，主要从财务预算的合理性、资金到位的及时性、财务管理规章制度的健全性和有效性、资金使用的合规性和财务监控的有效性来考量。第四是从体育赛事“物”的要素着手考评，主要有“物”的采购、建设、使用和处置，“物”的质量保证隐含其中。第五是信息要素的管理绩效考评，主要包括信息的获取、传播途径、处理、使用及信息技术的应用。通过上述五个方面，考察体育赛事的“组织绩效”。

3. 领导绩效

领导绩效旨在考察体育赛事实践中各级管理者的领导能力和领导艺术。其又可分解为指挥、激励和沟通协调三个二级指标。指挥指标可细化为权力运用的合规性、权力运用的合理性和个人魅力运用的合理性。激励指标可细化为激励方式的合理性、多样性、有效性。沟通协调指标可细化为沟通和协调的有效性。

4. 控制绩效

控制绩效旨在考察我国体育赛事的监控工作情况。其可分为过程控制和结果控制两个二级指标，其中，过程控制指标可分解为制度执行的有效性、制度监控的有效性、风险应急预案的合理性和有效性三个指标；结果控制主要围绕决策目标实现的程度可分解为产品质量、顾客满意度和成本控制等三个四级指标。针对用户满意度指标，我国体育赛事的用户可分为“内部用户”和“外部用户”两种。所谓“内部用户”是指组织的内部机构和工作人员，对于体育赛事而言，诸如运动员、教练员、裁判员、代表队官员以及筹办工作人员等都属于体育赛事的“内部用户”。所谓“外部用户”是指那些消费产品或服务的顾客，需要付费来购买服务。就体育赛事而言，主要指观众和赞助商，也包括媒体记者等。在强调“用户满意度”（一般指外部用户）是企业生存与发展的决定因素的今天，我们往往忽视了“内部用户满意度”（即指企业内部各部门之间）的重要性。实际上，没有“内部用户满意度”的企业就不可能有“外部用户”的满意度。同样，对于大型体育赛事的组织管理而言也是如此。不仅要做好“外部用户”的服务工作，也要做好“内部用户”的服务工作。从某种程度上讲，内部用户（如运动员、教练员、裁判员、代表队官员等）的服务工作更重要，因为他们是体育比赛产品的生产者，这也是体育赛事产品的特殊性所致。

在我国体育赛事绩效评价实践中，用户满意度指标往往是一个易被忽略或不被重视的指标，尤其是外部用户满意度更是如此。通常我国举办体育赛事，对于运动员、教练员、裁判员以及代表队官员的服务工作都是比较重视的，为其提供良好的训练和比赛场地及设施以及舒适的居住和餐饮条件，便利的交通工具，但是，由于我国体育赛事的生存机制并不取决于外部用户，因此，外部用户，诸如观众和赞助商，尤其是观众，往往被忽略掉了。从某种程度上讲，外部用户是体育赛事能否生存和发展的决定因素。但从长远来看，只有当外部用户成为赛事举办的依赖者时——体育市场真正形成之时，外部用户满意度才会成为衡量一项体育赛事是否成功的关键指标因素。

5. 赛事效益

赛事效益指标旨在考察我国体育赛事在整个举办过程中对外部社会所产生的影响。严格意义上讲，是体育赛事的外部效应的考量。依据其对外部社会的影响分类，可分解为政治效益、社会效益、经济效益、环境和可持续发展效益、潜在机遇效益、社会公平和责任效益六个二级指标。具体内容前文已有论述。

### （六）体育赛事绩效评价指标体系

本研究参照公共项目绩效评价指标体系，结合实际情况，以“3E”① 理论为评价核心指导思想，在此基础上，进行体育赛事绩效评价指标体系设计，分为四个一级指标，分别是决策绩效、组织绩效、领导绩效和控制绩效。其中，决策绩效

① 切克兰德（checkland，P. B）提出的“3E”理论是指产出（Efficaly），衡量自身的产出；效率（Efficiency），体现系统对资源的利用情况；效果（Effecitiveness），体现本系统产出对上级系统的作用。

可以分解为决策目标和决策过程两个二级指标，组织绩效可分解为组织机构设置、机构制度建设、人员配备、财务管理绩效、物质设施管理绩效和信息资源管理绩效六个二级指标，领导绩效分解为指挥、激励和沟通协调三个二级指标，控制绩效分解为过程控制和结果控制两个二级指标。具体见表13-1。

**表 13-1　我国体育赛事绩效评价指标体系**

| 一级指标 | 二级指标 | 三级指标 | 四级指标 | 五级指标 | 六级指标 |
|---|---|---|---|---|---|
| 决策绩效 | 决策目标 | 决策目标的明确性 | 经济目标 | | |
| | | | 政治目标 | | |
| | | | 社会目标 | | |
| | | 决策目标的合理性 | 制定目标的依据 | | |
| | | | 制定目标的程序 | | |
| | 决策过程 | 规划 | | | |
| | | 决策依据 | 现实资源和条件 | | |
| | | 决策程序 | 项目立项情况 | | |
| | | | 项目调整情况 | | |
| 组织绩效 | 组织机构设置 | 组织机构的完整性 | | | |
| | | 组织机构的有效性 | | | |
| | 机构制度建设 | 制度建设的完整性 | | | |
| | | 制度建设的有效性 | | | |
| | 人员配备 | 人员配备的及时性 | | | |
| | | 人员配备的合理性 | | | |
| | 财务管理绩效 | 预算的合理性 | | | |
| | | 资金到位的及时性 | | | |
| | | 财务管理制度健全性 | | | |
| | | 资金使用的合规性 | | | |
| | | 财务监控的有效性 | | | |
| | 物质设施 | 物品采购的合规性 | | | |
| | | 物品使用的合理性 | | | |
| | | 物品处置的合理性 | | | |
| | 信息资源管理绩效 | 信息获取的及时性 | | | |
| | | 信息途径的多样性 | | | |
| | | 信息处理的标准性 | | | |
| | | 信息使用的有效性 | | | |
| | | 信息技术的先进性 | | | |

续表

| 一级指标 | 二级指标 | 三级指标 | 四级指标 | 五级指标 | 六级指标 |
|---|---|---|---|---|---|
| 领导绩效 | 指挥 | 权力运用的合规性 | 下属的追随性（满意度打分） | | |
| | | 权力运用的合理性 | | | |
| | | 个人魅力运用合理性 | | | |
| | 激励 | 激励方式的合理性 | | | |
| | | 激励方式的多样性 | | | |
| | | 激励方式的有效性 | | | |
| | 沟通协调 | 沟通的有效性 | | | |
| | | 协调的有效性 | | | |
| 控制绩效 | 过程控制 | 制度执行的有效性 | | | |
| | | 制度监控的有效性 | | | |
| | | 风险应急预案的合理性 | | | |
| | | 风险应急预案的有效性 | | | |
| | 结果控制 | 决策目标实现的程度 | 产品质量（质量达标情况） | | 竞赛质量<br>赛事服务质量 |
| | | | 成本控制（成本节约程度） | | |
| | | | 观众顾客满意度 | 政治效益 | 政治机构（促进政治体制改革或政府公共部门的改革） |
| | | | | | 促进相关公共政策的制定 |
| | | | | | 促进民主进程 |
| | | | | | 扩大举办地的影响力，提高知名度 |
| | | | | 经济效益 | 项目收入可观，实现盈利 |
| | | | | | 带动旅游、酒店、餐饮、交通、建筑、广告等相关行业的收入增加 |
| | | | | | 形成投资高潮，提高和扩大就业率 |
| | | | | | 对主办城市产业结构格局的影响 |
| | | | | 社会效益 | 对举办地精神文明建设的影响（提升城市居民的文明素质），提高举办地城市居民的凝聚力和向心力，文明语言和文明行为的养成 |

续表

| 一级指标 | 二级指标 | 三级指标 | 四级指标 | 五级指标 | 六级指标 |
|---|---|---|---|---|---|
| 控制绩效 | 结果控制 | 决策目标实现的程度 | 观众顾客满意度 | 社会效益 | 促进社会和谐与稳定（降低犯罪率，促进各利益群体的团结与和谐） |
| | | | | | 对举办地传统文化的影响 |
| | | | | | 增强举办城市居民的体育意识和体育消费意识 |
| | | | | | 提高城市居民生活水平和生活质量 |
| | | | | | 对城市未来发展的影响（潜在机遇） |
| | | | | | 公共投资受益面（对不同利益群体的影响） |
| | | | | | 公共投资公平度（对公共服务和城市基础设施的影响） |
| | | | | 环境和可持续发展（已利用/开发地区绿地，能源的节约和利用） | 对城市居民生活环境的影响 |
| | | | | | 对城市自然生态环境的影响（水、大气、土壤、自然遗产） |
| | | | | | 对举办城市（景观）建设的影响，留下赛事遗产，实现赛事遗产可持续发展 |
| | | | 非观众顾客满意度 | 政治效益 | 同“观众顾客满意度” |
| | | | | 经济效益 | 同“观众顾客满意度” |
| | | | | 社会公平 | 同“观众顾客满意度” |
| | | | | 环境和可持续发展 | 同“观众顾客满意度” |

# 第二节　体育赛事绩效评价发展现状

体育赛事绩效评价在我国发展历程不长，其存在的一些问题引起我国各级政府乃至社会大众的高度重视。改变这一现状成为摆在我国竞赛表演行业有关人士面前的重要命题。

## 一、体育赛事绩效评价过程中表现突出的问题

通过调查 2008 年北京奥运会、2009 年济南第 11 届全运会的筹办工作、2010 年合肥第 4 届全国体育大会、2012 年南阳第 7 届全国农民运动会、2010 年广州亚运会、2011 年深圳世界大学生运动会、2013 年沈阳第 12 届全运会等体育赛事发现，北京奥运会的组织管理比较规范，其主办单位——国际奥委会对赛事绩效评价比较重视。无论是在赛事申办、组织实施过程还是在赛后评估等方面都有一套比较规范的程序和规章制度。就我国体育赛事举办过程而言，从 2005 年南京第 10 届全运会开始，在借鉴北京申办第 29 届奥林匹克运动会的经验基础上提出了全运会的申办程序和办法。但我国的体育赛事的绩效评价工作（无论在赛前申办、组织实施以及赛后评估等方面）开展得并不顺利。我国的体育赛事比较重视赛事的“社会效益”，疏于赛事的精细化管理，即在赛事的“经济性”和“效率性”方面存在的问题比较明显，粗放式的经营和管理仍然比较明显。

调查发现，我国体育赛事主办单位对赛事承办单位的组织管理绩效评价要求不够严格、规范和严谨，赛后从承办单位递交的总结报告以及主办单位对承办单位的赛前、赛中和赛后评估报告、评估工作程序、评估标准、评估机制和评估方式等一系列评估工作来看，均不够规范和严谨，有的甚至都没有像样的申办报告、赛中监控报告以及赛后总结报告。尤其值得一提的是，我国体育赛事主办单位往往比较重视赛事申办单位的申办和立项，一旦申办单位获得体育赛事申办权之后，主办单位往往疏于对承办单位的后续监督和管理，尤其疏于赛事组织实施评估、

监控以及赛时的绩效评价工作。这种重立项、轻过程监控和结果监控的管理模式往往容易导致体育赛事出现隐性豆腐渣工程、政绩工程、形象工程或面子工程。从这个角度来看，体育行政管理部门转变职能是必然的诉求。

“办一项赛事到底追求的是什么？简单来说，就是人气和品质。那办赛又靠什么拉动人气、提升品质呢？简单来说，就是坚持标准、做好服务”。[①] 事实上，只想通过“短、平、快”的电视直播途径迅速提高知名度而非通过扎实办赛来提高赛事组织管理绩效水平，进而提升赛事影响力的办赛思路是行不通的。也就是说，办好一项体育赛事，不能简单依靠“营销快餐”或“新闻炒作”，而是应该静下心来，思考是否应该办，如何办好，如何练好内功，如何依据“3E”理论标准举办具有赛事组织管理绩效水准的一流赛事。

## 二、体育赛事绩效评价方法

目前，我国体育赛事绩效评价方法有如下几种。

### （一）赛事主办单位和承办单位自身的自我评价

赛事主办单位和承办单位在利益诉求上是一致的。无论赛事办得好与不好，赛事主办单位和承办单位都会在赛后写一份总结，这样的总结无论如何都不会自我否定。虽然能够做到实事求是，但结果却不向社会公开，仅仅是向上级领导汇报，然后放入档案，尘封于世了。

### （二）官方主流媒体的评价

官方主流媒体，主要是指由政府宣传部门管理的新闻媒体单位，它们的报道多数需要经过政府部门审批，报道口径和政府的要求一致。例如，2009 年 11 月 18 日《中国体育报》刊发了题为《“全运遗产”价值不可低估》一文，文中节选国家体育总局原局长刘鹏在第十一届全运会竞赛工作总结大会上的讲话，“本届全运会充分发挥了体育在促进经济和社会发展中的多元功能和综合社会价值，运动会

① 钟文．马拉松赛火起来之后［N］．人民日报，2013-10-21（15）．

取得了巨大的成功，与此同时，全运会还给山东和中国留下了价值不可低估的‘全运遗产’，这笔‘遗产’不仅将造福山东、恩泽齐鲁，而且将给中国带来诸多影响启示。筹办全运会有力地促进了山东经济社会发展和精神文明建设，成为山东省经济和社会发展的助推器，给山东和中国留下了一笔宝贵的‘全运遗产’”。

### （三）赛事主办单位对承办单位的评价

赛事主办单位对承办单位的评价是一种最常用、最有效的方法。作为赛事主办方，一定会要求赛事承办方尽最大努力办好赛事，也会从人力、物力、财力和信息方面提供一切可能的帮助，自然也会对赛事承办方在办赛方面提出一些标准和要求。这样的绩效评价，笔者认为是一种内部的组织管理绩效评价。

以 2008 年北京奥运会为例，国际奥委会为每一届奥运会成立专门的评估委员会，其评估包括三部分：赛前申办评估、赛事组织实施评估（监控）和赛后评估。国际奥委会制定了严谨细致的赛前评估、赛事组织实施评估、监控措施，以及赛后评估措施要求。国际奥委会制定了严格的奥运会申办程序，在 1984 年的美国洛杉矶奥运会前，还没有人听说过“申办”这一术语。举办奥运会，一直以来被视为举办国的财务负担，直到美国商人彼得·尤伯罗斯（Peter Ueberroth）使得洛杉矶奥运会获得了前所未有的盈余收入之后，这种看法或印象才得以扭转过来。现如今奥运会的申办都要经过好几个国家有意愿申办奥运会的城市之间进行一系列激烈的角逐才能最终确定谁能成为奥运会的承办城市。北京申办 2008 年奥运会经过了国际奥委会严格的赛前评估、赛事组织实施评估和监控，以及赛后评估。国际奥委会为检查评估申办城市民众对申办奥运会的态度，往往会委托一家公司对申办城市展开独立调查。北京申办奥运会期间，国际奥委会就委托欧洲一家企业对包括北京在内的 5 个申办城市进行了独立调查，结果显示，北京的群众支持率为 96%。这其实就是作为奥运会的主办单位——国际奥委会对于承办单位——举办国承办城市在组织管理绩效方面的具体评价，这是对奥运会的一个完整的绩效评价。奥运会组织管理绩效评价案例充分说明，为保证赛事成功举办，作为赛事主办单位有责任和义务对赛事承办单位从源头开始进行严格的组织管理绩效评价。因为一项赛事的成功申办，无疑为赛事的成功举办奠定了扎实的基础。这一点对我国体育赛事的举办具有良好的借鉴意义。

### （四）一定程度上的监察审计替代组织管理绩效评价

大型体育赛事组委会一般都设有监察审计部门，其目的主要是检查赛事筹办工作是否有违规行为。这样一个部门往往替代了赛事组织管理绩效评价工作，而事实上，监察审计是不能完全取代赛事组织管理绩效评价工作的。因为二者工作职责有很大不同。前者重点在于审计检查违规，后者重点在于核实和验证效率和效益，因此，二者是不能相互替代的。但是，目前在我国，此种方式是主要的评价方式，也代表官方正式的评价，此种方式的绩效评价有合法性和合规性，赛事组委会一般易于接受和配合工作，其弊端在于仅限于财务审计以及重大工程建设项目的审计，对于整个赛事的赛前评估、赛事组织实施和赛后整体绩效评价涉及还远远不够。

广州亚运会之后，2011 年 11 月 25 日广东省审计厅公布了《2010 年广州亚运会和亚残运会财务收支及场馆建设项目审计结果公布》，8 个场馆建设被审计出存在设计或服务及材料采购未进行招投标或政府采购的问题，部分场馆工程被查出违规转包分包。此外，个别场馆建设被查出存在施工质量问题。如广州体育学院体育馆钢网架防火涂料厚度不足，广州飞碟训练中心场馆射手位混凝土地面开裂严重，游泳跳水馆屋顶漏水等，审计还发现部分赞助物资及收入未及时登记入账。有关赞助商赞助的部分物资及“票务销售运营服务系统”价值未及时在亚组委财务账上反映，涉及金额达 8362.74 万元；亚组委、佛山市亚运会协调委员会、东莞市体育局等单位管理的部分物资未及时登记入账，涉及金额达 2048 万元。①

另据有关报道称，广州举办亚运会和亚残运会的整体投入超过 1200 亿元，主要包括亚运会和亚残运会的场馆建设、场馆维护，预算约 63 亿元；亚运会和亚残运会的运行资金，初步预算按 73 亿元来进行控制和使用；以及在城市基础设施方面投入 1090 亿元，包括地铁、城市道路桥梁等基础设施的建设经费，环境综合整治的经费，工业性污水处理的经费，河涌综合整治的处理经费。②

---

① 叶前．广州亚运审计结果出炉 八场馆有招投标问题［N］．中国体育报，2011-11-28（3）．

② 魏伶．广州亚运会和亚残运会投入超逾 1200 亿元［EB/OL］．（2010-10-13）［2016-07-08］．http：//finance. ifeng. com/news2708245. shtml.

## （五）非官方媒体机构或组织的评价

此类组织管理绩效评价往往是由一些民间组织通过网络方式进行的民意调研。例如，《体育周报》2009 年 10 月 26 日（A20/21）刊发了题为《全运大调查》的文章，其在网络上进行了第 11 届全运会民意调查。调查显示，有 57%的受访者认为全运会对自己的生活几乎没有影响，还有 19%的受访者甚至夸张地表示，他们压根不知道何为全运会。在全运会相关报道方面，受调查者也显示出让人尴尬的冷漠，55%的人表示自己压根不会关注全运会报道，另有 20%的受访者表示只关注负面报道。与此同时，有 68%的人不希望自己的家乡城市承办全运会。理由是全运会规格越来越高，花销越来越大，劳民伤财，实在没必要。

调研发现，全运会外冷内热的尴尬以及缺少好口碑 87%的被调查者认为，最主要的原因在于全运会利益链复杂，价值观扭曲，成为体育官员的考场；38%的被调查者认为，举办全运会劳民伤财；36%的向上调查者认为，体育本质中的美好与积极向上的元素在全运会很难被人们感受到。

《体坛周报》还对知名的传媒人士展开调查，他们认为全运会被漠视的主要原因是没有真正反映出体育本身具备的美好与积极向上的元素，相反在一定程度上成为部分体育官员、教练、运动员利益博弈的竞技场。毕熙东认为，“全运会本身是举国体制产物，是计划经济的产物，充斥着官本位的思想和观念，所以老百姓不太关心”。不过与此同时，他还认为全运会与经济的发展有密切联系，“我们的市场经济的架构还没有完全完成，毕竟有长时间的计划经济的东西过来，举国体制看来还是有一定作用，我希望把举国体制和市场经济规律结合调节得更好”。

调研发现，社会大众对山东济南第 11 届全运会的评价不高。此类评价虽然不能算是权威，但是毕竟代表一种民间声音，这种调研方式脱离政府，尤其是独立于赛事主办单位和赛事承办单位，其调研结论值得参考和借鉴。

综上所述，我国体育赛事绩效评价仍然是以内部评价和自我评价为主。赛事主办单位对承办单位的判定依据主要是通过自身的考察体验以及经验判断来判定赛事办得成功与否，缺乏一些量化的工具手段；赛事承办单位也主要是通过自我评价、自我总结来判定赛事办得成功与否，缺乏广泛的社会监督和评价。从目前我国举办体育赛事的结果来看，官方的报道都是圆满成功的。但实际上真的是圆满成功的吗？这需要打上一个大大的问号。如果一项赛事仅仅是赛事主办方和赛事承办方自己说举办得很圆满、很成功，显然是缺乏说服力的。这就好比中国的一句俗话“王婆卖瓜，自卖自夸”。究其原因，主要是我国目前缺乏良好的社会监督与评价管理体制与机制，缺乏民间的评估主体（或第三方评价机构），缺乏民意评价体制与机制。

一件商品的质量好坏，谁说了算？当然是“顾客”说了算。赛事主办方和承办方就像一个卖商品的人，无论怎样，他都会夸自己的产品质量好、价格便宜，这是理性的组织或理性人的常态。实际上，顾客才是上帝，只有顾客的意见和评价才是最为重要的。因为顾客是产品的最终使用者，鞋是否合脚，只有穿鞋的顾客才有发言权。这个顾客是谁呢？对于体育赛事而言，顾客主要就是观众和赞助商。当然，还有利益相关者，如运动员、教练员、代表团官员和媒体记者，也包括赛事组委会的工作人员和志愿者。只有这些“顾客”说这项赛事举办成功了，这项赛事才能从一定程度上算是成功的，否则，就不算成功。如果仅靠自夸，那就有一点自欺欺人的味道了。从目前掌握的情况来看，关于对我国体育赛事的绩效评价的民间渠道依然空白，第三方独立评价机构依然没有介入其中，“顾客”的声音依然微弱，甚至无法听到。这是因为没有设定渠道，或者说渠道不通。

综上所述，我国体育赛事绩效评价现状，存在的主要问题包括：第一，评价方式单一，以内部评价为主。仅限于主办单位对承办单位的评价以及承办单位自我评价。第三方独立机构的评价、社会大众的评价以及顾客评价几乎不存在。第二，评价理论不成熟，评价标准或评价指标体系很不完备。第三，评价结果不公开、不透明。第四，评价结果的利用率不高。

## 第三节　体育赛事绩效评价的发展趋势与展望

体育赛事作为一类公共项目，它的未来发展趋势一定要符合历史发展规律。可以分为两个阶段来看待这个问题：一是在我国市场初期以政府举办体育赛事为主的阶段，二是我国市场成熟期以民间举办体育赛事为主的阶段。具体分述如下。

## 一、在我国市场经济初期以政府举办体育赛事为主的阶段

如同前文所述，目前，体育赛事的承办者主要是我国政府各级体育行政管理部门及其下属的准官方体育机构（如各类体育协会等）。从本质上而言，这是我国社会力量举办体育赛事不足的直接表现，也是我国体育市场不完善的直接外显。因此，只能由政府举办，这样也就使得体育赛事具有了公共产品的属性。而政府举办，就必然涉及政府体育管理的权力和财政等一系列议题。

### （一）社会大众对大型综合性体育赛事管理权力使用的要求越来越规范

1. 立项审批需要越来越公开化和透明化并且体现民意

举办什么类型的大型综合性体育赛事，以及在哪里举办、由谁来付费等一系列问题，都应该经由政治过程（如各级人大开会讨论、质证等）来决定，在赛事举办权上给民意更加充分的表达权，这里既涉及公共权力的合法化与合理化问题，同时也涉及社会民主进程与发展的问题。这也是公共事务发展的必然逻辑所在。

应加强大型综合性体育赛事的申报、评审和立项过程的公开性和透明性。一项大型综合性体育赛事，包括赛前、赛中、赛后三个阶段，只有对这三个环节进行绩效评价，才能构成一项体育赛事的完整的绩效评价。所谓赛前的绩效评价，主要解决的是为什么要把体育赛事给某个申办地举办，其目的意义何在，其可行性如何。所谓赛中组织管理绩效评价研究主要解决的是体育赛事的成本、质量与效益，即体育赛事办得好不好，思路与方法正确不正确，工具是否先进，积极性是否高涨，是否有质量、有效益。赛后组织管理绩效评价主要针对赛前的目标是否实现，体育赛事对承办地的影响如何，意义如何。毋庸置疑，体育赛事的申办环节是考察赛事绩效的第一个环节，不可忽视。只有这个环节做好了，才能更进一步探讨赛事组织管理过程的绩效，最终才能确保赛事绩效目标的实现。因此，从这个角度来看，应大力加强对体育赛事申报过程的绩效评价。

2. 大型综合性体育赛事的公共财政花费需要公开透明与问责

一旦对大型综合性体育赛事立了项，即确定了由政府来举办大型综合性体育赛事，就应该依法办理，这也是政府各级管理部门的天然职责，行政主管部门及

其相关单位就应该对大型综合性体育赛事中子项目的财政花费进行严格的监督管理，每一笔公共资金都应该经得起审计，尤其是第三方机构的专业审计，一旦查出问题，诸如“豆腐渣工程”“黑哨”“合谋”等违规违法的事件，则会启动问责机制，对责任主体实施处理或处罚。但目前此类的法律法规尚不健全，尤其是大型综合性体育赛事项目的绩效评价方面的法律法规更是如此。

### （二）构建多元化评估主体参与的评价体系

未来发展需要建立大型综合性体育赛事绩效评估的多元化评估主体参与的评价体系，如独立第三方、社会大众、媒体、政府相关部门、主办方与承办方、内部参与成员（如工作人员、教练员、运动员等）均参与绩效评价的组织体系，尤其是要加强以下两个方面措施的发展。

#### 1. 扩大公众对大型综合性体育赛事绩效评价的参与度

大型综合性体育赛事筹办的最终目的是为公众服务，公众既是大型综合性体育赛事的最终受益人，也是大型综合性体育赛事绩效评价的主体。“公众”是包括社会团体、企事业单位、公民等所有赛事利益相关者在内的广义上的“公众”。所以，大型综合性体育赛事绩效的测度目标应该坚持以人为本，重在关注赛事结果，而不应是政府公共部门的活动及其过程，更不应该是投入关注型，因为大型综合性体育赛事绩效如果仅以政府活动和投入为度量，就可能导致政府劳民、扰民与资源浪费。只有以“结果”即公众满意度作为大型综合性体育赛事绩效评价的标准，才能保证投入的公共资金真正起到优化公共资源配置的作用。“公众满意度”是一个以公众为核心、以公众感受为评价标准的概念，公众满意度的状况如何，来源于公众对公共项目绩效评价的积极参与。政府必须通过各种渠道，了解民意，倾听民声，虚心接纳公众对大型综合性体育赛事筹办的有益建议，才能真正实现公众满意的绩效标准。在制度设计上，可以通过完善大型综合性体育赛事绩效听证制度、利益相关人调查制度、设计公众问卷调查等，扩大公众对大型综合性体育赛事绩效评价的参与度，实现大型综合性体育赛事为民造福的最终目标，进而构建以公众满意度为导向的大型综合性体育赛事绩效评价体系。

#### 2. 强化第三方机构对大型综合性体育赛事绩效评价

鉴于第三方机构评价具有更好的客观性和公正性，第三方机构评价成为大型综合性体育赛事评价的必然要求。但是，要看到我国目前第三方评价机构，尤其是体育赛事第三方评价机构非常稀少，权威的第三方赛事评价机构更是稀缺。因此，应大力加强第三方赛事评价机构的培育和扶持工作，促其繁荣发展。同时，还要加强第三方评价机构便捷地介入大型综合性体育赛事绩效评价工作中去，为其提供良好的体制与机制环境，这一点非常重要。值得注意的是，第三方评价机构应该由谁来遴选，如果由赛事组委会决定此事，很有可能导致第三方评价机构被绑架，成为赛事组委会歌功颂德的喇叭，失去了客观公正的作用。因此，确定客观和可靠的第三方评价机构的遴选方式关乎大型综合性体育赛事绩效评价结果的可信度，应加强此方面的管理。

2014 年 6 月以来，为推动国务院改革、发展、民生等有关政策举措落实到位，国务院在派出督查组对有关部门和省市政策落实情况开展督查的同时，也邀请了一些第三方机构对部分重点政策措施的落实情况进行了评估。5 份厚厚的评估报告和 4 家第三方评估机构近 1 小时的汇报发言，让现场的一位领导同志感慨："听到了平常听不到的情况，看到了平常看不到的问题。" 8 月 27 日，李克强总理主持召开国务院常务会议，听取政策落实第三方评估汇报。他强调，要用第三方评估促进政府管理方式改革创新。通过加强外部监督，更好地推动国务院各项政策的落实。"我们过去评价政府工作做得好不好、是否落实到位，往往通过主管部门自我检查、自我评价。这就造成了'自拉自唱'，自己给自己'唱赞歌'，和群众的实际感受往往有较大差距。"李克强总理说。他要求有关部门要逐步尝试，将更多社会化专业力量引入第三方评估，进一步加强对政策落实的监督、推动，不断提高政府的公信力。李克强总理强调，"一些政府部门确实存在'会批不会管'等现象，好像只会坐在办公室'画圈'，不会随市场主体出现问题而主动应变、主动服务"。李克强总理说："简政放权不仅要'放到位'，同时，监管'要跟上'。"李克强强调，国务院办公厅要认真总结经验，使第三方评估今后成为政府工作的常规机制。"中国太大了，不同地区的情况各不相同，国务院政策出台后如何落实，需要第三方机构的评估、检查、督促和推动。这既是压力，也是动力。"李克强总理说。他建议，今后第三方评估要吸纳更加广泛的社会力量积极参与，使问题论证更加客观、科学、实事求是。同时，评估也要进一步扩大范围。对各项重点工作，不管是事前决策、事中执行还是事后评价，都可以引入第三方评估，使各项工作真正形成合力。“政府工作中存在的问题不要怕‘晒’。”李克强总理说，“政府既要自觉接受人大、人民政协和社会舆论的监督，也要建立第三方评估的常规机制，推动建立决策、执行、监督既相对分开又相互制约的现代行政运行机制，推进职能转变，打造现代政府。”①

当然，在使用第三方机构对大型综合性体育赛事绩效进行评价的时候，应高度提防第三方机构被政府“绑架”，成为政府的“宣传喇叭”，因此，在如何监督第三方机构方面，还需要进一步探索和完善监督和制约第三方机构的规章制度，以确保第三方机构能够站在客观、公正的立场开展工作。

### （三）构建评价客体的多元指标

在大型综合性体育赛事绩效评价中，必须解决的问题是确定客观合理的绩效评价内容，设计科学有效的评价指标体系。设计大型综合性体育赛事绩效评价指标有一些基本要求：一是要明确赛事目的，确定赛事的价值取向，这是指标设计的前提和基础；二是要考虑赛事的效率，即赛事的投入与产出关系（行政经费与业务经费的比例关系）；三是赛事的质量（如运动员服用兴奋剂、踢假球、罢赛、打架等，或裁判员私下接受好处费而不秉公执法等）；四是赛事的效果，最终结果是否达到立项目标，社会公众的受益度和满意度如何等；五是赛事的社会公平和责任；六是赛事的影响性，对其他领域包括环境等造成的影响是正面还是负面的。

### （四）大型综合性体育赛事绩效评价会更加强调结果导向和问责原则

所谓结果导向意味着对大型综合性体育赛事评估侧重点从投入、过程、产出的转变，从繁文缛节和遵守规则向观众和赞助商乃至社会广大公民所期望的结果的转变。问责原则强调，大型综合性体育赛事绩效评估不能像传统实践那样局限于层级控制和内部管理的改进，而应着眼于向观众、赞助商乃至社会公民展示绩效水平并为此承担相应的责任。用大型综合性体育赛事绩效评估强化问责被视为政府体育行政管理责任机制的根本性变革，因为它向公众展示了他们从交纳的税

① 肖楠．李克强：用第三方评估促进政府管理方式改革创新［EB/OL］．（2014-08-27）［2014-08-29］．http：//www.gov.cn/xinwen/2014-08/27/content_ 2741169.htm.

金——大型综合性体育赛事的财政费用中能够得到什么。结果导向和外部责任可以归结为政府大型综合性体育赛事绩效评估中的“公民为本”，要实现绩效评估聚焦于“公民期望的结果”，并使之成为推进责任政府体育行政管理的有效机制，公民在对大型综合性体育赛事绩效评估过程中的广泛参与至关重要。

### （五）加大大型综合性体育赛事绩效评价结果使用力度

鉴于目前我国大型综合性体育赛事绩效评价工作体系不健全，缺乏法律规范，使得绩效评价结果缺乏约束力，评价工作往往流于形式，很多大型综合性体育赛事举办结束后，往往是赛事组委会各部门自行总结，形成一个总的报告，但这样的总结报告往往都是不对外公开的。此种方式比较严重地影响了绩效评价工作持续、深入地开展。因此，积极研究和制定大型综合性体育赛事绩效评价结果的反馈应用管理办法，对评价工作结果运用目的、范围、程序、权限等做出具体规定，真正起到改进和完善大型综合性体育赛事的筹办效果，提高投资效益和实现公共资源的最优配置。

大型综合性体育赛事绩效评价体系中的有效信息，应定期被运用于其计划当中，以便重新评价大型综合性体育赛事的目的和调查重点。良好的绩效评价体系应让公众和公共部门不仅有能够发现大型综合性体育赛事的长处和改善的机会，也有能够使公共部门发现大型综合性体育赛事的弱点和不足的机会，从而采用结果信息来不断改善大型综合性体育赛事操作；应将大型综合性体育赛事的绩效评价结果作为后续大型综合性体育赛事的立项依据或者作为对大型综合性体育赛事进行变更的依据；应将大型综合性体育赛事的绩效评价工作与行政问责制度有效结合起来，并将大型综合性体育赛事绩效评价结果作为对领导干部进行奖惩问责的有效依据，使我国的行政问责机制真正有据可依。

### （六）确保大型综合性体育赛事公平正义价值的实现

因为大型综合性体育赛事是公共项目，因此，无论是大型综合性体育赛事所涉及的公共权力的使用还是公共财政的支付，都存在着一个公平正义的问题。即通过举办大型综合性体育赛事，满足大多数公众的体育利益需求，扩大社会福利，缩小社会各阶层之间的差距，力争做到最大限度地实现最大群体的受益最大化。

### （七）加强大型综合性体育赛事绩效评价的数据采集机制与评价数据库的建设

完整、真实、有效的大型综合性体育赛事资料和数据既是准确衡量大型综合性体育赛事绩效的尺度，又是大型综合性体育赛事组织管理绩效评价指标体系建立的关键环节。但是，目前我国尚未建立起投资大型综合性体育赛事绩效评价信息采集的管理体制与机制，相关的数据资料十分匮乏，绩效评价工作很难开展。事实上，大型综合性体育赛事承办单位能否接受第三方对其进行绩效评价仍有实际难度，搜集其数据难度可想而知。但是，无论困难有多少，此项工作至关重要，也是未来科学办赛的发展趋势。

### （八）简化体育赛事审批程序，繁荣体育竞赛表演业市场

2013 年我国召开两会以来，新一届政府在“简政放权”上加大了改革力度，并引起海内外广泛关注和好评。李克强总理在 2013 夏季达沃斯论坛上曾表示，新一届政府做的第一件大事，就是以转变政府职能为核心，大力推进行政管理体制改革，通过简政放权，把该放的权放开、放到位，把政府该管的事情管好、管到位，为各类企业创造公平竞争的环境，以激发市场主体的创造活力。

“‘简政放权’是本届中央政府紧紧扭住不放的改革‘牛鼻子’，2014 年 8 月 19 日，李克强总理主持召开国务院常务会议，决定推出进一步简政放权新措施，持续扩大改革成效。李克强总理说：“从过去习惯审批‘画圈圈’，到不断自我消权，进而创新事中事后监管，这是政府职能转变的一场‘自我革命’。今后越向纵深挺进，越要啃‘硬骨头’、驱‘拦路虎’。必须‘痛下决心’，持续协同推进‘放权’与‘监管’，真正打造现代政府。政府对那些不该管的事情，管得实在太多了。”① “企业普遍认为，我们政府的事中事后监管还不够。那些侵犯知识产权的‘山寨’产品，甚至危及人民健康安全的食品之所以屡禁不止，其中有经营者的道德原因，但更重要的，还是法治不健全、监管不到位。”②

---

① 肖楠．李克强：简政放权要啃“硬骨头”［EB/OL］．（2014－8－20）［2018－06－18］．http：//www.gov.cn/xinwen/2014-08/20/content_ 2737652.htm.

② 同①。

众所周知，赛事审批是关系到能否繁荣体育竞赛表演业的关键环节。很多赛事由于赛事审批环节不顺畅而流产，这样的事例有很多。为此，全国政协委员、著名篮球运动员姚明认为：第一，体育管理部门收取不菲的审批费用，却并不提供实质性的服务，在某种程度上是一种“权力寻租”。第二，以行政之手干扰了本来可以由市场来调配的资源配置，客观上形成垄断，抑制了部分市场主体的办赛热情和良性竞争，严重阻碍了社会力量办体育赛事的热情。第三，造成认为设立办赛“门槛”的事实，使得体育消费呈现“两极分化”——要么是大型的职业赛事，要么是完全免费的群体活动。大量中小型成本的赛事由于迈不过办赛的高门槛而被放弃，而这正是体育产业金字塔参与实际人群最多的一块。第四，审批权的实质是在以政府的角度决定赛事的存亡，而事实上如果开放赛事审批，企业为主体的社会力量一定能够从市场需求的角度出发，开发出最符合市场消费的体育赛事活动，从而最大化地活跃体育产业，对体育赛事、全民体育水平、体育消费都有极大益处。姚明建议：第一，取消体育竞赛审批，改为备案，让市场主体自由投资赛事。第二，承认赛事承办方的市场主体地位，真正让市场在体育赛事表演业中决定资源配置。第三，提高各级体育管理部门的服务意识。第四，管理部门引入“负面清单”模式，对那些赛事主办者不能做、不能碰的事情形成规范性文件，其他的应该都可以做、可以办。①

赛事审批弊端有：“一是收费随意，程序繁冗，审批抑制民间赛事；二是行政干预，乱象丛生，投资者权益难以保障；三是打造品牌，独立办赛，民间协会成为愿景。”②

“赛事审批的积弊之深，究其原因，是始终有体育主管部门的‘行政之手’在把控一切。这只‘行政之手’曾发挥过振兴体育事业的功效，但时代的发展、社会的进步和市场的繁荣，已让‘行政之手’的干预、把控越来越不合时宜。赛事审批存在这样几个弊端：一是政府体育行政部门要通过赛事审批实现控权目的，担心放权会失控；二是逐利，赛事审批成部门自留地，利益‘肥肉’没人愿放手。权力的背后，往往牵涉经济利益。一场比赛的审批合格，办赛人要付出巨大的金

① 薛原．赛事审批之弊①：赛事审批制度到了改革关口［N］．人民日报，2014-04-21（15）．

② 陈晨曦，郑轶．赛事审批横亘在民众与赛事之间——赛事审批之弊②：市场办赛事咋就这么难［N］．人民日报，2014-04-23（15）．

钱代价。这块‘肥肉’，没有哪个体育部门舍得放弃。取消赛事审批，并非彻底‘大撒把’，反而考验体育部门的角色定位和管理能力。‘体育部门可以牵头，如成立民办公助性质的公司管理赛事，切掉行政色彩，完全按照市场规律去配置资源。’”①

“上海近期已开始推行“3+X”办赛模式。由3家专业赛事管理公司承办由上海市体育部门主管的70%优质赛事，X则指体育总会、单项协会、各类体育社会组织和赛事公司承办其他赛事。‘政府的定位，是做规划布局、设计政策、评估监督、协调服务这样的工作。我们正在修改竞赛管理办法，让赛事资源公开化，引入招投标机制。’上海市体育局局长李毓毅说。”②

“2014年9月2日国务院总理李克强主持召开国务院常务会议，研究完善预算管理促进财政收支规范透明的相关意见，部署加快发展体育产业、促进体育消费、推动大众健身。会议认为，发展体育产业，增加体育产品和服务供给，既能增强人民体质、保障和改善民生，对于刺激消费、扩大内需和就业、培育新的经济增长点，也有重要意义。要坚持改革创新，更多依靠市场力量，加快发展体育产业，促进体育消费，推动大众健身。一要简政放权、放管结合，取消商业性和群众性体育赛事审批，放宽赛事转播权限制，最大限度为企业‘松绑’。”

从上述论述不难看出体育赛事改革的关键：一是“简政放权”，“为体育赛事松绑”“繁荣市场”；二是营造公正公平的市场环境；三是在事中和事后加大监管力度，确保良好市场秩序。

### （九）努力提高大型综合性体育赛事主办单位的专业化能力和水平

虽然本课题始终在探讨如何评价大型综合性体育赛事绩效水平，其最终目的却是在研究如何提高和改进大型综合性体育赛事绩效水平。笔者通过参加北京奥运会的筹办，期间真实地感受到了国际奥委会是如何一步步指导和监督北京奥组委谋划和实施北京奥运会的。作为奥运会的主办单位，国际奥委会必须具有这样一种专业的能力，即指导和监督奥运会的承办者们。以2008年北京奥运会为例，

---

① 郑轶，陈晨曦．审批变为创收 缺乏外部监督——赛事审批之弊③：行政的手，还要伸多久［N］．人民日报，2014-04-24（15）．

② 同①。

国际奥委会从赛前申办、赛中组织实施和赛后评价三个环节着手严格管控，除了国际奥委会官员必须非常熟悉奥运会的组织管理工作，而且还能够为承办奥运会的组委会提供足够的技术支持、人力资源支持和财力支持。北京奥运会期间，国际奥委会为北京奥组委委派了众多的各方面的专家来北京，对北京奥组委工作人员进行专业上的培训。同时，国际奥委会还研制了奥运会所需要的各方面业务工作的技术手册，为组委会开展工作提供了有力的技术支持，同时，也统一规范了办赛的标准和流程。为了确保北京奥运会顺利如期举行，国际奥委会定期组织协调委员会成员来北京听取筹备工作进展情况汇报。国际奥委会在赛后要求组委会提供赛后总结报告；同时，国际奥委会也对组委会的整个筹办工作有一个评估，这些措施无疑都大大促进了北京奥运会高效率地运行；与此同时，国际奥委会还通过商业开发获得经济收益，并将一部分资金（约 10 亿美元）拨付给北京奥组委，以支持北京市筹办奥运会。在这样有力的奥运会主办单位的帮助、指导、监督和扶持下，北京奥运会取得了巨大成功。同样，笔者也在我国举办的一些大型综合性体育赛事组委会工作过，但遗憾的是没有看到作为大型综合性体育赛事的主办单位在赛事的组织实施和赛后评价方面所做出的有效措施。尤其是在大型综合性体育赛事业务指导能力方面，有的主办单位能力不及，无法为承办赛事的组委会提供有力的技术支持和人力支持，财力支持也非常有限，显得杯水车薪，无济于事。因此，从这个角度来看，大型综合性体育赛事的主办单位的办赛能力及财政实力将大大影响大型综合性体育赛事绩效水平。为此，应着力加强大型综合性体育赛事主办单位的办赛能力和办赛技术规范性，无疑有利于大型综合性体育赛事绩效评价工作的开展。

## 二、我国市场成熟期以民间举办体育赛事为主的阶段

从国际范围来看，大型综合性体育赛事私人承办不是不可能。1984 年的美国洛杉矶奥运会就是由美国商人尤伯罗斯承办的。他开创了私人承办奥运会之先河，不但使得之前从未盈利的奥运会开始盈利，而且大大减轻了美国政府财政压力。2000 年悉尼奥运会，悉尼奥组委利用市场的力量，将大量的奥运会业务外包给有专业资质的信誉良好的公司企业来承担，这就是我们所说的政府购买服务。这种

承办方式也值得借鉴和学习。国际上大型综合性体育赛事举办的经验具有良好的示范效应。由于大型综合性体育赛事系巨大的系统工程，牵涉政府和社会面特别广泛，仅仅依靠个人或某个公司企业来承办显然不符合我国国情，但是，大型综合性体育赛事工作任务外包给专业的有资质和声誉良好的私营公司或企业来完成却成为可能，未来私营企业或公司深度介入大型综合性体育赛事的举办是一种发展趋势。况且，一旦大型综合性体育赛事举办由私营公司或企业来承办，或者说深度介入，必然减轻国家公共财政负担，在确保公共利益不受损的前提条件下，大型综合性体育赛事运作方式的改变能够很好地克服由于大型综合性体育赛事绩效水平差而被社会大众诟病。因为不花纳税人的钱或少花纳税人的钱，大型综合性体育赛事办得好与不好，纳税人都不好直接评论或发难了，但仍然尚存“因享受其成果而为其点赞”的极大可能性。

随着我国市场经济逐步发达，民间体育市场主体能力日益增强，面对体育市场产品的需求欲望不断增长，自然会有大量的体育市场主体跃跃欲试，去努力争取这块潜在的利润和价值。但这些民间组织面对“市场检验”的无情结局，必然会做出理性的选择，也必然会算计成本、效率及其效益。此时，美国尤伯罗斯个人举办奥运会的情景就可能会在中国出现。那时，除了极个别的特大型综合性体育赛事需要政府参与外（入股、秩序防范等），大部分的体育赛事即为俱乐部产品，均属于市场范围内的事情了。这既可满足体育爱好者的偏好，也较少地涉及公共权力和公共财政，政府既可省心，还能省力；结果不仅会使得举办者受益，而且观众和赞助商等顾客也会很满意；受益者欢欣愉悦，没受益者也不会因为分摊成本而怨声载道等，实现多赢的结局。退一步讲，即使要评价政府的某些活动，这种绩效评价也会减少很多环节。

但现阶段的大型综合性体育赛事绩效评价仍然属于一个空白阶段，也正因为如此，我们才不得已从大型综合性体育赛事工作的逻辑链条——一环接一环地设计指标，并期望以此为依据对其绩效实施评价。这个问题在民间已经引发了诸多的争议，但如何在政府公共政策范围内解决，还是一个值得考究的公共问题。一旦体育市场成熟发达后，一个市场检验就可以让我们的大型综合性体育赛事的评价变得简单很多。

# 附录

附录 1：冬奥会一览表（1924—2022 年）

附录 2：中国近年发布的体育相关政策信息统计表（2002—2019 年）

请扫描上方二维码阅读

# 后记

近年来，随着我国改革开放的不断深化，体育改革步伐日趋加快，以体育赛事为核心内容的体育竞赛表演业被推到了改革的风口浪尖上，成为我国整体改革的焦点。党中央、国务院以及政府诸多部门出台了许多对体育赛事发展利好的政策，毫无疑问，这些政策将大大推动我国体育竞赛表演业的发展。笔者据此也预测今后我国体育赛事发展将面临的一些机遇与挑战，机遇主要表现在：①冰雪赛事发展将是各级政府主抓的工作方向，尤其是京津冀地区；②大众参与性体育赛事发展势头良好，如户外运动——越野赛事、马拉松赛事、水上运动赛事、极限运动赛事、登山赛事、徒步赛事等；③民间力量主导的中小型体育赛事将蓬勃发展；④观赏性强的民间体育赛事发展迅速，如搏击类赛事、职业体育赛事、极限运动赛事等；⑤民间资本向体育赛事产业投资活跃并且充裕，社会主体自创 IP 赛事日益增多。

我国体育赛事发展面临的挑战体现在：①政策在中间层面和基层跟进缓慢，政府压力传导机制还不够健全，中间层面和基层贯彻落实上级政策显得滞后；②依然存在相关配套政策措施缺位或不到位的挑战。例如，赛事安保政策、电视转播政策、相关法律政策等都未能及时匹配到位，仍然制约着我国体育赛事的发展；③目前民间力量办赛事盈利并不乐观，资金缺乏，政府支持力度亟待加强，市场开发疲软，盈利的赛事也仅限于少数一些项目，如马拉松赛事，户外运动赛事、搏击类赛事或电子竞技赛事；④高水平竞技体育赛事民间力量很难介入，这些赛事仍然由政府体育部门掌控；⑤大型体育赛事一般仍由政府举办，如全运会等，民间力量难以承担，也很难介入；⑥民间资本向体育赛事产业投资虽然活跃，但是，具有良好投资价值的体育赛事稀缺。

针对我国体育赛事面临的机遇与挑战，笔者提出以下几点建议：①各级政府应建立健全政策压力传导机制，强化政策的执行力度。②体育企业应与政府或各级体育协会积极合作，争取政府的大力支持，或购买服务，抓住协会改革时代机遇和商机。③体育企业应充分利用政策，发挥政策的作用。例如，发挥体育产业引导资金、体育产业发展专项基金、体彩公益金、土地、财税、价格、金融等政策的作用。④体育企业应不断影响政府的决策，制定有利于体育赛事发展的可操作性政策措施。⑤体育企业在赛事策划方面要紧扣国家战略需求，如“一带一路”倡议、京津冀协同发展、长江经济带发展、粤港澳大湾区发展、校园足球发展、2022 年冬奥会等国家重大体育需求策划相关体育赛事。⑥体育企业应积极自创 IP 赛事，并耐心培育。⑦应积极引进资本，融合发展。⑧体育赛事的发展需要与体育协会、体育俱乐部、体育文化服务综合体、体育基金、体育产业示范基地、聚集区、示范项目、特色小镇建设紧密结合跨界开放和融合发展。⑨体育企业应当大力提高自身的体育赛事策划与组织实施能力，珍惜自身的社会信用体系的建设。

为了能够早日完成此书稿，笔者夙夜难寐，其间经常被许多繁杂事情打扰而不得不中断，就这样断断续续用了十余年的时间完成。现在回想起来，不免感慨万千。这期间得到了很多好朋友的帮助，我要感谢北京市哲学社科办基地处的刘军处长和刘峰杰老师，感谢他们不断地督促和提醒我加快此书稿的完成。感谢北京体育大学出版社的郭晓勇总编对此书出版的关心与支持，感谢赵海宁女士和李光源老师，他们不辞辛劳一遍遍校稿，其认真负责、严谨的态度让我感动。感谢我的大哥王庆锋博士，正是由于他的加盟使得我真的感受到此书跨界融合发展的益处。感谢首都体育学院李鸿江教授、王芳和陈岐岳两位老师，感谢北京对外经贸大学的张树敏老师，他们帮助我校稿非常认真负责，让我感动。还要感谢我的研究生团队，他们是：侯亚琴、吕昌元、武雨佳、刘弋飞、李佳琦、黄曼曼、杨徐阳、屈云霞、吴童、裴嘉琪、韩彦航、刘紫扉、许晨、张浩、汪力、杨光、魏然、王子豪、秦靖凯。感谢我的妻子韩晶杰女士以及我可爱调皮的儿子王泽中，她们母子俩知道我很忙，总是为我节省时间，让我安心做自己的事情，有这样的家人让人心里十分的温暖和幸福。感谢那些被引用的参考文献的作者们，感谢当年在北京奥组委工作的领导和同事们，2008 年的奥运会过去多年后，见到过去的一起并肩筹办奥运会的“奥友们”，顿感亲切，正是有了他们的研究及大力支持，我才获得了宝贵的第一手资料，得以顺利完成此书稿。在此，也真心希望在北京

2022 年冬奥会和冬残奥会组织委员会工作的同仁们，能够在冬奥会结束后，留下美好的回忆和珍贵的资料，以俟后用。最后，再一次真心希望有意阅读此书的广大读者能够有所收获，我想这就是我完成此书稿的最大愿望吧。

2022 年 2 月 20 日